文書等並べて辿る、家康、松平一族・家臣

# 徳川家康75年の生涯年表帖

上巻

その時、今川氏（義元・氏真）・織田氏（信秀・信長）・武田氏（信玄・勝頼）・北条氏（氏康・氏政）らは

# 目次



## はじめに～この本の使い方～

この本は、徳川誕生から武田方の高天神城奪取までの戦国期の年表で、日付までを記載しています。一部不明な月・日付に関しては、「－」で割愛をさせて頂いたり、「秋」「下旬中旬」などと、表記しておりますのでご了承下さい。
特に重要と思われる事項(歴史的流れのために必要と思われた事件等。
■は京都、他地の事項)、家康文書などは、太字で記載しております。
本体となる戦国年表はそこそこな分量となっております。目次年表は、圧縮しており、その項目の通しNoが記載されております。検索の一助として下さい。

～太陰暦・太陽暦について～
本書での月日の表記は全て和暦を採用しており、一部、西暦の表記とはズレが生じています。
日本では、明治5年12月3日（＝明治6年1月1日（西暦1872年1月1日））までは太陰暦（旧暦・天保暦）を、それ以降は太陽暦（新暦・グレゴリウス暦）を使用しています。
そのため、太陰暦である和暦（旧暦 ・ 天保暦）の月日と、それに対応する太陽暦である西暦（新暦・グレゴリウス暦）の月日は一致しません。ご注意下さい。

なお、太陰暦（太陰太陽暦）の1年は太陽暦の1年に比べて約11日短く、このズレは3年で約1月分（約33日）となります。
このため約3年に1度、余分な1ヶ月（閏月）を挿入して1年を13ヶ月とした閏年を設けることで、ズレを解消しています。
なお、閏月は閏●月と表記し、仮に閏4月があった場合、これは通常の4月の後に閏月（閏4月）が挿入されていることを示しています。

例）徳川家康誕生：天文11年12月26日（西暦：1543年1月31日）

| 西暦<br>和暦 | 月日 | 出来事 | No. |
|---|---|---|---|
| 弘治4<br>(永禄2)<br>(1558) | 2月5日 | 「寺部城の戦い(2月5日～3月) ―家康初陣」。 | 1292 |
| 弘治4<br>(永禄2)<br>(1558) | 3月― | 「寺部城の戦い」。今川・松平軍、勝利。武功を褒めた今川義元は、松平元信(後の家康)に太刀与え山中3百貫還付する。 | 1304 |
| 弘治4<br>(永禄2)<br>(1558) | | 「松平元信から元康に改名」。この頃、元信(家康)は「松平元康」に改名するという(7月17日までに)。 | 1306 |
| 永禄2<br>(1559) | 3月6日 | 「家康長子信康誕生」。松平元康18歳の嫡男、竹千代(信康)誕生。 | 1324 |
| 永禄3<br>(1660) | 3月18日 | 「亀姫誕生」。松平元康(後の家康)に長女・亀姫が誕生。 | 1345 |
| 永禄3<br>(1660) | 3月― | 今川方の松平元康19歳は、織田氏と連合する、緒川城主・水野信元(水野忠政の二男、家康の伯父)に2回わたり使者を送り今川方に属するよう勧める。 | 1346 |
| 永禄3<br>(1660) | 5月1日 | 今川義元、尾張に向け出陣命令を発する。義元は、京都に上り将軍を助け、天下に命令することを望んだ。 | 1349 |
| 永禄3<br>(1660) | 5月10日 | 今川方先鋒、松平元康(後の徳川家康)ら5千が駿府を出陣。 | 1353 |
| 永禄3<br>(1660) | 5月17日 | 松平元康(後の家康)19歳、尾張知多郡阿久比を訪ね、16年ぶりに母於大の方と対面。 | 1358 |
| 永禄3<br>(1660) | 5月18日 | 「大高城兵糧入れ」。今川先陣、松平元康、夜間、攻撃をかわして大高城へ兵糧を搬入する。 | 1361 |
| 永禄3<br>(1660) | 5月19日 | 「桶狭間の戦い―織田信長、今川義元を討つ」。 | 1366 |
| 永禄3<br>(1660) | 5月23日 | 「家康、約11年ぶりに岡崎城へ入城」。松平元康、今川軍が退くのを待って岡崎城に入る。 | 1378 |
| 永禄3<br>(1660) | 6月18日 | 松平元康(家康)、織田方水野信元と、石ヶ瀬(愛知県大府市)で戦う。 | 1391 |
| 永禄4<br>(1661) | 2月― | 「この頃、松平元康(後の徳川家康)は、今川氏真を見限り、信長と和す」と、される。 | 1414 |
| 永禄4<br>(1661) | 2月― | 「松平元康(後の家康)、自立表明」。松平元康、将軍足利義輝に駿馬献上。 | 1417 |
| 永禄4<br>(1661) | 4月8日 | 松平元康(後の徳川家康)は、矛を逆にして、この日から今川氏に味方する三河の諸将に攻撃をし始める。 | 1428 |
| 永禄4<br>(1661) | 4月11日 | 「第一次牛久保城(牛窪城)の戦い―家康の今川氏からの自立が本格的にはじまる」。 | 1430 |
| 永禄5<br>(1562) | 1月15日 | 「家康21歳、信長30歳との清洲同盟成立」。 | 1487 |

| 西暦<br>和暦 | 月日 | 出来事 | No. |
|---|---|---|---|
| 永禄5<br>(1562) | 1月20日 | 将軍・足利義輝、松平氏と今川氏の和睦を求める。 | 1489 |
| 永禄5<br>(1562) | 2月一 | 「元康(後の家康)、駿府に居た正室・瀬名姫(築山殿)と嫡男の竹千代(信康)・亀姫を取り戻し岡崎に呼び寄せる」。 | 1497 |
| 永禄5<br>(1562) | 3月一 | 「遠州忩劇(そうげき)ーこの年3月から永禄11年(1568)にかけて発生した、遠江国内の主に天竜川流域における複数の国衆による駿河今川氏への大規模な叛乱」。 | 1543 |
| 永禄5<br>(1562) | 一 | この年、本證寺と松平元康家臣の間に、三河一向一揆の誘因となる紛争が発生する。元康(家康)が命じた軍資金調達の策であったという。 | 1546 |
| 永禄6<br>(1563) | 3月2日 | 「松平家・織田家、さらなる同盟強化」。松平元康(後の家康)嫡男・竹千代(信康)と信長の娘・徳姫の婚約成る。二人共五歳。 | 1548 |
| 永禄6<br>(1563) | 7月6日 | 「元康、家康と改名」。今川家と断交し、三河国統一を目指す松平二郎三郎元康は今川義元の偏諱を改め、「家康」と改名。 | 1564 |
| 永禄6<br>(1563) | 9月5日 | 「家康三大危機の一番目ー三河一向一揆(永禄6年(1563)9月5日〜永禄7年(1564)2月28日)」発生。 | 1567 |
| 永禄7<br>(1564) | 5月一 | 「佐脇・一宮の戦いー一宮の後詰(ごづめ)」。この月、三河一宮城が多勢の今川勢に囲まれ、後詰として松平家康がこれを救援する。 | 1625 |
| 永禄7<br>(1564) | 5月一 | 「松平家康、本格的に東三河侵攻」。松平家康5千、吉田城を攻める。 | 1632 |
| 永禄7<br>(1564) | 6月22日 | 「家康、東三河平定」。家康、酒井左衛門尉忠次に、東三河の統轄を委ね、室・吉田小郷の所領を与える。 | 1643 |
| 永禄8<br>(1565) | 3月7日 | 「岡崎三奉行設置ー家康24歳、民政の充実を図る」。 | 1673 |
| 永禄8<br>(1565) | 3月19日 | 「吉田城の戦いー家康、全三河を統一ー家康御家人が初めて城主を命じられる」。今川氏の三河拠点は消失する。 | 1677 |
| 永禄8<br>(1565) | 5月19日 | 「永禄の変」。(幕府三度中絶)。将軍・足利義輝、京都二条御所で殺害される。 | 1683 |
| 永禄8<br>(1565) | 9月9日 | 「信長、信玄と甲尾同盟」。織田信長、津田掃部守一安(織田忠寛)を武田家に使者として派遣。武田家との縁談を持ちかける。 | 1688 |
| 永禄8<br>(1565) | 11月20日 | 松平家康、近江国の和田伊賀守(和田惟政(これまさ))に書状を送り、一条院覚慶(足利義昭)入洛に助力する意志を伝える。 | 1694 |
| 永禄9<br>(1566) | 2月10日 | 家康、江安(江馬安芸守泰顕)・同加(同加賀守時成)に書を送り、江馬泰顕・同時成を遠江国引間城(のちの浜松城)の城代とし、城領を安堵する。 | 1705 |
| 永禄9<br>(1566) | 12月29日 | 「家康、藤原徳川氏に改姓」。徳川家康25歳、従五位下に叙爵し、三河守に任官。「家康、藤原徳川氏に改姓」。 | 1726 |
| 永禄9<br>(1566) | 一 | 家康、軍団の「編成替え」を行う。「三備(みつぞなえ)」の制といい、軍団を三つに分けた。西三河(家康の古い地盤)の国衆たちから編成される。 | 1731 |
| 永禄10<br>(1567) | 1月2日 | 「徳川家御謡初」。114名の列座の下に催すという。 | 1732 |

| 西暦<br>和暦 | 月日 | 出来事 | No. |
|---|---|---|---|
| 永禄10<br>(1567) | 5月27日 | 「信康、信長娘徳姫と結婚」。家康嫡男・竹千代(信康)が、信長長女・五徳(徳姫)を娶る。二人は、共に九歳の形式的な夫婦とはいえ岡崎城で暮らす。 | 1739 |
| 永禄11<br>(1568) | 1月11日 | 徳川三河守家康、「左京大夫」に任ぜられる。 | 1760 |
| 永禄11<br>(1568) | 2月16日 | 家康、武田信玄と同盟。「甲三同盟成立」。 | 1764 |
| 永禄11<br>(1568) | 9月26日 | 織田信長、足利義昭を奉じて入京。 | 1793 |
| 永禄11<br>(1568) | 10月18日 | 「室町幕府再興」。夜、足利義昭に統一征夷大将軍宣下。 | 1803 |
| 永禄11<br>(1568) | 12月12日 | 「家康、信玄と駿遠分割密約協定を結ぶ」。 | 1817 |
| 永禄11<br>(1568) | 12月12日 | 「家康軍、今川領遠江侵攻」。 | 1820 |
| 永禄11<br>(1568) | 12月15日 | 「徳川軍と武田軍、和議」。 | 1848 |
| 永禄11<br>(1568) | 12月18日 | 「家康27歳、曳馬城(浜松城)へ入る」。 | 1853 |
| 永禄11<br>(1568) | 12月27日 | 「掛川城攻防戦(永禄11年(1568)12月27日～永禄12年(1569)5月15日)はじまる」。 | 1876 |
| 永禄12<br>(1569) | 1月ー | 家康、引馬城(浜松城)に入り、武田信玄に、見付城の秋山伯耆守虎繁の違約を責める。 | 1888 |
| 永禄12<br>(1569) | 1月ー | 「気賀堀川一揆蜂起(永禄12年1月～4月12日)」。 | 1889 |
| 永禄12<br>(1569) | 1月16日 | 「織田政権が始まる」。信長、殿中御掟九ヶ条にさらに七ヶ条の細則を追加した十六ヶ条の殿中御掟を制定し、これも義昭に承認させる。 | 1912 |
| 永禄12<br>(1569) | 2月16日 | 「家康と信玄が和睦ー「第一次甲相同盟」は破綻」。 | 1946 |
| 永禄12<br>(1569) | 3月8日 | 「掛川城攻防戦ー家康、和睦を図る」。信玄の手が遠江国にまで伸びてきた。 | 1961 |
| 永禄12<br>(1569) | 5月9日 | 「掛川城攻防戦ー「相三同盟」が成立」。これ以上戦いを長引かせては武田勢に蚕食されてしまうと判断した家康は、和睦を協議することにした。 | 1988 |
| 永禄12<br>(1569) | 5月15日 | 「掛川城攻防戦終結ー今川氏と徳川氏の間に和睦、掛川城開城」。今川氏真、掛川城を開城。 | 1991 |
| 永禄12<br>(1569) | ー | 「家康、遠江をほぼ平定ー三河・遠江の二ケ国領有」。 | 2022 |
| 永禄13<br>(元亀1)<br>(1570) | 1月23日 | 「信長、家康および三河国諸侍中らに上洛を命じる」。織田信長、畿内近国の二十一国に及ぶ諸大名、諸将に触状を発す。 | 2080 |

| 西暦<br>和暦 | 月日 | 出来事 | No. |
|---|---|---|---|
| 元亀2<br>(1571) | 12月17日 | 今川氏真、相模国を離れ、浜松に退去。徳川家康の庇護受ける。 | 2295 |
| 元亀3<br>(1572) | 10月3日 | 「武田信玄、西上作戦開始—甲尾同盟解消—第二次信長包囲網はじまる」。 | 2332 |
| 元亀3<br>(1572) | 12月22日 | 「家康三大危機の二番目ー三方ヶ原の戦い—家康、信玄に大敗」。 | 2360 |
| 元亀4<br>(天正1)<br>(1573) | 4月12日 | 武田信玄(甲斐及び信濃守護)、信濃国駒場に於いて病没。 | 2420 |
| 元亀4<br>(天正1)<br>(1573) | 7月18日 | 「槇島合戦—室町幕府、滅亡ー信長、第二次信長包囲網から脱する」。 | 2438 |
| 元亀4<br>(天正1)<br>(1573) | 7月21日 | 「織田単独政権が成立」。 | 2440 |
| 天正2<br>(1574) | 2月8日 | 「秀康(家康次男)誕生」。 | 2500 |
| 天正2<br>(1574) | 7月2日 | 「第一次高天神城の戦い—5月12日~7月2日」終結。高天神城を武田方に奪われる。 | 2562 |
| 天正3<br>(1575) | 5月21日 | 「鉄砲伝来から32年、信長と家康軍、武田勝頼を破る—長篠・設楽ヶ原の戦い」。 | 2681 |
| 天正3<br>(1575) | 8月24日 | 「諏訪原城の戦い—6月24日~8月24日」終結。武田軍を破った家康、諏訪原城を「牧野城」と改め、城主に今川氏真を入れる。 | 2724 |
| 天正3<br>(1575) | 11月11日 | 「家康次女督姫誕生」。 | 2748 |
| 天正4<br>(1576) | 7月ー | 「家康、犬居地方を支配」。勝坂城の天野景貫(藤秀)、徳川家康に攻められ逃亡する。犬居地方は完全に徳川氏の支配するところとなる。 | 2793 |
| 天正5<br>(1577) | 7月ー | この月、徳川家康、武田方の高天神城を攻撃する。 | 2840 |
| 天正5<br>(1577) | 12月10日 | 家康36歳、正五位上から従四位下に叙せられる。 | 2888 |
| 天正6<br>(1578) | 1月18日 | 家康、信長を招き、三河吉良で放鷹を楽しむ。 | 2906 |
| 天正6<br>(1578) | 3月3日 | 徳川家康、田中城を攻撃する。 | 2919 |
| 天正6<br>(1578) | 3月13日 | 「上杉謙信、急没」。 | 2932 |
| 天正6<br>(1578) | 7月4日 | 徳川家康、武田方の高天神城攻撃の拠点・横須賀城の普請を開始する。家康はさらに高天神城を孤立させるため周囲を囲む攻撃用の砦を6つ作った。 | 2968 |

| 西暦<br>和暦 | 月日 | 出来事 | No. |
|---|---|---|---|
| 天正6<br>(1578) | 8月22日 | 家康、武田勝頼の留守を突いて、駿河田中城を攻める。 | 2988 |
| 天正6<br>(1578) | 11月2日 | 「勝頼、大井川を渡り家康と対峙」。徳川軍諸勢は遠江国柴原へ布陣し、大井川を渡った武田軍と対陣。 | 3051 |
| 天正7<br>(1579) | 4月7日 | 「秀忠誕生」。家康三男長松(長丸)(後の徳川秀忠)、生まれる。 | 3122 |
| 天正7<br>(1579) | 4月26日 | 徳川家康、この夜に遠江国馬伏塚に出陣、信康は三河国吉田から馬伏塚に出陣し、武田勝頼を国安より退却させる。 | 3129 |
| 天正7<br>(1579) | 7月一 | この月、徳姫(徳川信康の正室)は、父の信長に、義母築山殿と信康の罪状を訴える十二ヶ条の訴状を書き送ったという。 | 3148 |
| 天正7<br>(1579) | 8月1日 | 徳川家康、信長へ二人(信康、築山御前)の処分を申し出たという。信長が築山御前と信康の処分を家康に命じ、家康は従うことを決断。 | 3155 |
| 天正7<br>(1579) | 8月29日 | 家康、正室・築山殿を佐鳴湖畔で殺害。 | 3167 |
| 天正7<br>(1579) | 9月5日 | 「第一次遠相同盟」。徳川家康と北条氏政、同盟を締結。 | 3175 |
| 天正7<br>(1579) | 9月15日 | 「信康事件終結一家康、長男信康を自害させる」。 | 3182 |
| 天正7<br>(1579) | 9月19日 | 「第二次持舟城の戦い」。徳川家康、北条氏政の要請を受けて、武田水軍の拠点、遠江国遠目城・持船城を攻撃。 | 3186 |
| 天正8<br>(1580) | 2月20日 | 徳川信康正室・徳姫が家康に見送られ岡崎城を出立、安土の織田家に帰される。 | 3269 |
| 天正8<br>(1580) | 3月10日 | 「小田原北条家、信長に従属」。北条氏政の使者が到来して信長へ御礼を行った。 | 3283 |
| 天正8<br>(1580) | 3月17日 | 「石山合戦一元亀1年(1570)9月12日～天正8年(1580)8月2日一石山戦争の終結」。織田信長と本願寺顕如光佐の講和が成立。 | 3292 |
| 天正8<br>(1580) | 5月3日 | 徳川家康、駿河田中城を攻撃し、翌日まで滞陣する。 | 3317 |
| 天正8<br>(1580) | 6月17日 | 高天神城攻撃のための、徳川家康の付城が完成する。 | 3333 |
| 天正8<br>(1580) | 7月一 | 「第二次高天神城の戦い一天正8年7月～天正9年3月22日」、はじまる。この月頃に高天神城は、完全に徳川勢に包囲される。 | 3346 |
| 天正9<br>(1581) | 1月一 | 「第二次高天神城の戦い」。この頃、高天神城の守将岡部元信(長教)ら、矢文で降伏の意向を家康方に伝える。 | 3398 |
| 天正9<br>(1581) | 3月22日 | 「第二次高天神城の戦い(天正8年7月～天正9年3月22日) 一高天神城落城」。家康、高天神城を奪還する。 | 3424 |
| 天正9<br>(1581) | 12月一 | この月、織田信長の使者が徳川家康に対し、来年の信長による甲斐侵攻の予定を示し、兵糧などの準備を促す。 | 3516 |

# 関連城跡位置図　愛知県

犬山城
犬山市
扶桑町
江南市
丹羽郡
大口町
一宮市
小牧市
春日井市
岩倉市
小牧山
北名古屋市
豊山町
西春日井郡
稲沢市
瀬戸市
清洲城
守山城
尾張旭市
愛西市
あま市
清須市
津島市
大治町
海部郡
上野城
長久手
八草城
西広瀬城
長久手市
名古屋市
東広瀬城
日進市
蟹江町
伊保城（御山前城）
東郷町
愛知郡
挙母城
大高城
沓掛城
飛島村
みよし市
梅坪城
寺部城
鳴海城
豊明市
弥富市
桶狭間
大給城
上野城
（上村城）
絵下城
東海市
大府市
知立市
材木城
重原城
緒川城
刈谷城
知多市
東浦町
刈谷市
岡崎城
阿久比城
（坂部城）
小豆坂
高浜市
安城市
大野城
久保田城
筑手岡城
阿久比町
安祥城（安城城）
八面城
（荒川城）
常滑市
半田市
大浜城
中島城
三河山中城
常滑城
碧南市
牟呂城（室城）
西尾城
（西条城）
幸田町
額田郡
上ノ郷城
武豊町
東条城
深溝城
西尾市
竹谷城
欠城
蒲郡市
形原城
美浜町
幡豆寺部城
知多郡
南知多町

50km
上郷城
武節城
豊田市
久木城
足助城
浅谷城
寺脇城
白鳥山城
豊根村
設楽町
北設楽郡
田峯城
東栄町
島田城
新城市
岡崎市
作手城
(亀山城)
医王山砦
長篠
長篠城
富永城
川路城(大坪城)
滝山城
井道城
新城城
野田城
宇利城
長沢城
八幡城
一宮城
下ノ郷城
豊川市
五本松城
牛久保城
久保田城
大塚城
(中島城)
佐脇城
仁連木城
吉田城(今橋城)
豊橋市
田原市
田原城

大樹寺山門　写真提供：岡崎市

岡崎公園　しかみ像と能楽堂
写真提供：岡崎市

東照公えな塚　写真提供：岡崎市

徳川家康公像　写真提供：岡崎市

形原城跡　提供：蒲郡市観光協会

上ノ郷城跡　提供：蒲郡市観光協会

御旗山　提供:長久手市

古戦場公園　提供:長久手市

古戦場伝説地(正面)　提供:豊明市観光協会

今川義元公墓　提供:豊明市観光協会

桶狭弔古碑　提供:豊明市観光協会

安城城跡　提供:安城市教育委員会

田原城全景　田原市博物館提供

田原城桜門側面　田原市博物館提供

野田城址　提供：新城市観光協会

吉田城　（一社）豊橋観光コンベンション協会

新城城址　提供:新城市観光協会

宇利城　提供:新城市観光協会

柿本城趾　提供:新城市観光協会

馬防柵　提供:新城市観光協会

長篠城址 牛渕橋から　提供:新城市観光協会

長篠城址　提供:新城市観光協会

## 西暦1521

| | | | |
|---|---|---|---|
| 大永1 | 11月3日 | 「信玄、生まれる」。<br>武田太郎(1521~1573)、甲斐の守護を務める甲斐源氏武田家第18代・武田信虎の嫡男として生まれる | 1001 |

## 西暦1526

| | | | |
|---|---|---|---|
| 大永6 | 4月29日 | **「家康父仙千代(広忠)、生まれる」**。<br><br>仙千代(千松丸とも)(広忠)(1526~1549)の父は松平清康(1511~1535)、母は青木貞景の娘とされる。松平清康は、安城(安祥)城松平家四代目、松平氏の七代目惣領、家康の祖父である。 | 1002 |

## 西暦1530

| | | | |
|---|---|---|---|
| 享禄3 | 1月21日 | 「謙信、生まれる」。<br>虎千代(1530~1578)、越後守護代・長尾為景(三条長尾家)の四男(または次男、三男とも)として、春日山城に生まれる。 | 1003 |

## 西暦1532

| | | | |
|---|---|---|---|
| 天文1 | 9月— | 「武田氏第18代・武田信虎、事実上の甲斐統一を達成する」。<br>今井信元(1484?~1575?)が諏訪氏の援を得て、武田信虎(1494~1574)に反旗を挙げて、多麻庄小倉の浦城(山梨県北杜市須玉町江草)に籠城して信濃衆からの後詰を依頼する。しかし信虎の攻撃で降伏し、信虎の膝下となり甲府に出仕。 | 1004 |
| | 10月16日 | ■「室町幕府、復興」。<br>細川六郎(晴元)奉行・茨木長隆(?~?)、足利義晴奉公衆の所領を安堵する。将軍足利義晴(1511~1550)、細川六郎(晴元)(1514~1563)と和解。 | 1005 |

## 西暦1533

| | | | |
|---|---|---|---|
| 天文2 | 3月20日 | **「岩津の戦い一松平清康勝利」**。<br>三河岡崎城(愛知県岡崎市康生町)主・松平清康は、東広瀬城(愛知県豊田市東広瀬町字城下)主三宅氏・寺部城(豊田市寺部町1丁目)主鈴木氏らとの岩津(岡崎市岩津町字東山)で戦い勝利。<br>松平氏宗家(岩津松平家)は、三河加茂郡の松平郷(愛知県東加茂郡松平町)の土豪で15世紀の後半に矢作(やはぎ)川の下流域岩津(岡崎市岩津町)に一族庶流を進出させた。大永4年(1524)には安祥松平家の清康(きよやす)が岡崎城主となって加茂・額田(ぬかた)・碧海(へきかい)・幡豆(はず)の西三河4郡に勢力をもったという。 | 1006 |
| | 12月— | **松平清康、この月、三河に侵入した信濃兵を井田野(岡崎市井田町周辺)で撃破。** | 1007 |

## 西暦1534

| | | | |
|---|---|---|---|
| 天文3 | 5月12日 | 「織田信長、生まれる」。<br>吉法師(信長)(1534~1582)、尾張国古渡城(ふるわたりじょう)(愛知県名古屋市中区橘)主・織田信秀(1510?~1551)・土田御前(母)の拠る勝幡城(しょばたじょう)(愛知県稲沢市平和町城之内)に、次男または三男として生まれるという。 | 1008 |

# 西暦1535

|  |  |  |  |
|---|---|---|---|
| 天文4 | 4月29日 | **家督相続から10余年で三河をほぼ統一した三河安祥城（愛知県安城市安城町）および岡崎城主・松平清康（家康の祖父）、大檀那として大樹寺多宝塔を造立する。**塔身に「世良田次郎三郎清康安城四代岡崎殿」と記される。 | 1009 |
| | 12月3日 | **松平清康（家康の祖父）、再び、1万余りの大軍で尾張に侵攻開始。** | 1010 |
| | 12月— | 尾張守山城（愛知県名古屋市守山区市場）織田信光（織田信秀の弟、妻は松平信定の娘）（1516～1556）に、松平清康が陣。上野城（名古屋市千種区上野2丁目6番付近）松平内膳正信定従わず。<br>**足利義晴派の松平清康、東条松平義春（？～？）との下和田（岡崎市下和田町）の知行権争いを一つの契機として、宗家との争いに至った足利義維派桜井松平信定（？～1538）を守山に攻める。**<br><br>松平義春は、三河松平氏宗家5代松平長親（長忠・出雲守・道閲）（1473～1544）の子で東条松平家の祖。岡崎市の中島から羽角・野馬・六栗を縦貫する道、「中島道」は中世以来の道とされ、この地域はかつて幡豆郡に属し東条吉良氏の支配地域であったとされる。<br>義春は、岡崎の松平宗家6代目の家督を義春の次兄の桜井松平信定が長兄の信忠（1490～1531）と争い、信忠隠退後もその嫡子清康から8代広忠の代まで係争を続けた間も常に宗家に忠節であったという。東条家兄弟は、岡崎登城の際、道で行き会ったときは主従一同が互いに刀の反りをうたせて反目したほど仲が悪かったと伝える。<br>実は内膳殿（信定）が病死すると前後して義春も亡くなったので、結局は何事も起きなかったとする説もある。 | 1011 |
| | 12月5日 | **「森山崩れ（守山崩れとも）一家康祖父・清康、暗殺される」。**<br><br>**松平清康（1511～1535）、清洲城（愛知県清須市朝日城屋敷）の支城・守山城（愛知県名古屋市守山区市場）（城主は織田信秀の弟・信光）攻め陣中で、家臣阿部弥七郎正豊に村正刀で暗殺される。主を失った三河勢は岡崎に撤退。松平氏の三河支配体制は一挙に崩れた。俗に言う「守山崩れ」である。享年25。**<br><br>この年、主君・松平清康が尾張への侵攻を開始したとき、突如として陣中に阿部大蔵定吉謀反の噂が流れた。これは織田信秀の謀略であったともいわれるが、清康はこの噂を信じ始めた。一方、定吉（さだよし）（1505～1549？）は覚悟を決め、子の正豊を呼んで二心なき旨を記した清康宛ての誓紙を託した。<br>その数日後、尾張滞陣中に清康の馬が本陣で暴れ出した騒ぎがあり、これを父が討たれたと勘違いした正豊は、清康を誤殺。正豊自身も即座に植村新六郎氏明（1520～1552）に殺された。岡崎勢は撤退を余儀なくされ、若い宗家当主の急死により松平氏の三河支配が揺らいだ。<br>定吉は責任を取って自害しようとしたが、清康の嫡男・松平仙千代（広忠）は定吉を許し、そのまま家臣を続けたという。<br><br>**この事件を契機に、松平氏はその力を失い、後に家督を継いだ松平広忠（1526～1549）は、後に嫡男竹千代（後の徳川家康）を人質として今川氏に差し出すこととなる。** | 1012 |

## 西暦1535

**天文4**

12月12日 **「井田野の戦い一松平方、織田方に勝利」**。 1013

松平清康の死で岡崎城(愛知県岡崎市康生町)を攻めにきた織田信秀8千余を、清康の舎弟、広忠の伯父の松平蔵人信孝(松平信忠の次男)(?〜1548)・鵜殿(松平)十郎三郎康孝(?〜1542)兄弟8百が、井田野(岡崎市井田野)に戦い敗走させる、とされる。

12月一 **「今橋城(吉田城)の戦い一今川方、松平方に勝利」**。 1014

今川家臣の朝比奈越前守輝勝・朝比奈摂津守・伊東左近将監祐時・岡部出雲守輝綱・長谷川石見守吉一が、松平清康方の今橋城(吉田城)(豊橋市今橋)の戸田金七郎宣成(?〜1546)・牧野伝兵衛成敏(?〜?)を攻め落す。

松平清康が横死して松平氏の直臣の城番が撤退、かわって非直臣の城番の一人・牧野成敏がそのまま城主となっていた。

12月27日 吉法師(信長)の父・織田信秀(1510?〜1551)、「守山崩れ」で退却する三河勢を追撃して三河国岡崎城まで侵攻するが、城北の大樹寺(岡崎市鴨田町広元)において松平清康弟・康孝(?〜1542)に敗戦。 1015

12月28日 **「仙千代(広忠)、岡崎城を脱出」**。 1016

息子の罪の償いのため仙千代を護る阿部定吉(1505〜1549?)は、松平仙千代(広忠)12歳(1526〜1549)を伴い、夜陰に乗じて岡崎城を脱出。篠島の石橋五郎右衛門尉の尽力により、妙見斎(愛知県知多郡南知多町篠島)住持・仙麟等膳(のちの可睡和尚)の所に潜む。

清康の死による松平宗家の混乱に乗じて、清康の叔父で桜井松平家当主・松平内膳正信定(?〜1538)が、清康の弟・松平信孝(?〜1548)まで抱き込み、岡崎城を占拠。松平仙千代(広忠)は、信定から命を狙われる危険があった。

## 西暦1536

**天文5**

2月一 **松平仙千代(広忠)、東条城(愛知県西尾市吉良町駮馬字城山)主の東条吉良左兵衛佐持広(?〜1539)に身を寄せる**。持広(広忠の義理の伯父)は、所領の伊勢神戸城(三重県鈴鹿市神戸本多町)に密かに行かせ匿う。 1017

御所(足利将軍家)が絶えれば、吉良が継ぎ、吉良が絶えれば今川が継ぐといわれるほどの名家三河吉良家の一門である。

2月一 **この月、松平仙千代(広忠、家康の父)、朝廷に修理費50貫を進献**。 1018

貫は、鎌倉時代以降の武士の知行高の単位。一貫は十石にあたる。

3月一 **松平仙千代(広忠)13歳**、阿部定吉・酒井正親(雅楽頭家)(1521〜1576)・酒井忠次(左衛門尉家)(1527〜1596)・石川清兼(忠成)(?〜1578)・石川数正(忠成の孫)(1533〜1592?)ら6、7人と伊勢神戸城(三重県鈴鹿市神戸本多町)を脱出。 1019

桜井松平家当主・松平内膳正信定の手が伊勢神戸まで伸びてきたのか。

3月17日 仙千代(広忠、家康の父)、阿部定吉らに守られ、海路で遠州掛塚十郎島村(静岡県磐田市十郎島)の鍛治五郎の許に到る。阿部四郎兵衛定次(阿部大蔵定吉の弟)(?〜1582)と対面。 1020

阿部四郎兵衛定次は、天文4年(1535)尾張「森山崩れ」から天正7年(1579)徳川家康正室築山殿の殺害までの諸事件を年代順に記した家伝『松平記』を著わした。

# 西暦1536

|  |  |  |  |
|---|---|---|---|
| 天文5 | 5月25日 | 「花倉の乱—5月25日～6月14日」。<br>駿河今川家中で御家騒動が起きる。<br>太原雪斎(1496～1555)ら重臣たちは、弟栴岳承芳(氏親三男)(18歳)(1519～1560)を還俗させ、京の足利将軍から偏諱を賜り、「義元」と名乗らせ後継にしようとする。<br>外祖父福島上総介は、義元の異母兄弟・遍照院住職良真(玄広恵探)(1517～1536)を擁立し挙兵、内戦線状態となる。今川家の有力被官で、遠江、甲斐方面の外交や軍事を司っていた福島上総介が義元後継に反対。福島氏は氏親の側室が福島助春の娘で外戚にあたり、子の玄広恵探を擁立して対抗した。 | 1021 |
| | 6月14日 | 「花倉の乱」、終結。<br>玄広恵探、花倉城(静岡県藤枝市花倉)を攻められ、瀬戸谷の普門寺で自刃。日は8日、10日など、異説あり。福島上総介助春・石野河内守広成・魚任新左衛門尉・斯波吉俊・母福島氏も自害。<br>この乱で、相模の北条氏の支援も得て、今川義元が勝利し、家督を継ぐ。義元の名前の「義」の文字は、十二代将軍足利義晴から一字を拝領したことに由来する。寿桂尼が玄広恵探に与した説もあるが、信憑性は疑問という。<br>瑞光院寿桂尼(駿河国の今川氏親の正室)(？～1568)は、夫・氏親の死後剃髪して、大方殿と称された。氏親(1471/1473～1526)、氏輝(1513～1536)、義元(1519～1560)、氏真(1538～1615)の四代に渡って今川氏の政務を補佐し「女戦国大名」「尼御台」と呼ばれた。 | 1022 |
| | 7月27日 | ■「天文法華の乱」。比叡山延暦寺(天台宗)僧徒と同調する近江・六角氏の軍勢、早朝、四条口から京へ乱入、各所に放火。翌日まで持った本國寺を含め洛中の法華宗（日蓮宗）の二十一本山が全て炎上。あおりを受けて、上京一帯が焼け、革堂行願寺、百萬遍知恩寺、誓願寺(浄土宗)も炎上。<br>京都で勢力を伸ばした法華衆に対し、細川晴元はそれをよしとしなかった。<br>ようやく細川晴元政権の京都での安定を確立する。 | 1023 |
| | 8月4日 | **松平仙千代(広忠、家康の父)**(1526～1549)、遠州掛塚(静岡県磐田市掛塚)を発し今橋(愛知県豊橋市今橋町)の牧野氏の元へ赴く。 | 1024 |
| | 8月15日 | **松平仙千代(広忠)**、世喜(愛知県豊川市瀬木)へ移る。 | 1025 |
| | 8月26日 | **松平仙千代(広忠)**、形原(愛知県蒲郡市)へ移る。 | 1026 |
| | 9月― | 今川義元、松平仙千代(広忠)迎えるため、小島領(静岡市清水区)主・後藤三左衛門直光(基昌)を遣わす。 | 1027 |
| | 9月10日 | 小島領主・後藤三左衛門直光(基昌)が数百騎率い、松平内膳正信定に追われる**松平仙千代(広忠)**を、牟呂城（室城）(愛知県西尾市室町上屋敷)主の富永忠安（吉良持広の家老）へ入れる。<br>東条吉良氏に仕える富永忠安の妻(家康の高祖父・藤井松平長親娘)は、仙千代(広忠)の親戚。 | 1028 |
| | 9月16日 | 清康の叔父で桜井松平家当主・松平内膳正信定(？～1538)、仙千代(広忠)が入った牟呂城を攻める。 | 1029 |
| | 10月10日 | **阿部大蔵定吉(1505～1549？)、駿府(静岡市葵区)へ赴き、朝比奈駿河守氏秀を頼る。**<br>今川義元は「廃たるを興すは武門の面目なり。仙千代(広忠)の亡父清康は、今川家と好を通じ、両国の兵、互いに助成す。依ってその旧好を忘れず、又吉良持広存命の内、広忠を岡崎に還す事を堅く約束した、今なお疎意なき旨を誓う」。 | 1030 |

## 西暦1536

| | | | |
|---|---|---|---|
| 天文5 | 閏10月7日 | 松平仙千代(広忠)、桜井松平内膳正信定に攻められ、牟呂が自焼し今橋城(吉田城)(愛知県豊橋市今橋町、豊橋公園内)へ退く。**仙千代(広忠)(1526～1549)は更に駿府に到り、今川義元(1519～1560)に面す。** | 1031 |
| | 11月— | 武田晴信(信玄)(1521～1573)、信濃佐久郡の戦いに初陣。<br>晴信の名前の「晴」の文字は、天文5年(1536)3月、十二代将軍足利義晴から一字を拝領したことに由来する。 | 1032 |

## 西暦1537

| | | | |
|---|---|---|---|
| 天文6 | 2月6日 | 木下藤吉郎(後の秀吉)(1537～1598)、尾張国愛智郡中村(名古屋市中村区)に生まれるという。(異説1536年)。父は、織田信秀家臣、木下弥右衛門(?～1543)。母は、なか(後の大政所)(1513～1592)。 | 1033 |
| | 2月10日 | 「甲駿同盟成立」。<br>甲斐武田信虎は、長女定恵院(信玄の姉)19歳(1519～1550)を、この日、駿河今川義元19歳(1519～1560)に嫁がせ今川・武田の同盟成立。<br>武田信虎、娘の化粧料として、興国寺城(静岡県沼津市根古屋)・富士下方12郷を今川義元に贈る。<br>今川氏と同盟関係にあった相模の北条氏綱(北条氏第2代当主)(1487～1541)は、武蔵国の扇谷上杉朝興(1488～1537)・武田信虎(1494～1574)・今川義元(1519～1560)と敵対することになる。 | 1034 |
| | 3月29日 | 北条氏綱、今川方の三河作手城(愛知県新城市作手清岳)主・奥平九八郎貞勝(1512～1595)に、遠江を手に入れたなら5百貫文を与えるので、遠江国井伊谷の井伊氏と協力して早急に軍事行動するようと、書状を送る。<br>北条氏綱は、遠州見付端城主・堀越氏延(?～1563)や井伊氏、奥平氏を結び、今川家を挟撃しようとする。 | 1035 |
| | 4月26日 | 「見付端城の戦い」。<br>遠江国見付城(静岡県磐田市見付)主・堀越六郎氏延は、見付城篭城も、犬居城(浜松市天竜区春野町堀ノ内字犬居)主・天野与四郎景貞ら今川軍に攻められ敗死。<br>見付端城乗崩時、天野小四郎虎景・天野孫四郎景義ら6人が疵を蒙る。 | 1036 |
| | 5月1日 | 三河の松平氏(徳川氏)の譜代家臣**大久保忠俊**(1499～1581)が帰国を促し、松平仙千代(広忠、家康の父)は、再び牟呂城(室城)(愛知県西尾市室町上屋敷)に入る。駿河今川義元の援助であった。<br>忠俊は、家康の祖父・松平清康の頃から三代に渡って仕えた宿老。<br><br>岡崎に残る、譜代の御家人である新八郎忠俊と弟甚四郎忠員(1511～1583)・弥三郎忠久らに岡崎帰城を促され、**仙千代(松平広忠)は牟呂城に戻った。** | 1037 |
| | 5月29日 | 岡崎を執っていた桜井松平内膳正信定(?～1538)が有馬温泉に赴く隙に、夜、大久保忠員・八国甚六郎詮実・林藤助忠満(?～1540)・成瀬又太郎正頼(?～1540)・大原近右衛門惟宗(1516～1564)らが、仙千代(広忠)を迎えに牟呂城に至る。 | 1038 |
| | 6月1日 | **大久保忠俊、岡崎城を攻め、本丸の石川兄弟を討って開城。**<br>大久保忠俊は、仙千代(広忠)に使者を遣わす。 | 1039 |
| | 6月8日 | **松平仙千代(広忠)14歳(1526～1549)、前日からの交渉で、桜井松平内膳正信定(?～1538)と和議。信定は、仙千代(広忠)に仕える。** | 1040 |

## 西暦1537

| | | | |
|---|---|---|---|
| 天文6 | 6月25日 | **松平仙千代(広忠、家康の父)、三河岡崎城に帰る。** | 1041 |
| | 10月23日 | **松平仙千代、石川四郎康繁を駿府へ遣わし恩を謝す。**<br><br>**「今度入国之儀 忠節無比類候」**。松平仙千代(広忠)は、八国甚六郎・大窪新八郎(大久保忠俊)・成瀬又太郎正頼・大原近右衛門惟宗・林藤助忠満に、三河国帰国に際しての忠節を賞し15貫文加増する。これには千松丸と署名している。 | 1042 |
| | 12月9日 | **「広忠、元服」**。<br>松平仙千代(広忠)12歳(1526～1549)、元服。東条吉良持広(清康の妹婿)(？～1539)が烏帽子親。松平二郎三郎広忠の名は彼の偏諱授与によるとされる。 | 1043 |
| | — | 「今橋城(吉田城)の戦い」。<br>大崎城(愛知県豊橋市船渡町城戸中)主戸田金七郎宣成(のぶなり)(？～1546)、同族の牧野成敏家臣戸田新次郎(氏輝)・戸田宗兵衛尉(重光)と共に、松平広忠派、今橋城(吉田城)の牧野伝兵衛成敏を攻略する。<br>牧野氏を追った戸田宣成(戸田康光の一族)が、今橋城(吉田城)(愛知県豊橋市今橋町、豊橋公園内)城主となる。 | 1044 |

## 西暦1538

| | | | |
|---|---|---|---|
| 天文7 | 11月27日 | **桜井松平内膳正信定(？～1538)、没**。松平家の総領争いは鎮静化するも、信定は広忠(家康の父)に対して恭順とは程遠い態度をとり続けた。このため、広忠派であった弟松平義春すらとも対立していた。 | 1045 |
| | — | 「今川氏真(うじざね)、生まれる」。龍王丸(のちの今川氏真(うじざね))(1538～1615)、今川義元と定恵院(じょうけいいん)(武田信虎の娘)との間に嫡子として生まれる。 | 1046 |

## 西暦1539

| | | | |
|---|---|---|---|
| 天文8 | 10月22日 | 東条吉良氏の当主・吉良持広(？～1539)、没。家督は対立する西条吉良氏・吉良義尭(きらよしたか)の次男で養嗣子の義安(義郷の弟)(1536～1569)が継承したという。 | 1047 |

## 西暦1540

| | | | |
|---|---|---|---|
| 天文9 | 5月— | 西条吉良氏の当主・吉良左衛門佐義郷(よしさと)(？～1539)、織田信秀と戦い戦死という。<br>弟の吉良義昭(きらよしあきら)(義安の弟)(？～？)が継承したという。 | 1048 |
| | 5月— | **「第一次安城合戦」**。<br>織田家と対立する松平広忠(家康の父)、先手を打って尾張国鳴海城(名古屋市緑区鳴海町)攻めるが敗北し、以後広忠は安祥城(安城城)(愛知県安城市安城町)の守りを固めるため城代として松平長家(清康の大叔父)(？－1540)を置き、その他一門衆5名と1千弱の兵を配備する。松平長家は、安城松平を称した。 | 1049 |

## 西暦1540

| | | | |
|---|---|---|---|
| 天文9 | 6月6日 | **「第一次安城合戦ー織田信秀、安祥城を攻め取る」。**<br>尾張(愛知県西部)の織田信秀(古渡城主、信長父)(1510？～1551)、刈屋城(愛知県刈谷市城町)水野忠政(1493～1543)ら3千の兵を率いて三河(愛知県東部)に侵攻、弱体化した松平氏本拠・安祥城(愛知県安城市安城町)を攻め落とし、守将松平左馬助長家(清康の大叔父)(？－1540)は敗死。<br>源次郎信康(広忠の弟)・松平甚六郎康忠をはじめ譜代の林藤助忠満・渡辺右衛門照綱・本多弥八郎正貞・弥七郎正行(正貞弟)・内藤善左衛門・近藤与一郎・足立弥市郎ら、50余人が戦死した。<br>**松平広忠(家康父)から離反する者もおり、矢作川以西は織田方という状況になった。**<br>両軍合わせて1千以上の死者が出た激戦だったといい、現在もその時に築かれた塚(東条塚、千人塚)が残っている。 | 1050 |
| | 7月5日 | **松平広忠の重臣・榊原摂津守忠次(榊原忠政の父)(？～1540)、三河国広久手において討死。家康の家臣榊原忠政(1541～1601)が生まれる前であった。** | 1051 |

## 西暦1541

| | | | |
|---|---|---|---|
| 天文10 | ー | **「広忠の政略結婚ー松平氏と水野氏が和議を結ぶ」。**<br>**刈屋城主水野右衛門大夫忠政は、松平氏とさらに友好関係を深めるため奔走した。岡崎城主松平広忠(家康の父)16歳(1526～1549)は、水野忠政娘・於大の方(のちの伝通院)14歳(1528～1602)を娶る。**<br>於大の方は、子が授かるように鳳来寺薬師堂(愛知県新城市門谷字鳳来寺)に参詣したという。<br>広忠は、仕えていた大給(おぎゅう)松平乗正(のりまさ)(1482～1541)の娘(於久(おひさ)の方)・松平勘六忠政(1541～1599)母子を、三河国桑谷村(岡崎市)に移し250石を与える。広忠側室於久の方はそこで、家康誕生同日に、弟の恵最(えさい)を生むことになったといわれる。 | 1052 |
| | 6月14日 | 「武田信虎追放クーデター」。<br>武田晴信(信玄)(21歳)(1521～1573)、板垣信方(1489？～1548)ら重臣と謀る。<br>武田信虎(1494～1574)、信濃から凱旋すると、娘婿の今川義元(1519～1560)の元を訪ねるため、この日、甲府を出発。晴信、直ちに甲斐と駿河の交通を閉じ、その帰国を阻む。6月28日、武田晴信(信玄)、家督相続の儀式執行。 | 1053 |
| | 7月19日 | 北条氏第2代当主・北条氏綱(1487～1541)、病没。享年55。<br>3代目に嫡男・氏康(1515～1571)が家督を継ぐ。 | 1054 |
| | 12月ー | **於大の方(のちの伝通院)(1528～1602)、家康を懐妊。**<br>大仙寺俊恵蔵主が登城して、持佛堂薬師如来の前に於て日々安産の祈祷を行う。 | 1055 |

# 西暦1542

## 天文11

### 1月29日

1056

遠江国引佐郡井伊谷城(静岡県浜松市北区引佐町井伊谷)主・井伊直宗(第21代当主)(?~1542)、今川義元に従い、三河国田原城(愛知県田原市田原町巴江)攻めに参加し戦死。異説あり。子の井伊直盛(?~1560)が、22代当主を継ぐ。

22代当主直盛に男子がいなかったため、直宗の弟・井伊直満(?~1544)の子の亀之丞(直親)(第23代当主)(1535~1563)を養嗣子にする約束をし、娘・祐姫(次郎法師、井伊直虎)の婿養子として迎えようとした。が、直親が家督相続することを嫌う家臣の反感を買ったという。それは守護今川氏の意向に沿わないことでもあった。井伊直盛が、女領主となった井伊直虎(?~1582)の父である。直虎母は、新野左馬助親矩の妹(祐椿尼・松岳院)。

### 5月11日

1057

**「広忠、岡崎城を占領」**。
松平氏八代にかぞえられる広忠(家康父)は、大叔父の松平信定死後の桜井松平家の混乱に乗じて、松平清康の弟たちの松平信孝(?~1548)・松平康孝(?~1542)兄弟の協力を得て岡崎城を占領した

### 8月10日

1058

「第一次小豆坂(あずきざか)(愛知県岡崎市美合町)の戦い」。
今川軍太原崇孚(たいげんそうふ)(1496~1555)、数千人率い、三河国生田原に侵入し織田軍と交戦。
織田信秀、安祥城(安城城)(愛知県安城市安城町)より矢作川へ出撃。
織田信秀4千出陣。織田信秀・織田信康(信秀弟)・織田信光(信秀弟)・織田信実(信秀弟)らが負傷。将士の奮戦によって織田軍の勝利に終わった。
織田の小豆坂七本槍の奮戦で織田軍の勝利とするが虚構ともされる。

### 12月24日

1059

織田信秀(1510?~1551)、安祥城より出陣し、三河上野城(上村城)(豊田市上郷町藪間(上郷護国神社))攻める。
松平方の内藤弥次右衛門清長(1501~1564)・甥の内藤四郎左衛門正成16歳(1528~1602)は防戦し、敵を数十人射殺する。
内藤家は弓の名手を輩出する家柄だった。正成は、弓で200人以上の敵を射抜いたのが松平広忠の目に止まり、召し出されたとされる。

### 12月26日

1060

**「家康、岡崎城にて生まれる」**。
「天文十一年壬寅十二月二十六日壬寅、三河国岡崎に誕生したまふ、御名を竹千代君と申奉る」(『朝野旧聞裒藁(ちょうやきゅうぶんほうこう)』)。

寅の刻(午前4時頃)、松平氏九代・竹千代(徳川家康)(1543~1616)、岡崎城(愛知県岡崎市康生町)主松平広忠17歳(1526~1549)と正室於大(後の伝通院)15歳(1528~1602)の間に、嫡男として生まれる。祖父や父と同じく「竹千代」と名づけられた。
信玄21歳、謙信12歳、信長8歳、秀吉6歳であった。

## 西暦1543

| 年号 | 月日 | 事項 | No. |
|---|---|---|---|
| 天文12 | 1月一 | 松平宗家清康没後、広忠伯父の三木松平蔵人信孝（？～1548）は、岩津（郷敷）松平親長(ちかなが)（1521？～1564？）と、信孝の弟康孝（？～1542）の旧領地を横領し、松平宗家を脅かす存在となる。<br>今川氏への年頭の挨拶に、領主松平広忠が病で出向けないため、岡崎松平家家臣らが信孝に代参を求めた。その信孝が駿河へ出向いている隙に、家臣等は語らって信孝の所領三木城（岡崎市上三ツ木町城堀）を奪い取った。<br>駿河から帰った信孝は、その状況に怒り、今川氏に調停を求めたが、不発に終わったため、上和田城松平三左衛門忠倫(ただとも)（？～1547）・上野城（上村城）（豊田市上郷町藪間（上郷護国神社））酒井将監忠尚(ただなお)（？～1565）と共に松平氏を離反し、尾張織田氏を頼った。<br><br>本多平八郎忠高（？～1549）・酒井雅楽助正親（1521～1576）・石川安芸守清兼（忠成）（？～1578）・阿部大蔵定吉(さだよし)（1505～1549？）・植村新六郎氏明(うじあき)（1520～1552）が、代わる代わる今川義元に説得し、信孝の所領剥奪を認めさせる。 | 1061 |
| | 2月3日 | **於大の方（のちの伝通院）（1528～1602）は、この日、三河国妙心寺に薬師如来の銅像を奉納して竹千代（徳川家康）の長生きを祈念という。**<br>妙心寺は、現在の圓福寺（岡崎市岩津町字檀ノ上）という。 | 1062 |
| | 2月26日 | **松平広忠20歳、時宗の称名寺（愛知県碧南市築山町2丁目）夢想の発句で一座興行。**<br>この時の夢想之連歌で、称名寺第十五世其阿和尚が、家康（9代）幼名竹千代を献上という。 | 1063 |
| | 5月1日 | 松平広忠、田地を善立寺に寄進する。 | 1064 |
| | 6月一 | **「三木城の戦い」。松平一族と家臣団に分裂が起こる。**<br>松平信孝は織田方に属し、三木・岡の両城に拠る。松平広忠は、三木城（愛知県岡崎市上三ツ木町）の松平蔵人信孝（？～1548）を攻める。三木松平信孝は、死んだ弟、十郎康孝の所領合わせ、宗家に匹敵する勢力であった。信孝は、織田信秀に属し太田砦に入り安城防衛。 | 1065 |
| | 6月14日 | **「中根弥次郎殿ニ弐十貫文、大竹源六殿ニハ主の名田を城へ納候分進之候、相のこり七人ニ百貫文進之候、少もふさた（無沙汰）有ましく候、万一無為ニ罷成候共、三木へ返し置候事ハ、八幡も照らん有ましく候、両人へ御まかせ候へく候」。**<br>松平広忠（家康の父）、中根弥次郎・大竹源六の、三木松平信孝からの寝返りを賞す。 | 1066 |
| | 7月12日 | 緒川城（愛知県知多郡東浦町緒川）および刈屋（刈谷）城（愛知県刈谷市城町）主**水野忠政（1493～1543）、没。享年51。**徳川家康の生母・於大の方（伝通院）の父である。<br>次男信元（？～1576）が家督を継いだときの水野氏は、宗家の小河（緒川）水野氏の他、刈屋（刈谷）水野氏、大高水野氏、常滑水野氏などの諸家に分かれていたとされる。 | 1067 |
| | 8月10日 | **松平広忠、内藤甚三（忠郷）（1511～1580）の三木松平信孝からの寝返りを賞す。**<br>忠郷は、信孝が宗家から離反すると、阿部定吉（1505～1549？）を頼って宗家の松平広忠に仕え、高落・野場の所領安堵を受けた。 | 1068 |
| | 8月27日 | ■「鉄砲伝来」<br>ポルトガル人を乗せた中国船が種子島に漂着。刀を作る優秀な技術を持った日本人は、たちまち模造品を作り、鉄砲はたちまち国内に広がった。 | 1069 |
| | 10月15日 | 今川義元（1519～1560）、三河国今橋の東観音寺（豊橋市小松原町字坪尻）に禁制を発す。 | 1070 |

## 西暦1543

| | | | |
|---|---|---|---|
| 天文12 | ー | 大給松平和泉守親乗（松平信定の娘婿）（1515～1577）、松平郷（愛知県豊田市）に攻め入り、郷敷（松平）城の松平太郎左衛門親長（1521？～1564？）・松平重長（？～1584）父子の領地を奪う。<br>**松平広忠、細川の鳥井ヶ原まで出馬し、大給領分2、3ヶ所放火し、敵5、3騎討取る。**<br>岩津信光寺（信光明寺）（岡崎市岩津町東山）・真福寺（岡崎市真福寺町字薬師寺山）・大沢竜渓院（岡崎市桑原町字大沢）住職の取成しによって争いが収まる。 | 1071 |

## 西暦1544

| | | | |
|---|---|---|---|
| 天文13 | 2月2日 | **松平広忠（家康の父）、平田の内の田地を明眼寺に安堵する。** | 1072 |
| | 5月10日 | **松平広忠、笑塚次郎左衛門に判物発給。** | 1073 |
| | 8月22日 | 松平氏宗家の第5代当主であった、**道閲（藤井松平出雲守長親）（1473～1544）、没。享年72。21日とも。家康の高祖父である。**<br>隠退後、入道し道閲と号した長親は、なおも信忠を後見・補佐したが、信忠（家康の曾祖父）（1490～1531）は、力量乏しい上に一門衆・家臣団からの信望が薄く安祥松平家が解体の危機に瀕した。そのため、家老・酒井忠尚（将監）（？～1565）の嘆願により道閲・信忠父子は、信忠の隠居と信忠の嫡子清孝（清康）（家康の祖父）への家督継承を受け入れたという。 | 1074 |
| | 8月ー | 「安城合戦」。<br>藤井松平長親が死去すると、これを知った織田方は、織田左馬助敏宗（信秀の伯父）３千が安祥城（愛知県安城市安城町）を攻め敗れる。 | 1075 |
| | 9月ー | **「竹千代（家康）は3歳にして母と生き別れになるー松平氏の生き残り策」。**<br>於大の方（家康母、後の伝通院）（17歳）（1528～1602）は、兄の緒川（小河）城主・水野下野守信元（？～1576）がこの月、織田方と誼を通じた（佐久間信盛与力となる）ため、今川義元の援助で国を保ってきた岡崎城主松平広忠（1526～1549）より、離別させられて刈屋（刈谷）城（愛知県刈谷市城町（亀城公園））へ帰る。<br>**以後、竹千代（家康）（1543～1616）は、祖父松平清康の妹、於久の方（？～1561）に養育される。**家康が6歳で人質に出されるまでの3年間養育したという。<br>於久の方（随念院）は松平信忠（家康の曾祖父）（1490～1531）の娘で、実名は久（於久・久子）。初め松平乗勝、後に鈴木重直の妻。松平親乗の母。徳川家康の大叔母にあたり、その養母・乳母的な立場にあったという。 | 1076 |
| | 9月ー | **「松平氏は一族をあげて今川氏方としての立場を明確にしたとされる」。**<br>この月、形原松平家広（？～1571）も、妻が水野忠政娘於丈（於大の姉）なので離縁したとする。形原松平家広も妻を刈屋（刈谷）に送り返したが、水野信元（？～1576）により送りの者を残らず切捨てられるという。<br><br>しかし、天文16年（1547）に家忠（1547～1582）が誕生していることからこの通説には矛盾があるとして、形原松平家は水野家と同調して広忠と対立していたという。形原松平家忠は、成人し当主となると、家康に従い活躍した。 | 1077 |
| | 10月ー | 井伊彦次郎直満（？～1544）・井伊平次郎直義（？～1544）が捕らえられて駿府に至る。<br>前々より井伊氏領を武田氏が押領していた為、今川氏は、武田に属す長篠城（愛知県新城市長篠）主菅沼氏を攻めようとする。 | 1078 |

## 西暦1544

| 年号 | 月日 | 事項 | No. |
|---|---|---|---|
| 天文13 | 12月― | 「第一次甲相同盟」成立。<br>信濃侵攻を企図した武田氏は、両上杉氏を当面の敵としていた相模の北条氏康(1515〜1571)と和睦を結ぶ。 | 1079 |
| | 12月23日 | 遠江国引佐郡井伊谷城主・井伊直平(第20代当主)(1488？〜1563)の三男・四男の井伊直満(？〜1544)、井伊直義(？〜1544)兄弟、家臣小野和泉守(小野道高、小野政直)(？〜1553)の讒言により今川義元(1519〜1560)に誅殺される。<br>井伊直盛(第22代当主)の娘・祐姫(次郎法師、井伊直虎)の許嫁の、亀之丞(直親)(井伊直政の父)(1535〜1563)が、家臣今村藤七郎正実に導かれて井伊谷を脱出する。 | 1080 |
| | 12月29日 | 殺害された井伊直満の子・井伊亀ノ丞(直親)9歳(1535〜1563)、家老今村藤七郎正実(？〜1582)により日輪山東光院(浜松市北区引佐町渋川)へ逃がされる。 | 1081 |
| | 冬 | **「安城合戦ー酒井忠次、織田方へ走る」**。<br>織田弾正忠信秀３千、三度攻め、安祥城(安城市安城町)攻略。<br>佐崎城(佐々木城)(岡崎市上佐々木町梅ノ木)松平三左衛門忠倫(？〜1547)は織田方へ付く。一度は松平信定（清康の叔父、桜井松平家）に従った酒井左衛門尉忠次（1527〜1596)・大原左近右衛門(惟宗)(1516〜1564)・今村伝次郎は、松平広忠(家康父)へ、石川清兼(忠成)(？〜1578)・酒井雅楽頭正親(1521〜1576)を除くよう(森山崩れを問い、切腹を迫る)請うが、聞かれなかったため織田方へ走る。 | 1082 |

## 西暦1545

| 年号 | 月日 | 事項 | No. |
|---|---|---|---|
| 天文14 | 1月3日 | 井伊亀ノ丞(直親)10歳、日輪山東光院住持・能仲の案内で松源寺(長野県下伊那郡高森町）着く。その後10年間信州松源寺（井伊直平が招請しようとした文叔瑞郁の開いた寺）隠れ居る。逃げる時、坂田峠で弓の名手大平住人右近次郎に命を狙われる。 | 1083 |
| | 3月19日 | **「広忠(家康父)、後妻を娶り田原城主戸田弾正の婿となる」**。<br><br>松平広忠(家康父)(1526〜1549)が、戸田弾正康光娘・真喜姫(田原御前)(？〜1571)を娶る。戸田康光と松平広忠は共に水野氏・牧野氏と敵対関係にあり、彼らに対抗するために婚姻を結んだという。<br><br>その祝いの席で皆が奇芸を披露するも、一眼の岩松八弥は武勇はあるが遊芸などを知らず、嘲られたという。その翌日広忠が手洗い場に立った所を、後方から八弥が村正の脇差で刺そうとした。広忠はこれをかわしたが傷のため追いかけることができず、番替わりで登城の折の植村新六郎家次（氏明）(1520〜1552）が異変に気付き、逃亡した八弥を追い詰め、手傷を負うも捕らえ成敗したという。(『三河後風土記』)。 | 1084 |
| | 7月24日 | 「駿相同盟破綻」。「第二次河東一乱ー天文14年（1545）7月24日〜10月29日」、はじまる。駿河の和(駿相同盟)破れる。今川義元、軍勢を率いて善得寺に布陣する。 | 1085 |
| | 8月11日 | 「甲駿同盟成立」。駿河の今川義元(1519〜1560)と甲斐の武田晴信(信玄)(1521〜1573)が会見という。同盟成立の祝宴が催される。<br>武田家は今川家への支援を約束。義元は、晴信や北関東において北条方と抗争していた山内上杉憲政(1523〜1579)に、北条氏の挟み撃ち作戦を持ちかけた。 | 1086 |

## 西暦1545

|  |  |  |  |
|---|---|---|---|
| 天文14 | 9月20日 | 「第二次安城合戦―清田畷の戦い」。<br>美濃に侵攻した織田勢の敗報を聞いた、三河岡崎城主・松平広忠(家康父)1千、安祥城(松平氏本拠)(愛知県安城市安城町)奪回を謀り、三河清田畷(愛知県安城市)で織田信秀(1510？～1551)と戦うが、織田勢の挟撃に遭い敗走。<br>**この頃、松平氏の地位は完全に凋落し、今川氏への依存はますます強くなることになる。矢作川以北の西三河は、織田信秀に帰し、勢力圏は東三河に及ぶ。** | 1087 |
| | 10月29日 | 「第二次河東一乱―天文14年(1545)7月24日～10月29日」、終結。<br>今川・北条の和睦が成立する。武田晴信(信玄)が仲介役として双方の間に割って入り、停戦が成立。今川家重臣・太原雪斎(1496～1555)を交えて誓詞を交換。 | 1088 |
| | 11月8日 | 今川義元・武田信玄、互いに大事な事は自筆で申合う事取り決める。 | 1089 |

## 西暦1546

|  |  |  |  |
|---|---|---|---|
| 天文15 | 3月10日 | **「今度世上就申事、別而無御等閑趣本望候、此式雖少所候、東端之郷之内長福寺領進置候、」。**<br>松平広忠、長沢松平孫三郎信重に、東端郷長福寺領を宛行判物発給。 | 1090 |
| | 4月5日 | **松平広忠、浄妙寺(岡崎市中之郷町)に書状。上和田天白の地を寄進という。** | 1091 |
| | 6月15日 | 今川義元、長興寺(愛知県豊田市)・龍門寺(愛知県田原市田原町新町)・伝法寺(愛知県一宮市丹陽町)に禁制を発す。 | 1092 |
| | 6月- | **松平広忠、龍海院(愛知県岡崎市明大寺町西郷中)に寄進。** | 1093 |
| | 9月6日 | **「上野城の戦い」。**<br>松平広忠(家康父、三河岡崎城主)、広久手(豊田市広久手町)に兵を出し、三河上野城(豊田市上郷町薮間(上郷護国神社))主・桜井松平監物家次(？～1564？)を降す。 | 1094 |
| | 9月14日 | **松平広忠(家康父)、久松弥九郎俊勝(1526～1587)に、大野佐治氏との和睦を祝す。**<br>知多半島と大野湊を治める、大野城(愛知県常滑市金山)主(2代目)・佐治上野守為貞が松平広忠に通じる。 | 1095 |
| | 9月28日 | これより先、牧野保成(1500～1563)、三河国今橋・田原・長沢の処置につき、今川義元に願い出る。<br>この日、保成の、渥美郡の今橋城(吉田城)周辺に所領を認める今川家発給文書が出る。 | 1096 |
| | 10月16日 | 「これより先、今川義元、太原崇孚雪斎(1496～1555)の指揮下で三河侵攻を開始する」。<br>この日、牧野保成、所領の不入などを今川氏に求める。<br>朝比奈泰能(1497～1557)・朝比奈親徳(？～1566)・太原崇孚、牧野田三郎保成の３ヶ条を申し入れに連署加判。<br>１、本知行・新知行に対する守護不入権。<br>１、知行内の者が、他国人衆の被官となる事の禁止。<br>１、豊川より東岸の「領」に所属する土地であっても、豊川より西にあれば牧野保成に与えられるよう要求。<br>今川軍の出兵眼目は、松平信孝・緒川水野氏の支援にあり、松平広忠が討伐対象というが。 | 1097 |
| | 10月22日 | 松平広忠家臣・**杉浦弥市郎親貞、野田で討死。35歳。** | 1098 |

# 西暦1546

| 和暦 | 月日 | 事項 | No. |
|---|---|---|---|
| 天文15 | 10月30日 | **松平広忠の右筆(ゆうひつ)である岡崎の岡部慶度(けいたく)、西嶺に、駿河衆が今橋城（吉田城）（豊橋市今橋町）を攻囲しているが、今日までそれほど攻撃が行われいないことと、金田宗八郎正祐の討死を記す。** | 1099 |
| | 11月15日 | **「今橋城（吉田城）の戦い一今川氏は、戸田氏の勢力拡大を危惧した」。**<br><br>**牛久保城（牛窪城）（愛知県豊川市牛久保町）主（長山一色城主）の牧野保成(やすしげ)（1500～1563）の要請を請けた今川義元、松平広忠（家康父）と組んで、戸田金七郎宣成（？～1546）の三河今橋城（のち吉田城）（愛知県豊橋市今橋町）を攻める。**<br>午前８時天野七郎安芸守景泰、外構崩し城内乗り込む。首級七つ討取る。 | 1100 |
| | 11月24日 | **「今橋城（吉田城）の戦い」**。今川家臣太原崇孚らにより、戸田金七郎宣成(のぶなり)の今橋城（吉田城）は陥落。<br>松平家臣石川式部忠成（清兼）（？～1578）・阿部大蔵定吉（1505～1549？）・酒井将監忠尚（？～1565）が功績。<br>今川氏が直接支配に乗り出したことで東三河における最重要戦略拠点となった。<br>**今川義元、今橋城を「吉田城」と改めるという**。牧野保成は、吉田城（今橋城）主になるという。<br>**これにより、尾張の織田信秀が西三河侵攻の構えを見せる。翌年、広忠（家康の父）は、今川義元に援軍を要請、広忠嫡男竹千代（後の家康）の人質差出に繋がる。** | 1101 |
| | 11月25日 | 朝比奈備中守泰能・朝比奈丹波守親徳・太原崇孚、牧野田三郎保成が、9月28日に願い出た5ヵ条の要請に対し、松平蔵人佐・安心軒が駿府在国の時、今川義元が判形を遣わしたのを知ったので保証を与える。<br>松平蔵人佐は、官途名から松平信孝（？～1548）に比定(ひてい)される。長沢松平氏はそれに敵対している。 | 1102 |
| | 11月25日 | 「今度三州今橋之城小口取寄之時、了念寺へ可相移之由成下知候之処、」。今川義元、三河国今橋城（吉田城）攻撃における天野安芸守景泰（？～？）の戦功を賞す。 | 1103 |
| | 一 | 「武田勝頼、生まれる」。<br>この年、四郎（後の武田勝頼）（1546～1582）、誕生。父は武田晴信（信玄）（1521～1573）。母は信玄側室の諏訪御料人（諏訪頼重の娘）（1530？～1555）。勝頼正室は、織田信長の養女・遠山夫人。 | 1104 |

# 西暦1547

| 和暦 | 月日 | 事項 | No. |
|---|---|---|---|
| 天文16 | 2月3日 | 今川義元、野々山甚九郎（政兼）（1493～1548）が今橋城で内通した功を賞す。 | 1105 |
| | 6月6日 | **松平広忠、鳥居仁左衛門の、三木松平信孝からの寝返りを賞す。** | 1106 |
| | 7月8日 | 今川義元、天野景泰の医王山砦（愛知県新城市長篠弥陀の前）構築を称え、三河国本意のため近日出馬すると伝える。 | 1107 |
| | 7月一 | **「第三次安城合戦一今川氏、竹千代（後の家康）を人質として要求」。**<br>松平広忠（家康の父）（1526～1549）、この月、広忠伯父の松平蔵人信孝（？～1548）と矢作川の河原で戦い敗北する。<br>助けを請う広忠に対し、今川義元は、その見返りに広忠の嫡男竹千代（後の徳川家康）を人質として差し出すことを要求した。 | 1108 |

# 西暦1547

| 和暦 | 月日 | 事項 | No. |
|---|---|---|---|
| 天文16 | 一 | 「第三次安城合戦」。<br>織田弾正忠信秀、安祥城(安城市安城町)攻略。<br>佐崎城(岡崎市上佐々木)松平三左衛門忠倫(?～1547)、松平広忠に逆ギ心し渡村・筒針砦を構える。井田城(岡崎市井田町)酒井左衛門尉忠次(1521～1547)は、織田信秀側につく。<br>織田信秀、松平忠倫を上和田城(岡崎市上和田)に、松平蔵人佐信孝衆を岡の城(岡崎市岡)・三木城(岡崎市上三ツ木町城堀)に、酒井左衛門尉忠次を上野城(豊田市上郷町)を置く。 | 1109 |
| | 閏7月3日 | 今川軍、田原城(愛知県田原市田原町巴江)攻撃開始。 | 1110 |
| | 閏7月5日 | 今川軍、上郷(豊田市上郷町)を悉く放火。飯尾豊前守乗連(?～1560)が、常光寺(愛知県豊田市下市場町)に陣取る。 | 1111 |
| | 閏7月23日 | **「今度牢人仕候て其方へ憑入参候処、種々御懇候得共、殊過分之御取かへなされ、進退をつゝけ本意仕候」。**<br>今川氏の三河侵攻に敵対し、今川氏の今橋城攻略直後牢人となっていた形原松平又七家広(?～1571)、領主復帰に配慮した竹谷松平与次郎清善(1505～1587)に感状。 | 1112 |
| | 8月2日 | 『国史大系』第38巻 徳川実紀(黒板勝美編輯 吉川弘文館 1964年)の「東照宮御実紀巻一 天文十四年-天文十六年」には、駿州に向かう際に付いたのは「石川与七郎数正。天野三之助康景。上田万五郎元次入道慶宗。金田与三右衛門正房。松平与市忠正。平岩七之助親吉。榊原平七郎忠正。江原孫三郎利全等すべて廿八人。雑兵五十余人。阿部甚五郎正宣が子徳千代(伊予守正勝なり)六歳なりしをあそびの友として。御輿に同じくのせてつかはさる」とある。<br>付従う者、石川数正(1533～1592?)・平岩親吉(1542～1612)・榊原康政(1548～1606)・天野康景(1537～1613)・上田慶宗・金田政貞・金田正房・松平忠正(1543～1577)・平岩親長(親吉の叔父)・村越平三郎・江原孫三郎・徳千代(阿倍正勝)(1541～1600)ら28人、兵50余人。 | 1113 |
| | 8月2日 | **「6歳の竹千代(家康)を今川家の人質として駿河に送るも、織田信秀に奪われる」。**<br>安祥城を奪われ、次に岡崎城へと迫ってきた織田信秀(1510?～1551)に対抗するため、松平広忠(1526～1549)は今川氏に援護・援軍を依頼し、実子松平竹千代(家康)(1543～1616)を人質としてさしだそうとした。<br>舟で西郡(蒲郡)から大津(豊橋市老津)に渡り、陸路駿府に向かう予定のところ、真喜姫(田原御前)父で田原城の戸田康光(宗光)・尭光父子が舟で行く方が安全と勧め、竹千代一行を攻撃して奪い織田信秀に送る。<br>信秀は、織田家の人質として熱田(名古屋市熱田区)の加藤図書助順盛邸に預ける。徳千代(阿倍正勝)(1541～1600)、天野三之助と共に供奉した。<br>その後、竹千代は名古屋の織田家の菩提寺である万松寺天王坊(名古屋市中区大須)に預けられ、この寺で2年間あまりの人質生活を送ることになる。<br>家**康実母・於大の方(のちの伝通院)は、阿久比城(坂部城)(愛知県知多郡阿久比町卯坂字栗之木谷)主・久松俊勝(1526～1587)に再嫁したが、家康が織田方の人質となってからも常に衣服や菓子を贈って見舞い、音信を絶やすことがなかったと伝えられている。**<br>「高野藤蔵」は、竹千代を慰めるためにひそかに小鳥(モズ)を差し入れた。竹千代は、葵と桐の紋を彫った目貫を藤蔵に贈ったという。「高野藤蔵」は、河野氏吉(藤三、藤左衛門)((1527～1616)という。 | 1114 |

# 西暦1547

| 年号 | 月日 | 事項 | No. |
|---|---|---|---|
| 天文16 | 8月2日 | **松平広忠の使者石川安芸守清兼（忠成）（？～1578）・天野甚右衛門景隆（？～？）、駿府に至り、岡部久綱・太原雪斎に会い今川方に援を請う。**<br>**松平広忠は、石川安芸守清兼を使者に駿府へ。今川義元は、朝比奈彌太郎泰成を使者に岡崎へ送る。**<br>**竹千代（家康）を人質にとった織田信秀は、山口惣十郎弘孝を使者に、松平広忠に好を結ぶよう伝える。** | 1115 |
| | 8月25日 | 「医王山取出割、就可抽忠節、以先判充行之上、当国東西鉾楯雖有時宜変化之儀」。<br>今川治部大輔義元、作手奥平仙千代貞能（1537～1599）・藤河奥平久兵衛尉貞友（？～1585）に、竹尾平左衛門150貫文除く三河山中７郷（岡崎市）知行宛行。<br><br>義元は、奥平定能と貞友に医王山砦での功を賞し、東西で紛争があっても所領は変わらないと保障した。 | 1116 |
| | 8月26日 | 太原崇孚雪斎（1496～1555）、牧野保成（1500～1563）に書状を送り、陣備えを指示して今川義元出馬を伝える。29日には、援軍と兵糧について指示した。 | 1117 |
| | 8月一 | 竹千代（家康）（1543～1616）を奪われ怒った今川義元は、天野景泰らに命じ、戸田康光(宗光)）（？～1547）・尭光父子の居城田原城（愛知県田原市田原町巴江）を攻めさせ、城を包囲。 | 1118 |
| | 9月5日 | **「田原戸田氏滅亡ー今川氏、三河全域を勢力下におく」。**<br><br>**今川義元（1519～1560）・松平広忠（家康の父）（1526～1549）、戸田康光（宗光）（？～1547）の三河国田原城を攻撃し落城させる。**今川義元は、田原城に、家臣伊東祐時を入れる。これにより今川義元は、三河全域に勢力を有することとなる。<br>戸田康光娘は、松平広忠の後妻となった真喜姫（田原御前）（？～1571）である。 | 1119 |
| | 9月28日 | **「渡村河原の戦い」。**<br>岡崎城の宗家松平広忠、山崎城より出陣する反宗家の松平信孝（？～1548）5百・上和田城（岡崎市上和田町）主松平忠倫（？～1547）と、「渡村河原（岡崎市渡）の戦い」に敗れる。<br>宗家側の鳥居忠宗（鳥居元忠の長兄）は、松平清兵衛に討取られる。宗家側の五井松平家4代目松平忠次（1521～1547）も討死。29日、広忠家臣中根正雄、討死。<br>松平忠倫・三ッ木松平信孝は、東条吉良を継ぐ吉良義安（1536～1569）・西条吉良を継ぐ吉良義昭（？～？）を尾張に属させ、岡崎を窺う。 | 1120 |
| | 10月18日 | **松平広忠（家康の父）、松平宗家から離反し尾張の織田信秀に通じた松平三左衛門忠倫（三河国上和田城主）を、家臣の筧平三郎重忠（筧正重の兄）（1512～1588）に命じて討ち取る。**<br><br>筧平三郎重忠は、帰順をしてもてなされ、夜が更けた後、屋敷内部の様子をよく観察してから、忠倫の所に忍び寄って、広忠から与えられた脇差で脇腹を二刀刺して、屋敷を逃げ出したという。<br><br>織田信秀（1510？～1551）、松平三左衛門忠倫に、三河国岡崎城の松平広忠を攻撃させようと援兵するも失敗した。 | 1121 |

# 西暦1547

|  |  |  |  |
|---|---|---|---|
| 天文16 | 10月20日 | **「今度三左衛門生害之儀、忠節無比類候、此忠於子々孫々忘間敷候、然者為給恩、万疋之知出置候、雖為何儀候、於末代不可有相違候、在所者別ニ日記出置候也、」。**<br><br>松平広忠、筧平三郎重忠の松平忠倫殺害を賞し感状と羽栗（三河国額田郡羽栗村）の土地、百貫が与えられた。 | 1122 |
| | 10月一 | 「信長、初陣」。<br>この月、織田信長（14歳）(1534〜1582)、初陣。三河の吉良大浜城（愛知県碧南市）に進出の今川勢を攻撃。平手政秀(1492〜1553)を介添えに、紅筋の頭巾・馬乗り羽織・馬鎧の軍装で、自ら指揮をとり各所に放火。その日は野陣を張り、翌日、那古野（愛知県名古屋市中村区、西区）に帰陣。<br><br>この頃、織田信秀（1510？〜1551）の勢力は安祥城（愛知県安城市安城町）を拠点に西三河方面に進出し、今川氏との間で係争が繰り返されている。<br>今川義元(1519〜1560)は、大浜湊（碧南市）に端城（大浜羽根城）を築き、長田平右衛門重元(1504〜1593)を城代としていた。長田平右衛門重元は永井直勝の父。 | 1123 |
| | 12月5日 | **松平広忠（家康の父）、岡崎三郎として、大樹寺に寺領寄進状発給。** | 1124 |
| | 12月25日 | **金田正房（？〜1547）、竹千代（家康）を救う計略に失敗し死す。**<br>竹千代の護衛役の金田正房は、幽閉された竹千代を救わんと熱田付近を探索中、露見して殺されたという。<br><br>金田正房は当時、既に家督は三男・祐勝に移っていた。正房の死は忠死として扱われ、後に長男・宗房がこの事を於大の方（家康の実母）に感じいられ、その子である松平康元（家康の異父弟）(1552？〜1603)の家老に所望したとされる。宗房は、元亀3年（1573）12月の三方ヶ原の戦いで主君松平康元を救い討死という。 | 1125 |

# 西暦1548

|  |  |  |  |
|---|---|---|---|
| 天文17 | 1月26日 | 松平広忠に仕える**野々山政兼**（1493〜1548）、今川義元の命で織田方の尾張国大高城を攻めたが、援軍に来るはずであった松平広忠が動かなかったために同城を落とすことができず政兼並びに野々山一族は討死したという。享年56。 | 1126 |
| | 2月15日 | 今川義元、本多縫殿助忠俊（本多忠次の父）(？〜1564)に、伊奈（豊川市）・前芝湊（豊橋市）の支配権と湊役徴収権・渡津平井村（新城市平井）の船役徴収権安堵。 | 1127 |
| | 2月16日 | 松平広忠（家康の父）の父・松平清康に嫁いだ、（大草松平家4代）岡崎信貞（昌安）娘・於波留（春姫）、没。 | 1128 |
| | 3月2日 | 松平宗家を救援するため、今川軍2万5千、大将に太原崇孚(1496〜1555)・副将に朝比奈備中守泰能（やすよし）(1497〜1557)・搦手に岡部五郎兵衛尉元信（？〜1581)・朝比奈藤三郎泰秀が出陣、藤枝着。 | 1129 |
| | 3月6日 | 今川軍、藤川（岡崎市）着陣。 | 1130 |
| | 3月6日 | 織田信秀(1510？〜1551)・副将の織田三郎五郎信広（信長異母兄）(？〜1574)・先手の弟津田孫三郎信光(1516〜1556)8千、清洲城（愛知県清須市朝日城屋敷）を出陣し、笠寺・鳴海（名古屋市緑区鳴海町）に着陣。 | 1131 |
| | 3月9日 | 織田信秀、矢作川（やはぎがわ）を渡り上和田城（岡崎市上和田町）に着陣。 | 1132 |

# 西暦1548

| 年 | 月日 | 事項 | No. |
|---|---|---|---|
| 天文17 | 3月11日 | 相模の北条氏康（1515〜1571）、織田信秀の軍功を讃えつつ、自らは今川氏と同盟したことを伝える。<br>「先年一和を遂げたといえども、今川方よりの疑心止むことが無い」という。 | 1133 |
| | 3月19日 | **「第二次小豆坂の戦い－今川軍と織田軍の本格的ぶつかり合い」。**<br>小豆坂(愛知県岡崎市羽根町)にて今川軍が織田軍に勝利。<br>今川義元（1519〜1560）の三河進出に危機感を覚えた織田信秀が三河に侵攻してくるが、義元の重臣である大原崇孚・朝比奈泰能ら**今川軍は、織田軍に大勝し、織田家の勢力を事実上、三河から駆逐した。**<br>松平家臣**今村彦兵衛勝長**（？〜1600）、戦功。 松平家臣**小林平左衛門重次**（？〜1548）、織田平八郎信重・織田平九郎信正を討取り、永井藤助と戦い討死。70歳。弟**小林源之ノ助重吉**、討死。<br>織田信秀は安祥城(愛知県安城市安城町)まで撤退。そして、安祥城に庶長子・信広(信長異母兄)(？〜1574)を入れ、今川家に備え、自身は尾張に戻る。 | 1134 |
| | 3月28日 | 上ノ郷城(西郡城)(愛知県蒲郡市神ノ郷町)城主・鵜殿長持(1513〜1557)、安心に対して飯尾豊前守への織田信秀密書仲介を責める。<br>織田信秀が飯尾乗連宛の密書を水野信元の家臣安心軒に託したところ、水野信元（？〜1576）は安心軒に命じ、今川義元の信任の厚い鵜殿長持へこの密書を持ち込ませる。 | 1135 |
| | 4月15日 | **「明大寺の戦い－広忠、信孝を倒す」。**<br>小豆坂の戦いで織田勢が安祥城まで退いたために、大岡の山崎砦の松平信孝は、単独で岡崎城を落とそうと5百騎を率いて明大寺(岡崎市明大寺町)表へと詰める。<br>2百騎の兵で迎え撃った松平広忠（家康の父）(1526〜1549)は、予め伏兵として絵女房山（万燈山）に弓の精鋭を配置して山を下る信孝軍へ射らせてから妙大寺へ退かせた。一直線に伏兵達を追いかけた信孝軍を、広忠家臣の隊が左右から挟撃。<br><br>**三木松平信孝（？〜1548）は、上田兵庫元俊（1529〜1609）により半弓で脇腹を射られて討死**。上田兵庫元俊は、生涯歩行が困難になる傷を負った。<br>この功績により、元俊は三河大浜に知行地を与えられ、「金の三本傘の指物」（金三蓋傘形指物）を許された。のちに家康の命によって、松平信孝の次女が元俊に嫁いだ。元俊が小禄であったために、妻には化粧料が与えられたという。 | 1136 |
| | 4月- | **「松平広忠、重原にて織田軍と戦う」。**<br>松平広忠、**松井忠次(のちの松平康親、松井松平家の祖)**（1521〜1583）・**阿部忠政(大久保忠次の子)**（1531〜1607）に、同年織田信秀が築かせた重原城（愛知県知立市上重原町本郷）を攻めさせ城主荒川新八郎頼季を奔らせる。<br>後、織田信秀の将・山岡伝五郎に攻め取られる。<br>大久保忠次の子・阿部忠政は、阿部定次の嫡子次重が戦死すると、定次の娘の婿として阿倍氏の養嗣子となっていた。 | 1137 |
| | 4月- | **松平広忠が、織田方の八草中条氏(中条将監、中条家忠)（？〜1577）・梅が坪三宅右近正貞と戦う。** | 1138 |
| | 4月- | **松平広忠、織田信秀7千が西野に攻めてきた所を敗走させる。** | 1139 |
| | 4月- | **松平金助使者が駿府に報ず。**<br>**今川義元、松平広忠へ左文字良刀を、松平金助(松平蔵人信孝の子)に駿馬を贈る。**<br>金助は、三河一向一揆討伐に出陣し上和田にて戦死という。 | 1140 |

## 西暦1548

|  |  |  |  |
|---|---|---|---|
| 天文17 | 11月9日 | **松平広忠（家康父、岡崎城主）**（1526～1549）、**織田方に通じて岡崎城攻撃を目論む三河山中城**（愛知県岡崎市羽栗町）**主・松平重弘を攻める。**<br>**酒井正親**（1521～1576）・**石川清兼（忠成）**（？～1578）・**大久保忠勝**（1524～1601）、**山中城松平権兵衛重弘兄弟を攻落す。** | 1141 |
| | 12月30日 | 長尾景虎（上杉謙信）（1530～1578）、家督を継ぐ。<br>越後守護・上杉定実（1478？～1550）の調停のもと、長尾晴景（謙信の兄）（1509～1553）は、景虎（謙信）を養子とした上で家督を譲って隠退する。景虎は、栃尾城（新潟県長岡市栃尾町）より長尾氏の本拠である春日山城（新潟県上越市中屋敷字春日山）に入り、19歳で家督を相続し、越後守護代となる。 | 1142 |

## 西暦1549

|  |  |  |  |
|---|---|---|---|
| 天文18 | 1月- | **「奉納 尊前 松 武運長久 竹千代」。**<br>**「松平竹千代（家康）8歳、書初」。**<br>法蔵寺（愛知県岡崎市本宿町寺山）に納めた、右手判の武運長久奉納文書とされる。<br>法蔵寺は、家康幼少の頃、手習いや漢籍などの学問に励んだと伝えられる寺 | 1143 |
| | 2月11日 | **「岡城の戦い」。松平広忠、故松平信孝の岡城**（岡崎市岡町東金山）**攻める。城兵降参。** | 1144 |
| | 3月10日 | **「家康8歳父・松平広忠（24歳）没ー松平氏は二代続けて当主が横死ー三河の支配権は今川義元へ移り、岡崎城は今川家臣の城代がおかれる」。**<br>**岡崎松平家当主広忠（家康父）**（1526～1549）、**浅井某又は蜂屋某に刺殺される。6日病死など異説あり。**<br>10月に、松平家臣天野賢景は、暗殺工作の黒幕、織田方西広瀬城（豊田市猿投町西広瀬）佐久間九郎左衛門尉重行（全孝）（佐久間盛次とも）に近づき、報復（重傷）を遂げるという。<br>**広忠の死後は今川勢が岡崎城に入り、主君を失った松平家中は今川氏の指揮下に入る。**<br>岡崎にて石川伯耆守数正（1533～1592？）・本多肥後守忠高（？～1549）・天野甚右衛門景隆（？～？）は、織田を頼る。石川安芸守清兼（忠成）（？～1578）・酒井雅楽助正親（1521～1576）は、今川を頼る。鳥居忠吉（1496？～1572）・植村新太郎氏明（1520～1552）は中立。<br><br>竹千代（後の家康）（1543～1616）を人質にとっている織田方に寄る危惧があり、今川義元（1519～1560）は、松平氏が織田方に寝返ることを防ぐため、直ちに朝比奈備中守泰能（1497～1557）・岡部五郎兵衛尉元信（？～1581）・葛山備中守氏元（1520～1573？）・鵜殿三郎長持（1513～1557）ら3百騎で岡崎城（岡崎市康生町）に派遣。松平家重臣の何人かを人質に取り、城を接収させ岡崎を鎮める。<br>義元は、岡崎城代に山田新右衛門（山田新右衛門尉景隆）・田中次郎右衛門（駿府の留守居役）とする。 | 1145 |
| | 3月19日 | 今川氏の軍勢、岡の城・安城城を攻撃する。**本多忠高（忠勝の父）**（1526/1528～1549）、安城畷の合戦で戦死。 | 1146 |
| | 3月18日 | **「第四次安城合戦ー3月18日～11月8日」、はじまる。**<br>三河国人衆が織田氏に寝返ることを恐れた、今川義元・雪斎和尚（太原崇孚）（1496～1555）大将の軍勢が、岡崎松平勢と共に、織田方山崎城（愛知県安城市山崎町）攻略、安祥城（愛知県安城市安城町）に迫る。<br>夜、那古野城からの織田家臣平手政秀（1492～1553）の援軍に、松平勢は夜討ち。 | 1147 |

# 西暦1549

| 年号 | 月日 | 事項 | No. |
|---|---|---|---|
| 天文18 | 3月19日 | **「第四次安城合戦」**。今川・松平勢5千、織田氏の三河国の拠点であった安祥城を再び攻める。<br>守将の織田三郎五郎信広（信長異母兄）（？～1574）は城をよく守ったため、**本多忠高**（？～1549）は、大久保忠俊（1499～1581）らと共に夜襲に及び、戦果を収めたが、この翌日の戦いにて敵の矢に当たって討死。今川軍は岡崎に引き上げる。<br>本多忠高の子・鍋之助（のちの本多忠勝）（1548～1610）は、叔父・忠真（ただざね）（1531/1534～1573）のもとで育てられる。 | 1148 |
| | 6月24日 | ■「江口の戦い―二十数年続いた細川晴元政権崩壊」。<br>三好長慶（1522～1564）ら、同族の三好政長（1508～1549）を摂津国江口に於いて敗死させる。三宅城の細川晴元（1514～1563）は、京都嵯峨へ逃亡。<br>以後、天文22年（1553）8月に将軍を近江朽木谷に追放し三好長慶政権が確立するまで、約四年間、京都の争奪が繰り返される。 | 1149 |
| | 7月3日 | ■「キリスト教伝来」。<br>イエズス会宣教師フランシスコ・ザビエル（1506～1552）、鹿児島湾に投錨。22日、日本人信者ヤジロウ（アンジロウ、37～38歳）らの導きで鹿児島上陸。 | 1150 |
| | 7月9日 | ■「細川氏綱・三好長慶政権が成立」。<br>三好長慶、細川氏綱（尹賢の子、高国の養子）（1513～1564）を擁して入京。天文19～22年、長慶と幕府（義輝・晴元）との苛烈な戦いが始まる。 | 1151 |
| | 8月3日 | 「三川・尾張之境、依令鉾楯緩怠候、宜預御執合候」。<br>今川義元（1519～1560）、将軍足利義藤（義輝）（1536～1565）に、三河・尾張国境紛争の調停を依頼する。義元は、大館氏に将軍への取成しを依頼。三河・尾張の国境紛争によって今年の御料所の貢祖が上納できないので講和斡旋を求めた。 | 1152 |
| | 9月18日 | 今川義元、荒川山（八ツ面山）を拠点にして、安祥城（安城城）（愛知県安城市安城町城堀（安祥城址公園））、桜井城（安城市桜井町城阿原（城山公園））を攻める。<br>織田勢、繰り出して合戦に及ぶ。 | 1153 |
| | 9月20日 | 「西条城の戦い―吉良氏衰退」。<br>今川義元、織田方に通じた西条城（愛知県西尾市錦城町）を攻める。<br>吉良家当主吉良上野介義安（1536～1569）は織田家に協力したため今川軍に捕らえられ、人質として駿府へ送られ、藤枝市の藪田に幽閉される。<br>今川義元は、西条吉良氏の吉良義昭（きらよしあきら）（義安の弟）（？～？）に、東条吉良氏も継がせ、吉良氏を統一させて今川家配下に組み込む。今川氏は義昭を東条城（愛知県西尾市吉良町駿馬字城山）に移して、西条城には今川氏の家臣を入れる。<br>吉良氏は今川氏によりその力を失っていく。 | 1154 |
| | 10月23日 | 「第四次安城合戦」。今川氏の軍勢、安城城を攻撃する。 | 1155 |
| | 10月27日 | 「今度佐久間切候事、無比類候、然者兼約之事ニ候得者、藤井隼人名田之内を以為五拾貫文出置候」。<br>阿部大蔵（定吉）（1505～1549？）・石河右近将監（石川右近将監忠成（清兼）（？～1578））、佐久間九郎左衛門全孝を斬った天野孫七郎（賢景）に、松平竹千代（家康）知行から藤井隼人名田50貫文宛行。<br>西広瀬城（愛知県豊田市西広瀬町西前）主・佐久間全孝暗殺未遂事件という。 | 1156 |
| | 11月1日 | 「第四次安城合戦」。太原崇孚雪斎（1496～1555）を大将に、松井貞宗（？～？）・朝比奈泰能（やすよし）（1497～1557）を名代とし、7千率い12隊に分けて、今川軍が駿府出発。 | 1157 |

# 西暦1549

|  |  |  |  |
|---|---|---|---|
| 天文18 | 11月6日 | 「第四次安城合戦」。今川軍2万、安祥城(愛知県安城市安城町)を攻撃。<br>大手は、1番岡崎勢・2番朝比奈備中守泰能勢・3番近習と太原崇孚本隊。搦手は鵜殿長門守長持(1513～1557)・岡部五郎兵衛尉元信。南は三浦左馬助義就・葛山備中守氏元。西は飯尾豊前守乗連。寄合の輩、松井宗信大将に2千、丹下城(名古屋市緑区鳴海町字丹下)・善照寺城(名古屋市緑区鳴海町字砦(砦公園))・中島城(名古屋市緑区鳴海町下中)の押えとす。 | 1158 |
| | 11月8日 | **「第四次安城合戦(3月18日～11月8日)終結ー西三河は実質的に今川の属領となる」**。<br>織田方の三河安祥城が今川義元の軍師・太原雪斎・松平勢7千に攻められ、織田信秀庶子信広(?～1574)は捕虜となる。織田信広(信長の庶兄)を捕らえたのは、松平方の米津常春(徳川十六神将)(1524～1612)という。<br>織田信秀(1510?～1551)、鳴海に至り城火を見て軍を止める。<br>**織田信秀は西三河の拠点を失う。以後、今川氏の西三河直接支配が進み、桜井松平家次ら旧松平有力家臣は、駿府に出仕する。** | 1159 |
| | 11月9日 | 今川家臣太原崇孚(雪斎)は、織田信秀嫡子・織田三郎五郎(大隅守信広)(信長異母兄)(?～1574)を降服させ、安祥城二の丸に閉じ込める。<br><br>そして、使者を、織田家臣林佐渡守秀貞(1513～1580)・平手中務丞政秀(1492～1553)に遣わし、竹千代(家康)と信広の人質交換申し込む。 | 1160 |
| | 11月10日 | **「家康、岡崎へ帰るー今川・織田人質交換」**。<br>三河西野笠寺(名古屋市南区笠寺町)で織田信広と竹千代(後の徳川家康)人質交換。竹千代を織田玄蕃允・織田勘解由左衛門両人にて送り来る。織田信広を大久保忠俊・忠勝父子らが警護して引き渡す。<br>この時が太原崇孚(1496～1555)と竹千代(家康)(1543～1616)の最初の出会いであったといわれ、家康は8歳、太原崇孚は54歳であった。 | 1161 |
| | 11月23日 | **「上野端城の戦いー織田方の酒井忠次ら、今川方に鞍替え」**。<br>太原崇孚は、天野安芸守景泰・井伊次郎直盛(?～1560)を後詰として安祥城(愛知県安城市安城町)に残す。今川軍、織田方の酒井左衛門佐忠次を攻落す。安祥城落城時、織田方の安城古城酒井左衛門尉忠次・大原左近右衛門(惟宗(1516～1564)・今村伝次郎は降参する。<br>徳川四天王・徳川十六神将ともに筆頭とされ、家康第一の功臣として称えられている酒井左衛門尉忠次(1527～1596)は、尾張国の織田信秀が三河へ侵攻すると、織田家に味方して松平広忠(今川家を支持)と敵対。織田方酒井忠次は上野城の支城である上野端城に籠城し、今川軍と戦った。この合戦は今川軍の勝利で終わる。<br>酒井将監忠尚(?～1565)は、上野城(豊田市上郷町)酒井左衛門佐忠次を降した功により上野城主に据えられる。そして、酒井忠次らは、今川方に鞍替えする。 | 1162 |
| | 11月- | **竹千代(のちの家康)、駿府に向けて出発に当たって、高月院(愛知県豊田市松平町寒ケ入)で祖先の廟に参拝し、住職超誉存牛(1469～1550)に謁して十念を授かる。この時、掛け軸「花月一窓」を書いたとされる。** | 1163 |

## 西暦1549

| 年号 | 月日 | 事項 | No. |
|---|---|---|---|
| 天文18 | 11月- | 家康父松平広忠の亡骸は、能見ヶ原の月光庵に埋葬された。<br>**この月、竹千代（のちの家康）は今川方の人質として熱田から駿府へ赴く途中、月光庵に参り、その墓上に小松を植え、松平一族の繁栄を祈願した。**<br><br>永禄3年（1560）家康は桶狭間の合戦後、岡崎城主となり、非業の死を遂げた父の菩提のため、月光庵の地に寺を建立した。家康は手植えの松が緑深く伸長したことと、人質の身であった自分が城主として再び三河の地に帰れたことを喜び「我が祈念に應ずる松なり」として寺号を松應寺（愛知県岡崎市松本町）と名付けたという。 | 1164 |
| | 11月27日 | **「家康、駿府に送られる」。**<br>今川義元は、竹千代の成人まで松平家の宗主権を代行することを宣言。<br>松平竹千代（後の家康）（1543～1616）、この日、駿府（静岡市葵区）に赴く（11月22日とも、12月27日とも）。<br>岡崎からは酒井政親（27歳）、内藤正次（20歳）、安部重吉（19歳）、石川数正（17歳）、天野康景（13歳）、野々山元政（12歳）、阿部元次（9歳）、平岩親吉（8歳）、榊原忠政（8歳）。このうち20歳以上の二人（酒井政親、内藤正次）が年長者として護衛の役に任じ、その他の七名が小姓として、遊び相手に徳千代6歳（阿部正勝）が随行したという。<br>**竹千代は8歳から19歳になるまでの12年間、駿府で過ごすこととなる。**<br>竹千代の住居（人質邸）は、『三河物語』には「少将の宮の町」とあり、『武徳編年集成』には「宮の前に御屋敷あり」とあって、特定はできない。現在では華陽院（静岡市葵区伝馬町）の近くとする説もある。 | 1165 |
| | 11月- | 竹千代（家康）の保護を、福島土佐守正資と副後藤三左衛門直光（子・生三郎忠光は、竹千代の筆学の友）が担当する。<br>甲斐出身の吉川守随（茂済）、古郡但馬守政重（？～1590）が竹千代に侍する。<br><br>**竹千代、館を修築の間、神尾久宗屋敷にしばらく住む。**竹千代館の右隣は、幼少の孕石元泰（？～1581）が住む屋敷、左隣は人質の北条氏規屋敷であった。 | 1166 |
| | 11月- | 松平家臣**阿部大蔵定吉（1505～1549？）、この月、没という。**弘治2年（1556）に今川義元から所領を与えられているため、死去は同年以降のことになるともいう。 | 1167 |
| | 12月28日 | ■太原崇孚54歳（1496～1555）、上洛する。 | 1168 |

## 西暦1550

| 年号 | 月日 | 事項 | No. |
|---|---|---|---|
| 天文19 | 1月17日 | 犬山城（愛知県犬山市犬山北古券）主織田宗伝（織田寛近、津田武永）・楽田織田氏が、織田信秀に反旗を翻す。<br>病に倒れた織田信秀の情報を掴んだ今川義元が、岩倉織田氏と楽田織田氏に反乱を起こさせた。 | 1169 |
| | 1月23日 | 今川義元、午後6時、武田使者駒井政武（高白斎）と対面。書院風の座敷飾りの茶の湯でもてなす。三国同盟への話し合いであった。 | 1170 |
| | 1月26日 | ■太原崇孚、内裏で和漢御会を主催。出席者に後奈良天皇・三条西公条・三条大納言・中山孝親・山科言継・四辻季遠・広橋国光・雅業王・高辻長雅・相国寺仁如・妙心寺亀年・天竜寺江心。 | 1171 |

# 西暦1550

| 天文19 | 日付 | 事項 | No. |
|---|---|---|---|
| 天文19 | 3月29日 | ■太原崇孚、後奈良天皇より紫衣を賜り、妙心寺第三十五世住持となる。 | 1172 |
| | 4月12日 | 今川義元(1519〜1560)、刈屋城(刈谷城)(愛知県刈谷市城町1丁目(亀城公園))の水野十郎左衛門尉信近(1525〜1560)に、朝比奈備中守泰能(1497〜1557)を使者として、夏中には尾張出馬を告げ、その前に国境に材木砦を築くための軍勢を送る時の協力要請をする。 | 1173 |
| | 5月4日 | ■嫡男・足利義藤(義輝)(1536〜1565)に将軍職を譲った足利義晴(1511〜1550)(室町幕府第十二代将軍)、近江国穴太で没。享年40(満39歳没)。 | 1174 |
| | 5月5日 | **竹千代(後の徳川家康)は「三河の小せがれ」と呼ばれながら駿府で過ごすが、この日というが、安倍川原の印地打(いんじうち)(石打)(石合戦)を見て、勝負を予言(小勢の肝座りと隊列の整い)し、将来の片鱗をみせたいう。** | 1175 |
| | 5月5日 | 「大神君御幼稚のとき、本府に御座まししは、宮ケ崎御旅館と諸史に見ゆ。古老の伝にいう。今の報土寺の地なり。元禄中、同寺古絵図に寺の西境に屋形跡を記せり。(中略) 天文十八年、竹千代君駿府に赴せたまう。云々。今川義元大いに悦びて、竹千代君に謁見し、駿府宮ケ崎に御旅館を新たに修し、ここに移し奉りて、久嶋土佐守をして、君に付け置き慇懃(いんぎん)にす。その頃、今川が従士孕石(はらみいし)主水君に数回無礼をなす。また大河内某及び岡部次郎左衛門尉宮ケ崎に参候して、常に寒温を問い奉りて、深志の功を尽す。(中略) 本府に今この地名なし。花(華)陽院伝説に彼の寺は元智源院という。その寺の辺を少埒町といいけると言う。この如くあれば、御旅館は家忠日記にある如く、宮ケ崎にありて、少埒町は源応院君の御庵室の地にて御筆学の所なり」(『駿河志料国府別録』)。<br>岡部次郎左衛門尉は、岡部正綱(1542〜1584)とされる。 | 1176 |
| | 閏5月27日 | 武田信玄より見舞いの使者駒井政武が駿府に着き、今川義元室を見舞う。太原崇孚と対面。義元室・定恵院(1519〜1550)は同年6月2日、没。32歳。 | 1177 |
| | 8月- | 今川義元、5万騎(8万騎とも)で尾張知多郡に出陣。織田方は尾州錯乱。 | 1178 |
| | 9月16日 | 今川家臣朝比奈左京亮泰能(1497〜1557)、長沢城(愛知県豊川市長沢町古城)を今川軍に渡すことを約束した牧野田三郎(保成(やすしげ))(1500〜1563)に感状。<br>19日には、飯尾乗連・太原崇孚が感状。 | 1179 |
| | 9月22日 | 「甲辰 十三 九月廿二日未刻、濃州於井ノ口 尾州衆二千人打死、大将衆也」。(『定光寺年代記』)。「織田信秀、敗退」。 | 1180 |
| | 10月10日 | 「於背此旨輩者、速可処罪科者也」。<br>今川義元、大樹寺(愛知県岡崎市鴨田町)に禁制を発す | 1181 |
| | 10月12日 | 「今川氏、三河をほぼ掌握」。<br><br>「広忠出置候給恩之事、右任彼定員数、無相違可令所務」。<br>今川義元、筧平三郎重忠(1512〜1588)に、松平広忠からの給恩地を保証する。<br>先に、松平忠倫(三左衛門)(三河国上和田城(岡崎市上和田町)主)は、松平宗家から離反し尾張織田家に通じる。松平広忠に命じられた筧重忠によって暗殺されていた。 | 1182 |
| | 11月13日 | 「於去年高橋衆任兼約之旨、佐久間九郎左衛門切候、依其忠節、竹千代大浜之内藤井隼人名田之内五千疋、扶助之云々」。<br>今川義元、天野孫七郎が佐久間九郎左衛門を斬ったことを賞す | 1183 |

## 西暦1550

| 和暦 | 月日 | 事項 | No. |
|---|---|---|---|
| 天文19 | 11月19日 | 「先年尾州岡崎取合之刻、対広忠令無沙汰之条、彼神田召放、依為忠節、自去年出置之云々、然者勤相当之神役」。<br>今川義元、松平広忠君に仕え三州岡崎にて奉公した長田喜八郎に、竹千代知行大浜上宮神田を与える。長田喜八郎広正(白次)は、永井右近太夫直勝(別名長田伝八郎)(1563～1626)の祖父という。 | 1184 |
| | 11月29日 | 今川家臣太原崇孚・朝比奈備中守泰能、後奈良天皇の命を受け、大樹寺鎮誉魯耕に寺領安堵。 | 1185 |
| | 12月5日 | 明眼寺住職・阿部与五左衛門らの工作により、中村城(名古屋市南区呼続町)主・山口左馬助教継(のりつぐ)(?～1560?)が今川方になったので、後詰を諦めた織田信秀(1510?～1551)は、刈屋城主・水野藤九郎守忠以下の赦免を条件に刈屋城(刈谷城)(愛知県刈谷市城町1丁目(亀城公園))を開城する。<br>今川家臣松井宗信(遠江二俣城主)(1515～1560)、刈屋城開城時に尾張衆が防いだ為、直ちに馳せ入り度々の合戦で同心・親類・被官、随分の者数多く討死させる。 | 1186 |
| | 12月5日 | 今川義元、明眼寺(のち妙源寺)(岡崎市大和町字沓市場)・阿部与五左衛門に、中村城主山口左馬助教継が忠誠を誓った事を喜ぶ。しかし、織田信秀の懇願により刈谷城包囲を解く事を伝え、山口教継が不満の持つ事が無く講和に協力するよう説得命じる。 | 1187 |
| | 12月- | 尾張知多郡に出陣した今川義元5万騎、帰陣。 | 1188 |

## 西暦1551

| 和暦 | 月日 | 事項 | No. |
|---|---|---|---|
| 天文20 | 1月1日 | **竹千代(後の家康)(1543～1616)、駿府館で新年賀す。** | 1189 |
| | 1月1日 | **「家康、大器ぶりをあらわす?」。**<br>竹千代(後の家康)はこの元日、新征服地の領主・今川義元に拝賀した。その折、今川家中が家康を軽視するので、彼は縁先に立って何気なく小便をしたという。落ち着き払い恥ずかしがる様子も見せなかったといい、列座する家臣たちは驚いたという。創作であろう。 | 1190 |
| | 2月13日 | ■近衛稙家(たねいえ)(1502～1566)、将軍足利義藤(義輝)(1536～1565)の意を受け、織田信秀との和睦について今川方に対処を求める。 | 1191 |
| | 7月4日 | 「三州吉田以来田原本意之上迄、異于他励粉骨之条、忠功之至也、然上長沢在城所申付也」。<br>今川義元、匂坂長能(さぎさかながよし)(1494～1566)に、長沢城(愛知県豊川市長沢町古城)駐屯を命ずる。 | 1192 |
| | 7月5日 | ■「仍就土岐美濃守入国之儀、尾州織田備後守令相談」。<br>近衛稙家、今川義元・太原崇孚・朝比奈泰能・飯尾乗連に、尾張国との和睦継続を依頼する。 | 1193 |
| | 8月1日 | 「謙信、越後統一」。<br>前年12月謀反を起こした長尾政景(1526～1564)、景虎(謙信)(1530～1578)に誓詞を送り降伏。一族であること、義兄であること、老臣達の助命嘆願もあり、これを許して政景を臣下とする。政景は、景虎の姉・仙桃院(1524/1528～1609)を妻とする。長尾景虎(謙信)、これによりほぼ越後を掌握する。 | 1194 |
| | 8月2日 | 「去己酉年(天文18年)山口内蔵令同意、依可抽忠節造意現形、於尾州数ヶ所知行捨置馳来、其以来無足奉公、甚以忠節之至也、既安城陣之刻、以阿部大蔵」。<br>今川義元、松平三蔵の所領を安堵。松平三蔵は、大草の松平直勝であろうか。 | 1195 |

## 西暦1551

天文20

**8月6日**　1196

**竹千代（家康）（1543～1616）が病む。源応尼、三河額田郡寺津より至り、福島土佐守正資に嘆訴し、甥の大河内源三郎正局（？～1584）と共に養育。**

家康は、駿府に赴いた実祖母源応尼（於大の方の実母、華陽院）（1492～1560）に元服するまで養育されたという。源応尼は、孫である竹千代の身の回りの世話をするため、少将町に庵室を設けた。竹千代は肉親と離れ、寂しい生活を余儀なくされていたが、祖母源応尼の親身の愛情を注がれ心を和ませられたという。
勉学のため祖母は竹千代に、智源院の智短和尚に手習いを学ばせた。またある時には、臨済寺（静岡市葵区大岩町）の今川家軍師太原雪斎からも勉学の手ほどきを受けたという。
臨済寺には「竹千代手習いの間」がある。臨済寺は武田信玄の駿河侵略の時焼失したため、江戸時代に復元された部屋として伝わるものである。

**11月5日**　1197

「美濃守殿御儀、不慮之仕合、無是非儀ニ候、御身上之儀、相違有間敷候由、道三申候、委細可被任稲葉伊予守差図者也、備後守病中故、我等方より如此ニ候」。

織田寛近（津田武永）、織田信秀の代わりに土岐小次郎に進退保障を行う。
土岐小次郎は、美濃国の守護大名土岐頼芸の次男、土岐頼次（1545～1614）か。

**秋**　1198

秋の終わり頃に織田信秀（1510？～1551）が没。
平手政秀が織田信秀の死を隠蔽し、今川義元との和睦を継続させる。父信秀の死を受けて、嫡子信長（1534～1582）が弾正忠家の家督を継ぐ。万松寺の過去帳や「定光寺年代記」では、信秀の死は、天文21年（1552）3月9日で享年41となっている。

**12月2日**　1199

「御屋形様并竹千代丸江忠節之事候間、甚二郎殿あとしき、無相違渡可申候」。
今川家家臣、松平甚太郎に、逆心した甚二郎の跡地を与える。

**12月11日**　1200

今川治部大輔義元、兄東条松平甚二郎が、信長方の大給松平親乗（1515～1577）に同意し反逆の企てに対し、返忠した東条松平甚太郎忠茂（？～1556）に、逐電した甚二郎跡職知行安堵し、若年の松平甚太郎忠茂だけでは心許ないので松井左近尉忠次（松平忠茂妻の兄、のちの松平康親）（（1521～1583）・山内助左衛門尉を同心として附与。

## 西暦1552

天文21

**1月28日**　1202

■「三好長慶、細川晴元と和睦」。
六角定頼が没し、足利義藤（義輝）（1536～1565）は、三好長慶（1522～1564）と和し、細川聡明丸（後の昭元、晴元嫡子）（1548～1592）を伴い近江国より帰洛する。
三好長慶は、六角氏の仲介で敵対していた細川晴元・義輝らと有利な条件（長慶は幕府相判衆となり、晴元（1514～1563）は、子昭元に家督を譲って隠居・出家。
細川晴元は三好家の主君なので助命、ひとまず細川高国の養子・細川氏綱をたて、成人後晴元の子、聡明丸（当時5歳）（後の細川昭元）を盛り立てること）で和睦した。
細川氏綱（1513～1564）が三好長慶に擁され、幕府執政に任じられるが、実権は長慶に握られる。

**4月8日**　1203

甲駿同盟の一環として、今川義元の娘・嶺松院（？～1612）が、武田太郎（義信）（1538～1567）に嫁ぐ事になり、両家の間に入輿の誓詞が取り交わされる。内容は、11月に息女を甲府へ御輿入ということ。

## 西暦1552

| | | | |
|---|---|---|---|
| 天文21 | 4月15日 | 今川軍、三河加茂郡に侵攻し、衣城（金谷城）（豊田市金谷）の麦毛を薙ぎ捨てる。<br>東条吉良義安(1536～1569)が合力する。 | 1204 |
| | 4月17日 | 「赤塚(名古屋市緑区鳴海町赤塚)の戦い」。<br>織田信長(「織田上総介信長公」)、今川義元に通謀した山口左馬助教継(のりつぐ)(尾張鳴海城主)(？～1560？)・山口九郎二郎教吉(のりよし)(？～1560？)父子を攻撃。信長はこの日に帰陣す。(『信長公記』)。 | 1205 |
| | 5月26日 | 「大給城北沢水手戦い」。<br>今川方東条松平甚太郎忠茂(？～1556)、織田方大給城(おぎゅうじょう)(豊田市大内町)大給松平親乗(ちかのり)(1515～1577)を攻める。 | 1206 |
| | 6月3日 | 「去月廿六日、於大給城北沢水手、被官石原藤二郎・蜂谷又一郎・加納甚三・松平彦一・小者藤若、敵三人討捕之云々」。<br>今川義元、松平甚太郎配下の大給城での活躍を賞す。 | 1207 |
| | 8月4日 | 「沓掛城の戦い」。<br>今川軍と織田軍との戦いで、主君の仇を二度討った、**松平家臣・植村出羽守(新六郎)氏明(1520～1552)、尾張国沓掛で織田軍と戦闘で戦死。33歳。**<br><br>**植村新六郎家存(いえさだ)**(1541～1577)が植村家の家督を相続した。初名は栄政、その後徳川家康から偏諱を受けて家政、さらに後に家存と名乗るという。 | 1208 |
| | 8月15日 | 清須城の守護代織田大和守家臣坂井大膳・坂井甚介・河尻与一・織田三位が、松葉城(愛知県海部郡大治町)織田伊賀守・深田城(愛知県あま市七宝町桂深田)織田右衛門尉信次から人質を取り奪う。清須城の守護代織田大和守は、織田信友(？～1555)。 | 1209 |
| | 8月16日 | 「萱津合戦」。<br>織田信長・守山城(名古屋市守山区市場)主織田信光(信秀の弟)(1516～1556)、萱津(愛知県あま市上萱津(かみかやづ))合戦で清須衆を切り崩し、松葉城・深田城を奪い返す。 | 1210 |
| | 9月- | 「壬子 廿一 三月九日ニ織田備後殿死去、九月駿州義元八事マテ出陣」。<br>今川義元、織田信秀が亡くなった為に八事(やごと)(名古屋市昭和区八事本町)まで出陣。 | 1211 |
| | 10月21日 | 「信長、初の知行宛を行う」。<br>信秀の跡を継いだ織田信長(1534～1582)、織田玄蕃允秀敏(？～1560)へ、尾張愛知郡中村方三郷を「桃厳」(織田信秀)の判形通りに安堵。<br>秀敏は、織田信秀の叔父にして織田信長の大叔父とされる。 | 1212 |
| | 12月1日 | 甲府躑躅ヶ崎館で能会・酒宴・婚儀が行われる。<br>今川義元長女・嶺松院(？～1612)、甲駿同盟の一環として、武田晴信(信玄)(1521～1573)嫡男・太郎(義信)(1538～1567)と結婚。11月27日ともいう。 | 1213 |

## 西暦1553

| | | | |
|---|---|---|---|
| 天文22 | 閏1月15日 | ■三好長慶、足利義藤(義輝)と和睦する。(『言継卿記』)。 | 1214 |
| | 2月21日 | 武田晴信(信玄)、北条氏康宛に、来年に息女を輿入れさせる内容の起請文を送る。 | 1215 |
| | 3月8日 | ■足利義藤(義輝)(1536～1565)、三好長慶(1522～1564)との和が破れ、京都霊山城に入城する。(『言継卿記』)。<br>京都霊山城に籠城した義藤(義輝)は、細川晴元と協力する。 | 1216 |
| | 4月20日 | ■富田の正徳寺にて斎藤道三(1494？～1556)と織田信長(1534～1582)が会見する。 | 1217 |

## 西暦1553

| | | | |
|---|---|---|---|
| 天文22 | 5月- | 今川軍が重原城(愛知県知立市上重原町本郷)攻落。これを前線基地に岡崎衆が守備し、材木砦修築作業を実行。 | 1218 |
| | 8月1日 | ■「霊山城の戦いー三好長慶の畿内制覇成り、室町幕府中絶する」。三好長慶(1522~1564)、西院城救援のため、河内・和泉・大和・摂津・紀伊の兵二万五千を連れて摂津国より入京し、京都霊山城(京都市東山区清閑寺霊山町)を攻略。足利義藤(義輝)(1536~1565)は、杉坂へ逃亡。将軍足利義藤(義輝)は伯父である前関白・近衛稙家(1502~1566)らを伴い、朽木元綱(1549~1632)を頼って近江朽木に退去する。このまま永禄1年(1558)まで、18~22歳までの五年間を山深い朽木谷で過ごす事となる。 | 1219 |
| | 8月29日 | ■「三好長慶政権が成立」。三好長慶が、細川聡明丸(後の昭元)(1548~1592)を奉じて摂津芥川城(大阪府高槻市)に入る。以後、ここに居住する。 | 1220 |

## 西暦1554

| | | | |
|---|---|---|---|
| 天文23 | 1月一 | 「重原城合戦」。<br>今川義元の駿遠三の軍勢、鳴原(愛知県知立市上重原町)にある、織田方重原城の山岡河内守伝五郎を再び攻め滅ぼす。 | 1221 |
| | 1月一 | この頃、今川義元の兵、尾張村木に砦を築き、織田方の小河(緒川)城(愛知県知多郡東浦町緒川)の水野下野守信元(家康伯父)(?~1576)を攻める。 | 1222 |
| | 1月一 | 今川軍、寺本に砦を築き、松平越前守長勝を置き、謀り事をもって寺本城(愛知県知多市寺本)降し、小川城(緒川城)の糧道を絶つ。 | 1223 |
| | 1月22日 | 織田信長、「以外大風」により野陣を張る。またこの日、水野信元「水野下野守」(家康伯父)(?~1576)に対面する。(『信長公記』)。<br>**水野信元は、織田信秀の三河侵攻に協力すると共に、自らは知多半島の征服に乗り出し、松平広忠に離縁された妹の於大の方(徳川家康の母)を、阿久比の久松俊勝(1526~1587)に嫁がせる。**今川氏は水野信元を攻め滅ぼさんと計画し、重原城(愛知県知立市上重原町本郷)経由で物資を運び、水野信元の緒川城(愛知県知多郡東浦町緒川)の眼前に村木砦を築く。ここに至って信元は、信長に救援を依頼した。 | 1224 |
| | 1月24日 | 「信長一村木城の戦い」。<br>織田信長、岡崎衆・駿河衆の拠った尾張国村木城(愛知県知多郡東浦町大字森岡字取手・八劔神社)を包囲・攻撃。信長は南方面の攻撃を指揮。西の搦手は織田信光(信秀弟)(1516~1555)が攻撃を指揮、東大手は「水野金吾」(水野信元、家康伯父)(?~1576)が攻撃を指揮した。信長小姓衆には多数の死傷者が出たが、申下刻(18時頃)に村木城を攻略。(『信長公記』)。 | 1225 |
| | 1月25日 | 「寺本城の戦い」織田信長、尾張国寺本城(愛知県知多市八幡町字堀之内(津島神社))を攻撃し城下を焼き、後に尾張国那古野へ帰陣。(『信長公記』)。 | 1226 |
| | 2月一 | 「第三次河東一乱一天文23年(1554)2月~3月」、はじまる。北条氏が、今川氏の河東(富士川以東の駿河)地域に出兵。 | 1227 |
| | 2月2日 | 今川義元軍、織田方吉良義昭(きらよしあきら)(義安の弟)(?~?)を攻める為、西三河へ向かった後、北条氏康(1515~1571)は織田信長(1534~1582)と通じ、3万率いて駿河に侵攻する。 | 1228 |
| | 2月一 | 今川義元支援の武田晴信(信玄)1万5千、富士大宮に出て、湖古・肥科・厚原(富士市厚原)・柳島(富士市柳島)に至り、加藤下野守邸に陣。先鋒小山田彌三郎昌行(?~1582)・馬場民部信房(のちの信春)(1515?~1575)、大宮・厚原で16日間、戦う。 | 1229 |

# 西暦1554

| | | | |
|---|---|---|---|
| 天文23 | 2月一 | 今川義元(1519~1560)、別将に三河を守らせ帰国し、武田軍と合流。 | 1230 |
| | 2月12日 | ■近江朽木の室町幕府第十三代征夷大将軍・足利義藤(1536~1565)、名を「義輝」に改める。 | 1231 |
| | 3月3日 | 北条氏康3万が浮島ヶ原(静岡県富士市)に陣。対抗する武田信玄は、富士郡賀島(富士市)に陣。氏康父子、天香久山(あまのかぐやま)に旗を立て和田川の東側に陣。同月26日、武田軍、刈屋川を渡り激戦。小幡山城守虎盛(1491~1561)・馬場民部信房(のちの信春)(1515?~1575)らの攻めで、北条方3百敗走。 | 1232 |
| | 3月一 | 「善徳寺の会盟」(甲相駿三国同盟)。「第三次河東一乱―天文23年(1554)2月~3月」、終結。<br>しかし晴信(信玄)(1521~1573)は、予てより三者同盟を策し、今川家臣・太原崇孚(1496~1555)と組んで義元の娘(嶺松院)を信玄の子義信に、信玄の娘(黄梅院)を北条氏政に、氏康の娘(早川殿)を今川氏真に嫁すを約して和議成る。「善徳寺の会盟」(甲相駿三国同盟)と呼ばれる。この成立が、「北条・武田・今川」対「上杉・長尾」という構図である。<br>今川氏に仕えた太原雪斎の働きかけによって武田氏・北条氏それぞれの重臣が協議を行い、当主の合意が得られた結果、「甲相駿三国同盟」が成立したとされる。同盟は合戦時の援軍派遣、領土不可侵で成り立っている。<br>同盟による三家の利点は、駿遠の今川義元は三河、尾張と領土を拡大しており、武田家と北条家と同盟関係を結べば背後を攻められる可能性は無くなる。関東一帯に領土を拡大しようとする相模の北条氏康にしても、関東の合戦に専念出来た。甲斐の武田晴信も、越後長尾家との合戦に専念出来ることとなる。 | 1233 |
| | 4月一 | 「甲相駿三国同盟」で、北条氏康(1515~1571)、五男北条氏規10歳(1545~1600)を人質として駿河に送る。 | 1234 |
| | 5月9日 | 「甲相駿三国同盟で後顧の憂いを無くした今川氏による三河平定は、一気に加速した」。今川家臣岡崎城番馬場幸家・堀越義久が、3千5百騎を率い足助城(真弓山城)(愛知県豊田市足助町須沢)を攻める。足助城主鈴木越後守重直は、子・鈴木兵庫助信重を人質にして今川方に降る。<br>大永5年(1525)松平清康(岡崎城主)が2千余騎を率いて足助に押し寄せた。この時の城主は二代鈴木雅樂守重政であった。重政は清康に臣従することとなり、清康の妹・於久(久子)を嫡男重直の妻に迎えた。天文4年(1535)尾張守山城の陣中で松平清康が家臣に斬られて落命、三河勢は一斉に尾張から退却した。「守山崩れ」である。三代越後守重直は、清康の死を機に松平氏との主従関係を断ち切ろうと考え、妻久子を離縁して岡崎へ返していた。 | 1235 |
| | 7月17日 | 「甲相駿三国同盟」。相模の戦国大名北条氏康の娘・早川殿8歳(1547?~1613)、今川義元の嫡子・今川氏真(うじざね)17歳(1538~1615)に嫁す。 | 1236 |
| | 7月24日 | 武田晴信(信玄)、甲府を出発、信州に向かう。<br>8月7日、小笠原長時の鈴岡城(長野県飯田市駄科)落城。同月15日、知久沢(長野県上伊那郡箕輪町)が悉く放火され、神之峰城(飯田市上久堅)の知久頼元父子が捕らえられる。信州小笠原氏は、西国に逃れ全国を流浪する。知久氏は、甲府に護送され自刃(河口湖東岸の船津浜で処刑されたとも)、知久氏は一時没落する。 | 1237 |
| | 11月2日 | 「就今度岡崎在城、長能・宗光両人江弐百五十貫文□令扶助之也」。<br>今川義元、匂坂長能(さぎさかながよし)(1494~1566)に、岡崎城在城番内容を指示。 | 1238 |

## 西暦1554

| 和暦 | 月日 | 事項 | No. |
|---|---|---|---|
| 天文23 | 12月— | 「甲相駿三国同盟」。三者同盟により晴信（信玄）の長女黄梅院12歳（1543～1569）、北条氏政（1538～1590）に嫁す。 | 1239 |
| | — | **竹千代(後の家康)、駿府館で、鎧着初(よろいきぞめ)の儀を行う。** | 1240 |
| | — | この年、木下藤吉郎(秀吉)(1537～1598)、尾張(愛知県西部)に帰り、織田信長(1534～1582)の小者として仕えた。頭の働く秀吉は信長に次第に認められ、頭角を表した。永禄1年(1558)9月の異説あり。 | 1241 |

## 西暦1555

| 和暦 | 月日 | 事項 | No. |
|---|---|---|---|
| 天文24<br>(弘治1) | 3月15日 | **「家康14歳元服ー今川氏配下になる」。**<br>松平竹千代(後の家康)(1543～1616)は、この日、今川氏の下、浅間神社で元服し、加冠の今川治部大輔義元(1519～1560)から偏諱を賜って**「次郎三郎元信」と名乗る。**<br>同時に、徳千代（阿部善九郎正勝（のちの妻は今川家臣江原三右衛門定次の娘））(1541～1600)も元服。<br>今川義元、竹千代に「梅実」(梅の実を貫く鎗)・徳千代に「梅穂」(梅の穂を貫く鎗)を与える。理髪は、関口刑部少輔親永(ぎょうぶしょうしょうちかなが)(1518～1562)であった。弘治2年（1556）1月15日ともいう。<br>**家康は今川氏の人質として駿府で8歳から18歳までを過ごした。人質と言っても今川義元の右腕・太原雪斎により英才教育を受け、義元の姪を娶るなど将来は義元の息子氏真(うじざね)(1538～1615)の右腕にと期待されていたという。**<br>天文20年（1551）から近侍した鳥居元忠（鳥居忠吉の三男）(1539～1600)も、同時に元服・偏諱授与の栄誉を受けたとされる。 | 1242 |
| | 4月20日 | 織田信光（信秀弟）(1516～1555)が攻め寄せ、守護代織田彦五郎（信友）(？～1555)を自刃させ尾張国清洲城(愛知県清須市一場)を乗っ取り、これを織田信長へ譲渡。<br>織田信光は、信長より尾張国那古野城を受け取る。(『信長公記』)。<br>信長は、義銀(1540～1600)を斯波家当主とした。 | 1243 |
| | 5月— | 斯波義銀(しばよしかね)(1540～1600)が清洲城へ移り守護職に就任。<br>織田信長は守護代格として格式を得る。 | 1244 |
| | 8月3日 | 「蟹江城の戦い」、はじまる。<br>今川水軍(清水湊藤次郎・宇布見湊(浜松市)中村源太郎)、蟹江城(愛知県海部郡蟹江町)攻めのため、三河大浜湊(碧南市浜寺町)・師崎湊(知多郡南知多町師崎的場)らより出航。 | 1245 |
| | 9月3日 | 「蟹江城の戦い」。蟹江城（愛知県海部郡蟹江町）の織田民部大輔信包(のぶかね)（信長の弟）(1543～1614)を今川軍が攻める。岡崎城の三河松平軍は、今川義元の尾張攻略の先陣として蟹江城を攻略。その後、蟹江城は長島城（三重県桑名市長島町）の服部友貞の支城として、織田氏に対する今川氏の拠点として機能した。<br>この際に勇戦した武将7人が、**蟹江七本槍**（大久保忠員(ただかず)(1511～1582)・大久保忠勝(1524～1601)・大久保忠世(ただよ)(1532～1594)・大久保忠佐(ただすけ)(1537～1613)・阿部忠政(大久保忠次の子)(1531～1607)・杉浦鎮貞(吉貞)・杉浦鎮栄(勝吉)(吉貞の子))(？～1612)として顕彰された。 | 1246 |
| 弘治1 | 10月23日 | **■「弘治」に改元。**戦乱などの災異のため改元という。 | 1247 |
| | 閏10月4日 | 「其以後就被成吉良殿逆心、近日西条へ動之儀申付、彼庄内悉放火、二百余討捕候」。<br>今川義元、三河の陣より相模国西郡久野城(くのじょう)(神奈川県小田原市久野)城主・北条宗哲(北条幻庵御房)(1493～1589)に、「家名存続を許していた吉良義安(1536～1569)が叛した為、西条城(愛知県西尾市錦城町)攻撃し庄内放火・2百余討取った事」を伝える。 | 1248 |

## 西暦1555

|  |  |  |  |
|---|---|---|---|
| 弘治1 | 閏10月10日 | 駿府臨済寺の太原崇孚（1496～1555）、今川氏の氏寺、藤枝葉梨村長慶寺（静岡県藤枝市下之郷）で入寂。享年60。今川義元（1519～1560）の教育係を務め、「花倉の乱」に貢献する。義元軍師として諸戦に活躍、捕まっていた松平竹千代（後の家康）（1543～1616）を助けた。また、「善徳寺の会盟」を成立させた。 | 1249 |
| | — | 「三河忩劇（東三騒動）」はじまる。<br>奥平・菅沼・牧野・松平らによる、血縁的な一揆による反今川行動。<br>弘治元年（1555）から弘治4年（1558/永禄元年）にかけて、三河国で発生した今川氏に対する国衆による大規模な反乱である。<br>沈静化させる事で、一揆を今川による解体・再編成し、東三河支配を迅速に行う事が出来るようになる。 | 1250 |

## 西暦1556

|  |  |  |  |
|---|---|---|---|
| 弘治2 | 1月5日 | 「滝脇の戦い前哨戦」。織田氏に味方する、大給松平和泉守親乗（1515～1577）と親今川・松平宗家方の滝脇松平乗清（？～1556）が、滝脇（岡崎市日影）で戦い、孫の滝脇松平久大夫正乗（乗高の兄）が討死。 | 1251 |
| | 2月3日 | 「今度上野城所用、黄金百両・代物百貫、合参百参拾貫之分、令取越之条」。<br>今川義元、戸田伝十郎（戸田吉国）が、上野城所用を果たした功を賞して知行を与える。<br>戸田伝十郎は、戸田宣光の四男といい、のちに兄戸田忠重の子（甥）にあたる松平（戸田）康長（仁連木戸田宗家16代当主）（1562～1633）の家老となるという。 | 1252 |
| | 2月13日 | 今川義元、三河小坂井郷（愛知県豊川市）の平兵衛尉に禁制。<br>牧野民部丞成勝の逆心が表面化し、今川軍が鎮圧に乗り出した。 | 1253 |
| | 2月20日 | 「名之内城（日近城）の戦い」。<br>今川方の東条松平右京亮忠茂（？～1556）、子の亀千代甚太郎家忠（1歳）を東条に置き2百騎で、織田方日近城主奥平久兵衛貞友を攻める。東条松平家2代松平忠茂、郭外勝利に乗じ城中へ入ろうとした所、矢に当たり保久・大林に於て討死。 | 1254 |
| | 2月27日 | 「去廿日、父忠茂於保久・大林討死、忠節之至也」。<br>今川治部大輔義元、東条松平亀千代（家忠）（1556～1581）に、保久（岡崎市）・大林（岡崎市）合戦における父松平忠茂の討死を賞し遺領を安堵。 | 1255 |
| | 3月— | 「織田信長、三河へ出陣」。<br>この月信長、八ツ面山の荒川城（愛知県西尾市八ツ面町）を攻撃。この信長の軍事行動は、三河西条城主・吉良義昭（義安の弟）（？～？）の手引きによるという。 | 1256 |
| | 3月24日 | 織田方の三河の国士、今川持分の城々攻める。 | 1257 |
| | 3月25日 | 「滝脇の戦い」。<br>織田方の大給松平親乗、今川方の滝脇松平乗清を攻め滝脇（岡崎市日影）領を奪う。<br>松平乗清・松平三郎大夫乗遠父子討死。<br>後に滝脇松平正乗の弟・松平乗高（？～1592）は、大給を攻めて松平親乗を尾張に敗走させる。 | 1258 |
| | 3月25日 | 「野馬原（安城市野寺町）戦い」。<br>織田信長、東条松平氏居城青野城（岡崎市上青野稲荷西）に隣接した荒河（西尾市八ッ面町）侵入。今川方・東条松平亀千代（家忠）（1556～1581）の名代・松井忠次（のちの松平康親、松井松平家の祖）（1521～1583）が首級一つ取る。 | 1259 |

# 西暦1556

|  |  |  |  |
|---|---|---|---|
| 弘治2 | 4月上旬 | 織田信長の吉良攻めの事後処理として、三河守護吉良義昭（義安の弟）（？～？）と尾張守護斯波義銀（織田信長御供）（1540～1600）の会見。 | 1260 |
| | 4月19日 | ■「信長への国譲り状」。長良川での戦いの前日、死を覚悟した斎藤道三（信長舅）が末子・日饒に自筆遺言状を送り、美濃国を婿・信長に譲る旨を認める。翌20日斉藤道三は、息子斉藤義龍と戦い、長良川畔で死去する<br>観照院日饒は、岐阜の斎藤道三菩提寺である常在寺の第五世住職を務めたのち、天文17年（1548）旧地二条通衣棚に復興された妙覚寺に、この年入り、妙覚寺十九世となる。 | 1261 |
| | 4月一 | 今川義元、一色城（豊川市牛久保町岸組（大聖寺））主・牧野民部丞成勝が叛いた為、牧野出羽守保成（1500～1563）の牛久保城（豊川市牛久保町）を接収し、匂坂長能（1494～1566）を牛久保城主とする。 | 1262 |
| | 5月一 | **松平次郎三郎元信（後の家康）（1543～1616）は、この月、今川義元の許可を得て7年ぶりで墓参りと称して岡崎に帰る。**<br>岡崎には今川氏の城代山田新右衛門（新左衛門尉景隆）（？～1567？）が鎮し、本丸に置かれていたため入れず、二の丸に入った。松平氏の家臣団は今川氏の先鋒として戦場に駆り出される受難の時代であった。<br><br>こんな逸話がある。元信（後の家康）は、本丸には山田新左衛門を其の侭置いて戴き、諸事の意見を請ける様にしたいので、新左衛門にもその事をご指示願いたいと応じた。今川義元はそれを聞いて大いに感心し朝比奈以下の家老達に云った事は、元康は若輩と言えない様な分別を弁えた生れ付きの人だ、壮年になった暁には一体どんな人物になるだろう。氏真のよい味方になると思い私も満足である、亡父広忠が生きていたならさぞ喜んだろうにと泪を流したという。 | 1263 |
| | 5月16日 | **■将軍足利義輝（1536～1565）、松平元信（のちの徳川家康）からの駿馬嵐聊献上に感状。嫁取り祝儀として来国光の太刀一腰を与えられた。** | 1264 |
| | 5月24日 | 「東三騒動ー秦梨城の戦い」。<br>今川方の秦梨城（岡崎市秦梨）主粟生将監永信・子信盛、織田方の名之内城（日近城）（岡崎市桜形町）奥平兵衛尉貞友に攻められ、奥平市兵衛・松平彦左衛門ら5人を討取り撃退する。 | 1265 |
| | 5月一 | 「東三騒動ー第一次布里の戦い」。<br>奥平貞能（1537～1599）に誘われて、織田方となった田峯城（愛知北設楽郡設楽町田峯）菅沼定継と、今川方、弟の布里城（愛知県新城市鳳来町布里）主菅沼定直が戦って、菅沼定直が敗退する。 | 1266 |
| | 5月一 | 菅沼十郎兵衛定氏（1521～1604）、田峯菅沼定仙・林左京進長政と内通し、今川方に属す。 | 1267 |
| | 5月一 | 「東三騒動」。野田菅沼新八郎定村（1521～1556）、双瀬城（愛知県新城市副川字大双瀬）林左京進長政に據って今川方に帰服する。 | 1268 |
| | 6月21日 | 「一　東者限沢渡、西者限小縄手田端、南者限往復道谷合末迄、北者限田端、令寄附之事」。<br>今川義元、大仙院俊恵蔵主へ、大仙寺（のちの大泉寺）寄進状及び制札を下付。 | 1269 |

# 西暦1556

| 年号 | 月日 | 事項 | 番号 |
|---|---|---|---|
| 弘治2 | 6月24日 | **「岡崎之内、大仙院之事、東ハさわたりをきり、みなミハ海道をきり、同谷あひすゑまて、西ハこなわて田ふちをきり、北も田ふちをきり、末代ニおいて令寄進畢」。**<br>松平次郎三郎元信（後の家康）、大仙院俊恵蔵主へ、大仙寺（のちの大泉寺）(愛知県岡崎市中町東丸根)寄進状及び制札を下付。<br>**家康署名の最初とされ、元和2年（1616）75歳で没するまで、花押、印章をもって発した文書は、2380余とされている。** | 1270 |
|  | 6月24日 | **「返々大せんしの事、道かんにも、いまの三郎にも、われ〻〻つかひ申てまいらせ候」。**<br>しんさう、松平元信(後の家康)の三河国大仙寺寺領安堵を補足する。しんさうは、松平清康の妹「於久(久子)」(随念院)。<br>「しんさう」の書状には「三郎(次郎三郎元信)は今まで花押を書いた文書を書いたことが無いので、自分のおしはん(押判)を押して進上」することが記されている。<br>**元信（後の家康）は駿府にいたため、岡崎領の領主としての領主権を行使するのは不可能であった。そのため、今川氏や松平氏では、元信が本来有している領主権の権限の一部を随念院に行わせたとされる。** | 1271 |
|  | 8月3日 | 「東三騒動」。奥平定能(貞能)(1537～1599)、宝飯郡雨山(愛知県岡崎市雨山町)に砦築き、知多郡阿知波郷より移り用いた、奥平修理（阿知波修理定直）に守らせ、織田方に転じる。<br>作手の奥平監物貞勝(1512～1595)は今川方、子・奥平美作守定能(貞能)は反今川方に分かれ雨山城に入る。 | 1272 |
|  | 8月ー | 「東三騒動」。野田菅沼織部新八郎定村、設楽郡双瀬城林左京進長政と共に今川に帰服し、大野菅沼十郎兵衛尉定勝(1540～1615)・八右衛門定仙と大野城(愛知県新城市大野稲谷下)に入る。 | 1273 |
|  | 8月4日 | 「東三騒動ー雨山の戦い」。<br>今川義元、東三河七士に雨山城(愛知県岡崎市雨山町)を攻めさせる。<br>先鋒野田菅沼織部新八郎定村(弟新三左衛門定貴・新三右衛門定円・伝一郎定自・半五郎定満従軍)。後陣伊奈本多縫殿助忠俊(？～1564)・小笠原氏興(1529～1569)・松平上野介康高・仁連木戸田丹波守宣光。<br>菅沼新八郎定村は、東西に駆回り励ます。家臣小山源三郎は矢を放ち攻める。左柵守る阿知波修理貞良弟阿知波五郎右衛門、菅沼新八郎定村を射殺する。 | 1274 |
|  | 8月21日 | 「東三騒動ー第二次布里の戦い」。<br>今川軍が攻撃し田峯城（愛知県北設楽郡設楽町田峯）主菅沼大膳亮定継を討死させる。小大膳定利は岡崎へ退く。菅沼左衛門次郎定俊、今川方に攻められ布里(鳳来町布里)において自害。恩原城(雨提城)(愛知県新城市愛郷字雨提)主山川清兵衛重常・菅沼孫太夫定久・筒井与次右衛門源勝・筒井太郎兵衛倶路自害。 | 1275 |
|  | 9月2日 | 今川治部大輔義元、東条松平亀千代（家忠）(1556～1581)に、家督を保証し、松井左近尉忠次(のちの松平康親)(1521～1583)に後見させる。<br>松平甚次郎（甚二郎）が、天文20年三河を逐電し織田信長を頼り、北条氏康の元で客分となり尾張三河国境地域に帰り、本領の地に復帰する機会を窺っていた為、被官・百姓らの動揺を押さえようとした。 | 1276 |
|  | 9月4日 | 「去三月、織田上総介荒河江相動之処、於野馬原遂一戦」。<br>今川義元、野馬原での松井左近尉(忠次)(のちの松平康親)の活躍を賞す。 | 1277 |

## 西暦1556

| 年号 | 月日 | 事項 | No. |
|---|---|---|---|
| 弘治2 | 10月21日 | 今川治部大輔義元、逆心した奥平九八郎貞能(さだよし)（1537～1599）を親類が高野山に逃がし赦免を求めた奥平監物丞貞勝（1512～1595）を許し所領安堵。奥平貞能が今川氏に叛いた日近久兵衛貞直・阿知波修理定直を援助した罪を許し旧領安堵。 | 1278 |
| | 11月28日 | **松平蔵人佐元信(のちの家康)、長田与助重元・長田喜八郎重吉に、大浜郷(愛知県碧南市音羽町)の両熊野領を再寄進。** | 1279 |
| | 11月― | 「武節谷の戦い―武田氏に従属した下条信氏は奥三河攻めを命じられた」。<br>武田方の信濃下伊那郡吉岡城（長野県下伊那郡下條村陽屋）主下条信氏（1529～1582）、武節古城(愛知県豊田市桑原町上鎌井)・川手城(豊田市川手町シロ山)山田景隆(今川氏三河奉行人)を陥落させ、下条隼人・佐々木筑後50騎にて、弘治3年3月まで警固させる。<br>下条信氏は武節谷(豊田市武節町武節)で、今川方の鈴木伊賀守(足助松之城主)と戦い、鈴木兵庫・弟鈴木甚内・下田運平を討取る。 | 1280 |
| | 冬 | **「福谷城の戦い―今川軍、織田軍に勝利―屈従時代の輝かしい武勇譚」。**<br>今川義元、福谷(うきがい)(愛知県みよし市福谷町市場)に砦構え、酒井忠次(1527～1596)・渡辺正綱(渡辺真綱の父という)・大久保忠勝(1524～1601)・大久保忠佐(ただすけ)(1537～1613)・阿部忠政(大久保忠次の子)(1531～1607)・杉浦勝吉(?～1612)・大原惟宗(これむね)(1516～1564)・筧正重(1523～1594)百騎で守らせる。<br>織田方柴田勝家(?～1583)・荒川新八郎頼季5百騎が攻める。先鋒早川藤太は、渡辺正綱に射られ大久保忠勝に討取られる。柴田勝家、阿部忠政に射られ逃れる。酒井忠次、城外に於て多くの寄手を討取る。織田方143人討死。 | 1281 |
| | ― | **今川義元、松平元信（のちの家康）の落涙の意味を聞き、両眼に涙を含みながら「獅子の子は生れながら三日にして虎を喰らう気有りというは貴殿の事をいうべし。あっぱれ勇猛無双の聞こえある」。<br>義元は、元信(のちの家康)を岡崎に帰国させる。** | 1282 |

## 西暦1557

| 年号 | 月日 | 事項 | No. |
|---|---|---|---|
| 弘治3 | 1月8日 | **大給松平親乗(ちかのり)(1515～1577)、駿府滞在中の山科言継(やましなときつぐ)(1507～1579)を訪ね酒宴。**<br>言継の義母は、今川義元の母・寿桂尼の姉妹。弘治2年(1556)には義理の叔母にあたる寿桂尼・今川義元親子を訪ねて駿河国を訪問し、献金の確約を得た。 | 1283 |
| | 1月15日 | **「家康婚姻―今川一門に準じる」。<br>松平元信（家康）16歳（1543～1616）、今川義元（1519～1560）の命で、今川館で今川家重臣・関口刑部少輔親永(義広)(1518～1562)の娘「鶴姫(瀬名姫)」(今川義元の姪、後の築山殿)(?～1579)を娶る。瀬名姫は家康より3、4歳年上であったという。<br>この時、元信は、松平蔵人佐元康と改名ともいう。** | 1284 |
| | 2月5日 | **「家康、家臣の松平家再興の悲願を知る」。<br>松平元信(家康)、岡崎に帰国する。**岡崎城本丸に今川方城代山田新右衛門景隆(?～1567?)がおり、二の丸に松平元信は入る。鳥居伊賀守忠吉(ただよし)(1496?～1572)、御蔵の中を元信(家康)に見せる。若き主君・家康に、今まで蓄えていた財を見せ、「苦しい中、よくこれだけの蓄えを」と家康に感謝されたという。時期は異説あり。 | 1285 |
| | 5月3日 | **「高隆寺之事 一大平・造岡・生田三ヶ郷之内、寺領如先規可有所務事、」。**<br>松平次郎三郎元信(家康)、高隆寺(岡崎市高隆寺町字本郷)に寺領を寄進保証。<br>高隆寺は、前年、兵火にて七堂伽藍十二房が焼失した。 | 1286 |
| | 9月5日 | ■後奈良天皇(第百五代)(1497～1557)、崩御。 | 1287 |

## 西暦1557

| | | | |
|---|---|---|---|
| 弘治3 | 9月11日 | 今川義元の妹婿・鵜殿長持(1513〜1557)、没。没年には異説あり。<br>嫡子の長照(？〜1562)が家督を継ぐ。三河国宝飯郡の上ノ郷城(かみのごうじょう)(西郡城)(愛知県蒲郡市神ノ郷町)主である。 | 1288 |
| | 10月27日 | ■正親町(おおぎまち)天皇(1517〜1593)、践祚する。第百六代。 | 1289 |
| | 11月11日 | **「広忠・元信末代諸不入ニ御寄進之うへハ」。**<br>今川方に属する岡崎奉行人石川安芸守忠成(清兼)(？〜1578)・青木越後・酒井将監忠尚(ただなお)(？〜1565)・酒井雅楽助政家(正親)(1521〜1576)・酒井左衛門尉忠次(1527〜1596)・天野清右衛門尉康親・榊原孫七、浄妙寺(岡崎市中之郷町)に不入を認める。 | 1290 |

## 西暦1558

| | | | |
|---|---|---|---|
| 弘治4<br>(永禄1) | 1月- | 松平元信(家康)、3、4人の家来を引連れ三河国知立の永見淡路守貞英(永見志摩守貞英)に逗留した時、於万の方を人質として差出すよう約束させる。<br>永見貞英は、元信(家康)が伊保・梅が坪・広瀬・寺部を攻めた時加勢する。<br>永見貞英と水野忠政の娘との間に生まれた**於万の方は、家康の正室・築山殿(つきやまどの)の奥女中となり、そして家康の手付となり、於義伊(のちの結城秀康)を産んだとされる於古茶(おこちゃ)(於万の方、小督局、長勝院(ちょうしょういん))(1548〜1620)であるという。** | 1291 |
| | 2月5日 | **「寺部城の戦い(2月5日〜3月)―家康初陣」。**<br>**松平元康(後の徳川家康)17歳(1543〜1616)、岡崎衆を指揮して初陣。**<br>今川義元の命で、織田方に寝返った鈴木日向守重辰の三河寺部城(豊田市寺部町1丁目)を、能見(のみ)松平重吉(1498〜1580)らと共に攻める。<br>勝利の陰には大樹寺(松平家の菩提寺)の登誉上人が、衆徒を引き連れ「厭離穢土・欣求浄土」の旗をシンボルに加勢してくれたという。三河鈴木氏は、三河西北部における有力国人として台頭し、戦国時代には、寺部(豊田市寺部町)、酒呑(豊田市幸海町)、足助(豊田市足助町)などの諸家に分かれていた。<br>これらの諸家は、今川氏、松平氏、織田氏などの周辺勢力に囲まれて離反帰服を繰り返しながら、半独立の勢力を保ち続けていた。 | 1292 |
| | 2月6日 | **松平元信(後の家康)、織田方の東広瀬城(愛知県豊田市東広瀬町)の三宅摂津守高清を攻め、援軍の織田方・津川兵庫を討ち取る。** | 1293 |
| | 2月7日 | **松平元信(後の家康)、伊保城(御山前城)(豊田市保見町御山前)・梅ヶ坪城(豊田市梅坪町7丁目)を囲み外曲輪を破る。** | 1294 |
| | 2月20日 | ■「晴信(信玄)、将軍家の御内書の応じて景虎(謙信)と和睦する」。<br>これより先、将軍足利義輝(1536〜1565)、越後守護長尾景虎(謙信)(1530〜1578)及び甲斐及び信濃守護武田晴信(信玄)(1521〜1573)に諭して、和睦を勧めた。この日、義輝、景虎の之に同意するを褒める。 | 1295 |
| | ― | この年、今川義元(1519〜1560)、隠居。今川氏真(1538〜1615)が家督継承。<br>『言継卿記』弘治1年(1555)1月4日の項に、「屋形五郎殿」(今川氏真)と記されており、これより以前に氏真は家督を相続していたともいう。<br>この頃、義元の書状は三河、遠江方面に出されたものが多く、氏真の書状は駿河で出されたものが多い。義元は駿河の統治を氏真に任せ、当主としての経験を積ませようとしたとされる。 | 1296 |
| | 2月26日 | 「向寺部可取出之旨領掌訖、然者寺部城領半分令扶助間」。<br>今川義元、寺部城を攻撃中の匂坂長能(さぎさかながよし)(1494〜1566)に作戦指示。 | 1297 |

# 西暦1558

| 年号 | 日付 | 事項 | No. |
|---|---|---|---|
| 永禄1 | 2月28日 | **■正親町天皇即位のため「永禄」に改元する。** | 1298 |
| | 2月28日 | 笠寺城(名古屋市南区戸部町3丁目)中の今川家臣浅井小四郎政敏・飯尾豊前守乗連・三浦左馬助義就・葛山播磨守長嘉の百余人、夜、攻め寄せた織田信長による夜襲を撃退し首を少々討取る。 | 1299 |
| | 2月28日 | 駿河勢、笠寺から撤退。 | 1300 |
| | 3月3日 | 「去晦之状令披見候、廿八日之夜、織弾人数令夜込候処ニ早々被追払、首少々討取候由」。<br>今川義元、葛山・三浦氏らが笠寺への夜襲を撃退したことを賞す。 | 1301 |
| | 3月7日 | 「品野城の戦い━桶狭間前哨戦」。<br>織田信長(1534～1582)、今川氏の勢力下にある品野城(愛知県瀬戸市上品野町)を攻めたが、豪雨のさなか、近隣の落合城(愛知県瀬戸市落合町)から来援を得た城将桜井松平監物家次(？～1564？)三百人の反撃に遭い大敗。 | 1302 |
| | 3月10日 | 甲斐及び信濃守護武田晴信(信玄)に、将軍足利義輝より、越後守護上杉謙信と和談の御内書が届く。<br>この時、使者・悦西堂が、大館晴光の添状と同時に、御内書を今川義元、北条氏康・氏政父子の元に届ける。 | 1303 |
| | 3月- | **「寺部城の戦い(2月5日～3月)」。**<br>**今川・松平軍、織田方吉良義昭に一味し逆心した寺部城(愛知県豊田市寺部町1丁目)の鈴木日向守重辰を攻め降す。**<br>**武功を褒めた今川義元は、松平元信(後の家康)に太刀与え山中3百貫還付する。**<br>しかし義元は、元信(家康)を岡崎に帰すことと、岡崎城代を撤退させること、額田・加茂の旧領土を返すようにと望んだ元信(後の家康)の老臣の願いを聞き入れなかった。 | 1304 |
| | 3月25日 | **「西参河平口村、年来令居住屋敷之」。**<br>松平元信(後の家康)、鈴木八右衛門尉(鈴木重直)に屋敷・所領を安堵。 | 1305 |
| | - | **「松平元信から元康に改名」。**<br>この頃、松平元信(家康)は、祖父清康の勇名を慕い松平清康の偏諱をもらって「松平元康」に改名するという(7月17日までに)。翌年には家康は、無位ではあるが「蔵人佐」を名乗っている。 | 1306 |
| | 4月10日 | **いったん岡崎城に兵を戻した松平元康(後の家康)、挙母城(ころもじょう)(豊田市小坂本町)を攻め、敵兵を多く討ち取り岡崎城に凱旋。** | 1307 |
| | 4月12日 | 「今度鱸日向守逆心之刻、走廻リ日向守楯出寺部城請取処、其上親類・被官就相替、日向守重而令入城処、相戦蒙疵、殊息半弥助・同被官名倉、遂討死罷退候」。<br>今川義元、松平次郎右衛門に、寺部での戦功を賞し知行を与える。<br><br>松平次郎右衛門は、能見松平二郎右衛門重吉(しげよし)(1498/1493～1580)か。 | 1308 |
| | 4月24日 | **織田方の寺部城に再入城した寺部鈴木日向守重辰と加勢の東広瀬城(豊田市東広瀬町)三宅高清を、今川方の松平元康(家康)(岡崎城主)(1543～1616)・上野城(豊田市上郷町薮間(上郷護国神社))酒井将監忠尚(？～1565)が、再度攻め落す。** | 1309 |

# 西暦1558

| | | | |
|---|---|---|---|
| 永禄1 | 4月26日 | 「去廿四日寺部へ相動之刻、廣瀬人数為寺部合力馳合之処、岡崎并上野人数及一戦砌、弟甚尉最前ニ入鑓、粉骨無比類之処、当鉄炮令討死、因茲各重合鑓、遂粉骨之間、即敵令敗北之条、甚以忠節之至也、彼者事者、去辰年上野属味方刻、勝正同前ニ従岡崎上野城へ相退砌も、既尽粉骨之上、彼城赦免之儀相調之間、彼此以忠功令感悦者也」。<br>**今川義元、松平蔵人佐元康の家臣足立右馬助・甚尉がこの年4月24日・弘治2年に活躍したことを賞す。**<br>**義元は、松平蔵人佐元康の家臣足立右馬助に感状を与え、元康の初陣となった三河寺部城合戦で討死した、右馬助の弟足立甚尉の忠節を称えた。** | 1310 |
| | 4月下旬 | **大高城**(名古屋市緑区大高町)**の松平勢、信長家人佐久間甚四郎70騎にて攻められる。** | 1311 |
| | 5月17日 | 「名倉船渡橋(設楽町名倉)の戦い」。<br>織田信長の支援受けた岩村城(岐阜県恵那市岩村町)遠山左衛門尉景任(?～1572)の家臣山内采女が、寺脇城(愛知県北設楽郡設楽町東納庫)奥平喜八郎信光(後の戸田加賀守信光、貞勝従兄弟)(?～1630)を攻める。今川方の作手城(亀山城)(愛知県新城市作手清岳)主・宗家奥平貞勝(1512～1595)は、援軍として戦功。奥平喜八郎信光は、この合戦の功績を今川義元に賞され、幼名松千代宛で感状が与えられた。 | 1312 |
| | 6月2日 | 「去月十七日、三州名倉於舟渡橋、岩村人数出張候処」。<br>今川義元、奥平松千代が岩小屋城後詰の遠山氏を名倉舟渡橋で撃退したことを賞す。奥平松千代は、奥平喜八郎信光(後の戸田加賀守信光、貞勝従兄弟)(?～1630)。 | 1313 |
| | 7月12日 | 「信長—浮野の戦い」。<br>信長(1534～1582)三千、犬山城の織田信清(信長の従兄弟)(?～?)一千と共に、岩倉城(愛知県岩倉市下本町)の織田信賢(尾張上四郡守護代)(?～?)の軍勢三千を丹羽郡浮野(愛知県一宮市千秋町浮野)に破る。<br>信清は、信長従兄弟にあたり、信長の姉(犬山殿)(?～?)を娶り、弟の広良(?～1562)同様、信長に仕える身となっていた。 | 1314 |
| | 7月17日 | **「妙台寺上下六所神主於屋敷、門次」。**<br>松平元康(後の家康)、岡崎六所明神(愛知県岡崎市明大寺町耳取)神主・大竹善左衛門に、神主屋敷の諸役免除。 | 1315 |
| | 9月 | 木下藤吉郎(豊臣秀吉)21歳(1537～1598)、織田信長24歳(1534～1582)に仕える。 | 1316 |
| | 11月27日 | ■「幕府が復活し、三好長慶の京都支配は、形式的に終わる」。<br>小競り合いはあったが、次第に厭戦ムードが濃くなり、足利義輝(1536～1565)は、六角承禎(1521～1598)の斡旋により、三好長慶(1522～1564)と和睦し、五年ぶりに京都勝軍山城(北白川城)(京都市左京区北白川清沢口町瓜生山)より入洛して、父の今出川御所には入らず、一旦足利氏ゆかりの相国寺に入る。そこで三好長慶らを引見する。 | 1317 |
| | 12月— | **松平元康(後の家康)(1543～1616)、梅ヶ坪城(豊田市梅坪町7丁目)を攻め、三宅藤左衛門政貞(1518～1587)を降伏させる。**<br>政貞は、弟の喜八郎兼貞(?～1563)と政貞の嫡子惣右衛門康貞(1544～1615)と共に元康(家康)に従う。三宅康貞は、姉川の戦いや長篠の戦いをはじめ、武田氏攻めには常に参戦して武功を挙げた。家康の関東入封により武蔵瓶尻(みかじり)で5千石を領し、慶長9年(1604 9 1万石に加増されて三河挙母藩主三宅家第1次初代となった。 | 1318 |

# 西暦1558

| 和暦 | 月日 | 事項 | 番号 |
|---|---|---|---|
| 永禄1 | 一 | 今川・松平軍、織田氏と連合する水野信元(？～1576)と尾張石瀬で戦い七十余人討取る。**松平家臣渡辺半蔵守綱**(1542～1620)、奮戦して軍功あり。守綱の初陣という。水野方水野忠重(信元異母弟)(1541～1600)、一番に鑓を合わせてその敵を討取る。永禄4年(1561年)にかけて、現在の愛知県大府市と同県知多郡東浦町の境界付近で、3度にわたり戦闘が行われた。 | |

# 西暦1559

| 和暦 | 月日 | 事項 | 番号 |
|---|---|---|---|
| 永禄2 | 1月一 | 「岩倉城の戦い―信長、ほぼ尾張を統一する」。信長(1534～1582)、岩倉城(愛知県岩倉市下本町)の包囲を続け、この月、降伏開城した織田信賢(？～？)を追放し、岩倉城を破却。この結果、長く続いた織田家の内紛が終わる。『信長公記』は、岩倉城の戦いを3月とする。 | 1320 |
| | 2月一 | この月、武田晴信(信玄)、出家して、「徳栄軒信玄」と号する。5月ともいう。 | 1321 |
| | 2月2日 | ■「信長、初上洛」。「自尾州織田上総介上洛云々、五百計云々、異形者多云々」(尾州より織田上総介上洛云々、五百ばかりと云々、異形者多しと云々)。(『言継卿記』)。将軍足利義輝(1536～1565)の上洛要請に応じた織田信長、尾張国より八十の軍勢を率いて初上洛。 | 1322 |
| | 2月7日 | ■「尾州之織田上総介書立歸國云々」「有雑説俄罷下云々」。(『言継卿記』)。織田信長、昼頃帰国の途につき、近江守山、永源寺の相谷、八風峠、伊勢桑名を経て数日後の寅の刻に清洲城に帰る。『信長公記』。 | 1323 |
| | 3月6日 | **「家康長子信康誕生」。松平元康(後の徳川家康)18歳(1543～1616)の嫡男、竹千代(信康)(1559～1579)誕生。母は瀬名義広の娘で今川義元の姪・瀬名姫(築山殿(つきやまどの))(？～1579)。** | 1324 |
| | 3月20日 | 今川治部大輔義元、新しい形式の7ヶ条からなる軍令「今川家戦場定書」定める。 | 1325 |
| | 4月27日 | ■長尾景虎(上杉謙信)、二回目の上洛をして足利将軍義輝(1536～1565)に謁見、物を献じる。義輝、大いに喜び、塗輿等許可し、関東管領就任を遠回しに許可。景虎(謙信)は、さらに朝廷にも内裏修理資金などを献じる。 | 1326 |
| | 5月1日 | ■長尾景虎(上杉謙信)が参内して正親町天皇に拝謁する。天皇は、杯と剣を景虎(謙信)に授ける。 | 1327 |
| | 5月2日 | 長尾景虎(謙信)上洛に乗じて武田信玄は、佐久郡松原神社に北信濃攻略の成功を祈願。「信玄」の法名が初めて文書の上に現われる。 | 1328 |
| | 5月16日 | **「定条々 一諸公事裁許之日限、兎……一元康在符之間、於岡崎、各批判落着之上罷下、重而雖令訴訟、一切不可許容事」。「家康、訴訟や人事について定める」。松平元康(後の家康)、今川重臣関口刑部少輔氏広(親永)(1518～1562)・朝比奈丹波守親徳(ちかのり)(？～1566)の補佐により、駿河国府中より岡崎家臣団へ全七ヶ条の「定条々」を発す。** これは、将来的に今川氏直臣の岡崎城主となるであろう元康と今川氏による間接統治下で希薄化した家臣団との間の主従関係を再確認する性格を持っていた。 | 1329 |
| | 8月一 | 今川方山口左馬助教継(のりつぐ)(鳴海城主)(？～1560？)、調略により無血で、織田方の大高城(名古屋市緑区大高町)水野忠氏を攻略。 | 1330 |

# 西暦1559

| 和暦 | 月日 | 事項 | No. |
|---|---|---|---|
| 永禄2 | 8月— | 織田氏に従う、沓掛城(愛知県豊明市沓掛町東本郷)近藤景春(?～1560)が、山口左馬助教継の調略により今川方に属す。<br>翌年、今川家臣浅井政敏に城を明け渡し、支城の高圃城(薬師ヶ根城)(豊明市沓掛町薬師ヶ根)に移り、織田軍に備える | 1331 |
| | 8月21日 | 「今度召出大高在城之儀申付之条」。<br>今川義元、朝比奈筑前守輝勝に、大高城番を命ずる。<br>山口教継(のりつぐ)は、大高城の水野氏を追って奪い取った。教継は、信長に対抗するために今川氏の駿河衆の駐留を要請した。 | 1332 |
| | 8月28日 | 今川義元(1519～1560)、岡崎奉行人酒井左衛門尉忠次(1527～1596)宛に、三河国大樹寺(愛知県岡崎市鴨田町)に建てられた持仏堂の賢仰院に対して、寺内での陣取・諸役を禁じ、狼藉を行う者があれば注進することを命じる。<br>**天文18年(1549)以後、三河は今川氏の領国となっていた。酒井忠次は、今川家代官の一人であったようだ。** | 1333 |
| | 10月12日 | 徳姫(1559～1636)、信長の長女として生まれる。生母は生駒吉乃といわれているが、矛盾を示唆する史料もある。<br>のちに徳川家康の嫡男・松平信康(1559～1579)へ嫁ぐ。 | 1334 |
| | 10月19日 | 今川義元は、奥三河の奥平監物定勝(貞勝)(1512～1595)・島田菅沼久助定勝(?～?)に命じて、大高城へ兵糧を入れる。その際に大高城を取り巻く正光寺砦・永上砦を攻略する。今川義元、大高城の守将を鵜殿長照(?～1562)とする。<br>織田、今川の緊張が高まる中、大高城には今川義元の妹の子である上ノ郷城主鵜殿長照が城主となって守りを固めた。 | 1335 |
| | 11月28日 | **「大浜郷両熊野領、元康代仁雖落置」**。<br>松平蔵人佐元康(家康)、熊野下宮神主長田与助重元・熊野上宮神主長田喜八郎重吉に、大浜郷両熊野領を改めて寄進するに当たって、百姓が買得と称して権利を主張しても、新寄進として返付するのでその所職安堵。 | 1336 |
| | 11月28日 | **「大浜郷惣寺領、元康代仁雖落置之」**。<br>松平蔵人佐元康、惣寺方(常行院・林泉寺・妙福寺・称名寺・清浄院・海徳寺・宝林寺)に大浜郷(愛知県碧南市)惣寺領を寄進。 | 1337 |
| | 12月23日 | 北条氏第3代目当主、北条氏康(1515～1571)、隠居。北条氏政(1538～1590)が家督継承、北条氏の第4代当主となる。氏康の存命中は氏康・氏政の両頭体制が続く。 | 1338 |
| | — | 対織田戦線の最先端にある大高城の鵜殿長照(?～1562)、織田信長に攻められる。兵糧乏しくなり、遠州沢田治部より学んだ兵法から、山から取ってきた松・杉・野草を粉に挽き、戦いの無い日には兵にこの粉を食べさせ、戦う前には米汁を与えて持ちこたえる。 | 1339 |

# 西暦1560

| 和暦 | 月日 | 事項 | No. |
|---|---|---|---|
| 永禄3 | 1月16日 | ■三好長慶、幕府相伴衆に列し、三好長慶による京都支配は実質的に終わる。(『言継卿記』)。<br>「相伴衆」は管領に準ずる名誉的格式で、将軍の饗膳に相伴するだけではなく、幕政に参画する幕府宿老衆でもあった。 | 1340 |
| | 1月— | この月、織田信長の軍勢、今川方戸田氏(藤井松平信一・戸田直光)の品野三城(秋葉・桑下・落合)(愛知県瀬戸市上品野町)を攻略。 | 1341 |

# 西暦1560

| 永禄3 | | | |
|---|---|---|---|
| 永禄3 | 春 | **松平元康(家康)、高月院(愛知県豊田市松平町寒ケ入)に参拝後、小松一本を自ら中門の下に植える。** | 1342 |
| | 2月20日 | **「広瀬城戦い一家康勝利」。**<br>今川方の松平元康（のちの徳川家康）(1543～1616)、織田方に寝返った、東広瀬城(豊田市東広瀬町)の三宅高清を攻める。「古鼠坂（仏楚坂）の戦い」で松平元康に敗れ、落城となる。この戦で高貞の養嗣子三宅摂津守高清が討死。<br>三宅高貞は家康に仕え、元亀4年(1573)に没した。 | 1343 |
| | 2月21日 | **「遠州城東郡笠原庄 高松社近辺荒」。**<br>松平蔵人元康(家康)、中山将監に、遠江高松社近辺の地を安堵。 | 1344 |
| | 3月18日 | **「亀姫(家康長女)誕生」。**<br>松平元康(後の家康)(1543～1616)に長女・亀姫(1560～1625)が誕生。月日は不明ともいう。母は瀬名姫(築山殿(御前))(1542？～1579)で、松平信康は同母兄。<br>亀姫はのちに奥平信昌の正室となる。 | 1345 |
| | 3月一 | **今川方の松平元康(後の徳川家康)19歳は、織田氏と連合する緒川城主・水野信元(水野忠政の二男、家康の伯父)に2回わたり使者を送り今川方に属するよう勧める。**<br>於大の方(家康母、後の伝通院)(1528～1602)の兄が水野信元(？～1576)。 | 1346 |
| | 3月一 | 今川義元(1519～1560)、三河を巡視して、医王山正法寺(愛知県西尾市吉良町乙川)に滞在。今川義元が船遊びに宮崎（吉良町宮崎）にいたところ、織田信長(1534～1582)が、数百艘で梶原(西尾市吉良町)に押し寄せる。 | 1347 |
| | 4月12日 | 今川義元、刈屋城(刈谷城)主・水野十郎左衛門尉信近(水野忠政の三男)(1525～1560)に、夏に尾張出陣を告げ、尽力求める。 | 1348 |
| | 5月1日 | 「海道一の弓取り」の異名を持つ東海道の広大な地域の支配者、今川義元が、尾張に向け出陣命令を発する。<br>義元は、京都に上り将軍を助け、天下に命令することを望んだ。 | 1349 |
| | 5月5日 | 織田信長、三河吉良(愛知県西尾市吉良町)に出兵。付近を放火し、吉良氏の菩提寺・実相寺(愛知県西尾市上町下屋敷)を焼く。 | 1350 |
| | 5月6日 | **家康実祖母・源応尼(げんおうに)(於大の方の実母、華陽院(けようい ん))(1492～1560)、没。元康(後の家康)は、今川義元の上洛軍の先方隊として向かうことになっていた。**<br>そして義元が桶狭間で死すると、家康は戦場から自国の岡崎に帰国し、独立した戦国大名として自立した。このため敵国となった駿府に戻ることが出来ず、祖母の葬儀にも参加できなかった。葬儀は智源院知短上人の知源院で行われ、家康は墓の傍らには三河松を植えさせたという。<br>真言宗の寺院知源院は、慶長14年（1609）、徳川家康が祖母である源応尼の50回忌の際、寺号を戒名「華陽院殿玉桂慈仙大禅尼」に因み華陽院(静岡市葵区鷹匠2丁目)に改め浄土宗に改宗したという。 | 1351 |
| | 5月8日 | ■朝廷、今川治部大輔義元(1519～1560)を三河守に、今川氏真23歳(1538～1615)を治(じ)部大輔(ぶのたいふ)に任ず。この年今川義元は、三河の支配権を強めるため、朝廷に三河守任官を奏請。4月には、尾張攻めの準備を行った。 | 1352 |
| | 5月10日 | **今川方先鋒、井伊信濃守直盛(？～1560)・松平元康(後の徳川家康)(1543～1616)5千が駿府を出陣。** | 1353 |

# 西暦1560

|  |  |  |  |
|---|---|---|---|
| 永禄3 | 5月12日 | 「今川義元、駿府今川館から出陣」。<br>今川義元本隊が駿府を出陣、藤枝着。先鋒5千は掛川着。 | 1354 |
| | 5月16日 | 今川義元、兵1万を率いて駿河から三河の岡崎に着城。先鋒井伊信濃守直盛・**松平元康(家康)は、池鯉鮒(後の知立)に達する。** | 1355 |
| | 5月16日 | **松平元康(家康)は、池鯉鮒城入り後、密かに尾張国知多郡阿久比の阿久比城(坂部城)(愛知県知多郡阿久比町大字卯坂字栗之木谷)へ向かうともいう。** | 1356 |
| | 5月17日 | 義元本隊は池鯉鮒着、先鋒は境川を越え、尾張に侵入。 | 1357 |
| | 5月17日 | **松平元康(後の家康)(1543〜1616)、尾張知多郡阿久比を訪ね、16年ぶりに母於大の方(のちの伝通院)(1528〜1602)と対面、家康19歳、於大の方33歳の時であった。**<br>家康は生母の至情を忘れることなく、再婚しているにも拘わらず、於大の方を会い、久松家を親戚として尊重していく。19日とも。<br>上洛する今川軍の先鋒として1日早く知立に着陣した家康が、母の再婚夫・久松俊勝(1526〜1587)と、3人の異父弟(勝元(康元)・久松源三郎勝俊(康俊)・定勝)に会っている。<br>これがのちの松平因幡守康元(関宿藩主)(1552?〜1603)、松平豊前守康俊(駿河国久能城主)(1552〜1586)、松平隠岐守定勝(桑名藩主)(1560〜1624)である。 | 1358 |
| | 5月18日 | 今川義元は、見付城(静岡県磐田市見付字古城)主堀越源六郎義久、佐久城(静岡県浜松市北区三ヶ日町大崎)主浜名三郎正国、八面城(荒川城)(愛知県西尾市八ツ面町字市場)主荒川甲斐守義虎、足助城(愛知県豊田市足助町須沢)主鈴木越後守重直、堀江城(静岡県浜松市西区舘山寺町堀江)主大沢左衛門佐基胤附庸・中安彦次郎康勝、細川城(愛知県岡崎市細川町御前田)主松平和泉守親乗(1515〜1577)、田峯城(愛知県北設楽郡設楽町田峯)主菅沼刑部少輔定忠(?〜1582)、長篠城(愛知県新城市長篠)主菅沼新九郎貞景ら8将を、知立城(愛知県知立市西町西(西町児童公園))・今岡を守備させ沓掛(愛知県豊明市沓掛町)に着く。軍儀を行う。 | 1359 |
| | 5月18日 | 今川義元、尾張の沓掛城(愛知県豊明市沓掛町)に本陣を移す。 | 1360 |
| | 5月18日 | **「大高城兵糧入れ」。**<br>**今川先陣、松平元康(後の徳川家康)、夜間、攻撃をかわして大高城(名古屋市緑区大高町)(城代鵜殿長照)へ兵糧を搬入する。**<br>古郡但馬守政重(?〜1590)、元康(家康)の大高城兵糧輸送に参加。<br><br>大高城は対織田戦線の最先端にあって身動きを封じられ、兵糧枯渇の窮地に立たされていた。鵜殿長照(上ノ郷家)(?〜1562)は城兵を鼓舞し、山野の草木の実を採取して飢えを凌いだという。桶狭間の戦いの前哨戦となった松平元康の指揮による兵糧運び入れが賞賛されたのは、この時である。<br>窮地から解放されると、長照は元康(家康)と大高城の守備担当を交代させられる。 | 1361 |
| | 5月19日 | 今川方は、沓掛城を浅井小四郎政敏1千5百に守備させる。<br>**午前3時から攻め、10時には元康(家康)2千5百が、丸根砦(守備は佐久間大学盛重)を攻落する。**<br>午前3時から攻め、10時には朝比奈備中守泰朝・井伊信濃守直盛(?〜1560)2千が、鷲津砦(織田玄蕃允信平(秀敏)・飯尾従四位下近江守定宗・信宗父子、弟讃岐守)を攻め落とす。三浦備後守3千、後方支援。 | 1362 |
| | 5月19日 | **松平元康(後の徳川家康)、大高城に於いて人馬を休める。** | 1363 |

# 西暦1560

| | | | |
|---|---|---|---|
| 永禄3 | 5月19日 | 今川義元、沓掛城(愛知県豊明市)を出発して大高城(名古屋市緑区大高町)を目指す。 | 1364 |
| | 5月19日 | 信長が善照寺砦へ到着したのを見た佐々隼人正（政次）、千秋四郎加賀守季忠が50騎3百人で今川本軍に突撃し全滅。<br>信長はこの状況を見た上で、家臣の制止を振り切って善照寺砦から中島砦（緑区鳴海町)へ移った。この時の信長の手勢は2千程度であったという。<br>一方、今川義元はこの戦いに2万5千の兵力を投入したというが、その兵力は尾張国境付近に分散しており、義元本陣の兵力は5千程であったという。 | 1365 |
| | 5月19日 | **「桶狭間の戦い—信長、今川義元を討つ」。**<br>午後2時過ぎ、三河・遠江・駿河三国の太守・今川義元(1519～1560)、田楽狭間に織田信長(1534～1582)の奇襲にあって討たれる。<br>義元の護衛は最初3百騎程で組織的な抵抗を示していたが、次第に崩壊し、最後には総大将である義元自身が討死をした。雪斎和尚（太原雪斎）の弟子であった桑原甚内は、桶狭間に着陣していた今川義元を、隙を窺いを突撃するも討ち死にする。服部小平太は、義元に最初に槍をつけたが膝を斬られ負傷する。その隙に毛利新介が義元の首を取ったという。<br>従軍していた小笠原長忠(氏助、氏興)(？～1590？)は、高天神城に敗走する。<br>義元を討ち取った者は、『信長公記』には毛利新介(良勝)(信長の小姓)(？～1582)、尾張の地誌は、服部小平太(保次)(1526～1587)の手柄と記す。<br>桶狭間は、愛知県の豊明市と名古屋市緑区の有松町にまたがっている古戦場跡と推定される丘と、その北側にある手越川の谷間＝狭間のこと。 | 1366 |
| | 5月19日 | 自刃を覚悟した井伊直盛(第22代当主)(？～1560)は、中井七郎三郎直吉14歳(白鞘の刀を与えられる)と奥山孫市郎に、一族中野越後守直之(？～1605)に信濃守を名乗らせ井伊直親(1535～1563)の後見人とするよう遺言し帰国させる。 | 1367 |
| | 5月19日 | **家康の叔母・碓井姫の夫・長沢松平政忠(？～1560)は、父松平親広(長沢松平家当主)（？～1571）と共に今川軍に参戦したが、織田軍に急襲された今川本隊において弟・忠良と共に討死した。**<br>**長沢松平康忠(やすただ)(1545～1618)は、「桶狭間の戦い」で父松平政忠が討死すると、祖父松平親広の後見を受け長沢松平家の家督を相続した。** | 1368 |
| | 5月19日 | 知立城を守備していた今川勢の瀬名駿河次郎親範・朝比奈備中守泰朝・朝比奈小三郎泰秀・三浦右衛門佐義鎮は、引き上げる。 | 1369 |
| | 5月20日 | **今川義元が討ち死にした際、大高城に陣取っていた松平元康（後の家康）は、織田方の水野信元(家康伯父)(？～1576)からの使者・浅井六之助道忠(1530～1589)から義元敗死を知らされ、岡崎への帰城を勧められる。**<br>しかし、元康（家康）は信元の謀略を疑い、自ら情報（鳥居忠吉報告）を得て月の出るのを待ち、浅井道忠を道案内役として静かに撤退し、池鯉鮒(ちりゅう)に出て23日、岡崎に戻った。<br><br>22日道忠との別れ際、所領を与えることを約束し、その証として自らの扇子を裂いて与えたという。後、所領を安堵された浅井家はこの扇子を紋として使用したという。<br>異説に家康は、三河の松平家菩提寺・大樹寺(だいじゅじ)(愛知県岡崎市鴨田町広元)に入ったという。松平元康(後の家康)は、自害を試みた際に、住職登誉天室(とうよてんしつ)から「太平の世を目指す」教えを受け、思いとどまったという逸話が残る。 | 1370 |

| 年号 | 月日 | 事項 | No. |
|---|---|---|---|
| 永禄3 | 5月20日 | 「刈屋城合戦」。今川軍、織田方となった水野十郎左衛門尉信近（水野忠政の三男）（1525～1560）の刈屋城（刈谷城）（愛知県刈谷市城町1丁目（亀城公園））を攻める。 | 1371 |
| | 5月20日 | 岡部元信（元綱）（？～1581）、今川義元の首を貰い受けて鳴海城（愛知県名古屋市緑区鳴海町）を開城。駿河の部将等、鳴海城に書翰を遣わし、駿河に帰ること告げるが岡部元信聞かず。<br>岡部元信は、鳴海城を拠点に織田勢と戦う。主君今川義元が織田信長に討たれた後も抵抗し続け、信長が差し向けた部隊を悉く撃退し、義元の首と引き換えに開城を申し入れ、信長はその忠義に感動して義元の首級を丁重に棺に納めた上で、権阿弥をして送り届けたという。<br>元信は、義元の棺を輿に乗せて先頭に立て、ゆうゆうと鳴海城を引き払ったという。 | 1372 |
| | 5月一 | 松平元康（家康）が大高より帰陣の時、敵を防ぎ深溝松平大炊助好景（1516～1561）の家人**三浦平太郎が討死**。 | 1373 |
| | 5月21日 | 「沓掛城合戦」。今川氏に降った近藤九十郎景春は、自城沓掛城（愛知県豊明市沓掛町）に戻ったが、織田軍に攻められ、祐福寺の西天神山で討死。 | 1374 |
| | 5月21日 | 今川方岡崎城番山田新左衛門尉景隆と従士5、6人が桶狭間に着き、殉死という。 | 1375 |
| | 5月22日 | **「今度依忠節、約束之旨、無相違可」。**<br>**松平元康（後の徳川家康）、浅井六之助（浅井道忠）（1531～1589）に感状。**<br><br>六之助は、はじめ織田方水野信元（家康の伯父）に属し、桶狭間の戦いでは今川義元の討死を松平元康に知らせたと伝わる。岡崎城への退却の際には道案内と警護を務め、その忠節により所領を安堵された。 | 1376 |
| | 5月23日 | **織田方水野信元（？～1576）が岡崎を攻める時、松平元康方の蜂屋貞次（1539～1564）・藤井松平信一（のぶかず）（1539～1624）が石ヶ瀬（愛知県大府市）にて防戦。** | 1377 |
| | 5月23日 | **「松平元康（後の徳川家康）、約11年ぶりに岡崎城へ入城」。**<br><br>松平元康（後の徳川家康）（19歳）（1543～1616）、今川軍が退くのを待って岡崎城に入る。城にいた今川の城番はすでに逃げ去っていた。天文十八年に駿府に抑留されて以来、実に十年余の歳月が流れていた。皮肉なことに、今川軍が大敗するという思いもかけぬ事態によって宿願の岡崎城復帰を果たした。<br>**家康は父祖伝来の地、三河の回復と家臣団の再編成を進めていく。** | 1378 |
| | 5月一 | 桶狭間合戦後、岡崎城に帰還した**元康（家康）は、西三河でありながら織田の勢力圏になりつつある加茂郡挙母城、梅が坪城を攻略。さらに沓掛城を攻める。**<br>元康（家康）は、義元の後を継いだ今川氏真からはたびたび駿府への帰還命令が届けられるが、織田軍と交戦中を理由に駿府へ戻ることはなかった。 | 1379 |
| | 5月25日 | 「今度不慮之儀出来、無是非候、然者当城之儀、堅固申付之由喜悦候、軈而可出馬候」。<br>今川氏真、天野安芸守の守備を褒め、不慮の合戦があったことを告げる。<br>犬居城（静岡県浜松市天竜区春野町堀之内字犬居）の天野安芸守景泰（かげやす）。 | 1380 |
| | 5月一 | **水野氏に仕える中山五郎左衛門勝時（？～1582）、松平元康（家康）に、知多郡柳辺にて見（まみ）えて火縄百筋献ず。** | 1381 |

# 西暦1560

|  |  |  |  |
|---|---|---|---|
| 永禄3 | 5月一 | **服部右京進政光（1542〜1615）、兵糧船一艘をもって、松平元康（後の家康）にたてまつる。**桶狭間の戦いにおいて政光は、大高城の松平元康に敗戦を知らせ、兵糧舟一艘を献じた。<br>元康は感銘を受け、のち政光に遠江国河の庄3000貫の地を与えたという。<br>家康に仕えた政光は、天正18年（1590）の小田原の役では本田忠勝配下として参陣して御使番を勤め、慶長5年（1600）の上杉景勝征伐、元和元年迄（1614〜15）の大坂の夏・冬の陣にも参加し、同年京都で没した。 | 1382 |
| | 6月1日 | 「刈屋城合戦」。夜、今川方の岡部五郎兵衛尉元信は、伊賀・甲賀衆75人で刈屋城を攻め、織田方水野藤九郎信近（水野忠政の三男）（1525〜1560）を討死させる。水野忠近を負傷させる。<br>のちに、緒川城（愛知県知多郡東浦町緒川）主・水野信元（水野忠政の二男）家臣、牛田城（愛知県知立市南陽）主・牛田玄蕃近長は、伊賀衆を皆殺して刈屋城を奪い返す。 | 1383 |
| | 6月2日 | ■「信長、美濃侵攻」。<br>織田信長、本格的に美濃攻めを開始。度々美濃に侵攻し、斎藤道三の嫡男・斎藤義龍（1527〜1561）と戦う。3日にかけて信長は丸茂兵庫頭光兼、市橋、長井甲斐守利房と戦うが敗退。殿（しんがり）は柴田勝家が務める。 | 1384 |
| | 6月3日 | **「禁制 三州碧海郡中島村廬菴崇福……右之条々、於違犯之族者、可処厳科者也」。**<br>松平元康（家康）、三州碧海郡中島村 廬庵崇福寺境内へ禁制。 | 1385 |
| | 6月一 | **刈屋城（刈谷城）を焼かれ、弟信近を討たれた織田方の水野信元（？〜1576）は、岡崎を攻める。松平元康（家康）は、挙母・寺部・医王山取砦を落とす。** | 1386 |
| | 6月5日 | 陽光山天沢寺（静岡市大岩）にて、今川義元の葬儀。<br>松平元康（後の徳川家康）は、義元の子今川氏真（1538〜1615）に弔い合戦を進言したが、氏真は暗渠で父の供養のみし、譜代の家臣を遠ざけ、お気に入りの家臣を近臣にしたので、今川家は衰えていったという。家康の弔い合戦進言は創作であろう。 | 1387 |
| | 6月8日 | 「……今度於尾州一戦之砌、大高・沓掛両城雖相捨、鳴海堅固爾持詰段、甚以粉骨至也、雖然依無通用、得下知、城中人数無相違引取之条、忠功無比類、剰苅屋城以籌策、城主水野藤九郎其外随分者、数多討捕、城内悉放火、粉骨所不準于他也、（略）守此旨、弥可抽奉公状如件、」。<br>今川氏真（1538〜1615）、鳴海城（名古屋市緑区鳴海町）を死守し、刈屋城の水野藤九郎信近を討ち取った岡部五郎兵衛尉（元信）（？〜1581）を讃え、没収した知行の回復を保障する。氏真は、鳴海城より城中の人数を相違無く引き上げた岡部元信に数年間没収していた、遠州勝間田（静岡県牧之原市）・桐山郷（牧之原市）・内田（菊川市）・北矢部（静岡市清水区北矢部）を返付。 | 1388 |
| | 6月13日 | 「抑今度以不慮之仕合、被失利大略敗北、剰大高、沓掛自落之処、其方暫鳴海之地被踏之其上従氏真被執一筆被退之間」。（2、3年間駿河に在国していなかった為、音信無く、心許なかった。今川氏真一筆により、鳴海城より帰国した名誉を挙げられ喜ばしい。今川氏真への助力を伝え、佞臣の讒言を信じないよう）。<br>武田信玄（1521〜1573）、岡部五郎右兵衛尉元信を褒める。 | 1389 |
| | 6月16日 | 今川氏真、簗瀬家弘（やなせいえひろ）の戦功を賞し、知行を与えることを伝える。<br>簗瀬家弘は、三河国加茂郡の浅谷城（あざかいじょう）（愛知県豊田市山谷町日影洞・裏山）を与えられたか。 | 1390 |
| | 6月18日 | **松平元康（家康）、織田方水野信元と石ヶ瀬（愛知県大府市）で戦う。** | 1391 |

# 西暦1560

| 和暦 | 月日 | 事項 | No. |
|---|---|---|---|
| 永禄3 | 6月19日 | **松平元康(後の徳川家康)(岡崎城主)**(1543~1616)**、この日も、織田方水野氏と刈屋城外十八町畷で戦う。炎暑により両軍引き揚げたという。** | 1392 |
| | 7月9日 | **「山中法蔵寺領之事 一彼寺領本成」・「定 一守護不入之事 一不可伐採」**。<br>元康(家康)、三河国法蔵寺(岡崎市本宿町寺山)門内門前に守護不入などの制札を与える。<br>竹千代(家康)と名乗った8歳の頃、叔父にあたる七世住職・教翁洞慧(きょうおうどうえ)上人に就いて、この寺で読み書きなど勉学に励んだとされる。 | 1393 |
| | 7月28日 | **松平元康の臣酒井忠次**(1527~1596)**、筧重成の戦功の上申を伝える。**<br>**酒井忠次は、桶狭間の後は、復帰して松平元康(家康)に従い、家老として勤めた。** | 1394 |
| | 8月1日 | **「今度於石瀬、無比類仕候、弥忠節肝用候、尚以高名無是非候、恐々謹言」**。<br>松平元康、尾張国石ケ瀬における筧平十郎(筧重成)(?~1589)の戦功を賞する。 | 1395 |
| | 8月1日 | **「今度無比類働仕候、弥忠節専用候、恐々謹言今」**。<br>松平元康、石ケ瀬における坂部又十郎(坂部正家)(1497~1570)の戦功を賞する。<br>坂部又十郎は、元亀元年6月姉川の戦いで戦死。74歳。 | 1396 |
| | 8月5日 | 今川氏真、龍潭寺(浜松市北区引佐町井伊谷)に、桶狭間で戦死した井伊直盛(?~1560)寄進の通り、安堵。 | 1397 |
| | 8月29日 | 上杉謙信(1530~1578)、前年上洛のおり、将軍足利義輝から、上杉憲政支援を命じられ関東侵攻の為、春日山城(新潟県上越市春日山町)進発。 | 1398 |
| | 9月1日 | 「剰今度一戦之上、大高・沓掛雖令自落、鳴海一城相踏于堅固、其上以下知相退之条」。<br>今川氏真(1538~1615)、岡部元信(?~1581)の鳴海城守備を讃え、父岡部親綱(?~1562)の遺産相続を認める。北矢部・三吉名を返付。 | 1399 |
| | 9月- | **「禁制 妙昌寺 一甲乙人等濫妨狼」**。<br>松平元康(家康)、妙昌寺(愛知県豊田市王滝町)に禁制を与える。 | 1400 |
| | 10月22日 | 井伊家一族の第11代奥山城(浜松市北区引佐町奥山)主、奥山因幡守朝利(?~1560)が、井伊家重臣・小野但馬守道好(道高の子)(?~1569)と今川氏真に殺される。 | 1401 |
| | 11月1日 | 今川軍、加茂郡八桑城(やくわじょう)(愛知県豊田市新盛町下八桑)を攻める。 | 1402 |
| | 11月15日 | 今川氏真、11月1日の三河国八桑における原田三郎右衛門の戦功を賞する。 | 1403 |
| | 一 | **「走り付けの戦い一元康(家康)敗退」**。<br>この年、三河統一を目指す松平元康(後の徳川家康)は、幡豆寺部城(愛知県西尾市寺部町堂前)主小笠原広重(重広)(?~?)・幡豆欠城(西尾市西幡豆町貝吹)主小笠原安元(1511~1590)らを、走り付けの浜(西尾市幡豆町走り付)まで追撃する。<br><br>小笠原軍は、高所に陣をとり、鉄炮(空砲)を撃った。すざましい轟音(ごうおん)で、地が震え鳥が一斉に飛び立った。松平軍は攻め込むことをあきらめ後退したという。<br>これは、家康が鉄炮の威力に目覚めた最初とされる。<br>しかし、幡豆小笠原氏はその後、大久保忠勝(1524~1601)の説得により、今川氏を離れ徳川氏に属したという。 | 1404 |
| | 一 | この年、山口教継(のりつぐ)(鳴海城主)(?~1560?)・教吉(のりよし)父子が、駿河に召され今川義元に誅殺される。年等、異説あり。信長の策略で、教継・教吉父子が織田方へ返り忠(再寝返り)を画策していると、今川義元に匂わせた為という。 | 1405 |

# 西暦1561

|  |  |  |  |
|---|---|---|---|
| 永禄4 | ― | この年、信長、傀儡として新たに尾張守護に擁立していた斯波義銀(1540~1600)が、吉良氏や石橋氏と結んで信長追討を計画し、今川の軍勢を尾張の海上から引き入れようとしたため、義銀を尾張から追放、官職停止処分とする。<br>大名としての斯波武衛家は滅びた。<br>のちに上洛した信長により、武衛家の京屋敷は、将軍足利義昭の居城として利用された、幕府御所(二条城)(烏丸中御門第)である。 | 1406 |
| | 1月20日 | ■足利義輝(1536~1565)、今川氏真(1538~1615)と松平元康(後の徳川家康)(1543~1616)との対立につき、今川上総介氏真に和解を促す。 | 1407 |
| | 1月20日 | ■足利義輝、北条氏康に、今川氏真と松平元康(家康)との和睦斡旋に、三条西実枝らを下向させたと伝える。家康は、氏真に対し弔合戦をすすめていたが、氏真は聞き入れなかった。ここで今川氏と断交して織田氏と講和する動きが出てきた。だが今川氏に人質をだしている諸将は、信長との講和に反対した。<br>元康(家康)の妻関口氏(瀬名姫、築山御前)・3歳の嫡子竹千代(信康)・2歳の長女亀姫も駿河府中に残っている。 | 1408 |
| | 1月20日 | ■足利義輝、今川氏真と松平元康(家康)との対立につき、武田信玄に和解を促す。 | 1409 |
| | 2月6日 | **松平元康(後の家康)、横根村(愛知県大府市の東)で、織田方水野信元(家康の伯父)(?~1576)と合戦。** | 1410 |
| | 2月7日 | **「石ヶ瀬の戦い」。**<br>**松平元康(後の家康)、知多郡石瀬にて、織田方水野信元と合戦。**<br>水野信元に属す高木清秀(徳川十六神将)(1526~1610)は、家康の重臣・石川数正(1533~1592?)と7度にわたり槍を交えたという。 | 1411 |
| | 2月9日 | **虎松(井伊直政)(1561~1602)、遠江国井伊庄(静岡県浜松市北区引佐町井伊谷)祝田で誕生。**父は遠江国の国人井伊氏23代当主・井伊直親(1535~1563)、母は井伊一族の奥山因幡守朝利(親朝の子)(?~1560)の娘。 | 1412 |
| | 2月12日 | **「坂崎之郷久保田 右、於末代大橋善五左衛門ニ出置所ヵ也、仍如件、」。**<br>松平元康、大橋善五左衛門義重に、三河国坂崎郷久保田の所領を与える。<br>久保田城(愛知県額田郡幸田町久保田字上ノ山)主・高橋半四郎宗正が、元康(家康)に謀反の噂で、城を追放されたという。 | 1413 |
| | 2月― | **「この頃、松平元康(後の徳川家康)(20歳)(1543~1616)は今川氏真(1538~1615)を見限り、信長(1534~1582)と和す」と、される。**<br>織田・松平両家の宿老、尾張の鳴海(名古屋市緑区鳴海町)に会して国境を定める。数十年続いてきた松平氏の外交政策に百八十度の転換をした。東の駿河国の今川家との全面対決となった家康は西の織田信長への接近を考えた。また、凄まじい勢いで勢力を拡大する隣国の織田信長と同盟を結んでいたほうが得策との考えもあったのか。そこで、当時は家康の片腕であった石川数正を交渉役として、信長との同盟を模索する。<br>一方の信長も、美濃国の斎藤氏と交戦している経緯、そして関東の北条氏康や甲斐国の武田信玄に対する抑えへの対抗策(上洛に際して背後の心配がなくなる)から家康との同盟を考えており、既に織田信長と「織田・水野同盟」を結んでいた家康の母方の伯父・水野信元(?~1576)らに交渉を命じていた。<br>しかし、両家は織田信秀(信長の父)と松平広忠(家康の父)が宿敵関係で戦っていた経緯から、両家の家臣団の間での遺恨も強く、同盟はなかなかまとまらなかった。<br>そして元康(家康)は、今川氏真と断交し、三河平定に着手。が、小競り合いは続く。 | 1414 |

西暦**1561**

| 和暦 | 月日 | 事項 | No. |
|---|---|---|---|
| 永禄4 | 2月一 | **松平元康（後の徳川家康）、織田信長と和し、その事を酒井正親（1521～1576）を遣わし今川氏真に説明する。** | 1415 |
| | 2月一 | 今川方の中島城（岡崎市中島町）板倉弾正重定（？～1562）・板倉三次郎重宗・板倉主水重茲は、深溝松平好景（1516～1561）に攻められ、筑手岡城（岡崎市岡町）に立ち退く。<br><br>中島城主の板倉重定は、吉良氏や浅井の荒川氏と一緒になって今川方についたので、**松平元康（後の徳川家康）は深溝の松平好景に命じて中島城を攻めた。板倉重定はかなわず敗北し、筑手岡城へ逃げた。**<br>松平好景は、この戦いの手柄により元康（家康）から中島と永良を与えられ、好景の嫡男伊忠（1537～1575）を中島城主とした。 | 1416 |
| | 2月一 | **松平元康、将軍足利義輝に駿馬献上。**<br>**「松平元康（後の家康）、自立表明」。** | 1417 |
| | 3月10日 | 今川氏真、松平（青野・東条）亀千代（家忠）（1556～1581）の新年の祝儀に対し礼を述べる。 | 1418 |
| | 3月28日 | ■将軍足利義輝（1536～1565）、飛脚馬所望に対し、織田信長らよりいち早く応じ、京都誓願寺泰翁を通じて、馬嵐鹿毛1疋献納した松平蔵人佐元康（家康）に感状。 | 1420 |
| | 閏3月16日 | ■長尾景虎（上杉謙信）（1530～1578）、鎌倉に入り、上杉憲政（1523～1579）から関東管領を譲られ、鎌倉の鶴岡八幡宮社前で管領就任の報告式を行い、山内上杉家の家督を相続、名を「上杉政虎」と改めた。改名は6月10日ともいう。 | 1421 |
| | 閏3月21日 | **「一其方御進退之儀、於何角茂見放申間敷事　一越後許容有間敷事　一縦無事候共、双方有談合可申扱事此申候条々於偽者、日本国中大小之神祇、別而者富士・白山之可蒙御罰者也、仍如件、」。**<br><br>松平元康（家康）、浅谷城（愛知県豊田市山谷町日影洞・裏山）主築瀬九郎左衛門尉（家弘）、久木城（豊田市久木町北伴上貝戸）主原田新六郎（種久）・同原田藤左衛門（種友）の帰順に安堵。**元康（家康）、築瀬家弘らの帰参を認め、保護を誓約する。** | 1422 |
| | 閏3月25日 | **「一徳政入候共、其方儀者可相除事」。**<br>松平元康（家康）、帰参した阿左見金七郎に、徳政免除などを命じる。 | 1423 |
| | 4月上旬 | **「梅坪城の戦い」。**<br>**松平元康（家康）、加茂郡梅ヶ坪城（豊田市梅坪町）攻め、前野長兵衛義高を討死させる。** | 1424 |
| | 4月上旬 | 織田信長、挙母城中条氏を滅ぼし伊保城（豊田市伊保）・八草城（豊田市八草町）で麦薙ぎする。 | 1424A |
| | 4月3日 | **「今度就御馳走、知行百貫文進之候」。**<br>松平元康、松平勘解由左衛門（深溝松平康定）（深溝松平家第二代当主松平好景の弟）に、東条吉良攻めの戦功に感状。**康定に三河国拾石・赤川などの所領を与える。** | 1425 |
| | 4月5日 | **「今度東条之儀、忠節無是非候、然」。**<br>松平元康、都築右京進（右京亮）に、東条吉良攻めの戦功に感状。元康（後の家康）、都築の忠節を賞し、所領を与える。 | 1426 |

# 西暦1561

|  |  |  |  |
|---|---|---|---|
| 永禄4 | 4月- | **「東三河国人衆、元康(家康)方につく」。**<br>東三河国人衆の五本松城(愛知県豊橋市石巻中山町五本松)西郷正勝(？～1562)・形原城(愛知県蒲郡市形原町)松平家広(？～1571)・竹谷城(蒲郡市形原町)松平清善(1505～1587)・井道城(愛知県新城市内井道南)菅沼定勝(1540～1615)・野田城(新城市豊島)菅沼定盈(1542～1604)・田峯城(愛知県北設楽郡設楽町田峯)菅沼定忠(？～1582)・長篠城(新城市長篠)菅沼貞景(？～1569)・作手城(新城市作手清岳)奥平貞能(1537～1599)・川路城(新城市川路小川路)設楽貞通(1534～1596)が、松平元康(家康)方につく。 | 1427 |
| | 4月8日 | **信長との講和ができると、今川氏の支城に収容されていた、松平方人質は殺されてしまう。**<br>**松平元康(後の徳川家康)は、矛を逆にして、この日から今川氏に味方する三河の諸将に攻撃をし始める。** | 1428 |
| | 4月- | 今川氏は、駿河から吉田城城代に伊藤左近(伊東元実)、後に小原鎮実(大原資良)を派遣した。<br><br>7月、今川軍は吉田城下龍念寺(龍拈寺)(愛知県豊橋市新吉町)にて、竹谷松平玄蕃清善妻・形原松平家広妻・野田菅沼新八郎定盈妻・菅沼左衛門貞景妻・大竹兵右衛門妻・浅羽三太夫嬰児2人・奥山修理進貞澄妻・多米戸田孫右衛門氏輝妻・下条白井麦右衛門妻と嬰児・西郷孫四郎正好・水野藤兵衛妻・梁田妻ら人質処刑。<br><br>松平元康(家康)の自立に怒る今川氏真は、吉田城代小原肥前守鎮実に、松平側についた人質の処刑を命じたという。<br>**元康(家康)正室の瀬名姫(築山殿)と二人の家康の子は、今川氏の縁戚ということで無事であった。瀬名姫(築山殿)は、元康(家康)と今川氏の手切れで、離縁されていたともいう。** | 1429 |
| | 4月11日 | **「第一次牛久保城(牛窪城)の戦い―家康の今川氏からの自立が本格的にはじまる」。**<br>これより先、松平元康(後の家康)は、今川方の東三河の牛久保衆の稲垣林四郎氏連(稲垣重宗の同母弟)(？～1562)・牧野弥次右兵衛尉・牧野平左衛門尉父子等、有力家臣を調略した。<br><br>この日夜、松平の軍、今川方・牧野右馬允成定(1525～1566)城主の牛久保城(愛知県豊川市牛久保町)を攻めるも敗退。今川方・真木兵庫助重信は、獅子奮迅の働きをして討死。今川方の牛久保城宿老・稲垣平右衛門尉重宗(1517～1594)・陶山善六らが、馳せ戻り戦功。<br><br>**夜、牧野平左衛門入道父子は、松平軍に与す。**<br>今川義元は、同族の牧野成定を牧野貞成の跡目として牛久保城に入れ、この成定は、惣領・牧野保成の意向に従って今川方として行動を共にして行った。 | 1430 |

| 年号 | 月日 | 内容 | 番号 |
|---|---|---|---|
| 永禄4 | 4月15日 | **「善明堤の戦い」**。<br>吉良氏の武将、富永伴五郎忠元(1537～1561)・瀬戸・川上・大河内善市郎(善一郎)政綱(1545～1627)が、今川方の上野城(豊田市上郷町薮間)酒井忠尚を攻撃。<br>元康(家康)に命じられた中島城(岡崎市中島町)深溝松平伊忠(1537～1575)が援軍が出た所、吉良義昭本隊が中島城攻撃。<br>深溝城(愛知県額田郡幸田町深溝)松平好景(1518～1561)は、中島城に急行して吉良勢を撃破し追撃。好景軍が深追いしてきた所、室城富永伴五郎忠元、幡豆郡永良(西尾市下永良町)の善明堤付近で退路を断ち、引き返してきた吉良義昭軍と挟撃。松平好景は討死。享年44。弟たちや家臣・板倉好重(勝重の父)らも共に討死した。<br>吉良義昭(義安の弟)(？～？)は中島城を手に入れ、上野城の囲みを解き東条城へ兵を引き上げた。<br><br>京都所司代として名をはせた**板倉勝重**(1545～1624)は、幼少時に出家して浄土真宗の永安寺の僧となった。家督を継いだ兄・定重も天正9年(1581)に高天神城の戦いで戦死したため、徳川家康の命で還俗して武士となり、家督を相続することになる。 | 1431 |
| | 4月15日 | **「善明堤の戦い」**。松平康定(松平好景の弟)、深溝城松平好景の留守を狙った東条勢を逆川(幸田町)で破る。 | 1432 |
| | 4月15日 | **「一小法師殿本知不可有相違之事、」**。<br>松平元康(家康)、設楽郡田峯菅沼弥三右衛門定直・菅沼十郎兵衛定氏(1521～1604)・菅沼八右衛門定仙・林左京進に、当主小法師貞吉所領を安堵。<br>元康は、小法師(菅沼定忠)(？～1582)の本領安堵・一味衆の進退保証・遠江国での所領宛行約束・設楽貞通(1534～1596)の進退保証をした。 | 1433 |
| | 4月16日 | 「出置切符参拾貫文之事。右、今度牧野平左衛門入道父子、去十一日之夜、令逆心敵方江相退之上、彼母割分弐拾貫文之地、年来令奉公之条、彼切符参拾貫文之内弐拾貫文之改替、為新知行所充行也。」。<br>今川氏真(1538～1615)、稲垣平右衛門尉重宗(1517～1594)に、松平元康(家康)に味方した牧野平左衛門父子の所領を与える。 | 1434 |
| | 4月16日 | 今川氏真、鵜殿長祐(長持の弟)に、甥長照(？～1562)の忠節を賞する。 | 1435 |
| | 5月1日 | 「抑近年對駿州被企逆意ノ由、誠以歎敷次第候、就之自駿府當方へ出陣ノ儀承候間、氏康自身出馬據歟」。<br>北条氏康(1515～1571)、水野下野守(水野信元)(？～1576)に、今川氏真(1538～1615)から出陣要請が来ているが出馬は無理で、三河国の合戦に参画出来ない事、去年には今川と松平(徳川)の和睦について三条西実隆から書状が来ており、松平元康(家康)(1543～1616)に意見があれば調停して欲しいと伝える。 | 1436 |
| | 5月1日 | 「抑近年對駿州被企逆意ノ由、誠以歎敷次第候、就之自駿府當方へ出陣ノ儀承候間、氏康自身出馬據歟」。<br>**北条氏康、酒井左衛門尉(忠次)(1527～1596)に、今川氏真との和議について書状を出す。**<br>桶狭間の戦いで今川義元が敗死。この合戦で松平元康(家康)の叔母である碓井姫(松平清康の娘)の夫松平政忠も戦死した。<br>未亡人となった碓井姫は酒井忠次に嫁いだ。この婚姻によって酒井忠次は元康(家康)の親族になった。 | 1437 |

# 西暦1561

|  |  |  |  |
|---|---|---|---|
| 永禄4 | 5月― | 挙母城（愛知県豊田市小坂本町）の中条氏を屈服させた織田信長は、この月、高橋荘一円（巴川以西の加茂郡西部一帯）を自領とした。<br>挙母城は、三河国・尾張国・美濃国・信濃国・伊賀国・伊勢国・近江国の7つの国が望めることから七州城と名づけられた。 | 1438 |
| | 5月4日 | 「宇利城の戦い」。<br>今川家臣朝比奈助十郎、夜、松平方の宇利城（愛知県新城市中宇利）に攻め入る。 | 1439 |
| | 5月9日 | **松平元康（家康）、深溝松平伊忠（1537〜1575）に、鵜殿氏より譲られた三河国西郡の化粧田を安堵する。** | 1440 |
| | 5月― | **「西尾城の戦い―吉良一族荒川義広は、宗家に背き家康に属す」。**<br>荒川甲斐守義広（？〜？）は、酒井正親（1521〜1576）を八ッ面城（西尾市八ツ面町土井）に引入れる。<br>酒井正親、麾下の士松平忠久・本多忠光・河合宗在・内藤半左衛門・児島正久・富永三四郎・片山荘助龍・松下綱長・蘆野谷源七・松平忠政・上田直勝・太田金兵衛を率い西尾城（西尾市錦城町）牧野右馬允成定（1525〜1566）を攻める。<br>牧野右馬允成定は、自城の牛久保城（豊川市牛久保町）に撤退する。<br><br>荒川義広は、東条城主・吉良持清の次男として誕生。後期東条吉良（下吉良）氏の家督は兄・持広が継いだため、義広は別家荒川家を興した。永禄4年（1561）「東条城の戦い」、松平元康（家康）による東条城主・吉良義昭攻めに協力し、その軍功により市場姫（家康の異母妹）を娶ることになったとされる。 | 1441 |
| | 5月28日 | **「富永口の戦い」。**<br>今川軍、松平元康（家康）方の富永城（愛知県新城市富永）の野田菅沼定盈（1542〜1604）を攻めるも敗走。 | 1442 |
| | 5月28日 | **松平元康（家康）、帰属した牧野助兵衛正重に、本領の代わりに新地を与える。**<br>牧野正重は、西尾城の牧野右馬允成定の家臣。 | 1443 |
| | 6月6日 | **「一其家中之儀、ひくわん以下申様候共、取上ましき事　一亀千代領中ひくわん以下、諸事年来のことく、其方可爲異見之事　一亀千代成人之時、しせん何かと被申事候共、其方之儀、見はなし申ましく候事　一此方之宿老中・其家中之儀、何かと申事候共、取上ましく候事　一諸公事之儀、一切筋目次第可有異見、又用事直談ニも可有事若此儀少もいつはり候者、」。**<br><br>**松平元康（家康）、松井左近（忠次）（のちの松平康親）（1521〜1583）に、松平（青野・東条）家忠（1556〜1581）の後見役として家中の統率を改めて一任する。**<br>永禄3年（1560）桶狭間の戦いで今川義元が戦死し、松井忠次（のちの松平康親）は、永禄4年（1561）に今川氏より自立した松平元康（家康）に、主君・亀千代（東条松平家忠）と共に帰属した。 | 1444 |
| | 6月11日 | 「近年出置切符参拾貫文之事。右、去辰年牧野民部丞逆心之刻於而抽忠節、今度松平蔵人令敵対之上、於牛久保令馳走之、殊子藤助於西尾走廻、父子励忠信之条、今度牧野弥次右兵衛尉西郷令同意為別心之間、従当年彼給恩地方参拾貫文之内、」。<br><br>今川氏真、三河国牛久保における稲垣重宗（1517〜1594）・長茂（1539〜1612）父子の忠節を賞し、同国牧野郷などの所領を与える。 | 1445 |

## 西暦1561

|  |  |  | |
|---|---|---|---|
| 永禄4 | 6月17日 | 今度松平蔵人逆心之刻、以入道父子覚悟、無別条之段喜悦候、弥境内調略専要候、此旨親類被官人可申聞候、猶随波斎・三浦右衛門大夫可申候、恐々謹言、」。「今度松平蔵人逆心之刻、無別条属味方之段喜悦候、仍馬一疋栗毛差遣之候、猶随波斎・三浦右衛門大夫可申候、恐々謹言、」。<br><br>今川氏真、松平元康の離反に際し、奥平道紋入道(貞勝)(1512～1595)・監物丞(貞能)(1537～1599)父子が味方したことを賞する。翌日付で、また奥平定能に書状を送る。 | 1446 |
| | 6月18日 | **「康 永禄四年六月十八日 蔵人佐」**。<br>松平蔵人佐元康(家康)、松平新七郎に「康」の一字を与える。 | 1447 |
| | 6月27日 | **「一今度東条津平に致取出、為勲功」**。<br>松平元康、松井左近忠次(のちの松平康親)(1521～1583)の三河国津平砦築城を賞す。 | 1448 |
| | 6月27日 | **「今度於小牧取出被成候儀、祝着候」**。<br>松平元康、本多豊後守(本多広孝)(1528～1598)の三河国小牧砦築城を賞し、富永伴五郎・富永同心草賀次郎右衛門の旧領などを与える。 | 1449 |
| | 6月29日 | **松平元康(家康)、菅沼定氏(1521～1604)の忠節を賞し、子の同貞吉(1553～1606)支配下の城代を命じ、三河国吉川郷などを与える。** | 1450 |
| | 7月6日 | 「長沢(愛知県豊川市長沢町音羽)戦い」。<br>駿河衆(今川勢)、嵩山市場口(愛知県豊橋市嵩山町)を攻める。 | 1451 |
| | 7月9日 | **「其方前々取来候給分儀、此方契約」**。<br>松平元康、鈴木八右衛門尉(鈴木重直)に所領を安堵する。足助鈴木氏という。 | 1452 |
| | 7月17日 | **「……仍来廿日有子細、拙者山中筋」**。<br>松平元康(家康)、設楽神三郎(設楽貞通)(1534～1596)に、三河国山中筋への出陣に際して出兵を求める。設楽貞通は、西三河足助城主鈴木氏の出身。 | 1453 |
| | 7月29日 | **「野田城の戦い」**。<br>今川方飯尾豊前守連竜(?～1566)・大原肥前守資良(小原鎮実)(?～1570)が、牛久保・二連木・伊奈衆等を率い、伊賀忍びを先導に、松平元康(家康)方の野田城(愛知県新城市豊島)の菅沼新八郎定盈(1542～1604)・援軍の西郷元正(五本松城主・西郷正勝の子)を夜襲。**菅沼定盈は、和議を請い、城明け渡して、隣郡八名郡の親戚・西郷高城砦(豊橋市石巻中山町)に引く。** | 1454 |
| | 7月一 | 今川家臣小原鎮実(大原肥前守資良)(?～1570)、遠江龍拈寺(愛知県豊橋市新吉町)にて人質13名を処刑。<br>この年、松平元康(家康)の調略に応じた今川氏からの離反は、東三河でも相次ぐようになり、今川氏の派遣した元岡崎城代・糟屋善兵衛や奉行・飯尾連竜(?～1566)等の撤退により西三河での今川家の影響力が著しく低下していく。<br>その報復として今川氏真の命を受けた鎮実は、松平氏に転属した東三河の諸氏から差し出させていた人質を城下の吉田山龍拈寺口で処刑し(一説には串刺し)、別地に葬った(その地は後に十三本塚と呼ばれたという)。 | 1455 |
| | 8月2日 | **「今度下立 ・ 菅沼之郷為替改、武節之郷任望令扶持者也、」**。三河賀茂武節之郷、三河設楽菅沼之郷へ。<br>松平元康(家康)、簗瀬九郎左衛門(簗瀬家弘)・原田小右衛門に、三河国折立・菅沼郷の替地として、同国武節郷を与える。 | 1456 |

# 西暦1561

| 元号 | 月日 | 事項 | No. |
|---|---|---|---|
| 永禄4 | 8月9日 | 今川方、上ノ郷城（西郡城）(愛知県蒲郡市神ノ郷町)の鵜殿藤太郎長照(？～1562)、岡崎勢(松方勢)と戦い、即切崩し随分の敵8人を討ち取る。 | 1457 |
| | 8月12日 | 今川氏真(1538～1615)、松平元康との戦いにおける鵜殿長照の戦功を賞する。 | 1458 |
| | 8月20日 | **「長沢城の戦い」。**<br>藤井松平信一(1539～1624)・石川家成(1534～1609)、長沢城(鳥屋根城、登屋ヶ根城)(愛知県豊川市長沢町)の糟谷善兵衛宗益・小原藤五郎鎮宗を攻める。<br>石川家成の母は、妙春尼（水野忠政の娘、於大の方の姉)。家成は、家康の母方の従兄、石川数正(1533～1592？)の叔父に当たる。 | 1459 |
| | 8月24日 | **「長沢城の戦いー元康(家康)勝利」。**<br>松平元康(家康)(1543～1616)が、長沢城の今川氏の城代・糟谷善兵衛宗益・小原藤十郎鎮吉を攻落す。松平家臣渡辺守綱（槍半蔵、徳川十六神将）(1542～1620)は、小原藤十郎鎮吉(小原鎮実の子)を討ち取る。糟谷宗益は、駿河に逃亡。 | 1460 |
| | 9月3日 | **「雖何時徳政入、於末代親子手前事」。**<br>松平元康、長田平右衛門重元（1504～1593）に、徳政の免除を認める。平右衛門重元は、永井直勝の父という。 | 1461 |
| | 9月4日 | **「大塚城の戦い」。**<br>今川軍、松平方の大塚城(中島城)(愛知県蒲郡市大塚町上中島)主・岩瀬吉右衛門(？～1562)を攻める。**稲垣林四郎氏連**は、家康から60貫文を賜ったが、この戦いに松平軍として参陣して鵜殿新平により討ち死。 | 1462 |
| | 9月5日 | **「昨日者其口敵働候処、無比類手前」。**<br>松平元康、大塚城の岩瀬吉右衛門の戦功を賞する。 | 1463 |
| | 9月10日 | 今川方の伊久美六郎右衛門尉信吉、八名郡嵩山宿城(愛知県豊橋市嵩山町)を、酒井右京進に同心して攻める。 | 1464 |
| | 9月10日 | 今川方の吉良義昭、鵜殿長祐の三河国形原における戦功を賞する。 | 1465 |
| | 9月10日 | 「信玄、信州を平定」。<br>この日の第四次川中島の戦い以後、上杉政虎(謙信)は信州に侵攻しなくなった。すでに諏訪頼重、伊那の木曽義康は降参、深志の小笠原長時と葛尾の村上義清に政虎（謙信）が加わって年々の戦いがあったのだが、合わせて24年にして、武田信玄は、ようやく信州を平定。 | 1466 |
| | 9月11日 | **「五本松城の戦いー西郷正勝・元正父子、討死」。**<br>今川方の宇津山城(静岡県湖西市入出)主・朝比奈泰長(？～1562)・三河の西郷照員(西郷正勝の弟)が、松平方の五本松城（愛知県豊橋市石巻中山町）西郷弾正左衛門正勝ら70人を夜襲し討取る。<br>月ヶ谷城主(豊橋市嵩山町)西郷孫太郎元正(正勝の子)14人が、駈け付けるも討死。<br>夜、松平方の野田菅沼新八郎定盈（1542～1604）は、西郷に築いた砦を攻めてきた今川方の牧野保成(1500～1563)・牧野成定(1525～1566)を防ぐ。 | 1467 |
| | 9月一 | **松平元康（徳川家康）(1543～1616)、小牧砦（愛知県西尾市吉良町小牧）本多広孝（1528～1598）3百余騎 ・ 津平砦(西尾市吉良町津平)松井左近忠次(のちの松平康親)(1521～1583)2百余騎 ・ 糟塚砦(西尾市平原町)小笠原三九郎長滋2百余騎 ・ 酒井正親(1521～1576)で、吉良義昭の東条城(西尾市吉良町駮馬字城山)を囲む。** | 1468 |

# 西暦1561

| | | | |
|---|---|---|---|
| 永禄4 | 9月12日 | 今川氏真、三河国宇利城（愛知県新城市中宇利）における鈴木重勝（1503～1595）の忠節を賞し、所領を与える。酒呑鈴木重勝は、のちに井伊谷三人衆と呼ばれる鈴木重時（1528？～1569）の父か。 | 1469 |
| | 9月13日 | **「藤波畷（愛知県西尾市吉良町瀬戸藤波）戦い―家康、西三河を平定」。**<br>吉良方の東条城（吉良町駮馬字城山）将・富永伴五郎忠元（1537～1561）の360余騎、西条城（西尾城）（西尾市錦城町）牧野貞成（1502～1562）らが松平軍に突撃するも、多く討死する。<br>東条城吉良義昭の使者・大河内金兵衛秀綱（1546～1618）が、城明け渡すことで和睦成立。<br>**松平元康（家康）が東条城を開城、吉良義昭は降伏。**<br>**元康（家康）は、東条城に鳥居忠吉（1496？～1572）、藤井松平信一（1539～1624）、西条城（西尾城）に酒井雅楽助正親（1521～1576）を入れた。**<br>**これが、家康が御家人を城主にした最初ともいう。** | 1470 |
| | 9月18日 | **「作岡代官之事、如前々申付訖、一」。**<br>松平元康（家康）、酒井正親（1521～1576）に属す、河合勘解由左衛門（河合宗在）（1495～1570）に、三河国作岡代官職を安堵する。 | 1471 |
| | 9月21日 | 「殊今度岡崎逆心之刻、出人質捨在所無二為忠節之条、永不可有相違者、守此旨弥可存忠功者也。仍如件、」。<br>今川氏真、野々山四郎右衛門尉（元政）に、松平元康の離反に際して味方した忠節により、三河国細谷代官職などを安堵する。 | 1472 |
| | 10月1日 | **「今度合戦、御手前御高名無比類候」。**<br>**松平元康（家康）、本豊（本多広孝）（1528～1597）の戦功を賞する。**<br><br>本多豊後守（本多広孝）は、東条吉良氏との戦い「藤波畷の戦い」には劣勢となり多くの死傷者を出した松平勢を支えて奮戦、吉良義昭の家老であった富永忠元を討ち取り形勢を逆転、吉良氏を降伏に追い込み一躍勇名を馳せた。<br>家康はその功を讃え、富永伴五郎の所領の室（西尾市室町）を広孝に与えた。 | 1473 |
| | 10月8日 | 「去五月四日夜宇利調儀之刻、城中江最前乗入鎗合致殿罷退云々」。<br>今川氏真、朝比奈助十郎の戦功に感状。 | 1474 |
| | 10月8日 | 今川氏真（1538～1615）、三河国嵩山宿城における伊久美信吉の戦功を賞する。 | 1475 |
| | 10月16日 | 今川氏真、三河国長篠における鈴木重時（酒呑鈴木重勝の子）の忠節を賞し、近日三河出勢を伝える。 | 1476 |
| | 10月24日 | **松平元康（家康）、三河国宝飯郡八幡宮への陣取を停止する。** | 1477 |
| | 10月29日 | 松平元康の臣・**酒井忠次（1527～1596）、西郷清員（1533～1595）に、甥義勝（西郷家当主の西郷元正の子）（？～1571）の名代を命じる。** | 1478 |
| | 10月― | **「島田城の戦い」。**<br>松平元康（家康）に属した、島田城（愛知県新城市愛郷上貝津）の田峰菅沼刑部定直（？～1576）を、今川方の奥平監物丞定能（貞能）（1537～1599）が攻める。<br><br>奥平氏は奥三河の作手亀山城を本拠とする国衆。奥平定能は、奥平定勝（貞勝、道文入道）（1540～1615）の嫡男。母は水野忠政の妹。子に奥平信昌。 | 1479 |

# 西暦1561

| 和暦 | 月日 | 事項 | No. |
|---|---|---|---|
| 永禄4 | 11月6日 | **「孫六郎子息御成人候間、其方為名」。**<br>松平元康（後の家康）、西郷左衛門佐清員（1533～1595）に、甥義勝（戦死した兄西郷元正の子）の名代を命じる。<br><br>祖父と父の戦死により西郷家は家運衰退の危機に陥った。西郷清員は、家康から西郷氏の家督を継ぐよう命じられたが、幼年の甥・義勝への家督相続を認めさせた。西郷義勝（？～1571）は、清員の後見を得ながら成長し、西郷氏は家康への忠節を尽くした。 | 1480 |
| | 11月9日 | **「松崎籠城之衆足弱事、上郷償之在所并西条端、又寺内仁雖有之、改次第可成敗、」。**<br><br>松平元康、松井左近（松井忠次、のちの松平康親）（1521～1583）に書状を送り、三河国松崎籠城衆への攻めについて指示する。 | 1481 |
| | 11月28日 | 今川氏真、三河国牛久保原における牧野成定（1525～1566）の臣・陶山善六の忠節を賞する。 | 1482 |
| | 11月- | **「つの平之儀、其方一ゑんいたしお」。**<br>松平元康（家康）、松井左近（松井忠次、松平康親）に、三河国津平郷を安堵する。 | 1483 |
| | 12月4日 | **「萬せい入候、祝著二候、弥々心い」。**<br>松平元康、松井忠次（松平康親）の忠節を、書状をもって賞する。 | 1484 |
| | 12月22日 | **「今度別就馳走申候、此間二三字端」。**<br>松平元康、松平勘解由左衛門（松平康定）の忠節により、三河国拾石・赤河の所領を安堵する。 | 1485 |
| 永禄5 | 1月14日 | ほぼ西三河を平定した松平元康（後の家康）、清洲に到着。<br><br>先頭を歩く本多忠勝15歳（1548～1610）、主君を嘲笑する町衆を追い払う。滝川一益（1525～1586）が城門前まで迎えに現れたという。<br>史料で家康が清洲城に赴いた事実を確認できるものはなく、創作であるという。 | 1486 |
| | 1月15日 | **「家康21歳、信長30歳との清洲同盟成立」。**<br>**織田信長（1534～1582）と松平次郎三郎元康（後の徳川家康）（1543～1616）が同盟。**<br><br>「織徳同盟」「尾三同盟」などとも呼ばれる。この同盟関係は、天正10年（1582）本能寺の変まで20年間守り続けられる。<br>「神君ハ 織田信長ト會盟有ベキ爲ニ 岡崎ヨリ兩酒井兩石川植村天野高力等騎兵百餘ヲ攜ヘ 尾州清洲ニ赴カセ玉フ…」（『武徳編年集成 永禄4年9月の条』）ともあるようだ。<br><br>**同盟の締結により信長は東方の憂いから解放され、また元康にとっては駿河の今川氏から独立する画期となる。家康は後に、母の再婚相手・久松俊勝（1526～1587）と3人の息子（異父弟）に松平姓を与えて家臣とし、於大の方（伝通院）（1528～1602）を母として迎える。** | 1487 |

# 西暦1562

| 和暦 | 月日 | 事項 | No. |
|---|---|---|---|
| 永禄5 | 1月16日 | **信長、宿老の林秀貞（1513～1580）らを岡崎に遣わして元康（後の家康）に答礼する。** | 1488 |

## 西暦1562

| 年号 | 月日 | 事項 | 番号 |
|---|---|---|---|
| 永禄5 | 1月20日 | 「一就氏真与三州岡崎鉾楯之儀、関東之通路不合期之条、不可然候。閣是非早速令和睦者、可為至妙候。委細、三条大納言并文次軒可演説候。猶信孝可申候。穴賢」。<br>■足利義輝(1536～1565)、今川上総介氏真(1538～1615)に、松平元康(家康)(1543～1616)との和解を促す。<br>義輝、北条左京大夫氏康(1515～1571)に、今川氏真と元康(家康)との和解を促す。<br>義輝、武田大膳大夫信玄(1521～1573)に、今川氏真と元康(家康)との和解を促す。 | 1489 |
| | 1月一 | 今川氏真、西郡城(下ノ郷城、蒲形城)(愛知県蒲郡市本町)の後詰のため、駿府を出陣。 | 1490 |
| | 1月一 | この月、松平元康(後の家康)方の設楽郡田峯菅沼氏は、山家三方衆(やまがさんぽうしゅう)の奥平定能(さだよし)(1537～1599)らの仲介により今川氏に再従属という。 | 1491 |
| | 2月2日 | **竹谷(たけのや)松平玄蕃允清善(きよよし)(1505～1587)、上ノ郷城(蒲郡市神ノ郷)を攻め、70余首級を討取る。** | 1492 |
| | 2月3日 | **竹谷松平玄蕃允清善、上ノ郷城を攻め敗れ、家士数多討死。** | 1493 |
| | 2月4日 | **「下ノ郷城(しものごうじょう)の戦い」**。<br>松平元康(家康)が下ノ郷城(蒲形城)(愛知県蒲郡市本町)を囲むと、下ノ郷と柏原の鵜殿氏はこの時松平方に付いた。家名存続のためであったという。<br>彼らは、永禄3年(1560)5月の桶狭間の戦いの後、徳川家の家老となった酒井忠次(1527～1596)配下に置かれたと言われている。 | 1494 |
| | 2月4日 | **「上ノ郷城(西郡城)の戦いー甲賀忍者の鵜殿退治」**。<br>松平元康は、松井左近忠次(のちの松平康親)(1521～1583)・久松佐渡守俊勝(1526～1587)に命じ、上ノ郷鵜殿氏が拠る上ノ郷城(愛知県蒲郡市神ノ郷町)攻めを開始。<br>松井忠次は、甲賀忍者280人を城内忍びこませ火を付けさせ、混乱に乗じて今川方の上ノ郷城を攻め落城させる。城主鵜殿藤太郎長照(ながてる)・その弟藤介二人は、討死。<br>長照の子の、鵜殿三郎氏長(うじなが)13歳(1549～1624)・鵜殿藤三郎氏次(うじつぐ)11歳(1551?～1600)を生捕る。<br>そして、今川方大塚城(中島城)(蒲郡市大塚町字上中島)も落城。<br>上ノ郷城落城の後、**柏原鵜殿長忠(ながただ)(長持の息子で、長照の弟)は、家康に服属するにあたって、養女を人質に出したという。家康の側室であり「西郡局(にしのこおりのつぼね)」(1548～1606)と呼ばれた。鵜殿長持(1513～1557)の娘という。** | 1495 |
| | 2月6日 | **松平元康、甲賀忍者伴与七郎に感状を送り、三河国上ノ郷城主鵜殿藤太郎(鵜殿長照)を討ち取った戦功を賞する。** | 1496 |
| | 2月一 | **「元康(後の家康)、駿府に居た瀬名姫(築山殿)と嫡男の竹千代(信康)・亀姫を取り戻し岡崎に呼び寄せる」**。<br>元康(家康)家臣・石川数正(1533～1592?)は、岡崎城の人質、鵜殿氏長・鵜殿氏次を連れて駿府を訪ね、瀬名姫(築山殿(つきやまどの))・嫡男の竹千代(信康)・亀姫と交換する。<br>瀬名姫の最初の住まいは岡崎城外の屋敷であった。この屋敷に人工の山があったことから「築山御前」という呼び名がついたという。当時の岡崎城には家康の生母・於大の方が住んでおり、今川方の血縁である築山御前はなかなか岡崎城に入れなかったという。<br>こんな話もある。岡崎城に入った瀬名姫は、「築山曲輪」に住むようになった事から、「築山御前」とか「築山殿」と呼ばれるようになったという。<br>そして、三河の故地・領国を失った鵜殿兄弟らは遠江国二俣城の松井宗恒(むねつね)の許に身を寄せた。 | 1497 |

# 西暦1562

|  |  |  |  |
|---|---|---|---|
| 永禄5 | 3月6日 | ■「六角軍が入洛」。<br>足利義輝(1536～1565)、和泉国での敗戦により洛中より八幡へ移座す。<br>三好義興・松永久秀が山崎に撤兵。六角承禎、京都勝軍山城(北白川城)より清水へ移陣し洛中を占拠。上京・下京は焼却される。(『御湯殿上日記』)。<br>六角承禎、一時的に三好長慶を京都より追い出すことに成功する。 | 1498 |
| | 3月16日 | **「一吉田藤三郎給分田地作職申付事」。**<br>松平元康、中根喜四郎(中根忠重)に、吉田藤三郎給分田地の作職を与える。 | 1499 |
| | 4月7日 | **「富永城の戦い」。**<br>富永城(愛知県新城市富永)の野田菅沼定盈(さだみつ)(1542～1604)、今川氏真軍に計略を以って攻められ開城し、西郷高城砦(新城市富岡)に移る。<br>今川方の千賀与五兵衛親久、富永城牧野右馬丞成定在番で敵一人討ち取る。<br>今川方の稲垣平右衛門重宗(1517～1594)戦功。 | 1500 |
| | 4月11日 | 松平方岡崎衆、今川方の牛久保城(豊川市牛久保町)守将の匂坂長能(さぎざかながよし)(1494～1566)を攻める。 | 1501 |
| | 4月12日 | **松平元康(後の家康)、鳥屋根城(登屋ヶ根城、長沢城)(愛知県豊川市長沢町)を攻める。**<br>**本多平八郎忠勝15歳(1548～1610)、初首級を挙げる。** | 1502 |
| | 4月13日 | **「東條定代之儀申付候、此方へ一札」・「起請文之事　一亀千世殿無沙汰有」。**<br><br>松平元康、松井左近(忠次)(のちの松平康親)(1521～1583)に、三河国東条城代を命じ、松平(青野・東条)家忠(1556～1581)後見の地位を保証する。 | 1503 |
| | 4月18日 | **「平坂寺内不入之事　一喧嘩口論之」。**<br><br>松平元康、三河国無量寿寺(愛知県西尾市平坂町奥背戸)に、寺内不入を認め、制札を与える。 | 1504 |
| | 4月— | 武田信虎(1494～1574)、今川家臣に武田氏に付くよう暗躍。<br>庵原忠胤の忠勤により、関口刑部少輔氏純(親永)(1518～1562?)夫妻は自害とされる。(『松平記』)。妻は、今川義元の妹とも、養妹ともされる。<br>武田信虎は、今川氏を追放される。庵原忠胤は、信虎が今川氏真に謀叛を企てるのを阻止し、駿河から追放するのに功をなした。<br><br>関口親永は、今川義元が桶狭間の戦いで討たれた後も衰退する今川氏を支えた。しかし娘婿の元康(家康)が今川氏から独立したため、義元の嫡男・氏真からその去就を疑われた。親永は、瀬名姫(築山殿)らの人質交換に陰で動いたとか、今川氏真を国外追放する計画に加担したという。 | 1505 |
| | 4月23日 | **松平元康、同将監に、所領について裁量を認める。** | 1506 |
| | 4月30日 | **「松平元康(家康)、岩瀬吉右衛門宛判物」。**<br><br>大塚城(中島城)(愛知県蒲郡市大塚町上中島)主・岩瀬吉右衛門が元康に味方したので、「大塚之郷一円」を出置く(与える)とした。<br>岩瀬吉右衛門は、大塚城(中島城)を今川方から奪回したようだ。 | 1507 |

# 西暦1562

|  |  |  |  |
|---|---|---|---|
| 永禄5 | 5月1日 | 「久不能音問候、抑近年対駿州被企逆意ノ由、誠以歎敷次第候、就之自駿府当方へ出陣ノ儀承候間、氏康自身出馬據歟、□州閣□敵、於三州弓矢無所詮候、去年來候筋目駿三和談念願、就中三亜相如筋語ハ、就彼調被成下京都下知、当国ヘモ被ヽ書由、各御面目到候哉、松平方へ有意見、早ヽ落着候様、偏ニ其方可有馳走候、委細口上申含候間、令省略候、恐々謹言、」。<br><br>北条氏第3代目当主・北条氏康(1515~1571)、水野下野守信元(？~1576)に書状を送り、「三河で戦をしているのは致し方ない。去年以来、今川と松平の和睦について三条西実澄（実枝）の書状から将軍から下知がお下しになり、相模にも御内書を遣わすこと、それは各々の面目の至りなので、松平元康（家康）に意見をして年々落着するよう求める」と記す。 | 1508 |
| | 5月1日 | **北条氏康、元康（家康）家老の酒井左衛門尉忠次（1527~1596）に、今川氏真との和議について書状を出す。** | 1509 |
| | 5月22日 | **「一作岡之内、真弓名・同松下島田」**。<br>松平元康(家康)、松平又八(深溝松平伊忠)(1537~1575)に、三河国作岡・長良等の本領を安堵する。 | 1510 |
| | 5月22日 | **「一畠村之儀、田原へ理可進之、」**。松平元康判物、三河渥美畠村へ。 | 1511 |
| | 6月2日 | **「野田城の戦い」**。<br><br>松平方の菅沼定盈（1542~1604）は、奪われた自城の今川方野田城（愛知県新城市豊島）を夜襲。牧野成定（1525~1566）に属す、城代稲垣氏俊を討ち果たし、残存兵を退散させ、野田城を奪回。<br>しかし、損壊の激しい野田城は修築に刻を費やされた。定盈は、仮本拠を大野田城(愛知県新城市野田字幹徳)に定めている。 | 1512 |
| | 6月2日 | ■「京都では、三好氏と六角氏が講和する」。<br>三好長慶(1522~1564)、降伏した六角承禎(1521~1598)と和睦する。 | 1513 |
| | 6月23日 | ■足利義輝(1536~1565)、山城八幡よりこの日帰洛する。三好義興(長慶嫡男)(1542~1563)と松永久秀(1508？~1577)、従う。 | 1514 |
| | 7月3日 | 今川氏真、三河国富永城における牧野成定(1525~1566)・千賀与五兵衛親久の戦功を賞する。 | 1516 |
| | 7月3日 | 尾張国知多郡の大野城(愛知県常滑市金山)主 ・ 佐治為興(信方)の水軍、今川氏から織田氏に寝返る。<br><br>佐治氏は代々知多半島の大半を領した豪族で、伊勢湾海上交通を掌握する佐治水軍を率いていた。佐治為興(1553？~1574？)は、信長妹(お犬の方)(？~1582)を妻に与えられ、信長の字を拝領されて「信方」と改名する。 | 1517 |
| | 7月17日 | 今川家臣の庵原忠胤・小原藤五郎鎮宗3千が、叛して織田方に属した嵩山城(市場城)(豊橋市嵩山町市場)の奥山修理亮貞範170人を攻落す。 | 1518 |
| | 7月24日 | **「一富永之郷 塩谷之郷 矢部片山」**。<br>松平元康（後の家康）、菅沼新八郎（菅沼定盈）（1542~1604）に、三河国富永郷などの本領を安堵する。 | 1519 |

# 西暦1562

| 和暦 | 月日 | 事項 | 番号 |
|---|---|---|---|
| 永禄5 | 7月24日 | **「一富永之郷 塩谷之郷 矢部片山之郷 一吉田之郷 宇利之郷 八名井之郷 一養父之郷 楽筒之郷 多米当之郷 一長山之郷 小屋敷方 石田 得貞 一河田之郷 いな木村之郷 江村之郷 一橋尾之郷 麻生田之郷 三橋之郷 一東条之郷 宮地之郷之事」**。<br>松平元康判物、三河宝飯諸郷へ。 | 1520 |
| | 7月24日 | **上記同様、松平元康判物、三河設楽諸郷へ。** | 1521 |
| | 7月26日 | 「嵩山(すせ)中山の戦い」。<br>今川方の宇津山城(静岡県湖西市入出)主・朝比奈紀伊守泰長(？～1562)は、五本松城(愛知県豊橋市石巻中山町)の支城・八名郡堂山城(豊橋市石巻中山町字太陽寺跡)攻落す。<br>今川方井手藤九郎正直が三浦土佐守に属し、堂山城を攻め戦功、織田信長の援軍の将・白石縫殿助を討取る。今川義元の討死に後も今川氏真に仕えた、千賀与五兵衛親久は、西郷豊後を討取る。<br>その後、紀伊守泰長は、西郷正勝次子の清員率いる松平勢と八名郡勝山で戦ったが敗れて、西郷清員(きよかず)(1533～1595)に五本松城を奪還される。 | 1522 |
| | 7月― | **この月、松平元康(家康)は、祖父松平清康と大叔母(清康の妹)久子(於久、随念院)の菩提を弔うため、大樹寺十五世磨誉魯聞(どんよろもん)を開山に、随念寺を創建。**<br>随念寺は、現在は愛知県岡崎市門前町に所在。 | 1523 |
| | 8月6日 | **「一四拾貫文 市田半勢方 一百参」**。<br>松平元康（家康)、家康の従弟である松井源七郎（長沢松平康忠）(1545～1618)に、三河国宝飯郡内の所領を与える。<br><br>松平康忠はこの年に元服し、三河国宝飯郡小坂井ほか1810貫文を知行したという。桶狭間の戦いで父・松平政忠が討死。祖父にあたる松平親広(？～1571)が若年だった康忠を後見した。一方で母の碓井姫（松平清康の娘）は、徳川家の重臣である酒井忠次へと再嫁し離別している。 | 1524 |
| | 8月6日 | **「一四拾貫文 市田半済方 一百貫文 御馬之郷 一弐百貫文 篠田之郷」**。<br>松平元康判物。御馬之郷・篠田之郷へ。 | 1525 |
| | 8月6日 | **「一四拾貫文 市田半済方 一四百弐拾貫文 御津村」**。<br>松平元康判物。三河宝飯御津村へ。 | 1526 |
| | 8月7日 | 今川氏真、三河国牛久保城・富永城等における稲垣重宗(1517～1594)の戦功を賞する。 | 1527 |
| | 8月10日 | 今川氏真(1538～1615)、三河国堂山における三浦土佐守の戦功を賞する。 | 1528 |
| | 9月4日 | **「大塚城の戦い一元康(家康)勝利」**。<br>松平軍、岩瀬氏安の大塚城(中島城)(愛知県蒲郡市大塚町上中島)を攻める。攻め落とした元康(家康)は、再び岩瀬吉右衛門を城主に置く。<br>松平軍参陣の牛久保衆の稲垣林四郎氏連(稲垣重宗の同母弟)(？～1562)が討死。 | 1529 |
| | 9月5日 | **松平元康（家康)、岩瀬吉右衛門宛書状で、大塚における敵方との戦闘の忠節を賞す。** | 1530 |
| | 9月13日 | 今川氏真、不相(ふそう)鵜殿休庵に、「其春同名藤太郎討死」の後も今川方に留まったことを賞し、三河国西郡で戦死した惣領上ノ郷鵜殿長照の忠節を賞する。 | 1531 |
| | 9月21日 | **「大塚城の戦い」**。今川方牧野八太夫定成、中島城(大塚城)を攻める。 | 1532 |

# 西暦1562

| 年号 | 月日 | 事項 | 番号 |
|---|---|---|---|
| 永禄5 | 9月22日 | **「大塚城戦い—今川方奪回」**。<br>城主の子・岩瀬彦三郎家久が今川軍を城中に引き入れ、今川方牧野八太夫定成(さだしげ)が、大塚城(中島城)(愛知県蒲郡市大塚町上中島)を攻落する。<br>**松平方の城主岩瀬吉右衛門は、討死。** | 1533 |
| | 9月25日 | **「八幡の戦い」**。<br>今川方牧野八太夫定成、松平軍と八幡(豊川市八幡町)で戦い、被官と徳川方本多弥次左衛門が相討ち。<br>松平方渡辺六左衛門真綱(1541〜1620)、八幡御合戦で首級を得る。<br>**渡辺真綱**は、永禄元年(1558)20貫文で松平元康(家康)に出仕。永禄3年(1560)桶狭間の戦いに従軍したという。 | 1534 |
| | 9月28日 | 今川氏真、三河国大塚城における牧野八太夫定成の戦功を賞する。 | 1535 |
| | 9月28日 | 今川氏真(1538〜1615)、一族の岩瀬彦三郎家久(大塚城主の子)に感状。<br>家久は、戦功により大塚郷のほか、遠江国の蒲西方・細谷を得た。 | 1536 |
| | 9月29日 | **「御油台(ごゆだい)の戦い」**。<br>松平方酒井忠次(1527〜1596)1千、三河国佐脇城(板倉弾正重定)(愛知県豊川市御津町下佐脇郷中)・八幡城(豊川市八幡町)を攻め、御油台(豊川市御油)まで敗走。松平氏ら60名討死。<br>夏目次郎左衛門吉信(広次、正吉(まさよし))(1518〜1573)3百人、酒井忠次を救う。後殿を務め、国府(豊川市白鳥町)までの間、6度踏み止まり奮戦したという。<br><br>この時、渡辺半蔵守綱(1542〜1620)は、今川氏真の将・板倉重貞(重定)らの追撃を10度に渡って取って返して反撃し、味方の矢田作十郎を肩に担いで引き上げる。これらの戦功によって「槍の半蔵」と称されるようになる。<br><br>**元康(家康)1千が合流して佐脇城・八幡城を落城させる。東三河の駐留今川軍は惨敗、主将板倉弾正重定・主水父子は戦死。** | 1537 |
| | 9月- | **松平元康(家康)、三河国妙昌寺(愛知県豊田市王滝町覚庵)に禁制を与える。** | 1538 |
| | 11月9日 | **「大代口(おおじろぐち)の戦い一元康(家康)敗れる」**。<br><br>松平元康(家康)(1543〜1616)が雨山奥平定直の領地・大代(愛知県岡崎市大代町)に迫ると、今川方の奥平定能(貞能)(1537〜1599)は、奥平定直を自ら救援。<br>奥平被官・三日月甚五郎は竹尾新次郎を、同被官・林与右衛門尉は本田八蔵を討取る。 | 1539 |
| | 11月13日 | 今川氏真(1538〜1615)、奥平監物丞定能に、大代口で被官人三日月甚五郎並びに林与右衛門尉が活躍した功を賞す。<br>今川氏真、千賀上総介に、9月29日の八幡合戦での功を賞す。 | 1540 |
| | 11月29日 | 今川家臣、遠江国宇津山城(静岡県湖西市入出字城山)主・朝比奈泰長(?〜1562)、没。子の朝比奈泰充が家督を継承。 | 1541 |
| | 12月14日 | 今川氏真、三河国大塚城における岩瀬彦三郎家久の忠節を賞し、同国大塚の本領を返付し、遠江国に所領を与える。 | 1542 |

## 西暦1562

|  |  |  |  |
|---|---|---|---|
| 永禄5 | 12月14日 | 「遠州忩劇ーこの年3月から永禄11年（1568）にかけて発生した、遠江国内の主に天竜川流域における複数の国衆による駿河今川氏への大規模な叛乱」の中、今川氏真は、井伊家与力の小野道好（道高の子）（？～1569）の「松平元康（のちの家康）との内通」讒言を容れ、朝比奈氏に攻めさせ、井伊氏第23代（第16代当主とも）井伊直親（井伊直政の父）（1535～1563）を殺害させる。同年3月2日ともいう。<br><br>井伊氏縁戚の新野左馬助親矩（？～1564）は、小野但馬守道好の井伊直親謀反訴えを弁明する。しかし、井伊肥後守直親主従20名は、今川氏真に呼び出されて御礼に向かい、掛川到着後、氏真に命じられた城主朝比奈泰朝数百騎により攻撃され討死する。<br>奥山城（浜松市北区引佐町奥山）は、朝比奈泰朝に攻められ落城。奥山因幡守朝利（？～1560）の子・奥山源太郎は城下に潜む。<br>井伊谷落城の節、虎松（井伊直政）2歳（1561～1602）は、実母と共に、縁戚の新野親矩の伯父が住持を務める引馬（曳馬）の浄土寺に逃れる。母が父の死で松下源太郎清景（頭蛇寺城主一族・浜松市南区頭蛇寺町）に再嫁したため松下の姓を名乗る。その後、虎松（井伊直政）は、龍譚寺（北区引佐町井伊谷）に匿われるなどしながら新野左馬助親矩や井伊直虎に養育される。<br><br>直平死後の井伊氏は、直盛の娘が次郎法師（井伊直虎））と称して当主を代行したが領地を減らしていた。南渓瑞聞（20代直平の次男）と祐椿尼（22代直盛の正室、新野親矩の妹）が、次郎法師（井伊直虎）（？～1582）の井伊家相続を画策する。 | 1543 |
| | 12月17日 | **「拾石之儀、其方本知之儀者、深溝」。**<br>松平元康、松平薩摩守（形原松平家広）（？～1571）に、三河国拾石の所領を安堵する。 | 1544 |
| | 12月- | **「東條本地之内、貝吹・駒場・公文」。**<br>松平元康、長沢浄賢（長沢松平親広）（？～1571）・同源七郎（同康忠）（1545～1618）に、三河国東条本地内の所領を与える。 | 1545 |
| | ー | **この年、本證寺と松平元康家臣の間に、三河一向一揆の誘因となる紛争が発生する。元康（家康）が命じた糧米強制徴収であったという。** | 1546 |

## 西暦1563

|  |  |  |  |
|---|---|---|---|
| 永禄6 | 2月6日 | **「今度鵜殿藤太郎其方討捕候、近比」。**<br>松平元康、伴与七郎の軍功を賞す。<br>甲賀衆伴与七郎は、手勢数十名を率いて、敵城に潜入。放火と襲撃を繰り返しつつ、「裏切りだ」と叫んで敵を混乱させ、上ノ郷城の敵将・鵜殿長照を見事に討ち取ったという。 | 1547 |
| | 3月2日 | **「松平家・織田家、さらなる同盟強化」。**<br>松平元康（後の徳川家康）（22歳）嫡男・竹千代（信康）（1559～1579）と信長の娘・徳姫（1559～1636）の婚約成る。二人共5歳。<br>婚姻は、4年後の永禄10年（1567）5月27日。 | 1548 |

# 西暦1563

| | | | |
|---|---|---|---|
| 永禄6 | 3月6日 | **「第二次牛久保城の戦い」**。<br>松平元康(後の家康)1千5百、今川方牛久保城(豊川市牛久保町)に、牧野出羽守保成(1500～1563)を攻める。今川方の吉田城代大原肥前守資良(小原鎮実)(？～1570)が援軍。<br>松平軍**米津小大夫政信**(1531～1573)、一番に鑓を合わせ敵将を討取る。松平軍本多忠勝(1548～1610)、城所助之丞と槍合わす。<br>今川方牧野保成・稲垣平右衛門重宗負傷。<br>今川方牧野民部丞定成・牧野右馬允成定(1525～1566)父子は宇津山へ退く。(永禄7年5月まで牛久保城は開城していない)。<br>今川方の牧野氏惣領家の牧野保成は、重傷を負い死亡したという。 | 1549 |
| | 4月16日 | **「萩原にて弐百貫文可進之候、萩之」**。<br>松平元康、竹谷松平備後守清善(1505～1587)に所領を安堵する。清善は、永禄5年(1562)2月に鵜殿長照の居城・上ノ郷城を攻め落として功績を立てた。 | 1550 |
| | 5月12日 | 「御油台片坂(豊川市御油)戦い」。<br>不慮の戦いにおいて、今川氏の家臣三浦備後守正俊(？～1565)・旗本、随分の者を討取る。今川方小笠原与左衛門尉清有が戦功。<br>松平元康(後の家康)の旗本・**林孫八郎光正**は、今川方板倉弾正・板倉主水と戦い討死。林氏の正義、孫八郎光衡、光清は今川氏に仕えたという。 | 1551 |
| | 5月14日 | 今川氏真(1538～1615)、奥平定能(貞能)(1537～1599)に、田峰菅沼小法師(定忠)(？～1582)を味方につけたことを賞し、替地を与える。 | 1552 |
| | 5月28日 | 今川氏真、大塚での忠節によって、岩瀬河内守(彦三郎家久)に100貫文を宛行。 | 1553 |
| | 5月一 | 今川氏真、将軍足利義輝の相伴衆となる。相伴衆とは、室町時代、宴席などに将軍の相伴役として伺候した者。 | 1554 |
| | 5月一 | **「下和田為替地、以筒針分之内百五」**。<br>松平元康、松平亀千世(松平(青野・東条)家忠)(1547～1582)に、三河国下和田の替え地として同国筒針に所領を与える。 | 1555 |
| | 6月1日 | **「長沢在城之儀、同心被成祝著候、祝着候、然者永良之郷去年相改、五百貫文之分渡申、残所ハ此方給方ニ雖出置候、今度刻も無別儀、長沢在番之儀請負被成候条、永良郷残所相添、村松給・千本給・星野給・公田給・政所・御税所諸給共、一円進之候、」**。<br>松平元康(後の家康)、松平主殿助(深溝松平伊忠)(1537～1575)に、三河国長沢城在城の恩賞として、同国永良郷の所領を与える。 | 1556 |
| | 6月1日 | **「長沢在城之儀、深溝へ申候処、主」**。<br>松平元康(家康)、浄賢(長沢松平親広)(？～1571)・源七郎(松平康忠)(1546～1618))に、松平(深溝)伊忠の三河国長沢城への在城と、深溝松平康定への同国拾石・両赤川給与を伝える。<br>親広は、康忠の祖父。康忠は、家康の従弟であり義弟でもある | 1557 |
| | 6月1日 | 「今度就忠節、東条城并知行五百貫文出置了、彼知行在所之事 一斑馬之郷百弐拾六貫八百廿文 一岡山之郷弐百貫文 一荻原之郷草加次郎右衛門給六拾七貫七百廿文 一荻原雑色藤左衛門給参拾貫弐百八十文 一綿内之郷七拾六貫四百六十文 右、都合五百貫文出置畢、東条領何もへ出置候、」。<br>**松平元康判物、三河幡豆永良之郷へ**。 | 1558 |

# 西暦1563

## 永禄6

**6月2日**　1559

「遠州忩劇ー見付端城の戦い」。
見付端城(静岡県磐田市見付字古城)堀越源六郎氏延・村松源左衛門尉茂国が今川氏に反乱した。
今川氏真は、自らの一族から謀反第一号が出ては他の武将への見せしめにならぬと一挙に堀越城(静岡県袋井市堀越字城山)を囲んで、匂坂六右衛門長能(1494～1566)・糟谷但馬守・小原肥前守鎮実・三浦左衛門尉が攻め落とす。
武田方に走った堀越氏延、海蔵寺で自害。

**6月—**　1560

**「今度大野取出之儀就申付、佐々木」。**
松平元康(家康)、松平三蔵(大草松平直勝)に、三河国大野砦の守備を命じ、同国佐々木郷の所領を安堵する。

**6月—**　1561

**「清水権之助為遺跡のミ伝市郎殿江」。**
松平元康、清水伝一郎(能見松平昌利)(能見松平重吉の嫡孫)に、三河国桑谷・安城などにおける清水権之助の遺領を相続させる。
叔父の松平重勝(重吉の四男)(1549～1621)に後見が命じられたという。

**6月—**　1562

**酒井将監忠尚(?～1565)、松平元康(家康)に対して挙兵し、この月には出陣した元康に対して上野城(豊田市上郷町)に籠城という。**

**閏6月24日**　1563

「今川氏から見た、遠州忩劇」。

犬居城(浜松市天竜区春野町堀之内字犬居)天野安芸守景泰・安芸守元景父子が今川氏に反乱。
惣領である安芸守系統の天野景泰・元景父子と宮内右衛門尉系統の天野藤秀は、度々所領を巡り対立しており、永禄5年(1562)2月に今川氏真の裁定により藤秀の知行・代官職が安堵された。この今川氏の裁定に景泰・元景父子は不満を抱いたという。

**7月6日**　1564

**「元康、家康と改名」。**
今川家と断交し、三河国統一を目指す松平二郎三郎元康(1543～1616)は、今川義元の偏諱を改め「家康」と改名。
子の竹千代(信康)と信長の女との婚約を成立させた元康は家康と改名し、今川氏との絶縁を天下に宣言した。

永禄5年8月21日の手紙に家康と記すともいう(『家康公伝 2010年 吉川弘文館』)。

**7月—**　1565

**松平家康(1543～1616)、吉田城攻めの為、小坂井牛久保辺りの砦を巡視する所、吉田城大原資良(小原鎮実)(?～1570)により攻められるが、平岩親吉(1542～1612)に救われる。**

**8月25日**　1566

■三好義興(長慶嫡男)(1542～1563)が居城芥川城(大阪府高槻市殿町)において急死。
享年22。家臣松永弾正久秀の陰謀により毒殺されたともいう。
義興の死は、三好家崩壊の遠因となる。

混乱の中、翌年7月、ようやく、三好長慶(1522～1564)は、養子・十河重存(後の三好義継)(1549～1573)を家督に据える。

永禄6　9月5日　1567

**「家康三大危機の一番目ー三河一向一揆（永禄6年（1563）9月5日～永禄7年（1564）2月28日）」発生。**

守護不入の特権が失われた。家康が上宮寺から糧米を強制徴収したので、一向専修門徒が実力で糧米を奪い返す。三河国内で家康の寺社処遇の不満が起こった。蓮如孫の本證寺第十代・空誓が、上宮寺(じょうぐうじ)や勝鬘寺(しょうまんじ)と共に檄を飛ばし、門徒を招集して菅沼氏の砦を襲撃。

真宗門徒の松平氏家臣、吉良氏などの有力豪族や今川氏の残党なども加わり、松平氏の本城である岡崎城まで攻め上ることになる。

主君家康への忠誠心と信仰心の板ばさみにあって松平武将の半数が一揆に与したという。

本多正信(1538～1616)・本多正重(正信の弟)(1545～1617)・桜井松平家次(？～1563)・蜂屋半之丞貞次(1539～1564)・筧助大夫正重(1523～1594)・渡辺守綱(1542～1620)・夏目吉信(1518～1573)・内藤清長(家長の父)(1501～1564)などである。

柴田政忠（重政）(1538～1593)は、自ら浄土宗に改宗し、この時の弓矢働きを評価されて家康より諱を賜り「康忠」と名乗ったという。

しかし、家康主従をも分裂させる深刻なものであったが、藤井松平信一(1539～1624)・福釜松平親俊(？～1581)・大久保忠員(ただかず)(1511～1583)・忠世(ただよ)(1532～1594)・忠佐(ただすけ)(1537～1613)ら大久保一族、酒井忠次(1527～1596)、本多忠勝(1548～1610)、平岩親吉(ちかよし)(1542～1612)、本多広孝(1528～1598)、内藤家長(清長の子)(1546～1600)、青山忠門(ただかど)(1518/1511～1571/1575)らが家康を支え、翌年には鎮圧。収束後、武将の多くが、一向宗から松平家康(1543～1616)の浄土宗へと改宗という。

9月5日　1568

「永禄五年の秋能末、三河の住人菅沼藤十郎取手を致し、兵粮の為尓佐々木の上宮寺へ行て、もみを保して置多るを取て城へ帰る。此寺ハ、三河國の三ケ寺の院家の其一也。残て二ケ寺野寺針崎の御坊連寄合て談合志介留ハ、此寺ハ當國の本地尓て、開山上人より依頼久敷不入の地也。か様の甲乙人のらう勢き春へき所尓非春。巳來の為尤戒へしとて、菅沼の所へ行、土民共を催し菅沼可内能者共を打帰せ、雑穀阿ま多取返して帰る。菅沼大尓怒喧嘩を起し介れとも不叶。此由酒井雅楽助尓申。酒井聞て使を以天断申介れハ、其使を切介る間、家康是を聞召、酒井雅楽助を検断尓被仰付、寺中能狼藉のもの共いましめ給ひ、彼寺の坊主能檀那幷末寺真末山土民百姓一味して一揆を起し、駿河衆の所々尓残里し衆へ触送里逆心を催し、先三ケ所能寺を城尓かまへ、家康譜代衆も皆此宗旨能檀徒ハ一味し、家康へ逆心をな須」。(『松平記　巻二』)。

西三河では、多数の道場を傘下におさめた本證寺、上宮寺、勝鬘寺の三河三か寺を中心に、本願寺直属の浄妙寺、慈光寺、願照寺、無量寿寺の四か寺を加えた七か寺が、本願寺の血縁者を住職とする本宗寺（愛知県岡崎市美合町）を支える大きな組織になっていた。水運や商いにたずさわる門徒も少なくなく、経済的にも大きな影響力があった。

**本宗寺や三か寺には「寺内」と呼ばれた区域があり、犯罪者の追跡・処罰や年貢米を集めるなどのために領主やその家臣が立ち入ることを断る特別な権利（不入権）もあった。**

# 西暦1563

| 永禄6 | 9月5日 | 「三河一向一揆ー与した家康家臣たち」。<br>「碧海郡」桜井松平監物家次。<br>「碧海郡佐々木野寺」大津半右衛門・犬塚甚左衛門・同八郎兵衛・同又内・同善兵衛・五味三右衛門・中川太郎左衛門・牧吉蔵・倉地平右衛門・小谷甚左衛門・安藤金助家次・同太郎左衛門・同治右衛門定次・山田八蔵・太田善太夫・同弥大夫・同彦六郎・矢田作十郎助吉・戸田三郎右衛門忠次。百人。<br>「額田郡」大草松平七郎昌久・太田善大夫。<br>吉良東条義昭・大河内秀綱・井上常右衛門正朝、岡山砦(吉良町)から「東条城」に入る。<br>「荒川城」荒川甲斐守義広。<br>「上野城」酒井将監忠尚・安達右馬助遠定・同弥市郎・鳥居四郎左衛門忠広(忠吉の四男)・高木九助広正・芝山小兵衛正員・鳥居金次郎・本多弥八正信・榊原七郎右衛門清政・大原左近右衛門惟宗・近藤伝次郎・酒井作右衛門重勝。<br>「上宮寺」倉地平右衛門・太田弥大夫・同彦六郎・安藤治郎左衛門・同太郎左衛門・同金助・加藤孫之進・同勝之助・同幸之助・鳥居又左衛門・山田八蔵・矢田作十郎・戸田三左衛門。二百人。<br><br>「土呂善秀寺」大橋伝十郎・佐橋甚兵衛・石川甚五郎・同半十郎・同善五左衛門・同十右衛門・同源左衛門・同新九郎・同大八郎・同右衛門・同又十郎・大見藤五郎・佐橋乱之助・大橋左馬助・江原孫三郎・本多甚七郎・同九郎三郎・佐野輿八郎・江原又助・山本小次郎・松平半助・小野新平・村井源四郎・山本才蔵・加藤五左衛門・黒柳次郎兵衛・成瀬新蔵・岩堀半十郎・三浦平三郎・平井甚五郎・黒柳彦助・野沢四郎三郎。百人。<br><br>「針崎勝鬘寺」蜂谷半之丞貞次・筧助大夫正重・久世平四郎直宣・渡辺玄蕃允・同八郎右衛門・同八郎三郎・同源蔵・同半蔵・浪切孫七郎・近藤新次郎・黒柳孫左衛門・黒柳金十郎・本多吉蔵・加藤次郎右衛門・同源次郎・同又三郎・同伝十郎・同善蔵・同源太郎・浅岡新十郎・同新八郎・安藤次郎右衛門・佐野小大夫・犬塚七蔵・成瀬新兵衛・坂部又六郎・同庄之助・同造酒丞・同又兵衛。百人。<br>「額田郡野羽郷六栗城」夏目次郎左衛門吉信・大津半左衛門・乙部八兵衛。 | 1569 |
|---|---|---|---|
|  | 9月18日 | 「遠州忩劇(えんしゅうそうげき)」。<br>これより先、遠江国衆の曳馬城(引馬城、引間城、後の浜松城)(静岡県浜松市中区元城町)主・飯尾豊前守連竜(つらたつ)(今川の家老)(?～1566)が、犬居城主天野景泰・元景父子、二俣城(ふたまたじょう)(浜松市天竜区二俣町)主松井宗恒(むねつね)(?～1566)らと共に、今川氏に謀叛を起こした。<br><br>この「遠州忩劇」の中のこの日、遠江井伊谷の20代井伊直平(なおひら)(1488?～1563)は、今川氏真の命を受けて、天野氏の犬居城(浜松市天竜区春野町堀之内字犬居)攻めに向かう途中、有玉(浜松市有玉町)旗屋宿で、飯尾豊前守連竜の妻・お田鶴の方(椿姫)(?～1568)に毒茶を呑まされ殺される。享年76?。<br>井伊直平は、浜名下総守・小野肥田守を先手として、飯尾豊前守・井伊武蔵守を留守居に出陣。その時、飯尾豊前守は、井伊武蔵守・井伊鶴千代父子を城中で殺害する。<br>直平は、社山城(やしろやまじょう)(静岡県磐田市社山(社山公園))に天野氏攻める時、陣中で没したともいう。 | 1570 |

| | | | |
|---|---|---|---|
| 永禄6 | 9月21日 | **「宇津山城騒動」。**<br>鵜津山(宇津山)城(静岡県湖西市入出)において、松平(徳川)に誼(よしみ)を通じていた弟朝比奈真次(?～1567)が、今川方の兄朝比奈孫太郎泰充を殺し城主となる。<br>真次は、紀伊守を称し、三河国宝飯郡(ほいぐん)伊奈城(愛知県豊川市伊奈町深田)主・本多忠俊(助太夫)(?～1564)の長女を室とした。年日等、異説あり。 | 1571 |
| | 9月— | **「寺部取合節、信州松城よりしのび」。**<br>家康、近藤登助の寺部の戦いの軍功を賞す。近藤登助は、近藤秀用(ひでもち)(1547～1631)か。 | 1572 |
| | 10月24日 | **「幡豆取出之依忠節、出置知行之事」・「衆儀ニ付候て、しんろう祝著ニ候」。**<br>松平家康、松平亀千世(松平(青野・東条)家忠)(1556～1581)と、後見の松平左近(忠次、のちの松平康親)(1521～1583)に、幡豆砦の忠節により所領を与える。 | 1573 |
| | 10月— | 「遠州忩劇」。今川氏真(1538～1615)、謀反を起こした飯尾連竜(いのおつらたつ)(?～1566)と講和する。 | 1574 |
| | 11月1日 | 今川上総介氏真、渥美郡牟呂郷真福寺宗宿蔵司に寺領安堵し諸役免除。<br>奉行人が難渋する事態を認識して、自己の意思を押し通そうしていることは、今川氏真の専制化を意味し武田氏や松平(徳川)氏の侵攻を契機として家臣達を離反させる遠因となる。 | 1575 |
| | 11月25日 | **「三河一向一揆―小豆坂の戦い」。**<br>筧 正重(かけいまさしげ)(1523～1594)の射た矢が平岩親吉(ひらいわちかよし)(1542～1611)の耳に当たった。<br>正重は親吉の首を取ろうとしたが、主君家康が助太刀に入ったため、これを諦めて退散したという。 | 1576 |
| | 11月25日 | **「三河一向一揆ー上和田の戦い」。**<br>上和田(愛知県岡崎市)で家康軍、敗戦。家康は負傷、山中八幡宮(岡崎市舞木町字宮下)の鳩ヶ窟に隠れる。<br>水野信元(?～1576)は甥の家康を救援するために出馬し、これに従った高木清秀(徳川十六神将)(1526～1610)は、一揆勢を相手に奮戦するが、浅手を負ったという。 | 1577 |
| | 11月- | **「定 額田郡桑ヶ谷村広忠寺門前・門内」。**<br>松平家康、三河国広忠寺門前門内に、守護不入などの制札を与える。 | 1578 |
| | 12月— | 「遠州忩劇」。<br>引間城(曳馬城)(浜松市中区元城町)飯尾連竜(?～1566)、また、今川氏に反乱。<br>真言宗青林山頭陀寺(浜松市南区頭陀寺町)に飯尾連竜・飯尾土佐守・江間弥七が篭城。<br>千手院日瑜(にちゆ)のみ今川方。 | 1579 |
| | 12月— | 「遠州忩劇ー飯田口(浜松市南区飯田町)の戦い」。<br>今川方小笠原与左衛門尉が戦功。飯尾方の渥美氏・森川氏・内田氏討死。<br>今川方冨士又八郎は、敵1人討取る。今川方朝比奈右兵衛大夫信置(1528～1582)が飯尾方小山六郎右兵衛を討取る。 | 1580 |

# 西暦1563

| | | | |
|---|---|---|---|
| 永禄6 | 12月7日 | **「一其城之儀、於度々御忠節候、然」。**<br>松平家康、本多豊後守（本多広孝）（1528～1598）の忠節を賞し、広孝に三河国土井城（岡崎市土井町城屋敷・蔵屋敷）を安堵し、同国東条領において富永伴五郎らの旧領を与える。<br>広孝は、嫡子・康重（1554～1611）を忠節の証として家康に差し出し、自らは土居の城館を拠点に土呂・針崎の一向宗に抗戦、またこの時再び敵対した吉良義昭の東条城を攻めた。 | 1581 |
| | 12月18日 | **「桑谷村広忠寺領之事 右任妙琳母」。**<br>松平家康、三河国広忠寺（こうちゅうじ）（岡崎市桑谷町字堀切）に、父広忠の菩提を弔うため寺領を寄進し、諸役を免除する。 | 1582 |
| | 12月20日 | 今川氏真（1538～1615）、遠江国飯田口合戦における富士又八郎・小笠原与左衛門尉の戦功を賞する。 | 1583 |
| | 12月21日 | **「此度上野之寺内、一揆与党之向寄」。**松平家康、伊与田太郎蔵に、その軍功に感状。 | 1584 |
| | 閏12月16日 | 今川氏真、遠江国飯田口合戦における朝比奈右兵衛太夫信置の戦功を賞する。 | 1585 |
| | 閏12月24日 | 「遠州忩劇ー安芸守系統天野氏は没落」。<br>今川上総介氏真、犬居城天野安芸守景泰・天野七郎元景父子反乱を鎮圧した尾上藤十郎正良に、天野小四郎藤秀所領内、天野景泰・元景跡職里原新田（春野町里原）20貫文宛行。 | 1586 |
| | 閏12月- | **「一諸法度勤行等、可為如先規、其上不随住持命者、」。**<br>松平蔵人家康、大樹寺進誉上人（三河国大樹寺の僧進誉愚耕）に掟書を発給、諸法度などを従来通りとし、古井の寺領などを安堵する。<br>**大樹寺は早くから家康の先祖である松平家の菩提寺であり、家康も大樹寺に度々寺内法度を制定して保護した。** | 1587 |
| | 閏12月- | **「今度就忠節、東條城并知行五百貫文出置了、彼知行在所之事 一斑馬之郷百弐拾六貫八百廿文 一岡山之郷弐百貫文 一荻原之郷草加次郎右衛門給六拾七貫七百廿文 一荻原雑色藤左衛門給参拾貫弐百八十文 一綿内之郷七拾六貫四百六十文 右、都合五百貫文出置畢、東条領何もへ出置候、」。**<br><br>家康、松井左近将監（松井忠次）（のちの松平康親）（1521～1583）に、三河国東条城と所領を与える。吉良義昭は追放され、かわって亀千代（東条松平家忠）（1556～1581）が東条城主になる。東条松平家の事実上の成立という。<br>また、忠次も500貫文加増で3,500貫文を知行し、能見松平重吉（1498/1493～1580）の娘を娶って松平姓を許されたとされる。松井松平家の成立ともいう。 | 1588 |
| | 閏12月- | **「富永伴五郎知行貝福・駒場并永良・山田給之為替知進置地之事 一百貫文 下和田一村散田 一九拾六貫八百文 善明之郷 一百五拾七貫九拾六文 瀬戸之郷 右之三ヶ所、縦無事ニ雖成行候、替地等之儀有間鋪候、又津平為替地、木田之郷一円、付吉田之郷、其方知行之外七拾三貫文之地、進置之候、」。**<br><br>松平家康、本多豊後守（本多広孝）（1528～1598）に、三河国東条領の富永伴五郎旧領と同国津平の替地などを与える。 | 1589 |

# 西暦1564

|  |  |  |  |
|---|---|---|---|
| 永禄7 | 1月3日 | **「三河一向一揆―小豆坂の戦い」。**<br>**土呂・針崎の一揆勢と家康が小豆坂で戦う。**この戦いの際に、家康家臣・大見藤六はその前夜まで家康の側にいて、明日の軍議を盗み聞きして一揆側に加わった。家康は近臣に向かって「明日は大変重要である。藤六はきっとこちらの計略を賊徒に漏らしているはずだ。お前たち、明日は特に念を入れて戦に励むようにせよ。 もし私が討死したならば、藤六の首を斬って私に手向けよ。それが来世までの忠功でなる」。翌日、一揆勢大見藤六と石川新七の両人が先陣をきって攻め寄せてきた。これを水野忠重(1541～1600)と水野太郎作正重(家康の母方の親類)が迎え撃ち、石川新七は忠重に討たれ、藤六には正重が「お前は逃がさぬ！」と立ち向かい、正重は負傷するも藤六を倒す。二人の死によって一揆勢は敗走した。国宝「太郎作正宗」の太刀は、水野太郎作正重が所持していたものとされる。 | 1590 |
| | 1月3日 | 「遠州忩劇ー引間にて戦い」。今川方の朝比奈右兵衛大夫信置が戦功。 | 1591 |
| | 1月4日 | 今川上総介氏真、遠江の後藤佐渡守直正に、瀬名氏家臣常盤氏が知行していた遠江安間(浜松市東区安間町)を宛行。家康の侵攻を警戒し、本坂通路の警護を命じる。 | 1592 |
| | 1月11日 | **「三河一向一揆―土呂・針崎の砦の戦い」。**<br>家康勢の大久保一党は、土呂本宗寺、針崎の勝慢寺衆の戦いで勝利。一揆の首謀者は駿河に逃亡する。<br>鵜殿十郎三郎長祐は、三河一向一揆渡辺半蔵守綱(1542～1620)により討死。 | 1593 |
| | 1月15日 | **「三河一向一揆―馬頭原の戦いー家康、一揆の解体に成功」。**<br>松平家康(後の徳川家康)(1543～1616)は、馬頭原「美合町」(愛知県岡崎市)での勝利で優位に立ち、和議に持ち込み、三河一向一揆の解体に成功する。 | 1594 |
| | 1月16日 | 「三河一向一揆ー三河国吉良東城合戦」。<br>家康家臣**大津左衛門宗時**、三河国吉良東城合戦で討死。 | 1595 |
| | 1月16日 | **「三河一向一揆」。松平家康、菅生河原で一揆衆130人の首実検。**<br>**19年後の天正11年(1583)まで、三河は、真宗禁制の地となる。**<br>家康は本願寺教団に厳格な処分を下す一方、離反した家臣には寛大な処置で臨む事で家中の結束を高める事に成功する。 | 1596 |
| | 1月28日 | **「就今度別而御馳走候、其方一身并」。**<br>家康、三河一向一揆に際しての松平主殿助（深溝松平伊忠(これただ)）(1537～1575) の忠節を賞し、望みにより徳政を認める。 | 1597 |
| | 2月- | **「三河一向一揆―上宮寺の戦い」。**<br>家康軍、勇猛で知られた、一揆方大将の絵下城(会下城)(愛知県刈谷市泉田町)主・矢田作十郎を討つ。 | 1598 |
| | 2月3日 | **「一中納言、今度別条仕、上宮寺へ」。**<br>家康、松平三蔵（松平直勝）に、三河国上宮寺方となった中納言の跡職を与え、同寺内の支配を命じる。<br>大草松平は松平昌久（4代目当主）で一揆側につき、松平直勝は佐々木城（上宮寺城）(岡崎市上佐々木町梅ノ木)の城主で、家康側についたという。 | 1599 |
| | 2月8日 | **「三河一向一揆」。**<br>**松平家康、水野信元の加勢を得て岡崎を発し、西野を経て一揆方に対峙する西尾城に兵粮を入れる。**帰途、小川の安政において本證寺勢と戦うという。 | 1600 |

# 西暦1564

|  |  |  |  |
|---|---|---|---|
| 永禄7 | 2月18日 | 「遠州忩劇ー市野砦の戦い」。<br>今川方大村弥兵衛高信、引間口市野砦(浜松市東区市野町)へ乗り入れ端城を押破る。 | 1601 |
| | 2月24日 | 「遠州忩劇ー引間口馬込川端の戦い」。<br>今川方大村弥兵衛高信、引間口(浜松市中区中島)で戦功。<br>大村は、今川氏真より感状を十通以上受けた大豪の者という。 | 1602 |
| | 2月- | **「三河一向一揆ー八ッ面城落城」。**<br>八ッ面城(西尾市八ツ面町字市場)荒川義広(？～？)、家康方により落城。<br>妻(市場姫)が家康の異母妹なので、寄近(西尾市寄近町堂本)の家老中神藤左衛門屋敷にて謹慎。その後、改易処分に処されたという。 | 1603 |
| | 2月27日 | **「知行方之事 一四百貫文 牛久保」。**<br><br>**家康、奥平監物丞定能(貞能)**(1537～1599)**に、知行を保障し、東三河および駿河・遠江両国での徳政実施を伝える。定能は今川氏から離反し、松平家康に属した。**<br>定能は家康から、家康に敵対する牧野氏・大給(おぎゅう)松平氏の所領である牛久保領・大沼領・大給領など3500貫文と遠江三分の一の知行を宛行われる。 | 1604 |
| | 2月28日 | **「三河一向一揆ー東条城の戦い」。**<br>一揆で東条城吉良義昭に仕え、篭城の大河内金兵衛秀綱(1546～1618)は、大河内善一郎(政綱)(1545～1627)と城外に討って出て奮戦。しかし、吉良義昭(きらよしあき)らは、家康軍に追われ逃亡する。義昭は近江国に逃げ、佐々木承禎を頼ったが、後に芥川(大阪府高槻市)の戦いで戦死したという。<br><br>寺津城(西尾市寺津町御屋敷)主大河内秀綱は、義昭の没落後、吉良氏の家臣と揉め事を起こして小島城(愛知県西尾市小島町)主伊奈忠次(1550～1610)の下に身を寄せた。<br>**伊奈忠次**も三河一向一揆の際には父忠家(1528～1607)が一揆に与したため一時小島城から退いた。<br>**大河内秀綱**は伊奈忠次の配下の代官として家康に仕え、三河、遠江の租税に関わる事務に携わり、遠江稗原(ひえばら)(静岡県磐田市)を領する。 | 1605 |
| | 2月28日 | **「家康23歳、三河一向一揆(永禄6年(1563)9月5日～永禄7年(1564)2月28日)、鎮定」。**<br>松平家康(後の徳川家康)、三ヶ月余、五十度余の合戦を経て一向一揆と和議を結び、結果、旧守護家吉良氏の勢力を駆逐、今川家に心寄せて両端を持していた松平一門のあるものも含む豪族を一掃できた。<br><br>一揆に与した**本多正信**(1538～1616)は、出奔し大和国松永久秀に仕え、さらに流浪、加賀国では石山本願寺と連携、織田信長とも戦ったという。流浪の末、大久保忠世(ただよ)(1532～1594)の尽力で帰参が許されたのは、早ければ元亀元年(1570)の「姉川の戦い」の頃、最も遅くとも「本能寺の変」の少し前の頃には正式に帰参が叶っていたようで、初めは元々の仕事、鷹匠として仕えたという。 | 1606 |
| | 2月- | 一揆に与した**松平家次**(？～1564？)(桜井松平家3代当主)、「累世の御家門」であるとして許されるという。 | 1607 |
| | ー | 一揆方の**蜂屋貞次**(徳川十六神将)(1539～1564)は、勢力が衰退すると、家康武将の仲介を受けて家康に降伏し、武将らの嘆願により、罪を許されて再び家臣となった。 | 1608 |

# 西暦1564

|  |  |  |  |
|---|---|---|---|
| 永禄7 | 3月4日 | 伊奈城(愛知県豊川市伊奈町)主・**本多助太夫忠俊(?～1564)、没。三男本多忠次(1547～1613)が家督を継承する。**<br>忠俊は、桶狭間の戦いにおいて義元が戦死し、松平元康(後の家康)が独立すると、今川氏を離反し元康方に転じたという。 | 1609 |
| | 3月9日 | **家康の臣酒井政家(正親)(1521～1576)、三河国無量寿寺に、本宗寺との和議に際し、寺内の鎮静を命じる。** | 1610 |
| | 3月22日 | **「於西条年来出置給所不可有相違、」**。<br>家康、松崎左平に三河国西条の所領を安堵し、忠節により検地増分を免除する。 | 1611 |
| | 3月30日 | 「遠州忩劇」。今川氏に対し謀反した飯尾豊前守連竜(?～1566)は、朝比奈備中守泰朝・瀬名陸奥守氏俊(貞綱)・瀬名中務大輔氏詮(信輝)・朝比奈兵衛大夫元長(政貞、信置)(1528～1582)に釈明。<br>①自身謀反の企ては無い②家康一味による讒言だ③嫌疑により誅殺されそうになった為三河より逃げ帰った④遠江白須賀放火はしてない。⑤嫌疑は某と松平(家康)の計略。⑥逆心が真なら、今川氏真が三河より帰陣の際戦いに及んでいた⑦逆心の意思は無く、聞き入れられなければ城で討死する。 | 1612 |
| | 4月4日 | **「一下和田熊野宮之事 一神官并座」**。<br>松平家康、佐野与八郎に岡崎下和田熊野宮の神官・座主分田地などを与える。 | 1613 |
| | 4月7日 | **「神罰起請文 一両城相違有間敷事 幡豆知行方者、東者須崎之郷ニ至川切、西者宮崎山共、北者小野賀谷八幡境、」**。<br>松平家康、幡豆小笠原左衛門佐(小笠原広重)(?～?)・富田新九郎(小笠原安元)(1511～1590)に、幡豆知行などの起請文を出す。<br><br>**小笠原広重**は、今川家臣として寺部城を守るが、永禄年間初めに本多忠勝の誘いにより家康に仕える。二人とも三河一向一揆討伐に参加、広重は土呂、八面などの押さえをし、**小笠原安元**は欠城(愛知県西尾市西幡豆町貝吹)を守った。 | 1614 |
| | 4月7日 | 「神罰起請文 一両城相違有間鋪之事 幡豆知行方者、東者須崎之郷ニ至川切、西者宮崎山共、北者小野賀谷八幡境、」。<br>**松平家康起請文、三河幡豆須崎之郷へ。** | 1615 |
| | 4月8日 | **林宝山東漸寺日亮(不相鵜殿弾正長成の次男)の仲介で、松平家康(1543～1616)と飯尾豊前守連竜(?～1566)が、常霊山本興寺(湖西市鷲津)にて会見。**<br>家康の兵、東漸寺(浜松市中区成子町)に乱入し、飯尾豊前守連竜が母菩提の為に寄進した棟別反銭諸役の寄進状紛失。家康の従兵、本興寺老師の庵に乱入し金銭を奪う。 | 1616 |
| | 4月14日 | **「花岳寺寺領之事 一於木田郷内拾」**。<br>家康、三河国花岳寺(西尾市吉良町岡山山王山)の寺領を安堵し、諸役を免除する。 | 1617 |
| | 4月一 | **「禁制 小松原 一軍勢濫妨狼藉之」**。<br>家康、三河国東観音寺に禁制を与える。東観音寺は、愛知県豊橋市小松原町字坪尻にある臨済宗妙心寺派の寺院。山号は小松原山。 | 1618 |
| | 4月一 | この月、仁連木城(愛知県豊橋市仁連木町)主・**戸田丹波守重貞(?～1564)が家康に降る。**<br>今川方の牛久保城(豊川市牛久保町)主・牧野新次郎成定(1525～1566)・佐脇と八幡砦の三浦左馬介は、松平家康1千に敗れる。 | 1619 |

## 西暦1564

| | | | |
|---|---|---|---|
| 永禄7 | 5月7日 | 今川氏真(1538～1615)1万8千出陣。<br>匂坂軍の大将匂坂吉政(匂坂長能の三男)は、国行の太刀・関の兼栄の槍・重藤の三人張りの弓を提げ、国糸緘しの鎧・長烏帽子の兜をかぶり、五尺三寸五分の大鹿毛の馬に乗った姿。侍大将に永田平兵衛数馬。 | 1620 |
| | 5月9日 | 今川氏真、天宮神社(静岡県周智郡森町天宮)の神主中村大膳亮(だいぜんのすけ)に、「今度遠州之輩企逆心之条、弥国家安泰の祈念可致」と命じる。 | 1621 |
| | 5月9日 | 今川氏真1万、八幡砦(豊川市八幡町東赤土)入る。5千で松平方の一の宮砦(豊川市一宮町宮前)本多百助信俊(1535～1582) 6百を包囲。 | |
| | 5月一 | 「富永口の戦い」。<br><br>今川方の稲垣平右衛門尉重宗(1517～1594)、三浦右衛門大夫義鎮(真明(さねあき))(大原資良の子)を設楽郡富永(新城市富永)に案内し、先陣として随近の敵一人討取る。<br>今川方は、松平方の富永城菅沼定盈(さだみつ)(1542～1604)が一宮砦(豊川市一宮)に加勢のため出陣してくるのを牽制した。 | 1623 |
| | 5月一 | 今川氏真(1538～1615)、牛久保城(愛知県豊川市牛久保町)に入城。一宮(愛知県豊川市)や富永(新城市富永)を攻撃。<br>今川氏真は、牛久保・吉田両城を、家康と信長に対する反撃の拠点とした。 | 1624 |
| | 5月一 | **「佐脇・一宮の戦い－一宮の後詰(ごづめ)」。**<br>この月、三河一宮城(愛知県豊川市一宮町宮前)が多勢の今川勢に囲まれ、後詰として松平家康(1543～1616)がこれを救援する。<br>家康方西郷清員(きよかず)(1533～1595)、菅沼定盈(さだみつ)(1542～1604)と共に勝山(豊川市川上町)辺において今川勢と戦い、敵兵大泉助次郎等数人を討取る。家康方梶正道、敵と組んで首級を得る。<br><br>「一宮の後詰」が、今川勢2万の大軍に包囲されて危ういところを、家康が僅か3千の兵で出撃、その危機を救ったという。家康は一宮城に本多信俊(1535～1582)に兵5百をつけて置いた。年月等、異説あり。「神君一宮砦後詰め」の逸話である。<br>実は、氏真は「駿河に滞在している武田信虎に不穏な動きがある」との報を聞くと、家康との本格的な戦闘をする前に軍を引き揚げてしまったという。<br>自ら軍を返したことにより、「大原雪斎抜きでは戦に勝てぬ今川家」という悪評を覆すことが出来ず、家臣団や国人たちの混乱に拍車をかけることになってしまう。 | 1625 |
| | 5月11日 | 三河国仁連木城主・松平主殿助(戸田重貞)、吉田城に至り、城代大原肥前守資良(小原鎮実)(?～1570)と会い、双六を打ち歓談。 | 1626 |
| | 5月12日 | **戸田重貞(?～1564)は、家老野々山某に長持を持参させ、夜、人質になっていた老母を入れ脱出。**<br>今川氏に見切りを付けた戸田重貞は、人質となっている母を救出するため、小原鎮実と懇意となり、城中に重貞を怪しむ者がなくなったのを見計らい、この日、母を鎧筬(よろいびつ)に入れて家来に担がせて逃亡。<br><br>**以後、松平(徳川)氏に仕え、東三河における国人が概ねその傘下に入ったのは、重貞の功労によるところが大きかったという。** | 1627 |

西暦1564

| | | | |
|---|---|---|---|
| 永禄7 | 5月13日 | **「就今度忠節進置新知之事　一四百」。**<br>**松平家康、三河国仁連木城主・松平主殿助(戸田重貞)へ起請文。戸田重貞の本領を安堵し、所領を加増する。**<br>今川義元が討ち死すると、次第に国人は離反し始めた。そのため、跡を継いだ今川氏真はこれら国人らの人質を三河吉田城に置き、小原鎮実（大原資良）(?～1570)に守らせた。 | 1628 |
| | 5月13日 | 「就今度忠節進置新知之事 一参百八十貫文 高松両郷」。<br>松平家康起請文、三河渥美高松両郷へ。 | 1629 |
| | 5月14日 | 松平家康勢、今川方の吉田城代小原鎮実（大原肥前守資良）(?～1570)と下地(豊橋市)に戦う。 | 1630 |
| | 5月14日 | **「前々其方就若気、逆心雖仕候、今」。**<br>家康、牛久保六騎の一人、大塚城（中島城）(愛知県蒲郡市大塚町上中島)の岩瀬河内守(彦三郎)の逆心を許し、知行「大墳之郷一円ニ浦山役所并屋敷共」を保障する。<br>家康は岩瀬河内守の帰参を許して三河国大塚郷を安堵し、同国長沢の在番を命じる。<br>家康は前年再び、大塚城を落城させていた。 | 1631 |
| | 5月― | **「松平家康、本格的に東三河侵攻」。**<br>松平家康5千、吉田城(愛知県豊橋市今橋町)を攻める。<br>吉田城の大原資良(小原鎮実)(?～1570)は、小原新助・河井正徳・鈴木日向守・秋山玄蕃允・白川備前守を先手に押出る。<br>家康と同調した飯尾豊前守連竜（?～1566）は、三度、今川氏真に反逆し、吉田城を引払い曳馬城(引馬城、引間城、後の浜松城)(静岡県浜松市中区元城町)に戻る。<br>飯尾連竜は、家臣の江馬加賀守時成(?～1568)を岡崎の使者とする。<br>今川軍、吉田城を引き払い5千で飯尾氏を攻める。天竜川隔てて、鷲坂伊賀守3百と戦う。 | 1632 |
| | 5月17日 | 今川氏真(1538～1615)、牛久保城(豊川市牛久保町)主・牧野右馬允成定(1525～1566)に、戸田重貞逆心の所、稲垣平右衛門尉重宗(1517～1594)の忠節に感状。 | 1633 |
| | 5月27日 | **「於大岩寺一宇、時之地頭不可有他」。**<br>家康、三河国大岩寺(だいがんじ)(豊橋市大岩町)に富士先達職を安堵し、諸役を免除する。 | 1634 |
| | 5月― | **「禁制 大平寺 一軍勢甲乙人等濫妨狼籍の事」。**<br>家康、三河国太平寺(豊橋市老津町)に禁制を与える。 | 1635 |
| | 5月― | **「禁制 一於当社軍勢濫妨狼藉之事」。**<br>家康、三河国小坂井八幡宮に禁制を与える。小坂井は愛知県豊川市。 | 1636 |
| | 夏以前 | **松平家康、一揆との先の和議に背いて本願寺派寺院に改宗を迫る。**<br>坊主らこれに従わず、家康領からの退去を余儀なくされる。 | 1637 |
| | 6月5日 | **「今度者宇都山東筋肝要之儀候間、」。**<br>松平家康、西左（西郷左衛門佐、西郷清員(きよかず)）(1533～1595)に、当座の替え地として三河国吉良・河島などの所領を与える。<br>西郷清員は、永禄5年(1562)、西川城(豊橋市西川町)を築いて本拠としていたという。 | 1638 |

# 西暦1564

|  |  |  |  |
|---|---|---|---|
| 永禄7 | 6月10日 | **「吉田城の戦い」。**<br>松平家康軍、三河における今川の拠点・吉田城の大原肥前守資良(小原鎮実)6百余騎を包囲。城の守りは堅く、家康は兵糧攻めで臨んだ。<br>本多平八郎忠勝(1548～1610)、吉田城外の下地で、牧野家臣・城所助之丞と戦う。 | 1639 |
| | 6月11日 | **「田原城宝寺之事、恵慶出故候者、」。**<br>家康、僧恵慶に三河国城宝寺(愛知県田原市田原町稗田)の住持職を安堵する。 | 1640 |
| | 6月14日 | **「吉田城の戦い」**。家康軍、吉田城(豊橋市今橋町)を総攻撃。竹谷松平清宗(清善の子)(1538～1605)、龍拈寺(りゅうねんじ)口を攻め、5人討取り家臣3人討死。 | 1641 |
| | 6月一 | **松平家康、牛久保城(豊川市牛久保)、田原城(愛知県田原市田原町巴江)で合戦。**<br>家康家臣本多広孝(1528～1598)は、新美の西光寺(田原市西神戸町神明前)を本陣とし加治砦築き、田原城城代朝比奈肥後守元智・岸上伊賀を攻める。<br>今川方の匂坂長能(1494～1566)は、牛久保城(豊川市牛久保)守将。朝比奈元智は、田原城守将。 | 1642 |
| | 6月22日 | **「家康、東三河平定」。**<br>**「吉田東三河之儀申付候、異見可仕候、室吉田北郷一円出二置之一其上於二入城一者、新知可申付候、由来如二承来一山中之儀可有二所務一候、縦借儀等向候共、不可有二異儀一者也、仍而如件」。**<br>家康、酒井左衛門尉忠次(1527～1596)に、東三河の統轄を委ね、室・吉田小郷の所領を与える。 | 1643 |
| | 6月22日 | 「今度田原・梶之取出申付、為其忠賞進置地之事 一五拾貫文 二崎之郷 一五拾貫文 白屋之郷 一七拾貫文 敷地之郷 一百貫文」。松平家康判物、三河渥美諸郷へ。 | 1644 |
| | 6月25日 | **「田原・あかはねときり候て、下郷人そく可有御便候、若此上罷不出候ハヽ、成敗可有候、」。**<br>家康、本多豊後守(本多広孝)(1528～1598)に、下郷人足を使役するよう命じる。 | 1645 |
| | 6月26日 | **蜂屋半之丞貞次(徳川十六神将)(1539～1564)、没。享年26。**<br>蜂屋貞次は家康軍吉田城攻めに参加して、本多忠勝(1548～1610)と先陣を争う。忠勝が一番槍を入れたのに怒って、猛然と突撃して2人を斬り、さらに河井正徳に打ち掛かったが、正徳の鉄砲の弾が当たって負傷。従者の手を借りて退いたが、この日、六名城(むつなじょう)(愛知県岡崎市六名1丁目)で亡くなった。<br><br>貞次には娘が一人いた。未亡人の母と共に郷に戻っていたが、あるとき家康が鷹狩りをして貞次妻と娘6歳に会い、貞次の子と知ってこれを哀れみ、鳥居源一郎という者を婿養子にして、貞次の名跡を継がせたという。 | 1646 |
| | 6月一 | **「大岡守護領之内、高木名任前々無」。**<br>**家康、高木主水助(高木清秀)に、三河国大岡守護領内高木名を安堵し、諸公事を免除する。**<br>家康は、高木清秀(徳川十六神将)(1526～1610)が水野家に属しているのもかかわらず、高木氏の故地三河大岡郷領知の判物を与え、「三河一向一揆」での働きを賞したという。 | 1647 |

| 年号 | 月日 | 内容 | 番号 |
|---|---|---|---|
| 永禄7 | 6月一 | **「今度田原梶之取出申付、為其忠賞進置地之事 一五拾貫文 二崎之郷 一五拾貫文 白屋之郷 一七拾貫文 敷地之郷 一百貫文 新野美之郷網弐帖」**。<br>家康、本多豊後守（本多広孝）(1528～1598）に、三河国田原郷などの所領を恩賞として与える。<br>本多広孝は、酒井忠次（1527～1596）と並び、徳川家譜代家臣の城持ち衆として先駆け的存在となる。 | 1648 |
| | 7月4日 | ■三好長慶（1522～1564）、息子に死なれ病気がちになり、飯盛城（大阪府四條畷市大字南野、大東市大字北條）にて没。享年43。その絶頂期の勢力は山城、摂津、河内、大和、和泉、丹波、阿波、淡路、讃岐の九ヶ国に及んだ。<br>長慶養子の三好重存（後の義継）（1549～1573）が家督相続していたが、既に重臣の松永久秀や三好三人衆が主家を凌駕する実力を保持していて、義継は彼らの傀儡に過ぎなかった。<br>義継の後見人である三好長逸（？～1573）・三好政康（政勝・政生）（？～1569）・岩成友通（？～1573）ら三好三人衆、阿波三好家を支える篠原長房（？～1573）・三好康長（後の咲岩、笑岩）（？～？）、大和の松永久秀（1508？～1577）、丹波の松永長頼（久秀の弟）（？～1565）による**連立政権が樹立**された。 | 1649 |
| | 7月20日 | **「徳政之事 於末代除之、其上本銭」**。<br>家康、作岡代官・河合勘解左衛門尉（河合宗在（むねあり））(1495～1570）に、徳政免除を認める。 | 1650 |
| | 7月24日 | **「大給領之内三百貫文、今度申合候」**。<br>家康、桶狭間の戦い以降も敵対していた大給松平親乗（ちかのり）（松平信定の娘婿）（1515～1577）が家康方になったことにより、松平周防守に、三河国大給領内の所領に替えて、同国吉良・東条の所領を与え、東三河の砦番を命じる。<br>松平周防守は、松井松平周防守康親（やすちか）(1521～1583）であろうか。 | 1651 |
| | 7月24日 | 今川氏真、北条氏康への援軍に出国。武田信玄は西上野まで出陣。 | 1652 |
| | 8月一 | 「信長、犬山城を攻略、尾張を完全に統一」。<br>この月、信長（1534～1582）、丹羽長秀（1535～1585）を大将として、犬山城（愛知県犬山市）を攻め落とし、斎藤方の犬山城主の織田信清（信長の従兄弟）（？～？）は甲斐に逃亡する。信長の姉犬山殿の婿・信清は、武田氏の元で「犬山鉄斎」と称したという。ようやく信長は尾張を完全に統一。<br>父信秀が没し家督を継いでから十三年の歳月が流れていた。 | 1653 |
| | 8月2日 | 今川氏真（1538～1615）、武蔵国大神で北条氏康（1515～1571）と対談。 | 1654 |
| | 8月6日 | **松平家康、吉田城攻略戦に戦功のあった松平玄番允（竹谷松平清宗）（1538～1605）に、今川方吉田の石田民部・天龍斎・伊東左近将監元実の借銭借米破棄を認める。** | 1655 |
| | 8月12日 | **「野田保運昌寺領之事 右任先師一」**。<br>家康、三河国運昌寺（愛知県田原市野田町細法り）の存祝和尚に寺領等を安堵し、諸役を免除する。 | 1656 |
| | 8月12日 | **内藤清長（1501～1564）、没。64歳。**<br>永禄6年（1563）に三河一向一揆が起こると主家から離反して一揆側に与し、敗れて荻城（おぎじょう）（愛知県額田郡幸田町荻字城跡）に蟄居となり、この地で没したともいう。 | 1657 |

## 西暦1564

|  |  |  |  |
|---|---|---|---|
| 永禄7 | 8月21日 | **松平家康、本多広孝（1528～1598）を、軍議のため三河国小坂井（愛知県豊川市）に呼び寄せる。** | 1658 |
| | 9月6日 | **「上野城の戦い」。**<br>三河一向一揆方に与したとされ、家康に反逆した、三河上野城（上村城）（豊田市上郷町薮間（上郷護国神社））酒井将監忠尚（ただなお）（？～1565）、松平家康（1543～1616）に攻められ駿河へ逃げるとされる。<br>家康家臣内藤信成（1545～1612）、城門前で、酒井忠尚家臣・坂部造酒丞を討取る。 | 1659 |
| | 9月9日 | 今川氏真、「遠州忩劇（えんしゅうそうげき）」につき、天宮神社（静岡県周智郡森町天宮）神主・中村大膳亮に国家安泰の祈念を命ずる | 1660 |
| | 9月15日 | 「遠州忩劇ー引間城の戦い」。<br><br>今川勢2千が、飯尾連竜（つらたつ）（？～1566）の引間城（引馬城、曳馬城、後の浜松城）（静岡県浜松市中区元城町）を攻め、城東の安間橋（浜松市東区安間町）で、今川方の新野式部少輔親道・新野左馬助親矩、中野越後守直由、討死。親矩討死は異説あり。 | 1661 |
| | 9月15日 | 「遠州忩劇ー今川氏・飯尾氏和解」。<br>朝比奈泰朝・朝比奈兵衛太夫信置・瀬名陸奥守氏俊・瀬名中務大輔氏詮、引間城を包囲。今川氏真と飯尾連竜は、松井山城守宗恒（遠江国二俣城主）の仲介で和睦。 | 1662 |
| | 9月ー | **「菅生屋敷永出置候、誰人雖望申相」。**<br>家康、杉田新兵衛（杉田友政）に、岡崎城下菅生屋敷を与える。 | 1663 |
| | 11月12日 | **「吉田城の戦い」。**<br>**松平方戸田重貞（戸田氏宗家の15代当主）（？～1564）、吉田城を攻め討死。**<br>父は戸田宣光（よしみつ）。叔母は徳川家康の継母・田原御前（？～1571）。 | 1664 |
| | 11月16日 | **「新知本知如主殿申合候、先判相違」。**<br>松平家康、戸田甚平（戸田忠重）に知行宛の起請文を送る。<br>家康、戸田忠重（？～？）に、兄重貞の遺領を安堵する。 | 1666 |
| | 11月- | **「滝川切吉田於奥郡舟大工之事、可」。**<br>家康、三河国吉胡（よしご）の舟大工甚左衛門に、同国奥郡における舟大工職を安堵する。 | 1667 |
| | 12月- | **「大平郷三木勺之内大西海問寺領之」。**<br>家康、三河国高隆寺（岡崎市高隆寺町字本郷）恵定坊に、同国海向寺の寺領を寄進し、諸役を免除する。 | 1668 |

## 西暦1565

|  |  |  |  |
|---|---|---|---|
| 永禄8 | 1月20日 | **家康軍、渥美郡吉田西手崎堤で吉田城軍と戦う。** | 1669 |
| | 1月26日 | 今川氏真、鵜殿三郎氏長に、渥美郡吉田西手崎堤での戦功に感状。大原肥前守資良通じ、朝比奈十郎左衛門尉報告。 | 1670 |
| | 2月2日 | 今川氏真、牧野右馬允成定・牧野山城守定成・野瀬丹波守・岩瀬和泉守・真木越中守・真木善兵衛に、吉田城（豊橋市今橋町）兵糧搬入の感状。（2百俵は不相（ふそう）鵜殿休庵・大原弥左衛門資種、百俵は隠岐越前守立会い運び入れる）。<br>彼らは、また、松平家康方から離れ、今川方に属していた。 | 1671 |

永禄8

3月一 **「吉田城の戦い」。** 1672

城から退去する今川勢の安全を保証するために、7日より1、2日前に、家康の異父弟の松平勝俊(康俊)(1552~1586)と、酒井忠次(1527~1596)の娘お颪を駿河へ人質に出した。吉田城から退去する今川勢の安全を保証するためである。

3月7日 **「岡崎三奉行設置ー家康24歳、民政の充実を図る」。** 1673

松平家康(後の徳川家康)(1543~1616)、高力左近清長(1530~1608)・本多作左衛門重次(1529~1596)・天野三郎兵衛康景(1537~1613)を三河の三奉行とする。民政・訴訟・裁判など取りあつかわせた。

三者三様で、「仏高力、鬼作左、どちへんなきは天野三兵」(清長は寛大、重次は剛毅、康景は慎重でそつが無い)といわれたという。

3月17日 **三河牧野家中で協議し、牧野宗次郎・牧野半右衛門・岩瀬(雅楽助嘉竹斎)・野瀬(丹波守)・真木(越中守)が、家康に見える。** 1674

3月一 **「吉田城の戦い」。** 今川方牧野右馬允成定(1525~1566)、吉田城に入り、大原資良(小原鎮実)(?~1570)と和談の密談。 1675

3月19日 **「被書立之御人数十八人之分へ、為」。** 1676

家康、吉田城大原資良(小原鎮実)と開城の条件として身上保障があり、牟呂兵庫助・千賀与五兵衛親久・同衆中に、配下18人の所領改替し、新領地を与えることを大原肥前守資良に約したことを伝える。

3月19日 **「吉田城の戦い―家康、全三河を統一ー家康御家人が初めて城主を命じられる」。** 1677

松平家康(1543~1616)、吉田城(愛知県豊橋市今橋町、豊橋公園内)の小原鎮実(大原肥前守資良)(?~1570)に勝利。

吉田城は今川氏真からの援軍もないまま、孤立無援9ヶ月の籠城の末に和議開城。

小原鎮実は開城退去。

家康は、酒井忠次(1527~1596)を城主にし、忠次は、東三河の旗頭として松平一族、国衆の指揮することを命じられていた。これにより5月、田原城(愛知県田原市田原町巴江)や御油城(豊川市御油)も落城し、牧野氏、西郷氏などの東三河4郡の諸豪族などの諸氏も降参したため、今川氏の三河拠点は消失する。家康は田原城に本多広孝(1528~1598)を入れた。

牧野氏は、牛久保六騎の牧野山城守定成(1525~1566)・半右衛門正勝(1555~1610)父子であろう。半右衛門正勝は、後に家康より偏諱を授かり康成と改名する。牛久保城主であった父・牧野成定の病死をうけて11歳で遺領を相続する、同姓同名の牧野康成(1555~1610)ではない。

3月一 **松平家康24歳、蒲郡から海路をとって吉胡(愛知県田原市)に上陸。長仙寺(田原市六連町居屋敷)を本陣とし田原城(愛知県田原市田原町巴江)総攻撃命じる。** 1678

この時家康は、長仙寺に前厄祈祷と田原城攻撃の戦勝祈祷を奉修させたという。

朝比奈家臣長谷川十郎三郎、本多広孝家臣本多甚十郎により討死。徳川軍は大筒火矢を使用。

4月28日 **「三河国渥美郡小松原山東観音寺」。** 1679

家康、三河国東観音寺(豊橋市小松原町坪尻)の寺領・末寺などを安堵し、諸役を免除する。

# 西暦1565

| 和暦 | 月日 | 事項 | No. |
| --- | --- | --- | --- |
| 永禄8 | 5月1日 | ■三好重存(後の義継)、三好長逸、松永久秀上洛し、足利義輝に出仕。<br>室町幕府第十三代将軍・足利義輝は、長慶養子・三好重存に偏諱を与え、三好義重(後の三好義継)(1549~1573)と改名させ「左京大夫」に推挙。 | 1680 |
| | 5月6日 | **「山屋敷ヨリ見通シ、并ニ高橋半四郎」。**<br>松平家康、大橋善五左衛門に、久保田城在番を命じる。久保田城（愛知県額田郡幸田町久保田上ノ山）の高橋半四郎宗正が、家康に謀反の噂が流れたため、城を追放され大草で神官となった。その後、大橋善五左衛門義重が入ったという。 | 1681 |
| | 5月中旬 | **「家康、田原城開城」。**<br>今川方の田原城(愛知県田原市田原町巴江)は、朝比奈元智・天野景貫(藤秀)・岡部石見守が開城とも、徳川家臣本多広孝(1528~1598)により落城ともいう。 | 1682 |
| | 5月19日 | ■「永禄の変」。(幕府三度中絶)。「辰刻(8時)三好人數松永右衛門佐等、以一萬計俄武家御所へ乱入取巻之、戦暫云々、奉公衆數多討死云々、大樹午初点生害云々、不可説不可説、先代未聞儀也」。「三好松長人數討死手負數十人有之云々」。『言継卿記』。上泉信綱に教えを受け、塚原卜伝に奥義の伝授を受けた剣豪将軍・足利義輝(1536~1565)(30歳)、義輝を廃し義輝の従弟足利義親(義栄)(1538/1540~1568)を将軍に擁立しようと画策する三好義重(後の義継)(1549~1573)・三好三人衆(三好長逸・三好政康・岩成友通)・松永義久(後の久通)(1543~1577)らに、早朝、二条御所(斯波武衛陣)を包囲攻撃され、実弟・周暠、近習幕臣と共に討死。 | 1683 |
| | 5月19日 | **「奥郡弥熊郷上谷長仙寺領等之事、」。**<br>家康、三河国東高山長仙寺（愛知県田原市六連町居屋敷）の寺領482石余を安堵し、家康の臣石川数正(1533~1592？)は、年中勤行次第を定め遣わす。 | 1684 |
| | 6月7日 | **「白山先達之事 右牛久保吉田領、」。**<br>松平家康、三河国桜井寺大坊(岡崎市桜井寺町字本郷)に、同国牛久保・吉田領などにおける白山先達職を安堵する。 | 1685 |
| | 8月18日 | **「一大浜箸函名田可申付事 一代官」。**<br>松平家康、河村与次右衛門に、三河国大浜箸函名田・岡崎蔵屋敷などを与える。 | 1686 |
| | 9月6日 | **駿河に逃れた酒井将監忠尚(元上野城主)(？~1565)、没という。** | 1687 |
| | 9月9日 | ■「信長、信玄と甲尾同盟」。<br>織田信長（1534~1582)、津田掃部守一安（織田忠寛）(？~1577)を武田家に使者として派遣。武田家との縁談を持ちかける。武田信玄(1521~1573)、織田信長の養女(信長の姪、遠山夫人、遠山直廉（苗木勘太郎）の娘）(？~1571)を高遠城（長野県伊那市高遠町)主・諏方勝頼(信玄四男)(1546~1582)の妻とすることを了承し、武田、織田両家の同盟締結を決める。<br>信長は、斎藤龍興（1548~1573）との対抗上、東の憂いを無くすべく武田との関係改善を模索した。武田信玄は、従来の北進戦略を変更し、織田家と同盟して、西の憂いを無くし信濃侵攻や東海方面への侵攻に臨む。 | 1688 |
| | 9月13日 | **「三明寺別当職之事、如前々永不可」。**<br>家康、三明寺(愛知県豊川市豊川町波通)別当に安堵状。 | 1689 |
| | — | 今川方飯尾長門守が、引間城(浜松城)飯尾豊前守連竜(？~1566)・徳川援軍30騎(本多信俊・渡辺守綱・中根利重)を攻める。<br>飯尾長門守は、小笠原新九郎安元（1511~1590）の横槍により敗れ、江間加賀守時成(？~1568)の家士小野田彦右衛門に討取られる。 | 1690 |

# 西暦1565

| | | | |
|---|---|---|---|
| 永禄8 | 10月15日 | 「武田義信謀叛事件―武田太郎義信、廃嫡」。<br>嫡男・義信(1538～1567)、父信玄暗殺を企てた謀反にかかわったとされ甲府東光寺に幽閉され、今川義元の娘嶺松院と強制的離縁の上、後継者としての地位を失う。<br>曽根周防・長坂源五郎勝繁(1537？～1565)ら80人処刑。 | 1691 |
| | 10月16日 | ■反三好党一乗院覚慶(後の足利義昭)・大覚寺坊官・薬師寺弼長(九郎左衛門)(細川氏有力被官)・柳本秀俊・内藤貞治・旧幕府奉公人ら、洛中洛外寺社に禁制を掲げる。(『東寺百合文書』)。 | 1692 |
| | 11月13日 | 武田信玄の嫡子・諏訪(武田)勝頼(1546～1582)と、織田信長養女(遠山夫人、龍勝院)(？～1571)の婚儀が挙行とされる。信玄以下主だった重臣が高遠城(長野県伊那市高遠町)に出向き婚儀が行われた。<br>諸国への披露として、使者衆では、日向源藤斎が関東の国衆・安房里見氏・下総結城氏・下野宇都宮氏・越前朝倉氏・比叡山延暦寺へ、雨宮存哲が近江浅井氏・土佐長宗我部氏へ、甲府の長延寺実了が伊勢長島願証寺・大坂石山本願寺・加賀一向宗門徒・越後上杉謙信へ、それぞれ通達した。遠山夫人は、永禄11年(1567)11月1日に嫡男武王丸(太郎信勝)(1567～1582)を出産する。 | 1693 |
| | 11月20日 | **「如仰今度 公儀之御様躰無是非次」。**<br>松平家康、近江国の和田伊賀守(和田惟政(これまさ))(1530？～1571)に書状を送り、一条院覚慶(足利義昭)入洛に助力する意志を伝える。 | 1694 |
| | 11月21日 | ■一乗院覚慶(後の足利義昭)、近江国甲賀郡江和田の和田惟政(1530？～1571)の居城より近江国矢島の少林寺(滋賀県守山市)へ移居。六角氏の庇護を受ける。 | 1695 |
| | 11月27日 | **「瀬戸地之内 祢宜分 一参石五斗」。**<br>家康、鈴木八重右衛門(鈴木八右衛門尉)の知行を宛行。<br>永禄7年(1564)、家康は、足助鈴木重直の拠る真弓山城(足助城)を攻撃した。重直は嫡子信重を人質に差し出し、家康に降伏した。以後、鈴木氏は松平軍団に編入され、「姉川の合戦」など大小の合戦に従軍している。 | 1696 |
| | 12月― | 「遠州忩劇」。今川氏真、二俣城主松井宗親(松井信薫(のぶしげ)の子)(？～1565)を誘殺。<br>松井宗親の妻が、飯尾連竜(つらたつ)(？～1566)の姉であった。 | 1697 |
| | 12月20日 | 「遠州忩劇ー飯尾連竜、没」。<br>今川氏真(1538～1615)、飯尾豊前守連竜(姪は氏真寵)30騎を駿府へ呼び寄せ、駿府二の丸飯尾邸で、三浦右衛門佐義鎮(小原鎮実の子、乗連の娘婿)ら百騎で討つ。連竜妻・お田鶴の方(椿姫)(？～1568)、奮戦。飯尾連竜(つらたつ)(？～1566)は自害ともいう。松井宗恒(？～1566)・大森泰綱・鵜殿長綱は討死。<br>**引間城(浜松城)では、連竜の老臣江馬安芸守泰顕(？～1568)と江馬加賀守時成(？～1568)が城を守り、今川と抗戦し、家康の軍門に下り来援を求めた。しかし当時の家康には救援するだけの力が無かった。**<br><br>のちに今川氏真は、寵愛していた飯尾連竜の姪にあたる女性の取成しがあり、椿姫の母が今川氏親の娘という関係もあり、「飯尾は度々当家に対し忠節したる者。その家断絶せんは不憫の事。その妻に本領安堵せしむ。老臣江馬安芸守泰顕・江馬加賀守時成後見すべし」。<br><br>**「甲尾同盟(武田・織田同盟)」が締結されため、家康(1543～1616)は反今川政策を自粛する。** | 1698 |

## 西暦1565

| 元号 | 月日 | 事項 | No. |
|---|---|---|---|
| 永禄8 | 12月26日 | 気賀氏らが匂坂長能(さぎさかながよし)(1494～1566)の懇願で釈放される。<br>前年、気賀氏らが逆心したので、今川氏真が捕縛する。今川氏真が兵を募ると、竹田高正らが応募する。 | 1699 |
| | 12月30日 | **飯尾豊前守連竜を亡くした引間城家老江馬安芸守泰顕・江馬加賀守時成は、加賀守の家老川口郷左衛門を使者に岡崎に起請文を提出。**<br>家康の臣酒井左衛門忠次・石川数正(石川内記頼正とも)は、遠江国引間(浜松)城の江馬時成・同泰顕の帰参に応え、連署して加勢を約束する。 | 1700 |

## 西暦1566

| 元号 | 月日 | 事項 | No. |
|---|---|---|---|
| 永禄9 | 1月6日 | **家康の臣渡辺庄右衛門勢、遠江国引間(浜松)城の江馬時成・同泰顕に起請文を送り、家康との取次を務めることを誓約する。** | 1701 |
| | 1月6日 | **松平家康、遠江国引間城の家老江馬に誓書を与える。** | 1702 |
| | 1月9日 | **「根石原新市之事、三ヶ年之内諸役令免除、但於三ヶ年過者、」**。<br>家康、本多左近左衛門に三河国根石原新市の監督を命じ、三か年に限り同市場の諸役を免除する。 | 1703 |
| | 2月10日 | **「覚一入野之郷弐百五拾貫 一しとろ」**。家康、江間加賀守(時成)に知行を宛行。 | 1704 |
| | 2月10日 | **「敬白起請文之事 一加勢可申事」。**<br>**家康、江安(江馬安芸守泰顕)・同加(同加賀守時成)に書を送り、江馬泰顕・同時成を遠江国引間城の城代とし、城領を安堵する。**<br>これらのの起請文の交換については曹洞宗西来院(浜松市中区広沢2丁目)の為翁徳祐が介在していたという。 | 1705 |
| | 2月- | **松平家康、三河国伊賀八幡宮(岡崎市伊賀町東郷中)に帳(とばり)を寄進する。** | 1706 |
| | 3月- | **「奉寄進宝樹院領之事 合五石九斗」**。<br>松平家康、大樹寺進誉上人(進誉愚耕)(？～1587)に三河国宝樹院領を寄進する。 | 1707 |
| | 3月- | **「渥美郡大窪長興寺領并門前・山屋」**。<br>家康、三河国大窪長興寺「参河国渥美郡大窪郷長興寺」の寺領などを安堵する。 | 1708 |
| | 4月20日 | **「家康の東三河併合は決定的となる」**。<br>三河国宝飯(ほい)郡(ぐん)牛久保城(愛知県豊川市牛久保町)の城主・牧野成定(1525～1566)、岡崎城で松平家康(後の徳川家康)(1543～1616)の謁見を受けて所領安堵される。 | 1709 |
| | 4月21日 | 「今川氏から見た、遠州忩劇(えんしゅうそうげき)」。<br>2月から今川氏真が引馬城(浜松城)を攻め続けると、この日、江馬安芸守泰顕・江馬加賀守時成は、家康の加勢(本多信俊・渡辺守綱・中根利重)を新居(あらい)(静岡県湖西市南東部)まで送り返し和睦。江馬時成の母(飛騨国司久我家の臣並河主水の娘)と子江馬弥三一成6歳を人質として駿府へ出した。<br>今川氏真は、引間城代を進藤周防守とする。この日付で氏真は、江馬両人に所領を保証した。山崎郷150貫文・里郷5百貫文・嶋之郷3百貫文・西鴨郷22貫文・舞阪31貫文、船5艘宛行。浜松庄で望みの替地を約束した。 | 1710 |
| | 5月9日 | **「一従所々雑説雖申来之、有紕明可」**。<br>松平家康、臣従した三河国牛久保城主・牧野右馬允成定に判物発給して、身柄の安全を保証し、所領を安堵する。健康状態が悪ければ出仕しなくてもかまわないと伝える。末尾に「諸給人の儀、五・六人衆に相計る可き事」と特に付記し、成定は家康より牛久保六人衆との相談を命じられた。 | 1711 |

# 西暦1566

| 和暦 | 月日 | 事項 | No. |
|---|---|---|---|
| 永禄9 | 5月9日 | **「今度牛窪へ被渡置候牛窪領之事」。**<br>家康、松平上野守（長沢松平康忠）(1545〜1618) に、給付を約束した三河国牛久保領二百五十貫文を牧野成定に渡すよう指示し、替え地を約束する。 | 1712 |
| | 5月9日 | **「古宛之事、如前々進置之、永不可」。**<br>家康、牧野助兵衛（牧野正重）の知行を安堵する。 | 1713 |
| | 5月11日 | 今川氏に忠節を尽くし、戦乱の時代を生き抜いた匂坂六郎五郎長能 (1494〜1566)、匂坂城（さぎさかじょう）にて没。76歳。家督は三男の六郎五郎吉政（？〜？）が継ぎ、同年9月、今川氏真から本領を安堵された。 | 1714 |
| | 5月21日 | **「青野郷内小栗分買徳方五百疋之田地 大樹寺昇蓮社進誉上人寄進之事」。**<br>家康、石川日向守（石川家成）(1534〜1609) が、三河国大樹寺の僧・進誉愚耕に同国青野郷内の土地を寄進することを認める。 | 1715 |
| | 5月25日 | **石川家成、小川など知行地のうち、大樹寺への負担を伴う土地について、大樹寺に細目を報告する。** | 1716 |
| | 8月8日 | **「平井之郷成ヶ之事 一惣以上九拾」。**<br>家康、牧野八大夫に、三河国宝飯郡平井郷92貫の知行を安堵する。<br>八大夫は、牛久保牧野氏寄騎の牧野山城守定成（さだしげ）とされる。 | 1717 |
| | 8月- | **「寮屋敷之事 右寮地之大小井紺場」。**<br>家康、三河国大樹寺の大樹寺進誉上人（進誉愚耕）に、寮屋敷を安堵する。 | 1718 |
| | 閏8月6日 | 今川氏真、東漸寺（浜松市成子町）日亮に、紛失した飯尾豊前守乗連（のりつら）が母の菩提の為に棟別反銭諸役免除の寄進状を安堵。 | 1719 |
| | 9月12日 | 今川氏真(1538〜1615)、29歳の若さで冷泉為益(1516〜1570)より古今伝授を受ける。 | 1720 |
| | 9月- | **「鎮誉上人御隠居所皇蓮社寺領之事」。**<br>家康、三河国大樹寺の僧伝翁に、僧鎮誉祖洞（？〜1557）の隠居所皇蓮社の寺領を安堵する。 | 1721 |
| | 9月- | **「当国中之関役所令免許上、永不可」。**<br>家康、大田六左衛門に、三河国内の関役を免除する。 | 1722 |
| | 10月23日 | 家康方の牛久保城（愛知県豊川市牛久保町）主・牧野右馬允成定(1525〜1566)、病没。享年42。子が牧野康成（やすなり）である。<br>父の没後、惣領家牧野出羽守成元と遺領を争う。 | 1723 |
| | 11月13日 | 水野信元(？〜1576)、牧野氏家中に、死去した当主牧野成定から子貞成（康成（やすなり））(1555〜1609)への家督相続に尽力することを伝える。<br>水野信元は、牧野山城守定成・能勢丹波守・岩瀬雅楽助嘉竹斎・真木越中守・稲垣平右衛門尉長茂・山本帯刀左衛門尉成氏・山本美濃守に、牧野右馬允成定跡が駿河に抑留されている子牧野貞成（康成）に安堵された事を伝える。仮に牧野出羽守保成（やすしげ）・牧野成元父子が何処からか戻ってきて訴訟に及んだとしても家康に言ってあるので大丈夫と。<br>**家康は子貞成（康成）が遺領を継ぐべきと裁断した。家康の命により、酒井忠次の娘（鳳樹院）を娶る。また、一字を賜り名を貞成を「康成」とした。** | 1724 |
| | 11月― | 大檀那井伊次郎法師直虎・願主瀬戸四郎右衛門方久、井伊直平の菩提を弔う為、川名福満寺に鐘を寄進。次郎法師（井伊直虎）（？〜1582)、福満寺に寄進の梵鐘の銘に「大檀那次郎法師」と刻印。 | 1725 |

## 西暦1566

|  |  |  |  |
|---|---|---|---|
| 永禄9 | 12月29日 | **「家康、藤原徳川氏に改姓」。**<br>**徳川家康25歳、従五位下に叙爵し、三河守に任官。勅許を得て「徳川氏に改姓」、「従五位下徳川三河守藤原家康」の出現である。**<br>正親町天皇より「清和源氏の世良田氏が三河守を任官した前例はない」と拒否された。そこで家康は三河国出身で京都誓願寺住持だった泰翁慶岳（1500～1574）を介して近衛前久に相談した。<br><br>関白近衛前久（1536～1612）・山科言継（1507～1579）、松平家康の松平の苗字を「徳川」に改めることと、家康に対する従五位下三河守叙任について朝廷に斡旋し成し遂げる。<br>家康は神祇官吉田兼右（1516～1573）を通じて万里小路家の古記録の中から新田源氏系得（徳）川氏が「藤原氏」を称したという前例を見つけた。家康は系図を書き換え、再度奏上して新田源氏系得（徳）川氏として朝廷から公認されたのである。 | 1726 |
| | 12月― | **「随念寺之山内為新地令寄進事 一」。**<br>家康、三河国随念寺（岡崎市門前町）に寺領を寄進する。 | 1727 |
| | 12月― | **「奉上葺社頭一宇郷内安全祈処 領」。**<br>家康、三河国素盞嗚社（岡崎市定国町字前田）の社殿を葺替えを行う。 | 1728 |
| | ― | 今川氏真、軍事協力の代償として井伊谷・都田川一帯地域に限定した「本百姓」層の要求から徳政令を発布する。<br>次郎法師（井伊直虎）（？～1582）、今川氏真（1538～1615）の徳政実施命令を拒否。 | 1729 |
| | ― | 今川氏により惣領となった、犬居城（浜松市天竜区春野町堀之内字犬居）の天野宮内右衛門尉藤秀、今川家を背き、武田方に通ず。 | 1730 |
| | ― | **家康、軍団の「編成替え」を行う。**<br>「三備」の制といい、軍団を三つに分けた。<br>西三河（家康の古い地盤）の国衆たちから編成される、旗頭石川家成（1534～1609）の軍団（のちに石川数正）。東三河（三河平定以降に獲得した新領地）国衆たちの旗頭酒井忠次（1527～1596）の軍団。そして、馬廻衆と新設された旗本先手役の直臣軍団で、本多忠勝（1548～1610）、榊原康政（1548～1606）、鳥居元忠（1539～1600）、柴田康忠（1538～1593）らが旗頭を務める最精鋭部隊であった。 | 1731 |

## 西暦1567

|  |  |  |  |
|---|---|---|---|
| 永禄10 | 1月2日 | **「徳川家御謡初」。114名の列座の下に催すという。** | 1732 |
| | 1月2日 | 「遠州忩劇ー宇津山城合戦」。<br>反乱を起こして徳川方となった鵜津山城（宇津山城）（静岡県湖西市入出）朝比奈孫六郎真次（？～1567）、大原肥前守資良（小原鎮実）（？～1570）により討たれる。<br>朝比奈真次の死後、今川方は境目城（湖西市吉美）を築き、長池八郎守将の宇津山城と共に家康の来攻に備えた。 | 1733 |
| | 1月3日 | ■関白近衛前久、徳川家康に、改姓が勅許され叙爵・三河守任官の口宣が出されたことを伝える。 | 1734 |

西暦**1567**

| 永禄10 | 1月22日 | 「遠州忩劇」。今川氏真、小川城(浜松市天竜区佐久間町大井)主奥山兵部丞定友・奥山左近将監友久兄弟に、天方(あまがた)三河守・天野宮内右衛門尉藤秀と相談し、中尾生城(浜松市天竜区龍山町中日向)普請命じる。<br>奥山大膳亮(吉兼)ら奥山郷の敵対勢力の備えるためである。父奥山右衛門が知行していた大井村(浜松市天竜区佐久間町大井)・瀬尻を安堵。<br><br>遠州忩劇で惣領奥山大膳亮(吉兼)が今川氏から離反した後、今川方についた奥山兵部丞定友・奥山左近将監友久兄弟に、褒章として直参となり奥山大膳亮跡職を与えられた。しかし、大井・瀬尻は奥山大膳亮(吉兼)が頑強に押領していた為、替地として上長尾郷(川根本町)・友永郷(袋井市)が宛行われる。<br>天方三河守は、天方山城守通興(みちおき)(1519~1596)であろうか。 | 1735 |
|---|---|---|---|
| | 3月3日 | **「相詰申候間、落居不可」**。<br>家康、西尾小左衛門尉(西尾吉次(よしつぐ))(1530~1606)に書状を送る。<br>信長家臣西尾吉次は、家康への担当取次として、家康が信長に書状を送る際は義次を宛先として、意向を伝えていた。 | 1736 |
| | 3月一 | ■「信長の第一次北伊勢侵攻戦—3月~8月」はじまる。<br>この月、信長(1534~1582)、滝川一益(1525~1586)を大将に命じ、北伊勢に侵攻開始。 | 1737 |
| | 4月18日 | ■「東大寺大仏殿の戦いー4月18日~10月10日」はじまる。<br>三好義継の裏切りに激怒の三好三人衆(三好長逸・三好政康・岩成友通)、一万余の軍勢を率いて大和国奈良近辺に布陣。三好三人衆が奈良白毫寺に布陣し、筒井藤勝(順慶)と共に多聞城を攻撃する。 | 1738 |
| | 5月27日 | **「信康、信長娘徳姫と結婚」**。<br>徳川家康嫡男・竹千代(信康)(1559~1579)が、信長長女・五徳(徳姫)(1559~1636)を娶る。嘉儀の使者として家康のもとへ遣わされたのは、佐久間信盛(1528?~1582)であった。二人は、共に九歳の形式的な夫婦とはいえ岡崎城で暮らす。<br><br>『織田家雑録』によると、「信忠、信雄、五徳の三人が鼎(かなえ)の足になって、織田家を支えて欲しいと五徳と名付けた」とある。 | 1739 |
| | 5月一 | **「受領 奥平美作守 永禄十年丁卯」**。<br>家康、奥平貞能(さだよし)(1537~1599)に、美作守(みまさかのかみ)の受領名(ずりょうめい)を与える。 | 1740 |
| | 6月- | **「任先判之旨、諸篇於向後不可有相」**。<br>徳川家康、松平虎千代(戸田康長)(1562~1633)の所領を安堵する。<br>今川義元が桶狭間の戦いにて織田信長に討たれると、戸田宣光(よしみつ)の跡を継ぎ仁連木城(豊橋市仁連木町)主となっていた戸田重貞は、今川氏真から離反し、今川から自立した西三河の家康に従った。しかし、戸田重貞(?~1564)は、永禄7年今川方の吉田城を攻略の途上にて討死した。<br><br>**戸田重貞には子がなかったため、家康は重貞弟・戸田忠重の子・虎千代(康長)を以って跡目となし、同年、松平姓を下賜したという。戸田松平家の祖となる。これが他家への賜姓松平の最初といわれる。**<br>父戸田忠重もこの頃には没していたようだ。 | 1741 |

# 西暦1567

| 和暦 | 月日 | 事項 | 番号 |
|---|---|---|---|
| 永禄10 | 8月5日 | 「去酉年四月十二日岡崎逆心刻、自彼地人数宇利、吉田江相移之処、同五月廿日父平左衛門与重時并近藤石見守両三人、於三州最前令忠節、其以後飯尾豊前逆心之砌、遠三忩劇之処、牛久保、長篠籠城刻、長篠江数度兵粮入置之、牛久保江数多人数送迎、無二令奉公之段、神妙之至也。其上三州一城相踏、人数拘置、殊近藤石見守彼地爾令堪忍、同前爾走廻事、前後共忠節之至也。然者、於三州出置吉河就相違、只今令訴訟之間、為其改替、」。(永禄4年(1561)4月12日の松平元康(家康)謀叛の時、岡崎周辺より新城と豊橋へ兵員を移動させるところ、5月20日に鈴木重勝・三郎大夫重時父子と近藤石見守の三名が、この三河の最前線に於いて忠節を尽くし、またその後浜松の飯尾乗連の叛乱に始まる「遠三忩劇(えんさんそうげき)」における牛久保・長篠城の籠城の折には、長篠城へは数度の兵粮搬入、牛久保城へは兵の増援など多大な働きの事、誠に神妙である。……)。<br>今川氏真、鈴木三郎太夫重勝と近藤石見守(康用)に感状発給。 | 1742 |
| | 8月15日 | ■「信長、稲葉山城攻め、美濃を平定する」。<br>信長(1534~1582)、斎藤龍興(1548~1573)の稲葉山城(井口城)を攻め落とす。<br>龍興、稲葉山井口城を脱し長良川を経由して伊勢国長島へ敗走。 | 1743 |
| | 8月17日 | 武田信玄と駿相の関係いよいよ怪しくなり、今川の属将・駿河国葛山城(かずらやまじょう)(静岡県裾野市葛山字富士畑)主・葛山氏元(1520~1573?)は、その配下の鈴木若狭守らに対し、塩荷禁輸発令前の遇書銭の督促状を発する。 | 1744 |
| | 8月22日 | **「小笠原民部小輔越中・信州・上州」**。徳川家康感状。深志小笠原家の家臣・小笠原貞頼(?~1625)に感状か。貞頼は、甲斐武田家に敗れ、兄長頼(?~1600)と共に上州へ移住し、家康に帰属したとされる。 | 1745 |
| | 8月22日 | **「甲斐・越後注進為案内、家来相田」**。家康、小笠原衆中に感状。 | 1746 |
| | 9月3日 | 「今川氏と上杉氏との同盟交渉の初見」。<br>今川氏真(1538~1615)、越後上杉氏の家臣・山吉孫次郎豊守(1525~1575/1577)に、今後の友好を使者の大石氏の口上で述べる。 | 1747 |
| | 9月29日 | ■「信長、浅井長政と同盟を結ぶ」。<br>浅井長政、市橋長利を仲介し織田信長へ同盟を要請。浅井長政(1545~1573)、信長(1534~1582)妹・お市(1547?~1583)と婚約。結婚は、この年12月、永禄11年早々など、諸説あり。子に万福丸、茶々(淀殿)、初、江(於江与)、万寿丸。<br>長政は、六角氏と結ぶ美濃斎藤氏は脅威と見做しており、信長は、斎藤氏という共通の敵を持つ浅井氏と結び、美濃を東西から挟撃しようと考えた。 | 1748 |
| | 10月— | ■「美濃楽市場宛制札」。<br>織田信長、楽市楽座令を出す。信長、岐阜城下の加納寺内(円徳寺門前)に「楽市令」を下すという。 | 1749 |
| | 10月10日 | ■「東大寺大仏殿の戦い(4月18日~10月10日)—東大寺大仏殿炎上」。<br>松永久秀(1508?~1577)が、東大寺大仏殿に布陣する三好三人衆(三好長逸・三好政康・岩成友通)を夜襲し、これを破る。三好三人衆軍、池田勝正軍は総崩れになり、摂津国、山城国に退く。東大寺大仏殿が炎上焼失する。 | 1750 |
| | 10月19日 | 「武田義信謀叛事件—義信自刃」。<br>永禄8年(1565)9月頃から、父・武田信玄(1521~1573)によって幽閉されていた嫡男・義信(1538~1567)、憂悶のうちに自刃。東光寺に葬る。今川氏真(1538~1615)は、信玄と絶交し上杉輝虎(謙信)(1530~1578)と結ぶことになる。 | 1751 |

## 西暦1567

| 年号 | 月日 | 事項 | No. |
|---|---|---|---|
| 永禄10 | 11月一 | 今川氏真、武田義信夫人(今川義元の娘)を引き渡すよう要請。 | 1752 |
| | 11月19日 | 「甲駿相の盟約はついに完全に破れる」。<br>武田義信夫人（嶺松院）（？～1612)、娘園光院と共に、北条氏の仲介で駿河へ帰り同盟決裂。今川氏真(1538～1615)は、上杉輝虎（謙信）と交誼を図り、徳川家康も、謙信と交誼を交わす。<br><br>信玄は武田義信妻・嶺松院に、今後も甲府に残るよう勧めるが、今川氏真が駿河に呼び戻す。嶺松院は、今川義元(1519～1560)と正室定恵院(武田信虎の娘、信玄の姉)(1519～1550)の娘。 | 1753 |
| | 11月21日 | 遠山夫人（勝頼室）の死を受けた織田信長、織田掃部助（忠寛）(？～1577)を使者として、嫡男奇妙丸(信忠)(11歳)(1555/1557～1582)と武田信玄の五女・松姫(7歳)(1561～1616)との婚儀の話を持ち込み、信玄はこれを受諾する。<br>『甲陽軍鑑』によるが、誤りとされる。<br><br>**家康(1543～1616)は、信長と和して今川氏真と争い、遠く上杉謙信と結ぶ。**<br>**信長(1534～1582)は、家康並びに信玄と握手し、美濃・近江・伊勢の豪族と争う。**<br>**今川氏真（1538～1615）は、北条氏康と握手はしているが、家康と新たに信玄を敵とし、遠く謙信と気脈を通じる。**<br>**武田信玄(1521～1573)は、氏康・信長と和し、北は謙信、南は氏真と争っている。**<br>**北条氏康(1515～1571)は、信玄・氏真と結び、上杉謙信と関東で争う。**<br>**上杉輝虎(謙信)(1530～1578)は、家康・氏真と握手し、信玄・氏康を敵としている。**<br>**こうした戦国大名の均衡は、尾張と駿河を中心として破られる。** | 1754 |
| | 12月19日 | 北条氏照（北条氏康の三男で氏政の弟）(1540～1590)、上杉氏に、今川氏真が上杉氏と内通しているとの事で、北条氏も上杉氏と同盟を願っていると伝える。 | 1755 |
| | 12月21日 | 「今川氏真が父義元の代からの縁故を頼って、上杉輝虎と秘密交渉を開始」。<br>今川氏真、上杉輝虎（謙信）に、父今川義元以来友好関係を強調し、上杉氏の使僧要明寺の来駿を謝す。この後、今川氏使僧・遊雲斎永順が越後国に赴く。 | 1756 |
| | 12月22日 | 今川氏真家臣・水野弥平大夫忠勝(水野信元弟)、武田信玄に通じた罪で自害。<br>氏真は、水野弥平大夫を成敗した。<br>その時、信玄が水野弥平大夫に出した多くの書状を押収し、氏真はこの返書に、水野弥平大夫から押収した書状を添えて信玄に返したという。 | 1757 |
| | 12月29日 | 「遠州忩劇」。今川方の犬居城主・天野宮内右衛門尉藤秀、地元地方の騒擾を鎮める。 | 1758 |

## 西暦1568

| 年号 | 月日 | 事項 | No. |
|---|---|---|---|
| 永禄11 | 1月一 | **武田家臣山県昌景（1529～1575)、使者を岡崎に遣わし、家康家臣酒井忠次（1527～1596)と話し合い。** | 1759 |
| | 1月11日 | **徳川三河守家康、「左京大夫」に任ぜられる。** | 1760 |
| | 1月29日 | 馬伏塚城(まむしづかじょう)（静岡県袋井市浅名）主小笠原前美作守氏興（泰翁）(1529～1569)、高野山不動院に釣灯籠を奉納。<br>小笠原氏興は出家・隠居していて、氏興子の小笠原氏助(長忠、のち信興)(1551？～1590？)が、今川方高天神城(静岡県掛川市上土方・下土方)守将を担っていた。小笠原氏助は、永禄7年に高天神城城主となったという。 | 1761 |

# 西暦1568

| | | | |
|---|---|---|---|
| 永禄11 | 2月— | ■「信長の第二次北伊勢侵攻戦、織田軍により北伊勢平定」。<br>この月、信長(1534〜1582)、三男の三七(信孝)(1558〜1583)を、降伏した神戸城(かんべじょう)(三重県鈴鹿市神戸本多町)城主・神戸友盛(具盛)(7代目当主)(?〜1600)の嗣子とする。<br>神戸友盛は、抗戦の利あらずとして信長の三男信孝を養子(女婿)として迎えることで和睦。 | 1762 |
| | 2月15日 | **「三州額田郡大平村 度々通用故、」**。<br>家康、大河内金平他五名に感状。大河内金平(金兵衛)は、三河、遠江の租税に関わる事務に携わった、大河内秀綱(おおこうちひでつな)(1546〜1618)か。 | 1763 |
| | 2月16日 | **織田信長の仲介により「甲三同盟成立」**。<br>武田(穴山)信君(のぶただ)(1541〜1582)、徳川家臣酒井忠次(1527〜1596)に、信玄の血判誓詞が提出されたことを伝え、武田—徳川同盟についての書状を送る。<br><br>**今川氏の領土を狙う武田信玄、徳川家康と「駿遠分割の密約」を結ぶ。穴山信君(梅雪)と酒井忠次の交渉により駿河・遠江を東と西から攻め取る約束を交わした。** | 1764 |
| | 2月28日 | 今川氏真、恩ある氏真に味方助成すると、小原肥前守鎮実(大原肥前守資良)(?〜1570)より報告を受けた竹田左兵衛督高正に感状。<br>新田友作、竹田高正らは、前年、堀川城(堀川新城、新城)を築き、新田友作が城主となっていた。 | 1765 |
| | 3月1日 | 今川方の大原肥前守資良(小原鎮実)、竹田左兵衛督高正・山村修理・尾藤主膳高明に感状。彼らは後に、堀川城に籠城する。 | 1766 |
| | 3月6日 | 「永禄十一年戊辰　遠州エ御出勢被遊候、此時気賀之住人名倉喜八語案内仕候テ、本坂引佐越ヲ御通被成候処、甲州ヨリ忍ヲ出、気賀地辺郷侍、其外寺社、百姓等迄催、一揆ヲヲコスノヨシ被聞召、此口ニハ押ヲ被指置、本道エ出御、西海辺新庄ヨリ御船被為召、宇布見エ着御、所之庄屋中村源左衛門ヲ御案内ニ被成、川舟御乗、小藪村江御上、名栗リ普西済寺御移被遊候得バ、引間ノ家臣ハ不及申ニ、堀江大沢左衛門、高薗之浅原、頭陀寺村ノ松下加兵衛之綱、久野ノ久野三郎左衛門宗能ヲ初、鴨江ノ寺家、見付中泉、池田郡之者迄群参出仕申上候」。(『浜松御在城記』)。<br><br>**家康、気賀の住人名倉喜八の案内に、浜名湖西岸を南に出て、新庄村から舟で宇布見に渡り源右衛門館に泊まる。普済寺(浜松市中区広沢1丁目)に陣す。** | 1767 |
| | 3月6日 | 「甲相越和睦同盟」。<br>武田信玄(1530〜1578)・北条氏康(1515〜1571)・上杉輝虎(後の謙信)(1530〜1578)の三者の和睦同盟が成立。 | 1768 |
| | 3月7日 | **「第一次堀川城の戦い」**。<br>藤井松平勘四郎信一(のぶかず)(1539〜1624)・榊原小平太康政(1548〜1606)の先鋒、堀川城(浜松市北区細江町気賀)攻める。新田美作守過房(友作)・竹田左兵衛督高正・山村修理・尾藤主膳高明・西光院・宝渚寺・桂昌院・内山党、夜潜に御鷹山に移り本営とする。 | 1769 |
| | 3月8日 | **「第一次堀川城の戦い」**。<br>大久保甚十郎、平井甚五郎・小林平太夫らは戦死したが、堀川城は攻略された。<br>徳川家臣酒井忠次(1527〜1596)、堀川城を壊して引き上げる。 | 1770 |

| | | | |
|---|---|---|---|
| 永禄11 | 3月14日 | 瑞光院寿桂尼(駿河国の今川氏親の正室)(?～1568)、没。86歳とされる。<br>夫・氏親の死後剃髪して、大方殿と称された。氏親(1471/1473～1526)、氏輝(1513～1536)、義元(1519～1560)、氏真(1538～1615)の四代に渡って今川氏の政務を補佐し「女戦国大名」「尼御台」と呼ばれた。 | 1771 |
| | 3月- | **「虎千世名代之事 一虎千世分別出」。**<br>家康、戸田伝十郎(戸田吉国)に、松平虎千代(戸田康長)(1562～1633)の名代を命じる。 | 1772 |
| | 4月- | **徳川軍、久野城(静岡県袋井市鷲巣)の久野三郎左衛門宗能(1527～1609)を攻め、高力清長(1530～1608)・可睡斎住職を遣わし降服させる。**<br><br>久野佐渡守宗憲・久野八郎右衛門宗明・久野弾正宗政・久野采女佐宗当・久野日向守宗成・久野将監、二俣城(浜松市天竜区二俣町二俣)二俣左衛門尉・高薗城(高根城)(浜松市天竜区水窪町地頭方)浅原主殿助・頭陀寺城(浜松市南区頭陀寺町)松下嘉兵衛之綱(1537～1598)・西ヶ崎領松下源太郎清景(1545～1597)・都築秀綱(1533～1600)・門奈直友が、家康に属す。 | 1773 |
| | 4月15日 | 今川氏真、上杉氏に対し、武田義信夫人(氏真妹、嶺松院殿)の帰国にあたり、信玄の要請で氏真が誓詞を出したことを伝える。 | 1774 |
| | 4月15日 | ■足利義秋(31歳)(1537～1597)、越前国一乗谷の朝倉義景館に於いて元関白二条晴良(1526～1579)の加冠、朝倉義景(1533～1573)の理髪にて元服。「義昭」と改名。<br>義昭、足利義栄(1538/1540～1568)の将軍就任を聞き、激怒、上洛の決意を固める。 | 1775 |
| | 5月11日 | **「其方御身儀、ぶさた是有間敷候、」。**<br>(なおなお、前々より御知音の事に候間、すこしも不沙汰あるまじく候。この書、見分申すまじく候へども御推量御よみあるべく候。其の方御身の儀、無沙汰これあるまじく候。委細、作左衛門(本多作左衛門尉重次)申すべく候。小平太(榊原小平太康政)を以て申すべくと、存じ候へども、さきへ越し候間、申さず候。この内書を御かくし、もっともに候。恐々謹言)。<br><br>**家康、通じてきた岡次郎右に書状を送り、粗略に思っていない、と伝える。**<br>岡次郎右は、今川氏家臣の岡部次郎右衛門尉正綱(1542～1584)。正綱は、家康が人質として駿府にいたとき幼少のころから面識があった。 | 1776 |
| | 5月— | 「越駿同盟」。今川氏真(1538～1615)、上杉輝虎(謙信)(1530～1578)と同盟を締結。 | 1777 |
| | 6月上旬 | この頃、武田信玄(1530～1578)、岐阜の織田信長(1534～1582)へ、奇妙丸(織田信忠)・松姫の婚約を祝し、秋山伯耆守虎繁(信友)(1527～1575)を使者として祝儀を届ける。越後有明の蝋燭三千張、漆千桶、熊皮千枚、馬十一疋など、その他多数。 | 1778 |
| | 6月8日 | **「知行方之事 一弐拾貫四百八十文(一ツ木郷豊後分 公方年貢八貫四百文ハ、先給人へ此方より替知可遣也)已上、右分可有領知、猶追而可致沙汰者也、」。**<br>家康、永見淡路守に三河国智鯉鮒郷などの所領を与える。<br>永見淡路守は、知立神社31代神主、知立城主の永見貞親(?～1615)か。 | 1779 |
| | 7月10日 | 武田信玄、甲斐国都留郡上野原の加藤景忠(?～1575)に書状を送る。<br>敵が三田(東京都青梅市)に新地を築き、北条氏康も由井(八王子市)まで出陣とあり、三国同盟の破綻として北条氏との対決状況を伝える。 | 1780 |

# 西暦1568

|  |  |  |  |
|---|---|---|---|
| 永禄11 | 7月25日 | **「遠州久野一族は、徳川陣営に組み込まれた」。**<br>久野氏一族の久野淡路守宗益（?～1568）と徳川家康（1543～1616）、天竜川隔てて和睦の対面。双方5騎と決め、中泉宿に来たところ、本多豊後守広孝（1528～1598）が、不意に海辺より攻め宗益は討死。子・久野日向守宗一は、武田方へ逃げる。 | 1781 |
| | 7月27日 | ■「足利義昭・織田信長、会見」。<br>足利義昭（1537～1597）・明智光秀（1528?～1582）一行、美濃立政寺に信長（1534～1582）を迎える。 | 1782 |
| | 7月29日 | ■織田信長、上杉輝虎（謙信）へ、織田・武田間の件は足利義昭の入洛に供奉するため一和が成立したこと、武田信玄・徳川家康間は相互に侵略しない契約が成立し動くことができないこと、越甲間が無事に属して相互に遺恨を忘れて「天下之儀」を馳走するよう依頼する。また越中国での一揆蜂起と上杉方の神保氏張父子が「鉾楯」の様子を尋ね、神保父子のことは織田信長も「無疎略」であるため心配していること、さらに唐糸・豹皮を贈呈する旨を通知。 | 1783 |
| | 8月3日 | **「近国江可令出馬之条、各先手之働」。**<br>徳川家康、今川方の犬居城（浜松市天竜区春野町堀之内字犬居）主・天野宮内右衛門尉藤秀が内通を拒否した事を、小笠原信濃守長時（1514～1583）、同左衛門佐広重（?～?）、同喜三郎貞慶（長時三男）（1546～1595）に伝え、その調略を指示する。<br>**深志小笠原氏は、武田方に信濃を追われ、家康に協力していた。** | 1784 |
| | 8月4日 | 今川家臣関口越中守氏経、遠江国井伊谷を治める井伊次郎（直虎か）に書状を送り、2年前に発せられた徳政令の実施を求める。<br>また同日付で、井伊家の親類衆・被官衆へも同文の書状を送っており、その中で「井主」が独断的に徳政実施を徹底しなかったと批判を記す。 | 1785 |
| | 8月7日 | ■織田信長、上洛を意図して、越前国の朝倉義景（1533～1573）に対し、六角氏支配の近江佐和山城（滋賀県彦根市佐和山町）への出兵を要請するが、義景応ぜず。 | 1786 |
| | 8月15日 | **家康の臣大須賀康高（1527～1589）ら、深溝松平伊忠（1537～1575）に、三河国六栗の田地を与える。** | 1787 |
| | 9月5日 | **「遠州地下人等事、最上左衛門佐遣」。**<br>家康、小笠原信濃守長時（1514～1583）・同喜三（貞慶）（1546～1595）宛てに書状を送る。 | 1788 |
| | 9月7日 | **「信長、上洛出陣ー家康は信長への援軍として藤井松平勘四郎信一（1539～1624）を派遣」。**<br>義昭の元へ参上し、出陣の挨拶を述べた織田信長（1534～1582）、「正親町天皇をお護りする、足利将軍家再興、足利義昭を将軍職に据える事」を大義名分に掲げ、尾張・美濃の兵を率いて岐阜城を出立。途中、北近江（浅井長政）、三河（徳川家康）、北伊勢（神戸（織田）信孝・長野（織田）信包）、その他を合わせ三万余という軍勢を率い上洛を開始する。 | 1789 |
| | 9月12日 | ■織田軍、箕作城（「美作之城」）（滋賀県東近江市五個荘山本町箕作山）を攻略。観音寺城も夜半許りに攻略。長光寺城以下十一、十二諸城も攻略したという。（『言継卿記』）。 | 1790 |
| | 9月14日 | ■信長入京をひかえ、京中は大騒動となる。 | 1791 |
| | 9月14日 | ■正親町天皇（1517～1593）、万里小路惟房（1513～1573）を迎えの使者として、織田信長へ綸旨を下す。<br>その内容は、足利義昭の入洛は正親町天皇に達したが京都の件は、乱妨狼藉の禁止、禁中及び政庁の警護命令を下す。 | 1792 |

| | | | |
|---|---|---|---|
| 永禄11 | 9月26日 | ■「織田信長、足利義昭を奉じて入京」。<br>織田軍（「尾張衆」）、早旦に山科郷より南方へ出張。北白川よりも同様に別働隊が進軍する。細川藤孝（「細川兵部大輔」）・明院良政（「明印」）が山科言継邸北門まで到来し、この日足利義昭（「武家」）が清水寺に布陣、織田信長（「織田弾正忠信長」）は東寺に布陣した由を通知。山科郷粟田口西院の方々で放火があり、久我に於いて合戦があったという。織田軍、岩成友通（「岩成主税助友通」）を山城国勝龍寺城に於いて攻撃すという。（『言継卿記』）。 | 1793 |
| | 9月26日 | ■織田信長、洛中法制を定める。 | 1794 |
| | 9月28日 | ■信長、東福寺に移る。京都町衆の参集を受ける。 | 1795 |
| | 9月29日 | ■先勢は摂津国芥川麓を火攻めする。その他、河内国方々を放火する。織田軍、ついに芥川城（大阪府高槻市）を攻略。 | 1796 |
| | 9月30日 | ■織田信長・足利義昭に供奉して、摂津国芥川城（大阪府高槻市）へ入城。織田軍、この日は郡山道場と富田寺らを破壊。信長はさらに、池田（摂津国）に攻め入る。 | 1797 |
| | 9月— | 井伊家家老小野但馬守道好（？～1569）、虎松（井伊直政）（1561～1602）を殺そうとする。永禄11年（1568）小野道好は、駿府で今川軍に従っていたが、虎松を殺害して井伊谷を掌握し、その軍勢を率いて加勢するよう今川氏真より命じられる。道好は井伊谷に入り、井伊家より井伊谷を横領することとなった。虎松や次郎法師、直盛後家の祐椿尼は、井伊氏菩提寺の龍潭寺に入って難を逃れたという。虎松（井伊直政）は、生母が再婚した松下源太郎の養子になる。 | 1798 |
| | 10月2日 | ■「織田信長、五畿内（山城、大和、摂津、河内、和泉）及びその隣国を平定」。<br>畠山高政・松永久秀・池田勝正ら、人質を出して信長軍に降伏。信長・足利義昭は軍勢を引き連れ芥川の本営に凱旋。<br>五畿内及びその隣国が織田信長の支配するところとなる。 | 1799 |
| | 10月4日 | ■「織田信長、国割り」。<br>三好義継（1549～1573）には河内上半国守護と若江城（大阪府東大阪市若江南町）を、畠山高政（1527～1576）実弟畠山昭高（秋高）（1534～1573）には河内下半国守護と高屋城（大阪府羽曳野市古市）を、和田惟政（1530？～1571）・伊丹親興（？～1574）・池田勝正（1539/1530～1578？）の「摂津三守護」には摂津国を、松永久秀（1508？～1577）・久通（1543～1577）父子には、大和国を与えた。<br>信長は畿内各地の有力豪族を、臣下に置いて支配の安定を図ろうと考えた。 | 1800 |
| | 10月4日 | ■正親町（おおぎまち）天皇（1517～1593）、山科言継（ときつぐ）（1507～1579）へ、禁裏御法事に際し徳川家康へ「うちうち」に献金を要請したところ、織田信長（「をたのたん正」）の馳走により二万疋が献上され、そのため御懺法講三日間滞り無く行われ、正親町天皇も満足している旨などを徳川家康（「いゑやす」）にも織田信長（「のふなか」）より伝達するよう通達を命令。（『言継卿記』）。 | 1801 |
| | 10月10日 | **■三河国の大給松平親乗（ちかのり）（1515～1577）、上洛して山科言継を訪ね、京都誓願寺に寄宿する。** | 1802 |
| | 10月18日 | ■「室町幕府再興」。夜、足利義昭に統一征夷大将軍宣下。織田信長（1534～1582）、朝廷から将軍宣下を受けて、足利義昭（1537～1597）を第十五代将軍に就任させる。義昭、念願の征夷将軍・参議左近衛中将に任じ、従四位下に叙され、足利幕府を再興。 | 1803 |

# 西暦1568

| | | | |
|---|---|---|---|
| 永禄11 | 10月28日 | ■織田信長、岐阜城に凱旋。 | 1804 |
| | 11月9日 | 今川家臣関口越中守氏経・井伊次郎法師直虎(？～1582)は、連署状を出し、祝田郷(ほうだごう)(浜松市北区細江町)徳政の実施を祝田禰宜に命じる。 | 1805 |
| | 11月13日 | **井伊谷三人衆は、徳川家康の遠州侵攻の道案内を承諾、朱印状を賜って家康を宇利(愛知県新城市中宇利)より陣座峠(奥山の狩宿)に案内。**<br><br>井伊谷三人衆は、都田城(みやこだじょう)(静岡県浜松市北区都田町)菅沼次郎右衛門忠久・宇利城(愛知県新城市中宇利字伝田)近藤石見守勘助康用(やすもち)(1517～1588)・今城城(いまじろじょう)(浜松市北区細江町三和)鈴木三郎太夫重時(？～1569)。 | 1806 |
| | 11月14日 | 井伊谷三人衆は、井伊谷城(静岡県浜松市北区引佐町井伊谷)を横領した井伊家家老小野但馬守道好(？～1569)を攻め、**徳川の大軍は井伊谷を通過。** | 1807 |
| | 11月17日 | 武田信玄、内通約束した犬居城天野安芸守(藤秀)・小四郎(景康)父子に黄金2枚進呈。 | 1808 |
| | 11月21日 | 信玄(1521～1573)と敵対する今川氏真(1538～1615)は、甲州勢の駿河侵攻を恐れて、上杉輝虎(謙信)(1530～1578)に、信濃を背後から衝くことを要請する。 | 1809 |
| | 11月25日 | 「越駿同盟」。<br>今川氏重臣の三浦次郎左衛門氏満(？～1630)・朝比奈備中守泰朝(1538？～1638？)が、上杉氏重臣の直江景綱(1509？～1577)・柿崎景家(1513？～1574)に、信濃出兵を望み、和親の誓約をする。 | 1810 |
| | 11月一 | 今川氏、武田氏との国境を封鎖。 | 1811 |
| | 12月3日 | 武田信玄と今川氏真の国交断絶。 | 1812 |
| | 12月6日 | 「甲相駿三国同盟が破綻ー武田氏の第一次駿河侵攻」。<br><br>今川氏との同盟を破棄した武田信玄は、この日、甲府を発して、2万5千の兵で駿河への侵攻を開始、駿河国宍原着。進攻により甲相駿三国同盟は破綻。<br>真田信綱(幸隆の長男)(1537～1575)・昌輝(1543～1575)兄弟が、信濃先方衆(先方衆とは武田氏領国の武士団。いわゆる外様)として、山県昌景(1529～1575)、馬場信春(信房)(1515？～1575)、小山田信茂(1540？～1582)、小幡昌盛(1534～1582)らと富士川沿いを南下、武田軍の先鋒として登場した。<br>これに激怒した北条氏康(1515～1571)は、武田と手を切り、氏政(1538～1590)と黄梅院(信玄長女)(1543～1569)を離婚させ、甲斐に送り返す。 | 1813 |
| | 12月6日 | **「家康、酒井忠次に遠江の情勢を探らせる」。**<br><br>家康の命を受けた酒井忠次(1527～1596)は侵入するも、引佐峠で本坂の後藤角兵衛実久・日比沢城(浜松市北区三ヶ日町)の後藤佐渡守直正(浜名頼広の妹婿)(？～1569)・佐久城(浜松市北区三ヶ日町)の浜名肥前守頼広・堀川城(浜松市北区細江町気賀)の新田美作入道了栄らに、鉄砲を射掛けられ岡崎に逃げ帰る。<br>**忠次は家康に、「本坂越(姫街道)は危険だ」と報告する。** | 1814 |
| | 12月9日 | 「第一次大宮城の戦い」。<br>武田軍、大宮城(静岡県富士宮市城山)の富士蔵人信通(のぶみち)(？～1619)を攻撃し撤退。 | 1815 |

# 関連城跡位置図　静岡県

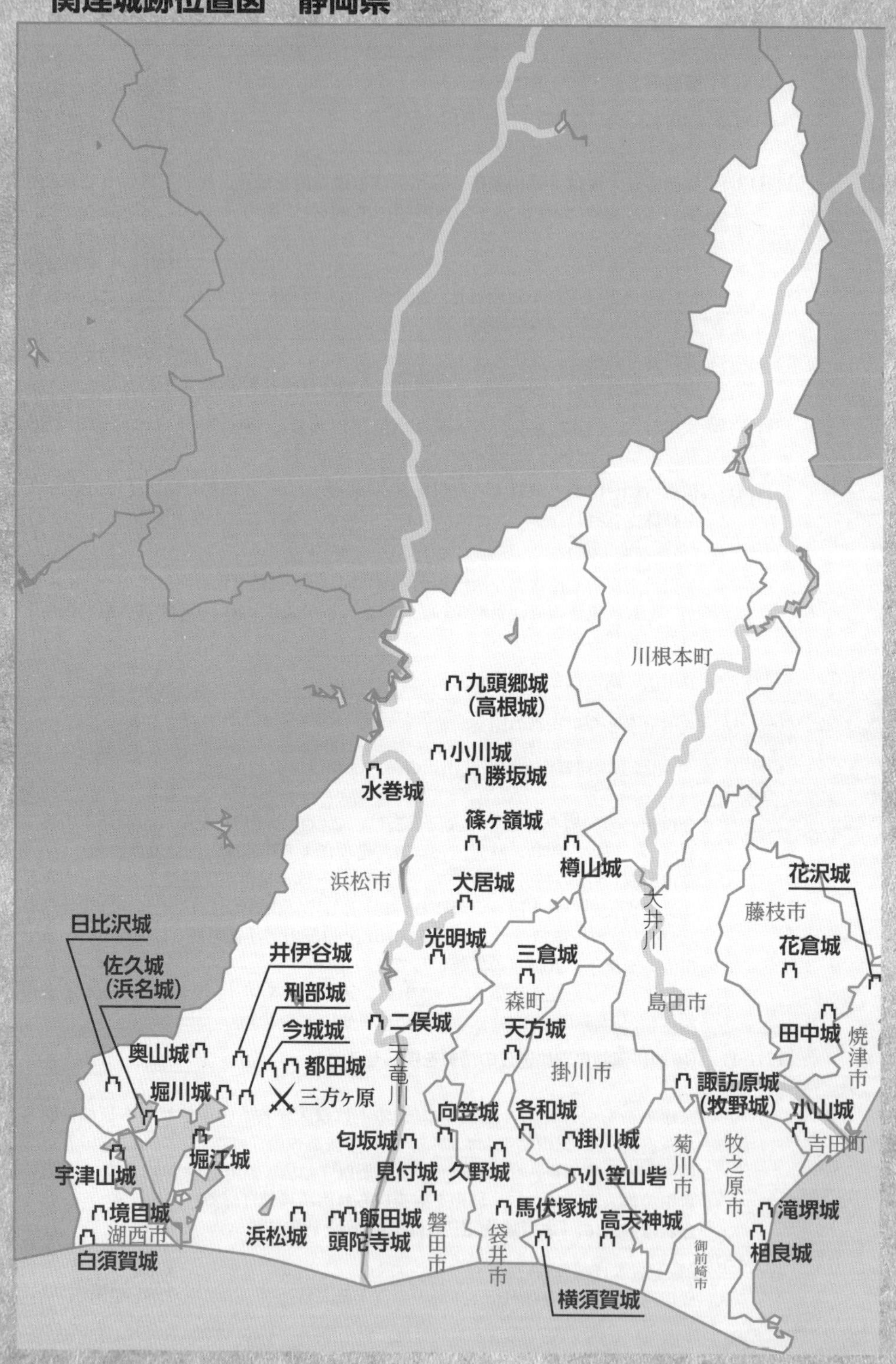
川根本町
九頭郷城
（高根城）
小川城
勝坂城
水巻城
篠ヶ嶺城
樽山城
浜松市
犬居城
大井川
花沢城
藤枝市
日比沢城
光明城
井伊谷城
三倉城
花倉城
佐久城
（浜名城）
刑部城
森町
島田市
二俣城
今城城
天方城
田中城
焼津市
奥山城
都田城
天竜川
掛川市
堀川城
三方ヶ原
諏訪原城
（牧野城）
向笠城
各和城
小山城
吉田町
匂坂城
掛川城
菊川市
牧之原市
堀江城
宇津山城
見付城
久野城
小笠山砦
境目城
馬伏塚城
滝堺城
湖西市
浜松城
飯田城
頭陀寺城
磐田市
袋井市
高天神城
御前崎市
相良城
白須賀城
横須賀城

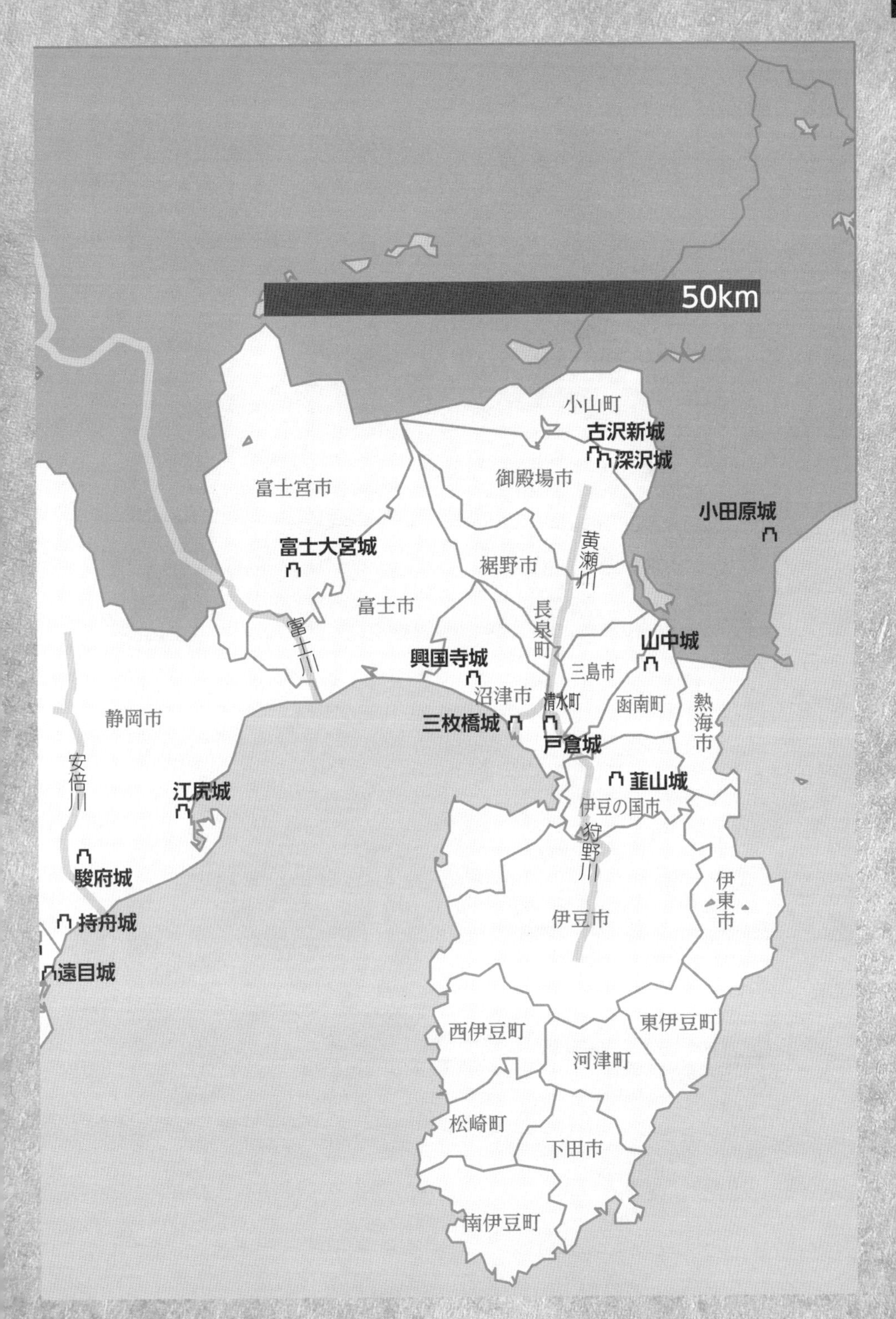
50km
小山町
古沢新城
深沢城
御殿場市
小田原城
富士宮市
富士大宮城
黄瀬川
裾野市
富士市
長泉町
富士川
山中城
興国寺城
三島市
沼津市
清水町
函南町
熱海市
静岡市
三枚橋城
戸倉城
韮山城
安倍川
江尻城
伊豆の国市
狩野川
駿府城
伊東市
持舟城
伊豆市
遠目城
西伊豆町
東伊豆町
河津町
松崎町
下田市
南伊豆町

浜松城　写真提供：静岡県観光協会

秋葉神社（上社）　写真提供：浜松・浜名湖ツーリズムビューロー

椿姫観音
写真提供：浜松・浜名湖ツーリズムビューロー

二俣城址（紅葉）　写真提供：浜松・浜名湖ツーリズムビューロー

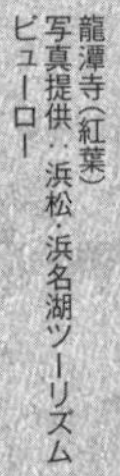
龍潭寺（紅葉）
写真提供：浜松・浜名湖ツーリズムビューロー

三方原古戦場　写真提供：浜松・浜名湖ツーリズムビューロー

横須賀城跡
出典：掛川市ウェブサイト（https://www.city.kakegawa.shizuoka.jp/opendata/dataset/11549/resource/68/01yokosukajou.jpg）

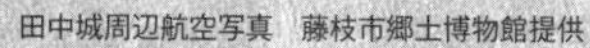
田中城周辺航空写真　藤枝市郷土博物館提供

駿州田中城図（藤枝市指定文化財）　藤枝市郷土博物館提供

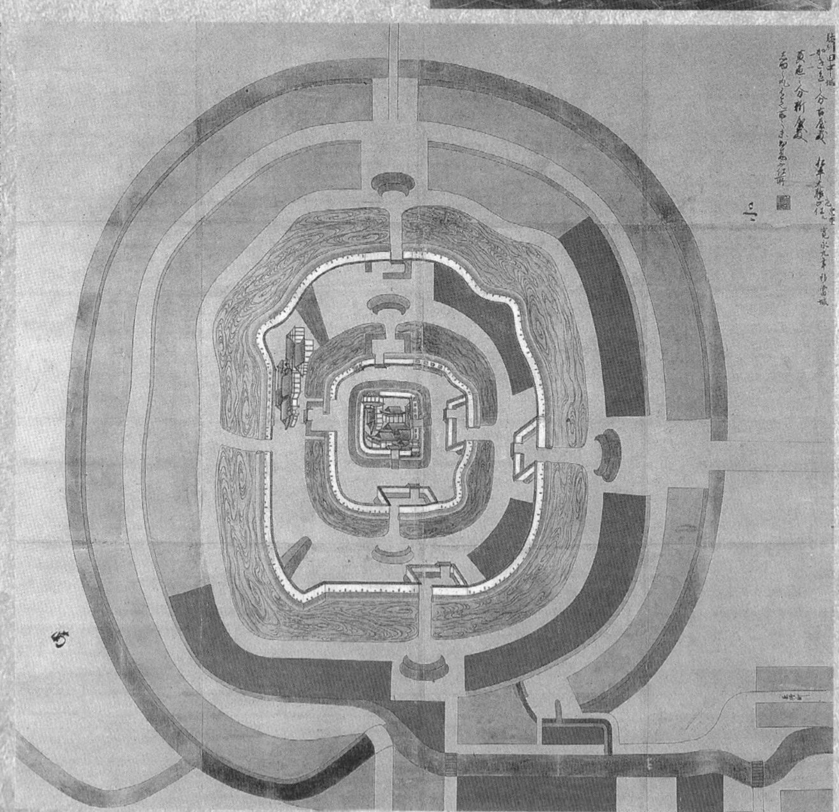

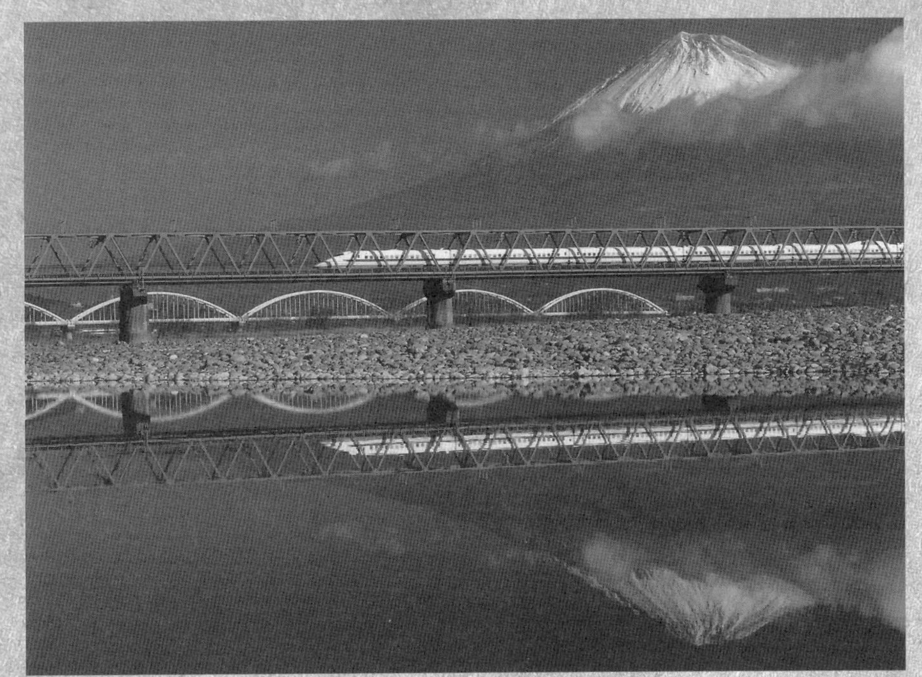

富士川鉄橋　写真提供：静岡県観光協会

高天神城岡部・板倉の碑　出典：掛川市ウェブサイト（https://www.city.kakegawa.shizuoka.jp/opendata/dataset/11548/resource/48/02takatenjin.JPG）

今川義元像　提供：静岡商工会議所

戸倉城跡6　清水町教育委員会提供

田中城下屋敷現況写真　藤枝市郷土博物館提供

|  |  |  |  |
|---|---|---|---|
| 永禄11 | 12月11日 | **危険な湖北地帯を避け、奥山・井伊谷方面から進む決意をした家康は、8千兵を率い、五本松(愛知県豊橋市石巻中山町)に到る。**<br>徳川軍は、先陣酒井忠次(1527～1596)・本多広孝(1528～1598)・石川家成(1534～1609)・松平弥右衛門・小栗忠吉3千。2陣酒井正親(1521～1576)・竹谷松平清宗(1538～1605)・加藤景元(？～1573)・平岩親吉(1542～1611)・形原松平家忠(1547～1582)・大給松平真乗(1546～1582)・牧野康成(1555～1609)・菅沼定盈(1542～1604)3千。旗本石川数正(1533～1592？)・本多忠真(1531/1534～1573)・本多忠勝(1548～1610)・天野康景(1537～1613)・高力清長(1530～1608)3千。軍監本多重次(1529～1596)・渡辺守綱(1542～1620)・榊原忠政(1541～1601)・内藤信成(1545～1612)。 | 1816 |
| | 12月12日 | **「家康、信玄と駿遠分割密約協定を結ぶ」。**<br>武田信玄(1521～1573)、山県三郎兵衛昌景(1529～1575)を家康の許に遣わし、大井川を境として、信玄は大井川東・駿河を取り、徳川家康(1543～1616)は大井川西・遠州を取るべき事を申し入れる。翌年1月には、「大井川協定」が結ばれる。 | 1817 |
| | 12月12日 | **「今度忠節仕而、遠州本地川合之郷」。**<br>徳川家康、菅沼新八郎(菅沼定盈)(1542～1604)に判物発給。<br>定盈は、家康の遠江侵攻に先立って敵方の懐柔工作に携わり、遠江引佐郡井伊谷の同族・菅沼忠久の調略に成功した。この月からの遠江侵攻に従軍、井伊谷の南方・刑部城(浜松市北区細江町中川字新屋)攻略でも功を挙げた。 | 1818 |
| | 12月12日 | **「敬白起請文之事 今度両三人以馳走、井伊谷筋ヲ遠州江可 打出之旨本望也 就其所々出置知行分之事、永無相違、為不入扶助畢。若従甲州、彼知行分如何様被申様候共、進退引懸、見放間敷候也。其外之儀不及申候。若、於偽者、」。「今度就遠州入、最前両三人以忠節、井伊谷筋令案内、可引出之由、感悦至也。其上、彼忠節付而出置知行事　一 井伊谷跡職、新地・本地一円出置事(但、是ハ五百貫文之事) 一 二俣左衛門跡職一円之事…」。**<br>家康、菅沼二郎右衛門、近藤石見守、鈴木三郎太夫に起請文を出す。<br>家康は、菅沼新八郎定盈・今泉四郎兵衛延伝の働きで、後に言われる井伊谷三人衆を味方につけた。家康、三人衆の都田城の菅沼次郎(二郎)右衛門忠久(？～1582)・宇利城(愛知県新城市中宇利)の近藤石見守勘助康用(1528？～1569)・今城城の鈴木三郎太夫重時(1528～1569)に起請文を出し、井伊谷跡職5百貫・二俣左衛門尉職一円・高薗・高梨・万石橋・萱場・安間郷・気賀郷・山田・国領・人見郷新橋・小沢渡・野辺・神蔵・川合・蒲郷・田原3百貫計2千貫宛行。 | 1819 |
| | 12月12日 | **「家康軍、今川領遠江侵攻」。**<br>家康の将・酒井忠次(1527～1596)の軍勢、土豪の佐原重吉、内藤三左衛門、松野三右衛門らと、境目城(静岡県湖西市吉美)に対する富士見山に布陣。<br>これに驚いた城将は慌てて、自ら援軍要請のために曳馬城(引馬城、引間城、後の浜松城)(静岡県浜松市中区元城町)へ向かう。 | 1820 |
| | 12月12日 | 武田を迎撃するべく、今川氏真はすぐさま1万5千の兵をもって出陣、庵原安房守忠胤を大将として一千余騎5、6千人を薩埵峠に向かわせた。さらに小倉内蔵助資久・岡部直規を大将とする7千の兵を薩埵峠の北に位置する八幡平に配置、氏真も自ら2千を率い、興津の清見寺まで出陣し、薩埵峠で武田軍の南下を食い止めようと画策した。その一方で、妻の実家である北条氏に援軍を要請した。 | 1821 |
| | 12月12日 | 今川氏真の援軍要請を受けた北条氏政(1538～1590)、今川氏真(1538～1615)を助けるため、小田原出発。時遅く、伊豆三島に対陣するに留まる。 | 1822 |

# 西暦1568

| 年号 | 月日 | 事項 | 番号 |
|---|---|---|---|
| 永禄11 | 12月13日 | 武田武将・秋山虎繁(信友)(1527～1575)、下伊那衆らを率い遠江に侵入する。 | 1823 |
| | 12月13日 | 菅沼新八郎定盈・菅沼家臣今泉四郎兵衛延伝(のぶひろ)が、井伊谷三人衆の近藤石見守康用・鈴木三郎太夫重時に起請文を出す。 | 1824 |
| | 12月13日 | 「徳川軍、遠江井伊谷侵入」。<br>徳川軍、陣座峠(愛知県新城市から浜松市北区までをつなぐ峠)を通り、井伊谷三人衆の手引きで井伊谷に入る。井伊谷城(浜松市北区引佐町井伊谷)へは、井伊谷三人衆と菅沼定盈が先登に進んだので、城兵は一戦もせず逃げ去ったという。 | 1825 |
| | 12月13日 | **信玄と示し合わせた家康は、岡崎を出陣、牛久保を過ぎ、八名郡中宇利(愛知県新城市中宇利)(井伊谷三人衆は、ここで待った。その先達は野田菅沼定盈だった)・黄楊野・陣座峠(奥山の狩宿)を越え、遠江引佐郡奥山から方広寺(浜松市北区引佐町奥山)を経て井伊谷に着く。**<br>**家康、中居七良三良屋敷を本陣とする。** | 1826 |
| | 12月13日 | **酒井忠次(1527～1596)、境目城(静岡県湖西市吉美字川尻)を落とす。ついで忠次は、笠子山(湖西市白須賀)から、引間城の外城である白須賀城(湖西市白須賀)を攻略する。**<br>白須賀城代・垣塚右衛門(飯尾三老の一人)は、引間城(浜松城)に加勢のため出ており、無人であったという。 | 1827 |
| | 12月13日 | 「武田軍、今川駿府館占領」。<br>武田信玄、山県昌景と馬場信春を先鋒に駿府侵攻。愛宕山砦・八幡山砦・賎機山(しずはたやま)城が落城。浅間神社・臨済寺(静岡市葵区大岩町)放火。<br>一時期を除くも、12年に渡る武田氏の駿河占領が始まる。<br><br>今川氏真は駿府の今川館に逃げ帰ると、その背後にある賤機山城に籠もって同盟軍・北条氏政の軍勢を待つ心積もりだった。しかし武田勢に先手を打たれて、賤機山城を押さえられていたので、氏真は城としての防禦機能を持たない今川館で迫り来る武田軍を迎え撃たなければならない羽目に陥ってしまった。 | 1828 |
| | 12月13日 | 駿河の有力国人らが武田信玄に通じたため、今川軍は潰走。<br>未明、今川氏真2千は、家臣・朝比奈泰朝の居城・掛川城(静岡県掛川市掛川)へ向けて逃れる。そして、武田軍により駿府城は落城し、炎上する。 | 1829 |
| | 12月13日 | **武田信玄、書を徳川家康に遣って、「早々掛川へ詰陣尤存候」と催促。早く掛川城を攻撃するように求めた。**<br>山西(焼津・藤枝の周辺)地域で抵抗を続ける今川軍と、その救援のために駿河へ出陣した北条軍により、信玄は駿河で挟撃され苦戦。氏真が入った掛川城も、頑強に抵抗。信玄は、徳川家康に掛川城を攻めるよう要請した。 | 1830 |
| | 12月- | 武田軍侵攻で、伊久美城(島田市伊久美)由比美作守正純・浅原主殿助安近・斎藤掃部介利澄、3百楯籠。<br>徳之一色城(のちの田中城)(藤枝市西益津)長谷川正宣、花沢城(焼津市高崎)大原肥前守資良(小原鎮実)(?～1570)は拒む。<br>「第一次持舟城の戦い」。持舟城(静岡市駿河区用宗城山町)一宮出羽守兵衛尉宗是・入道随波斎元実父子は、武田軍に攻められ討死。有東砦(静岡市駿河区有東1丁目(有東神社))福島氏、武田軍に攻められ討死。奥池ヶ谷城(静岡市葵区奥池ヶ谷)、武田軍に攻められ、城主池ヶ谷友任、口仙俣(くちせんまた)の広海戸で自害。手負いの者、遭難渕に身を投げ死ぬ。 | 1831 |

# 西暦1568

|  |  |  |  |
|---|---|---|---|
| 永禄11 | 12月14日 | 井伊谷三人衆 ・ 菅沼新八郎定盈、横領した井伊谷城（井伊城）（浜松市北区引佐町）小野但馬守道好（？～1569）を攻める。<br>井伊谷城は、井伊谷三人衆が井伊氏に代わって治め、小野但馬守道好は捕えられる。 | 1832 |
| | 12月- | 本坂の後藤覚蔵実久は、都築（つづき）の佐久城（浜松市北区三ヶ日町都筑字西平）主浜名肥前守頼広・浜名の日比沢城（ひいさわじょう）（浜松市北区三ヶ日町日比沢）主後藤佐渡守直正に隠密し、夜中本坂を出て平山より宇利に至り、野田菅沼氏家臣・今泉四郎兵衛を以って徳川家康に内応する。 | 1833 |
| | 12月14日 | **「刑部（おさかべ）城の戦い」**。<br>東三河野田の菅沼新八郎定盈、新田美作入道の居城 ・ 刑部城（浜松市北区細江町中川字新屋）の庵原庄太郎忠良・長谷川次郎右衛門秀臣・原川大和守頼政・内山一党を攻落す。 | 1834 |
| | 12月14日 | 「遠州忩劇（えんしゅうそうげき）」。<br>引間城（浜松城）（静岡県浜松市中区元城町）から白須賀城（静岡県湖西市白須賀）に戻るところの、引間城三家老の一人・垣塚右衛門は、残りの両江馬氏により舞坂浜にて討死。 | 1835 |
| | 12月14日 | **家康は、鹿島、天竜川渡り、米倉　天竜川東を南下、池田より天竜川西へ渡り、橋羽村妙恩寺（浜松市東区天龍川町）に入る。** | 1836 |
| | 12月14日 | 今川方横山城（興津城）（静岡市清水区谷津町）、武田軍により落城。興津彦九郎親久ら5百人、討死。 | 1837 |
| | 12月14日 | 北条氏政（1538～1590）は、今川家臣蒲原在番衆に、今川氏真を無事脱出させる事、北条方の加勢衆は必要な曲輪に配備する事を申し渡す。 | 1838 |
| | 12月- | **家康、高天神城（たかてんじんじょう）（静岡県掛川市上土方・下土方）の小笠原長忠（与八郎氏助、のち信興）（1551？～1590？）を味方に誘う。**（『浜松御在城記』）。 | 1839 |
| | 12月- | **武田軍が駿府侵攻の際、今川家臣の「三浦与次」が今川家を裏切り、人質であった、家康異父弟の松平源三郎（康俊）（1552～1586）と酒井左衛門尉（酒井忠次）の娘「おふう」を甲州に伴ったという。** | 1840 |
| | 12月15日 | **「鼻欠淵の戦い一徳川軍と武田軍、遭遇戦」**。<br>武田軍秋山伯耆守虎繁（1527～1575）3千6百、平尾村（静岡県袋井市下山梨）に陣。<br>久野宗能（1527～1609）は、鼻欠淵砦（袋井市春岡）に籠城戦。久野彦六郎ら10余名討死。<br>宇刈七騎が、本庄山砦より後ろを襲う気配があり、秋山伯耆守晴近は見付（静岡県磐田市見付）へ転戦。<br><br>「宇刈七騎」で実在が確認できるのは、村松勝孝と一色村富永だけという。 | 1841 |
| | 12月15日 | **「徳川軍と武田軍、見付にて遭遇戦」**。<br>見付にて、徳川軍（奥平美作守貞勝・長篠菅沼左衛門佐貞景（？～1569）・新九郎正貞・田嶺菅沼刑部貞吉（1553～1606）・新三郎貞忠2千）、秋山伯耆守虎繁・天野藤貫（藤秀）と戦い敗走。<br>秋山伯耆守、見付城（静岡県磐田市見付宿町）に入る。さらに、天竜川渡り、徳川勢を敗走させる。 | 1842 |
| | 12月- | **「徳川軍と武田軍、遭遇戦」**。見付神谷三郎右衛門、榊原康政（1548～1606）を導き、見付の高山に伏兵し、二俣街道より進んできた武田軍を敗走させる。 | 1843 |

# 西暦1568

|  |  |  |  |
|---|---|---|---|
| 永禄11 | 12月15日 | 引間城(浜松城)内で、徳川方江馬加賀守時成が、武田方江馬安芸守泰顕(やすあき)・新庄駿河守・松下之綱らと争い、江馬時成は討死する。<br>泰顕は、新庄駿河守・頭陀寺城(ずだじじょう)(浜松市南区頭陀寺町)主松下之綱(ゆきつな)(1537～1598)らと共に信玄に味方しようとした。しかし泰顕も、時成家臣小野田彦右衛門・二橋・川口らに討たれる。<br>松下之綱は、再び徳川家に属す。 | 1844 |
| | 12月15日 | **家康、浜名湖北より、西岸南下。新所(しんじょ)(湖西市)より船で浜名湖横断。宇布見村中村源左衛門正吉の案内で、新川を遡り、佐鳴湖東岸小薮に上陸。** | 1845 |
| | 12月15日 | 徳川の将・酒井忠次(1527～1596)、佐原作右衛門義成(？～1590)・松野喜楽・内藤三左衛門・内藤信勝らを先導にして軍を進め、延兼山妙立寺(湖西市吉美)の鐘を指図に、今川方・宇津山城(静岡県湖西市入出)を攻める。<br>**酒井忠次、大原肥前守資良(小原鎮実)(？～1570)に勝利。**<br>大原資良、脱出の時に爆薬を仕掛け敵兵爆殺を謀るが失敗。資良、舟で村櫛に遁れる。資良の家老増田団右衛門は、城より討って出て徳川軍と入出屋奈尻で戦い討死。 | 1846 |
| | 12月15日 | **徳川家康、松野喜楽斎という百姓に入出村屋奈尻へ出る道筋を尋ねる。徳川軍、古見の豪農土屋新右衛門に、人夫のかり集めや食糧の調達を下命する。** | 1847 |
| | 12月15日 | **「徳川軍と武田軍、和議」**。<br>武田家臣・秋山伯耆守虎繁(1527～1575)は、徳川家康(1543～1616)と和議、引き上げる。 | 1848 |
| | 12月15日 | 「今川氏真、掛川城へ入る」。<br>今川氏真(1538～1615)、安倍川を渡り古刹建穂寺(静岡市葵区建穂)に立ち寄った後、小瀬戸、冨厚里(静岡市葵区冨厚里)を経て山道を抜け、朝比奈(藤枝市朝比奈)、大沢(藤枝市西方)、大久保、伊久美を経て、掛川城(静岡県掛川市掛川)へ入る。<br>援軍として海路派遣されていた北条家家臣諸足軽衆も、今川氏真に従い籠城する。 | 1849 |
| | 12月16日 | ■摂津国大坂の石山本願寺のもとに身を寄せる近衛前久(1536～1612)、関白を罷免され、前関白二条晴良(1526～1579)が関白に再任する。 | 1850 |
| | 12月17日 | **家康、妙恩寺(浜松市東区天竜川町)に布陣。** | 1851 |
| | 12月18日 | こんな説もある。徳川家康(1543～1616)、飯尾豊前守連竜(？～1566)夫人・お田鶴の方(別名椿姫)に、曳馬城(引馬城、引間城、後の浜松城)(静岡県浜松市中区元城町)の明け渡しを勧める。<br>しかし、お田鶴の方は承引せず。夫人が防戦の指揮をし、城兵突き出て烈しく戦えば、寄手大久保忠世(ただよ)(1532～1594)は敗走する。<br><br>翌日、酒井左衛門尉忠次(1527～1596)・石川伯耆守数正(1533～1592？)が、引間城に攻め寄せれば、次男飯尾辰三郎と共に飯尾豊前守連竜夫人(お田鶴の方)は、緋威の鎧に同色の兜を着け、白柄の薙刀を振って敵中に切り入る。侍女17人同じ装いにて城兵5、60人と共に勇戦し1人残らず討死する。徳川方3百人討死。城兵2百討死。<br>後に、家康正室・築山御前(1542？～1579)は、西来院住職為翁和尚を連れて、お田鶴の方討死の場所で、読経供養を営み塚の周囲に百余株の椿を植える。『椿姫伝説』。 | 1852 |

永禄11

**12月18日** 1853

**「家康27歳、曳馬城(浜松城)へ入る」。**
家康、安間村頭蛇寺(浜松市南区頭陀寺町)に本陣を移し、江馬加賀守時成家臣・小野田彦右衛門の働きにより引間城(曳馬城)(静岡県浜松市中区)無血入城。
本多忠勝(1548～1610)、待陣の鬱憤晴らしで、曳馬城へ単騎抜け駆けで入城という。
大河内政綱(1545～1627)が、城中の内輪もめに乗じて攻略したともいう。
政綱は、一向一揆で主君の吉良氏を失い、家康に出仕した。そして、家康の命で大久保忠員の娘を妻に迎えた。大河内政綱が家康の下で初めてあげた戦功という。天正15年(1587)正綱は、家康の命で長沢松平家庶流の松平正次の養子となり、旗本として出世の後、元和3年(1617)に相模玉縄藩2万2000石の大名となったことから、この子孫は大河内松平家と呼ばれる。

**12月19日** 1854

北条氏政(1538～1590)、遠江国の備えを、今川援兵として駿河で武田軍と対峙する大藤式部丞秀信(？～1572)と伊豆衆清水康英(1532～1591)に任せる。

**12月19日** 1855

北条氏照(北条氏康の三男で氏政の弟)(1540～1590)、越後の上杉関係者に、武田信玄が駿河侵攻の理由について、今川氏真が上杉謙信と結び信玄を滅亡を企んだ為と釈明したと伝え、北条氏への協力を要請する。

**12月19日** 1856

**久野宗能(1527～1609)、徳川家康の命で、天竜川に舟橋架ける。**

**12月19日** 1857

**「高天神城小笠原氏が家康に属す」。**
馬伏塚城(静岡県袋井市浅名)小笠原与八郎(美作守氏興)40歳(1529～1569)と、遠江国経略の要ともいうべき高天神城(静岡県掛川市上土方)小笠原与八郎氏助(長忠、のち信興)18歳(1551？～1590？)父子が、徳川方に付く。
これは今川義元の死後に跡を継いだ今川氏真の凡庸さを見限った動きであったが、家康からの使者、氏助(のち信興)の縁筋でもある三河幡豆寺部城(愛知県西尾市寺部町城越)主・小笠原新九郎安元(1511～1590)の説得であった。
武田武将秋山信友が遠江見附にまで進出した際、遠江馬伏塚城主小笠原氏興が武田方に降伏しようとしているという風聞が流れた。小笠原安元はこのとき家康の命を受け、馬伏塚に赴いて氏興を説得し、氏興の証人を伴って帰還した。
この功で小笠原安元は、三河国内に赤羽根・赤沢・蘆の3邑を加増された。

**12月20日** 1858

**家康軍、今川方の二俣城(静岡県浜松市天竜区二俣町)に無血入城。**

**12月20日** 1859

**徳川軍、天竜川の船橋を渡る。井伊谷より、大天竜、小天竜、東渡、市野村、森の郷、久野郷、袋井を南進し岡崎に出る。**
家康(1543～1616)、高天神城小笠原氏・岡崎城(静岡県袋井市岡崎字東光寺)四宮氏(四ノ宮右近)と内談。曽我村領家松浦九郎左衛門の裏山に曽我砦を築く。松浦氏の娘婿・大池村神主鈴木次郎右衛門の案内で、掛川城から一里離れた不入斗村(袋井市国本)に本陣を移す。

**12月20日** 1860

**「今度忠節而、出置本知行之事 匂坂」。**
家康、匂坂六郎五郎(吉政)(？～？)に、匂坂・見取郷・牛飼・寺谷・平松内40貫合計790貫文の本領安堵。**匂坂長能三男吉政、家康に属す。**
遠江の国衆は今川を離反して徳川に付くか、武田に付くかの選択を迫られた。
匂坂吉政は武田に属するために二俣城に布陣する秋山の陣所を訪れて記帳したという。ところが同時に兄六郎左衛門式部政信(この時、今川氏真の逃げ込んだ掛川城に籠城して徳川勢と戦っていた)の子政祐が現れて「我こそ匂坂の嫡流でござる」と秋山に面会した。驚いた吉政は帰路に政祐を討ち取り、その足で掛川城攻囲中の徳川家康のもとへ駆け込んだという。

# 西暦1568

|  |  |  |  |
|---|---|---|---|
| 永禄11 | 12月21日 | **「久野一門同心本知行之事 上久野」。**<br>徳川家康(1543～1616)、本陣の不入斗にて謁見し、子の千菊丸を人質に出した久野城(静岡県袋井市鷲巣)主 ・ 久野三郎左衛門宗能(宗安)(1527～1609)一門同心衆に、上久野徳富村・若狭方池田渡方・下久野中村方・上末元・下末元・別所・村松・村松菅谷方菅谷・不入斗・深見・谷河・戸綿・岩滑・宮賀嶋・松袋井・名賀島・諸井・徳光・貫名・桑地・正道・堀越内海蔵寺領・土気・榛原郡勝田庄中村(牧之原市)50貫文・佐野郡垂木(掛川市)50貫文、計2千5百貫を安堵。 | 1862 |
| | 12月21日 | **徳川軍六将(酒井忠次・石川数正・大給松平真乗・鳥居元忠・大久保忠世・石川家成)、左右の両翼は本多忠勝・榊原康政と、分けて掛川城に進む。** | 1863 |
| | 12月- | 徳川家臣・**森川金右衛門氏俊**(1545～1598)、敵が入山瀬(不入斗)を襲った時に奮戦して首級を得る。<br><br>永禄8年(1565)12月飯尾連竜の客将であった母方の叔父森川氏次が連竜と共に戦死すると、連竜と内通していた徳川家康が、氏次の働きを認め、一族であった堀場氏俊を招いて家臣として「森川氏」と称させたという。 | 1864 |
| | 12月22日 | **徳川方の六将、掛川城に攻める輪を縮める。家康は、大池村鈴木次郎右衛門の案内により、前進して本陣を相谷(掛川市五明)に移す。** | 1865 |
| | 12月22日 | **「掛川城での戦闘がはじまる」。**<br>徳川軍、掛川城から押出してきた今川軍を2百人を討ち取る。 | 1866 |
| | 12月23日 | **武田信玄(1521～1573)、徳川家康(1543～1616)に、迅速な遠江出陣に感謝の意を伝え、武田軍に屈服した今川家臣への仕置が遅延したが3日の内に遠江へ進軍し面談する予定であると述べ、掛川城攻略を奨励する。**<br>**信玄は、今川・北条の軍に駿河で苦戦を強いられた。** | 1867 |
| | 12月23日 | 北条氏政(1538～1590)、清水新七郎(清水康英の子)・板部岡康雄(息右衛門)(石巻家貞の子、板部岡江雪斎の養父)に、今川氏真夫妻救援のため海上経由で掛川城に派遣。 | 1868 |
| | 12月23日 | 北条氏邦(北条氏康の四男)(1541～1597)、援軍として駿河に入る。 | 1869 |
| | 12月24日 | 上杉家臣北条高定(？～？)、同山崎秀仙(？～1581)と共に越相講和を進める。上杉氏と北条氏との間で、越相同盟の交渉が始まる。<br><br>この後、半年余の間に上杉・北条双方の使者が往来し、信玄を包囲するための同盟交渉が行われる。信玄は駿河で越年。 | 1870 |
| | 12月25日 | 今川上総介氏真(1538～1615)、上杉輝虎(謙信)(1530～1578)に、去年越後と交渉した所、武田信玄が駿河に乱入してきたので、以前の約束通り援助要請する。 | 1871 |
| | 12月26日 | **「敬白起請文之事 一二俣之城、鵜」・「今度令馳走付而、出置知行之事、」。**<br>家康、二俣城(浜松市天竜区二俣町)鵜殿三郎・同藤九郎・同休庵・松井和泉守・三和藤兵衛・同廿人之組・松井八郎三郎・松下市三郎・稲垣宗六郎らに、起請文と知行之状。鵜殿三郎氏長他7名に、起請文を出し所領安堵。<br><br>惣領上ノ郷鵜殿氏、不相鵜殿氏である。鵜殿三郎氏長(1549～1624)・氏次(1551？～1600)兄弟は、以後徳川氏に仕えた。 | 1872 |

# 西暦1568

| 元号 | 日付 | 事項 | No. |
|---|---|---|---|
| 永禄11 | 12月― | **今川方、鍋掛の松井氏・浜名の後藤氏・頭陀寺の松下氏・匂坂(さぎさかし)氏・上村氏などは家康に人質を出し、二俣城(ふたまたじょう)も降伏した。**<br>**家康は、鵜殿氏長(1549～1624)らに二俣城を守らせる。** | 1873 |
| | 12月26日 | **「掛川城攻防戦―桑田砦に酒井忠次・石川家成、曾我山に酒井雅楽助・松平玄蕃允、天王山小笠原の附城成る」。**<br>徳川軍の構えは、桑田山に酒井忠次(1527～1596)・石川家成(1534～1609)、曽我山に酒井正親(まさちか)(1521～1576)・竹谷の松平清善(きよよし)(1505～1587)・加藤播磨景元(？～1573)・平岩親吉(ちかよし)(1542～1611)、天王山に高力清長(1530～1608)・高天神城小笠原氏の一族、久野城久野氏の一族。監軍は、本多重次(1529～1596)、渡辺守綱(1542～1620)、服部正成(1542～1597)であった。 | 1874 |
| | 12月27日 | **「掛川城攻防戦」。家康本陣を、相ヶ谷から下西郷谷ノ口天王山に移す。** | 1875 |
| | 12月27日 | **「掛川城攻防戦(永禄11年(1568)12月27日～永禄12年(1569)5月15日)、本格的戦いがはじまる」。**<br>徳川軍によって掛川城が包囲される。徳川方小笠原氏興(1529～1569)・小笠原長忠(のち信興)(高天神城主)(1551？～1590？)父子、掛川城下を放火。永田太郎右衛門が先手として城下に火を掛ける。 | 1876 |
| | 12月27日 | **「掛川城攻防戦」**。家康は、この日小笠郡不入斗に陣し、自ら指揮して八千の兵をもって掛川城に迫り、石川数正(1533～1592？)は、城将朝比奈泰朝(1538？～1638？)と槍をあわせるほどの接戦をしたが、兵三千で籠城する今川氏真らはよく善戦した。 | 1877 |
| | 12月28日 | **「掛川城攻防戦」。**<br>徳川家康、掛川城包囲の砦、金丸山砦に久野宗能(むねよし)(1527～1609)、二の丸に久野佐渡守宗憲・本間五郎兵衛長季(山名郡高部郷)、青田山砦に形原・福釜・竹谷・東条の松平、笠松砦に山家三方衆を構えて見付に退く。<br>この頃活躍した福釜(ふかま)松平家衆は、家康に仕え、関東転封後は下総国(しもうさのくに)、武蔵国にて知行を賜わって大番頭となる、福釜松平康親(やすちか)(？～1617)であろう。 | 1878 |
| | 12月28日 | **「山名庄之内井領こもかはき・とくみつ・てんわう・松山・横井・別所・のふふさ七か郷」。**<br>家康、久野千菊に、遠江国山名庄内の50貫文の地を宛行う。<br>家康は、久野宗能の忠節に対して、人質となっていた、子の千菊丸に対して山名庄のうち鷹ヶ脇、徳光、天王、松山、横井、別所、延久など7郷を与えた。 | 1879 |
| | 12月28日 | **「掛川城攻防戦」。**<br>朝比奈家臣讃井善右衛門を将とする今川軍、家康を目指し徳川本陣へ攻め入る。徳川方水野忠重(1541～1600)・奥平喜八郎信光(後の戸田加賀守信光)(？～1630)が戦功。<br>永禄4年(1561)以降に松平元康(徳川家康)が三河で独立すると、奥平喜八郎信光は松平(徳川)氏に従属し、徳川氏による遠江侵攻に従軍して掛川城攻めに加わった。 | 1880 |
| | 12月29日 | **「掛川城攻防戦」。武田勢が来援しなかったため、家康はこの日に掛川城下に放火して、一時、岡崎へと帰った。** | 1881 |
| | 12月- | 北条軍、武田方の葛山城(かつらやまじょう)(静岡県裾野市葛山字富士畑)・興国寺城(沼津市根古屋)を乗っ取る。 | 1882 |

# 西暦1569

永禄12

1月2日
**「今度依令忠節、出置本知之事 犬居」**。家康、天野宮内右衛門他2名に宛行。
**「天野藤秀、家康に属す」**。

徳川家康、犬居城(浜松市天竜区春野町堀之内字犬居)天野宮内右衛門藤秀・樽山城(浜松市天竜区春野町田河内字樽山)天野助兵衛 ・ 篠ヶ嶺城(笹ヶ嶺城)(浜松市天竜区春野町豊岡)天野刑部右衛門・給人衆三人尾上彦十郎・花島・渡辺三左衛門尉に、五百文貫(犬居3か村・雲名・横川)安堵。
1883

1月2日
北条氏康、上杉氏重臣に、今川家断絶の危機を救う為の応援を要請する。
1884

1月3日
■信長不在の京都をねらい、阿波へ逃げていた三好三人衆が6千の兵を率い、和泉へ上陸、進撃。
1885

1月3日
**■将軍足利義昭(1537～1597)は、家康(1543～1616)に内書を附し、徳川の姓を執奏したことを伝える。**
1886

1月―
**家康、岡崎より８千率い出陣。家康、橋羽に至り妙音寺(浜松市東区天竜川町)に陣を置く。**
引馬城朝比奈兵衛尉、掛川城へ引退く。
1887

1月―
**家康、引馬城(浜松城)に入り、武田信玄に、見付城(静岡県磐田市見付)の秋山伯耆守虎繁(1527～1575)の違約を責める。**
**秋山伯耆守が駿河に引払った後、家康、見付城入城。**
1888

1月―
**「気賀堀川一揆蜂起(永禄12年1月～4月12日)」**。
堀江城(浜松市西区舘山寺町)の大沢基胤(1526～1605)は、今川氏真に従い家康の遠江進入に抵抗した。

この正月、基胤らは、宇布見(浜松市西区雄踏町宇布見)の砦を攻撃し敵船を奪う。
元は朝廷の官職であった竹田高正、今川義元の家臣であった尾藤主膳・山村修理らは大沢基胤に味方し、堀川城(浜松市北区細江町)を築き、住民の約半数も籠城したという。
1889

1月4日
■三好三人衆、京中へ侵入し、浄福寺・東寺周辺に布陣、さらに塩小路まで押し寄せる。
三好三人衆は、勝軍地蔵山城・東山を焼き、京都と岐阜の間を分断する。
1890

1月5日
北条氏政(1538～1590)、三島着。北条新三郎綱重(？～1570)に蒲原城(静岡市清水区蒲原)を守らせる。
1891

1月5日
■「本國寺の変」。
「三好日向守、同下野入道釣竿、石成主悦助以下、今日悉本國寺取詰攻之、午刻合戦、寺外焼之、……武家、御足軽衆以下廿餘人討死云々、責衆死人手負数多有之云々」。(『言継卿記』)。
三好三人衆(三好長逸・釣竿斎宗渭(三好政康)・岩成友通)、斎藤右兵衛大輔龍興・長井道利主従らの諸浪人を糾合し、将軍足利義昭の御座所である本國寺(後の本圀寺)を攻撃。午刻(12時)、応戦した義昭側近の細川典厩藤賢(1517～1590) ・ 織田左近・野村越中・赤座七郎右衛門・津田左馬丞・坂井与右衛門・明智十兵衛光秀・森弥五八・山県源内・宇野弥七らは、かろうじて持ちこたえる。
1892

| | | | |
|---|---|---|---|
| 永禄12 | 1月6日 | ■「三好日向以下悉七條越云々、自西池田、伊丹衆、北奉公衆、南三好左京大夫取懸、左京兆鎧入之、従三方切懸、三人衆以下申刻敗軍、多分討死云々、及黄昏之無殊沙汰」。(『言継卿記』)。<br><br>翌日になって、足利奉公衆の細川藤孝(1534~1610)、それに摂津国衆の伊丹親興(?~1574)、池田勝正(1530?~1578)、池田清貧斎(正秀)、荒木村重(1535~1586)らが兵を率いて本國寺に馳せ参じる。七条に移動した三好三人衆勢は不利を悟って退却。京都桂川で追いついた池田勝正・伊丹親興軍が西から、三好三人衆勢と戦い不利なさ中、南から三好義継(1549~1573)が到来、北から奉公衆が攻め、三好三人衆勢を破る。三好三人衆の岩成友通(?~1573)が北野社松梅院に逃れ入り攻撃され落行。三好長逸(?~1573)は八幡へ退却。 | 1893 |
| | 1月7日 | 今川氏真、堀江城(浜松市西区舘山寺町)大沢基胤(もとたね)(1526~1605)・中安種豊(豊種)に恩賞を約束する。 | 1894 |
| | 1月7日 | 信玄の駿河進攻に怒る、北条氏照(北条氏康の三男で氏政の弟)(1540~1590)は、使僧をかつての宿敵上杉輝虎(謙信)(1530~1578)に遣わし、武田信玄の駿河乱入のことを報じ、協力して信玄に当らんことを促す。 | 1895 |
| | 1月8日 | **武田信玄、徳川家康の抗議により、秋山虎繁(信友)の軍を駿河に退かせることを約束する。**<br>信玄、武田氏が遠江をめぐって徳川氏と抗争するのではと疑心を抱かせたことについて弁明。信玄は、秋山虎繁・下伊那衆を信玄の陣に招くので家康には引き続き掛川城を攻略するよう促す。 | 1896 |
| | 1月8日 | ■信長、「本國寺の変」の報せを聞くとすぐさま岐阜を出陣。大雪の中を一騎掛けで京へ向かう。最初の供の者は十騎という。 | 1897 |
| | 1月9日 | 武田信玄(1521~1573)、織田信長に、駿河侵攻の経緯と今川氏真の掛川城(掛川市掛川)への敗走について報じた上で、徳川家康が武田に対して疑心を抱いているため遠慮して駿府に軍を留めていると説明。 | 1898 |
| | 1月10日 | ■織田信長、三好三人衆が本國寺の足利義昭を包囲急襲の変報を聞き、大雪の中を上洛。信長は、堺の南北荘へ使者を遣わし、三好方の根拠地となった堺津の三十六人会合衆に対して同罪であると責める。 | 1899 |
| | 1月10日 | 武田信玄、朝比奈駿河守信置(1528~1582)に、庵原氏知行分一円を宛行つもりだが、掛川城・蒲原城が落城していないので替地を宛行。約束の為自筆で書く。 | 1900 |
| | 1月11日 | **「家康に降伏した、遠江の国侍は、家康より本領の安堵をうけ、また新知を与えられていく」。**<br>**「今度進置本地事 小美同心衆 一」。**<br>家康、菊川の中山又七に、遠江山名庄出橋一ヶ所100貫文の地を安堵。 | 1901 |
| | 1月11日 | **「今度出置本地之事 一百弐拾貫文」。**<br>家康、浅羽の牧野源介に、遠江長溝郷内の地を安堵。 | 1902 |
| | 1月11日 | **「今度出置本地之事 小美同心衆」。**<br>家康、大村弥兵衛(高信)に、遠江勝間田内の地を安堵。 | 1903 |
| | 1月12日 | ■信長の上洛につき、尾張・美濃・伊勢・近江・若狭・丹波・摂津・河内・山城・大和・和泉の国衆が上洛し八万の軍勢が集まるという風聞に接す。(『言継卿記』)。 | 1904 |

# 西暦1569

| | | | |
|---|---|---|---|
| 永禄12 | 1月12日 | **「掛川城攻防戦(永禄11年(1568)12月27日〜永禄12年(1569)5月15日)」。**<br>徳川軍8千総攻撃、掛川城兵3千の天王山(掛川古城)を落す。<br>徳川方小林平太夫重直、負傷。 | 1905 |
| | 1月12日 | **「今度出置本地事 小美同心衆 一」。**<br><br>家康、大村弥兵衛(高信)同心四人に、遠州笠原西之屋村90貫文(古志津藤兵衛分)・城飼郡河村和田村80貫文(大屋三郎左衛門分)・城飼郡西方(菊川西方)90貫文(奥山助六郎分)・15貫文、佐野郡家代10貫文(矢部与五左衛門分)宛行。 | 1906 |
| | 1月12日 | **「今度宛行遠州本知行之事 一七拾」。**<br><br>徳川家康、大村弥十郎・小美同心共に、長上郡小池村75貫文・長上郡万石内50貫文・周智郡鶴松村百俵・城飼郡河村内犬間と吉沢70貫文・城飼郡河上内106貫5百文・潮海寺160俵・榛原郡吉長内260貫文宛行。 | 1907 |
| | 1月12日 | **「今度津具郷へ相働悉放火、其上後藤九左衛門ヲ始、随分之者数多被討捕由無比類候、」。**<br>家康、三河国津具郷における奥平喜八郎(信光)(?〜1630)の戦功に感状。<br>奥平喜八郎信光は、今川氏が没落すると再び武田氏に属していた、北設楽郡白鳥山城(愛知県北設楽郡設楽町津具字白鳥)後藤九左衛門善心を討った。 | 1908 |
| | 1月14日 | ■将軍足利義昭の存立は信長なしでは在り得ないことを見抜いた織田信長、義昭の将軍権力や幕府の奉公人の権力行使を制限するため、「殿中御掟九ヶ条」を定め、将軍足利義昭に承認させる。 | 1909 |
| | 1月15日 | **「今度出置本地之事 一参百七拾貫」。**<br>家康、加々爪備前守(政豊)に、山名郡山名庄新池脇370貫文・佐野郡垂木郷35貫7百文宛行。 | 1910 |
| | 1月15日 | **「今度宛行本地事 七拾八貫分」。**<br>大井川より西側を勢力下に治めようとする徳川家康、三和(三輪)源八郎宛に所領宛行状を送る。遠江二宮庄之内於保之郷等(静岡県磐田市)を安堵した判物。 | 1911 |
| | 1月16日 | ■「織田政権が始まる」。<br>信長、殿中御掟九ヶ条にさらに七ヶ条の細則を追加した十六ヶ条の殿中御掟を制定し、これも義昭に承認させる。<br><br>信長の名前で制定し、将軍義昭にはその文書の右端に承認を意味する花押(かおう)をさせた。それは、将軍の命を奉じて信長が制定した形だったが、信長が将軍の行動に制約を加えたものであり、将軍は信長の傀儡(かいらい)にしか過ぎないことを意味し、織田政権は実質的にここ始まった。 | 1912 |
| | 1月16日 | **「掛川城攻防戦」。**<br>徳川軍、再び動き始める。青田山砦に小笠原与八郎氏助(のち信興)(1551?〜1590?)、仁藤山砦に岡崎衆、金丸山砦に久野三郎左衛門宗能(1527〜1609)をおく。 | 1913 |
| | 1月17日 | **「掛川城攻防戦」。**<br>**家康、天王山の北に本陣を張る。徳川軍、総攻撃を開始。**<br>徳川方内藤信成(1545〜1612)が、掛川城(掛川市掛川)攻めで負傷。しかし掛川城は堅城である上に朝比奈泰朝がよく守り、戦いは長期戦の様相を見せる。 | 1914 |

# 西暦1569

| | | | |
|---|---|---|---|
| 永禄12 | 1月18日 | **「掛川城攻防戦—金丸山砦の戦い」**。<br>今川方日根野備中守弘就・弟彌次右衛門盛就・彌吉郎数百、徳川方金丸山砦(掛川市下俣)を急襲する。<br>徳川方久野宗信(宗能)、敗退。小笠原氏助(氏興)(1529～1569)が救援するも敗北。<br>岡崎衆援軍も日根野弘就の返し来た攻撃により岡崎勢敗走。<br>作り花の梅を冑の前立にして勇気勃然と華々しく殿した城方梶原平三郎に、敵味方称賛。家康は敗軍に怒る。 | 1915 |
| | 1月18日 | 北条氏政(1538～1590)、その勢4万5千をもって由井・蒲原らに布陣、武田信玄(1521～1573)は、興津河原に1万8千をもって対陣する。<br>**この頃家康は、上杉輝虎(謙信)と懇親を結び、氏政の父・北条氏康は輝虎(謙信)に対し、信濃に出兵することを求めた。信玄は信長に対し、輝虎(謙信)との講和を斡旋してくれるように頼む。** | 1916 |
| | 1月20日 | **「掛川城攻防戦—袋井口合戦—徳川家康、今川氏真に勝利」**。<br>今川方、小倉内蔵助勝久・藤田弾正2百、城より出て袋井口川端に陣。徳川方高天神城小笠原勢これを見て攻め寄せ撃破される。<br>そこで家康はさらに援軍送り、掛川勢は敗走。討死数百人。 | 1917 |
| | 1月20日 | 久野宗益・久野宗政・久野采女佐(祐)方が、久野宗能(1527～1609)の久野城(静岡県袋井市鷲巣字上末本)に、今川家への帰属を促すための使者となる。 | 1918 |
| | 1月20日 | **「今度宛知行事 一百貫文 棚草之」**。<br>徳川家康、小笠原与左衛門(清有)に、遠江国棚草郷内等を宛行。 | 1919 |
| | 1月20日 | **「今度之忠節無比類候、喜悦異他候」**。<br>家康、奥平喜八郎(奥平信光)(?～1630)に書状を送り、その忠節を賞する。 | 1920 |
| | 1月21日 | ■「本國寺の変」を受けた織田信長、将軍に堅固な居宅を目論み、勘解由小路室町真如堂(前将軍義輝二条の館跡)に、将軍義昭の新第(二条城)の造営に自らが奉行となって着手する。二月二日、大がかりな工事がはじまる。 | 1921 |
| | 1月21日 | **「掛川城攻防戦」**。<br>徳川方小笠原与八郎氏助(のち信興)19歳(1551?～1590?)、掛川城を攻める。<br>今川方安藤九右衛門が勇戦。今川方西郷監物丞信房、天王小路で1番鑓。興津から供してきた富永右馬助奮戦。 | 1922 |
| | 1月22日 | **今川家への帰属を促すための使者が来た。**<br>久野城(静岡県袋井市鷲巣字上末本)の久野宗能(1527～1609)は、本間五郎兵衛長季を徳川家康へ遣わす。久野城副将久野宗憲は、使者を蔵に押し込めた。<br><br>宗能から伝えられた家康は、桜井松平忠正(1543～1577)、植村家政(家存)(1541～1577)、三宅康貞(1544～1615)らを久野城本丸に配置。宗能は二の丸に移った。宗能は使者の一人、久能宗益を討ち取る。<br>今川掛川勢が久野城を攻めるも、伏兵大須賀康高(1527～1589)、大久保忠世(1532～1594)、松井忠次(松平康親)(1521～1583)、本多広孝(1528～1598)、水野忠重(1541～1600)によって返り討ちにされた。**久野宗常自害、久野弾正忠宗政ら一族追放。** | 1923 |
| | 1月22日 | **「掛川城攻防戦」**。<br>今川軍、天王山本陣へ夜襲に向う。徳川軍、一の伏に大久保忠世と二の伏水野忠重の前を通らせ、三の伏大須賀康高の前を通る時攻撃する。 | 1924 |

# 西暦1569

**永禄12**

1925 **1月23日**
**「掛川城攻防戦─遠江天王山の戦い」。**
今川軍は城内へ引き、徳川軍追撃。
酒井忠次、西町口、馬場口を破り城内松尾口まで攻入る。
松平甚太郎、南町口より寒大寺川を渡り、二の門を攻め破って城内に入り太鼓門に至る。
石川数正、東門より入り、天王山の日比野備中守三兄弟と戦う。
内藤正成・渡辺守綱・服部正成、北門より攻入る。
徳川方林藤左衛門・加藤孫次郎・松下新助・小林勝之助・原頼重討死。
徳川方松平与一郎勝吉、南金井村において討死。村松源左衛門尉武備、今川方の２人の兵を斬り、鉄砲に撃たれ負傷。大久保忠佐(ただすけ)、今川方の近松丹波守を討つ。
一番槍の熊谷七十郎は、徳川方水野忠重に討たれる。
徳川方椋原治右衛門、日比野氏従者伊藤武兵衛(槍大将)を討つ。
徳川方水野正重、日比野彌七を討ち取るも、日比野弥吉と戦い胴腰を射られ重傷。
徳川方水野忠重、今川方の勇士伊藤武兵衛・大谷七十郎を討取る。
**徳川家康、天王山城(掛川古城)奪還の今川氏真軍と戦い、なんとか勝利を収めたものの、膠着状態が続く。**

1926 **1月25日**
**「掛川城攻防戦」。**
**家康、見付(静岡県磐田市見付)へ引く。家康は兵糧攻めに切り替えた。**

1927 **1月25日**
**「掛川城攻防戦─各和城の戦い」。**
徳川方金丸山砦(静岡県掛川市長谷)の久野宗信(宗能)・佐渡宗憲・本間五郎兵衛長秀が、今川方各和城(掛川市各和字山下)の各和三郎左衛門肥後守元達 ・ 老臣茨藤左衛門を攻める。各和元達は腹を十文字に切って自害。家老朝比奈角右衛門は逃げる。
原六郎頼延は、落城と共に出奔し武田氏を頼る。

1928 **1月25日**
武田信玄(1521～1573)、山県昌景(1529～1575)2千5百を丸子砦(静岡市駿河区丸子)に置き、久能砦(駿河区根古屋(久能山東照宮))の今福浄閑斎(友清)(1513～1581)に人質を移す。
武田信豊(1549～1582)1万は、薩埵峠(静岡市清水区由比西倉澤)に陣する。信豊は、武田信繁(武田信虎の子で、信玄の同母弟)(1525～1561)の子。
夜、北条氏康・氏政4万5千は、松田憲秀(？～1590)・北条常陸介綱種(綱高)(1506～1585)・大道寺政繁(1533～1590)を先陣に三島心経寺を出陣。蒲原・由比に到る。
北条氏規(氏康の五男)(1545～1600)・北条綱成(1515～1587)・梶原備前守景宗(？～？)の兵船3百艘5千は、三保(みほ)海岸上陸を図るが逆風の為失敗する。

1929 **1月26日**
**「今度被行知行事 右、五石半之飛鳥内一色百弐拾俵弐斗俵也、井前々屋敷分有由緒、令訴訟候間、為新給恩出置畢、永不可有相違、守此旨弥於令奉公者、重而可加扶助者也、仍如件」。**
徳川家康、石谷十郎右衛門(政清)(1503～1574)に、遠州佐野郡飛鳥120俵宛行。

1930 **1月26日**
「第二次薩埵峠の戦い」。
武田先陣跡部大炊助勝資(？～1582) ・ ２陣内藤修理亮(昌豊、昌秀)(1522～1575)は、興津川を越え、北条先鋒 ・ 松田尾張守憲秀と薩埵峠(静岡市清水区由比町西倉沢)で戦い、負けて退く。
北条氏政軍、薩埵山八幡平に陣し信玄1万8千と興津川挟んで対峙。

1931 **1月26日**
武田軍、興津城(横山城)(静岡市清水区谷津町)で、北条氏邦(北条氏康の四男)(1541～1597)を迎え撃つ。

# 西暦1569

| 年号 | 月日 | 事項 | No. |
|---|---|---|---|
| 永禄12 | 1月27日 | 今川氏真(1538～1615)、上杉輝虎(謙信)(1530～1578)に使僧賀首座を送り、北条氏康(1515～1571)と和し、信濃に兵を出して、武田信玄(1521～1573)を牽制せんことを求む。 | 1933 |
| | 1月27日 | **武田家臣穴山信君(梅雪)(1541～1582)、徳川家康(1543～1616)に、掛川城の動静について尋ねる。** | 1934 |
| | 1月28日 | **「今度宛行本知改替之事 一弐拾六」。**<br>家康、朝比奈十左衛門尉・同大良(太郎)右衛門尉・同主水佐に本知の替地として「一、六拾九貫　いろう・初倉」を充て行う。いろうは、井籠で榛原郡の内。<br>佐野郡初馬(掛川市初馬)26貫・千羽(掛川市千羽)45貫、石岡・日坂125貫、東山(掛川)30貫、榛原郡質侶庄湯日村・鎌塚(島田)百貫・色尾(島田)・初倉69貫、君島(島田)40貫、金谷郷深谷村15貫、金谷郷・菊川郷15貫(内鶴見佐渡守分)。<br>**今川氏配下朝比奈氏が、家康配下となった。** | 1935 |
| | 2月— | 北条氏康、上杉輝虎(謙信))に、使僧天用院・遠山康光(？～1579)を使いとして送り和を請う。 | 1936 |
| | 2月— | 武田信玄、里見氏・佐竹氏・宇都宮氏に小田原を攻めるよう要請。さらに足利義昭に、謙信との和睦を要請する。 | 1937 |
| | 2月— | 武田方駿府城の山県昌景(1529～1575)1千5百は今川軍に攻められ、叶わず久能城(静岡市駿河区根古屋)に撤退。 | 1938 |
| | 2月1日 | 「第二次大宮城の戦い」。<br>穴山信君(梅雪)(1541～1582)・葛山氏元(駿河国葛山城主)(1520～1573？)1千、今川方大宮城(静岡県富士宮市城山)の富士蔵人信忠(？～1583)・その子信通(？～1619)らを攻め敗退した為、甲斐との往還路封鎖される。 | 1939 |
| | 2月2日 | ■織田信長の将軍義昭の新第（二条城）の造営、十一ヶ国衆の普請という大がかりな工事で、はじまる。石積みを西側より始める。 | 1940 |
| | 2月2日 | **「今度宛行本知行之事 一弐百貫文」。**<br>**家康、江馬弥三(一成)に、遠江国里之郷2百貫文・嶋之郷3百貫文・西鴨郷22貫文・舞阪31貫文(船5艘)を安堵。**<br>永禄11年(1568)12月に亡くなった曳馬城家老・江馬時成の子で、徳川氏の人質となっていた一成という。船5艘は、「今切」の渡船として使われたものとされる。 | 1941 |
| | 2月4日 | **■織田信長、徳川家康に、遠江国出兵につき、船・軍勢を派遣する意思を伝える。** | 1942 |
| | 2月4日 | **■織田信長、徳川三河守家康の改年祝儀の鯉贈呈を謝す。** | 1943 |
| | 2月10日 | **「入手江被陣取之由、不相届儀共候」。**<br>気賀堀川一揆堀江城攻撃を目指す徳川家康、松平紀伊守（形原松平家忠）(1547～1582)に、入出へ陣し宇津山城(湖西市入出)を奪い返させ在番命じる。 | 1944 |
| | 2月11日 | **「被寄存陣中迄為御音信白鳥并鱈」。**<br>徳川家康、尾張国の賀藤図書助（加藤順盛）(1514～1588)に書状を送り陣中見舞いの礼を述べる。<br>加藤家は熱田の豪族で、織田信秀(信長の父)の保護によりこの地での実権を握っていた。加藤家は順盛の父の代で東西に分かれ、順盛は東加藤と呼ばれた。<br>竹千代（後の家康）が織田家の人質となった際は、順盛が羽城（名古屋市熱田区）にあった屋敷で養った。さらに、桶狭間の戦いの際は、戦勝祈念で熱田神宮を訪れた織田信長を出迎え、戦いを支援したという。 | 1945 |

# 西暦1569

|  |  |  |  |
|---|---|---|---|
| 永禄12 | 2月16日 | **「家康と信玄が和睦ー「第一次甲相同盟」は破綻」。**<br>武田信玄、徳川家康に、信玄が家康に対する疑心は無いものの家康に対し誓詞の提出を求め、家康がそれに応じた事に対し、信玄も血判を提出する事を約し、正式に和睦が成立する。 | 1946 |
| | 2月18日 | **「自輝虎御尋、本望至候、抑駿・甲」。**<br>家康は、上杉輝虎の臣河田長親（1543？～1581）に遠江国における戦況を報せ、掛川城（掛川市掛川）の今川氏真を包囲したことを伝える。<br>**家康は付城を築かせて攻撃態勢を固めて、兵糧攻めに切り替えていた。** | 1947 |
| | 2月19日 | **「今度宛行浜松之荘之内本知之事」。**<br>家康、松下筑後入道（高信）に、所領浜松庄内（因幡郷・宇布見国本所・志戸呂国本所・嶋国本所・新橋国本所堤共・人見国本所・寺嶋郷諸給共・新豊境山・里郷半分諸給共）御厨郷内（西嶋・大立野・新田・鎌田・次男市）計千貫文余安堵。<br>松下高信は、頭陀寺近辺を支配した松下為雲の長男という。 | 1948 |
| | 2月23日 | 「今廿三日下條志摩守罷帰如申者、向懸川取出之地二ヶ所被築、重而四ヶ所可有御普請之旨候、至其儀者、懸川落居必然候、當陣之事、山半帰路以後、彌敵陣之往復被相留候之條、相軍敗北可為近日候、可御心安候、随而上野介・朝比奈駿河守・小原伊豆守人質替、寂前之首尾相違、貴殿へ不申理候由、御述懐尤無御余儀候、惣而駿州衆之擬、」。<br><br>**武田武将・山縣三郎兵衛尉（山県昌景）（1529～1575）、徳川武将・酒井左衛門尉（酒井忠次）（1527～1596）宛に、事前の約束に反して今川方と無断で人質交換を行ったことへの謝罪をし、掛川攻囲の様子を訊き、駿河衆の反乱について語り、徳川・武田両氏の協力関係を記す書状を送る。** | 1949 |
| | 2月25日 | **「気賀堀川一揆ー宇布見砦の戦い」。**<br>大沢基胤（1526～1605）、堀江城（浜松市西区舘山寺町堀江）より城兵打って出て徳川軍と一戦する。<br>その後、今川方の大原資良（小原鎮実）（？～1570）と相談し宇布見砦（雄踏町）を押し破り、徳川軍の海賊船半分以上奪取し、周辺の農民に一揆を蜂起させる。 | 1950 |
| | 2月26日 | **「今度宛行本知行之事 一宇間郷諸」。**<br>家康、都筑惣左衛門尉（秀綱）（1533～1600）に、宇間郷・下平河（朝比奈八郎二郎分）・屋敷分都合5百貫文を安堵。<br>秀綱は、家康が直属軍強化のために新設した旗本先手役の一員に加えられた。以後は部隊長・本多忠勝の与力となったという。 | 1951 |
| | 2月28日 | **徳川軍に攻められ佐久城（浜松市北区三ヶ日町大崎）の大屋安芸守政頼が開城。**<br>大屋金太夫頼次・大屋吉太夫政頼・大野助蔵・中根権兵衛・桐生与太夫・安万伊賀守は、本多忠勝（1548～1610）に属す。<br>安形伊賀刑部左衛門・石原孫次郎・大矢庄左衛門は、戸田忠次（1531～1597）に属す。<br>**家康は、本多百助信俊（1535～1582）を守備させる。**<br><br>戸田忠次は、永禄6年（1563）からの三河一向一揆のときには、家康に離反して佐崎の本證寺に立て篭った。ただ忠次の場合は他の者と違い、家康の機嫌を損ねたため寺側に付いただけで、心からの離反ではなかったという。戦の途中に寺の外構えを焼いて出てきたので、家康の機嫌も直り再び味方となったという。 | 1952 |

## 西暦1569

|  |  |  |  |
|---|---|---|---|
| 永禄12 | 3月2日 | **「為河辺替地、遠州之内七百貫文遣」。**<br>徳川家康、西郷左衛門佐清員（きよかず）（1533～1595）に、三河国河辺の替え地として遠江国の所領を与える。 | 1953 |
| | 3月3日 | 久頭郷城（高根城）（浜松市天竜区水窪町地頭方）の奥山民部少輔貞益、武田方の信州遠山郷の奥山美濃守定茂・遠山土佐守景則に攻められ討死。<br>遠江侵攻を目指す甲斐武田氏の指示という。高根城は武田軍の拠点として大改修が行われる。 | 1954 |
| | 3月4日 | **「掛川城攻防戦」。**<br>東条松平甚太郎家忠（1556～1581）・松井忠次（松平康親）（1521～1583）、大手南口を破り寒大寺河原を廻り塩買が淵へ進む。<br>水野忠重（1541～1600）、搦手西宿町口を破り松尾池へ進む。<br>徳川軍、東口天王小路にて合戦。**家康、掛川城攻撃を再開するも、落ちず。** | 1955 |
| | 3月5日 | **「掛川城攻防戦」。家康、自ら出馬して大手南町口・西町口・松尾曲輪・天王小路などを攻めたが、落ちず。** | 1956 |
| | 3月6日 | **「□□広忠霊儀増長菩提 奇進洪鐘」。**<br>家康、三河国浄珠院（岡崎市上和田町字北屋敷）に鐘・鐘楼を寄進する。 | 1957 |
| | 3月7日 | **「掛川城攻防戦」。**この日も城下の西宿と天王山下で激しい攻防戦が繰り広げられ、両軍に相当の死傷者が出た。今川方は、掛川城将朝比奈小隼人・伊藤治部を含む百八十余名が討死。<br>**家康は、一度、三河に引き返すことになる。** | 1958 |
| | 3月7日 | 北条氏政（1538～1590）、遠山康光（？～1579）を上杉輝虎（謙信）（1530～1578）の許に遣わし、武田信玄との対陣の切迫せるを告げ、急ぎ信濃に出兵せんことを求む。 | 1959 |
| | 3月8日 | **家康、引馬（浜松）へ引き上げる。**<br>徳川方の高薗城（たかそのじょう）（浜松市浜北区高薗）浅原主殿助と、今川方小倉勝久とが講和交渉。 | 1960 |
| | 3月8日 | **「掛川城攻防戦ー家康、和睦を図る」。**<br>**武田信玄の手が遠江国にまで伸びてきた。家康は、信玄の謀略を封ずるため、今川氏真と和約したほうがよいと考え、この日、氏真に対し、駿河を回復してやるから掛川を渡せと要求する。** | 1961 |
| | 3月8日 | **「今度於金薬師、別而依有奉公、新」。**<br>徳川家康、大村弥兵衛（高信）に、武田軍のほんかう山城を小笠原左衛門と攻落した金薬師における戦功に、榛原郡勝間田・麻生8百貫文宛行。 | 1962 |
| | 3月10日 | 武田信玄、織田信長に、甲越和与成立に向けた御内書が足利義昭から発給されるよう働きかけを要請する。 | 1963 |
| | 3月12日 | **「気賀堀川一揆、家康が浜名に至った所を出て阻む」。**<br>元堀川城主・新田友作入道喜斉の三男名倉為高が、家康に通報。<br>渡辺図書の意見にしたがって家康は、兵の服を着、17騎で古美村（湖西市古見）へ。船に乗って宇布見村（雄踏町宇布見）へ。地頭中村源左衛門の案内で川舟に乗り、浜名湖東岸の小藪村（浜松市中区富塚町）に着き、翌日、普済寺（ふさいじ）（浜松市中区広沢）に去る。さらに、家康は引馬城（浜松城）に入城した。<br><br>堀川勢から逃れて、難を逃れた家康、匿った老婆に「目どうり八丁」の土地与える。 | |

# 西暦1569

| 和暦 | 日付 | 事項 | 番号 |
|---|---|---|---|
| 永禄12 | 3月12日 | **「気賀堀川一揆」**。石川数正(1533〜1592？)・渡辺図書数百騎と、堀川一揆が戦う。今川方斎藤兵衛大輔為吉は、堀川城外に討死。<br>この斎藤為吉が堀川城を築いたともいう。 | 1965 |
| | 3月13日 | **上杉家臣・河田重親(1531〜1593)、徳川家臣酒井忠次(1527〜1596)・同石川家成(1534〜1609)に、初めての交渉に感謝し、三河・駿河両国の状況について了解したことを伝える**。そして、徳川方と今川氏との和睦を使者から知り、上杉方と徳川方の交渉にも期待すると伝える。 | 1966 |
| | 3月19日 | **「気賀堀川一揆ー堀江城の戦い」**。徳川方井伊谷三人衆、堀江城(浜松市西区舘山寺町堀江)(本丸大沢左衛門基胤・三の丸中安兵部少輔種豊・権田織部佐泰長)攻め、鈴木三郎太夫重時(1528？〜1569)、一番槍競って狙撃され討死。 | 1967 |
| | 3月22日 | **家康、三河国明眼寺に、恵心作阿弥陀像を所望し、家康持仏堂に安置することを伝える**。明眼寺は、現在の妙源寺(岡崎市大和町沓市場)。 | 1968 |
| | 3月23日 | 上杉輝虎(謙信)の南下を恐れた武田信玄は、織田信長(1534〜1582)との交渉のために京都武田屋敷の謀臣・市川十郎右衛門尉に命じ信長に働きかけさせ、その斡旋により甲越和睦を実現、信玄自身は、北条氏に当たり得るよう画策する。 | 1969 |
| | 3月25日 | **「気賀堀川一揆ー堀江城の戦い」**。<br>井伊谷衆の近藤石見守康用(やすもち)、その子登之助秀用(ひでもち)、瀬戸の鈴木三郎大夫重路、都田菅沼治郎右エ門忠久・野田菅沼新八郎定盈父子らが、堀江城を攻める。<br>堀江城主・大沢基胤(1526〜1605)は遠江における今川方最後の拠点として激しく防戦した。 | 1970 |
| | 3月27日 | **「気賀堀川一揆ー第二次堀川城の戦い」**。<br>家康(1543〜1616)3千は、干潮時に名倉常閑(新田友作入道喜斎の次男)に案内され、今川勢力下にあった気賀の土豪が集まる、堀川城(浜松市北区細江町気賀)を包囲する。<br>元は朝廷の官職であった竹田高正、今川義元の家臣であった尾藤主膳・山村修理らは大沢基胤に味方し、堀川城(新城)を築き、住民の約半数も籠城したという。<br>堀川城では、大手尾藤主膳高明・奥表口山村修理と家臣武田杢之進ら1千5百が籠城するを攻める。<br>徳川陣では、藤井松平勘四郎信一(のぶかず)(1539〜1624)・榊原康政(1548〜1606)が堀川城を先登する。<br>城将尾藤主膳は堀江城に逃れたが、同城も徳川方と和睦開城するに至り、もはやこれまでと切腹。竹田高正は燃え落ちる城内で切腹。山村修理は小舟で城を落ちたが小引佐まで逃れたところで切腹。<br>新田四郎は剃髪して喜斎と号していたが慶長11年8月、代官石川半三郎康次(数正の三男)によって捕縛、処刑された。日は異説あり。 | 1971 |
| | 3月27日 | **「気賀堀川一揆」**。家康、山田半右衛門に命じ、気賀にて184人獄門晒。7百赦す。<br>気賀地区住民半分が戦死・斬殺される。<br>堀川一揆の後、日坂八幡山(掛川市日坂)の一揆が徳川軍に攻落される。 | 1972 |
| | 3月— | ■織田信長、山城国誓願寺泰翁長老へ、「参銭」等を安堵。また「如近年可為一職」を安堵。大林寺(岡崎市魚町)の第四世住職・泰翁(たいおう)(1500〜1574)は、弘治2年(1556)京都に移り京都誓願寺の住職となる。その際、家康の三河支配正当化のために徳川姓と三河守任官に尽力したという。家康は、諏訪明神の傍らに寺を建てて泰翁に与えた。これが岡崎市梅園町の誓願寺(諏訪山泰翁院)の興りという。 | 1973 |

# 西暦1569

| 和暦 | 月日 | 事項 | No. |
|---|---|---|---|
| 永禄12 | 4月4日 | **「気賀堀川一揆」。大沢左衛門佐基胤・中安兵部種豊より、掛川城朝比奈泰朝・朝比奈親孝・朝比奈芳線へ報告。「麦刈られる。兵糧2、3ヶ月所有。兵糧調達不可能。調略有り」。**<br>掛川城側の人物が立ち会って、今川氏真に真意が伝わるよう文面を検討する。<br>大沢基胤(1526～1605)は、掛川城に居る氏真に「奮戦してきたが、最早耐えきれない。城を枕に討死しても良いが、それは誠の主家への奉公にはならないでしょう」と降伏して良いか許可を求めた。氏真はそれを許可し労を労ったという。 | 1974 |
| | 4月6日 | 武田信玄、佐竹義重に、先月下旬に織田信長が京都から帰国し、今月末には徳川方への加勢として侵攻するので、掛川城攻めは任せて自分は小田原城を攻めると述べ、越相和睦の粉砕の協力を求める。 | 1975 |
| | 4月7日 | ■これより先、将軍足利義昭(1537～1597)は、甲越の和睦に努める。武田信玄は、北条氏康を討たんがため、その勧めに従わんとして、織田信長(1534～1582)の斡旋を望む。<br>この日、義昭は、上杉輝虎(謙信)に命じて信濃出陣を停め、信玄と和睦させようと書を送る。 | 1976 |
| | 4月7日 | **徳川家康は「井伊直親が徳川と内通した事実はない。小野但馬守の讒言で事実無根」とした。**<br>捕らえられた井伊家家臣小野但馬守道好(?～1569)、家康の命令によって井伊氏処刑場蟹渕で獄門となる。5月2日には小野但馬守の2人の子も殺される。 | 1977 |
| | 4月7日 | 武田信玄(1521～1573)、徳川家康(1543～1616)に3ヶ条の条目を与え、約束通り遠江掛川城の攻略を急ぐべき事、甲越和睦が将軍足利義昭の下知と信長の斡旋により実現すべき事、佐竹・里見・宇都宮を始め関東過半が反北条に回り、小田原攻撃の態勢が完成したことを報ずる。 | 1978 |
| | 4月8日 | **「起請文之事 一本知行如前々相違」。**<br>**家康、天野宮内衛門尉に起請文を出し、天野宮内右衛門尉藤秀・奥山兵部定友・奥山左近久友・鱸源三郎(家山鈴木氏)に本領安堵。**<br>小川城(浜松市天竜区佐久間町大井)主奥山兵部丞定友・奥山左近将監友久兄弟は、天野氏の同心となった。 | 1979 |
| | 4月一 | **■「信長の茶道具の名物狩り」。**<br>この月、織田信長、上京の富豪が所持する「唐物天下の名物」の買上げを命令し、堺政所の松井友閑(?～?)・丹羽長秀(1535～1585)を使者に遣わす。 | 1980 |
| | 4月12日 | **「気賀堀川一揆(永禄12年1月～4月12日)、終結ー堀江城の戦い、終結」。**<br>**「敬白起請文之事 一当城居成之事」・「今度宛行本知行 一崎村櫛 一和」。**<br><br>堀江城(浜松市西区舘山寺町)大沢左衛門佐基胤・中安兵部少輔定安・権田織部佑泰長が降服。<br>徳川家康・酒井忠次・石川数正・渡辺図書助盛、大沢一族の大沢左衛門佐基胤・中安兵部少輔定安・権太織部佑泰長に起請文を与え所領安堵。新居だけは家康が確保したいので、替地として呉竹を与えるとする。<br>堀江城の開城をめぐる交渉は、本坂峠の西麓和田(豊橋市)を拠点としていた渡辺氏と、尾奈郷代官の権太氏との間で行われた。<br>大沢左衛門佐基胤は、以後は徳川配下として、長篠の戦いでは酒井忠次に従って参戦。小牧・長久手の戦いなどにも従軍した。慶長10年(1605)6月28日、死去。 | 1981 |

# 西暦1569

| 和暦 | 月日 | 事項 | No. |
|---|---|---|---|
| 永禄12 | 4月13日 | **「今度宛行奥山之内大井村・瀬尻、」。**<br>家康、奥山兵部丞(定友)・奥山左近将監(久友)兄弟に、上長尾60貫文安堵。 | 1982 |
| | 4月13日 | **「今度宛行知行之事 一遠江国犬居」「河根郷五百貫文之地、為手長申付」。**<br><br>**家康、天野宮内右衛門尉(藤秀)に所領安堵**。永禄6年に没落した安芸守系統の天野七郎元景父子が訴訟を企てても許容しないとした。 | 1983 |
| | 4月14日 | ■京都の将軍二条城が、膨大な人手を使い驚くべき短期間に完成し、将軍足利義昭が居を移す。二条第新造祝の観能が催される。義昭は信長の庇護の下にあることを一層認識する。 | 1984 |
| | 4月23日 | ■織田信長、京より岐阜城帰陣。 | 1985 |
| | 4月24日 | 「信玄の第一次駿河侵攻、終結」。<br>越後国の上杉謙信の軍勢が甲斐国を狙う動きがあった。<br>武田信玄、駿河薩埵山に北条氏康(1515～1571)と戦って敗れ、ついに駿河を放棄して興津川沿いに甲斐に帰還する。横山城(興津城)(静岡市清水区谷津町)に穴山信君(梅雪)(1541～1582)を、久能城(静岡市駿河区根古屋)に板垣信安(？～？)を残す。 | 1986 |
| | 4月28日 | 武田信玄、甲斐着。北条勢の、多数の小部隊による奇襲に苦しめられた撤退戦で数百人の犠牲が出たという。 | 1987 |
| | 5月9日 | **「掛川城攻防戦ー「相三同盟」が成立」。北条・徳川同盟である。**<br>これ以上戦いを長引かせては武田勢に蚕食されてしまうと判断した家康は、和睦を協議することにした。この協議には今川氏と同盟関係にあった北条氏政も参画し、この日、和睦が成立する。<br>北条氏規(うじのり)(氏康の五男)(1545～1600)が取次をつとめた「相三同盟」が成立。 | 1988 |
| | 5月11日 | 武田軍、相模出陣。 | 1989 |
| | 5月11日 | 北条左衛門大夫綱成(1515～1587)、今川氏真の側近・三浦左京亮元政に、今川氏真を迎える使者を掛川城に送ることを伝え、徳川家康との和睦も人質交換が済んだと報告。そして、詳しくは御宿伯耆入道から伝えるとした。 | 1990 |
| | 5月15日 | **「掛川城攻防戦(永禄11年(1568)12月27日～永禄12年(1569)5月15日)終結ー今川氏と徳川氏の間に和睦、掛川城開城」。**<br><br>一進一退の功防戦が続いたが、今川氏真(1538～1615)は家臣たちの助命と引き換えに掛川城を徳川軍に開城した。**かつては駿河・遠江・三河を領した守護・今川氏は、実質的に滅亡**。家康28歳は、石川家成(1534～1609)に掛川城を守備させた。遠州東部の要である掛川に転出した家成は、同年、甥の石川数正(1533～1593？)に西三河の旗頭の地位を譲ったとされる。 | 1991 |
| | 5月15日 | **家康(1543～1616)、今川氏真の警護を形原松平紀伊守家忠(1547～1582)にさせ、今川家臣小倉内蔵助勝久を、氏真の義父・北条氏康(1515～1571)への使者に送る。** | 1992 |
| | 5月15日 | 今川氏真、掛塚湊(磐田市掛塚)から出港。 | 1993 |
| | 5月- | **今川氏真・徳川家康、森川日向守・小倉内蔵助勝久を奉行に駿府城を修復。**<br>岡部次郎右衛門正綱(1542～1584)・岡部治部右衛門長秋(正綱の弟)が本丸、久野弾正宗政・安部大蔵元真(1513～1587)・子の安部弥一郎信勝(1552～1600)が二の丸。氏真は、駿府城の修復完成まで伊豆戸倉城に在城することになった。 | 1994 |

## 西暦1569

| | | | |
|---|---|---|---|
| 永禄12 | 5月17日 | 今川氏真(1538～1615)・早川殿(北条氏康娘)(?～1613)・御料人(娘)・姉貞春尼(嶺松院、武田義信妻)(?～1612)・伯母中御門宣綱(1511～1569)後家(今川氏親娘)・三浦氏員妻、蒲原城(静岡市清水区蒲原)に到着。<br>ここには北条宗哲(そうてつ)(?～1589)の次男北条氏信(綱重)(?～1570)が在城していた。<br>氏信は、甲相駿三国同盟を結んでいた武田信玄が駿河侵攻すると、北条氏は今川氏に助勢することになり、駿河に出兵した際に蒲原城を預かった。 | 1995 |
| | 5月23日 | 今川氏真は、北条領の伊豆国戸倉城(静岡県駿東郡清水町徳倉)へ落ち着き、北条氏政(1538～1590)の嫡男・国王丸(後の氏直)(1562～1591)を猶子とし、国王丸の成長後に駿河を譲ることを約す。 | 1996 |
| | 5月23日 | 武田信玄(1521～1573)、信長家臣津田国千世(織田氏の支族・津田掃部助の子)・武井夕庵(せきあん)に伝える。<br>「旧冬に信玄が駿州へ進攻して今川氏真を没落させると、遠州も過半が当方に属し、氏真が逃げ込んだ掛川一城を残すのみとなり、十日余りが過ぎたところに、信長の先勢として家康が出陣してきたので、家康の要望通り盟約の旨に従って遠州諸士の人質などを引き渡したこと、その後には相州北条氏政が氏真を救うために駿河国薩埵山へと進出してきたので、信玄も即座に軍を進めて対陣に及んだこと、家康が固い信念を持って掛川城の攻略に臨んでいるからには、当然ながら落城させて、氏真を討ち果たすか、虜囚として三・尾両国の何れかに送るものと思っていたところ、**小田原衆と岡崎衆が半途で会談して和与をまとめ、みすみす氏真に駿東への移駐を許してしまったのは不可解であること、家康は誓詞に於いて氏真や北条氏康・氏政父子と和睦しない旨を約束しており、この違約を信長はどのように考えているのかを質したいこと、然しながら、過ぎてしまった一件にこだわるつもりはないので、せめて氏真と氏康・氏政父子を敵とみなすように、信長から家康を説き伏せてほしい**こと、これらについては、使者の木下源左衛門尉(直参衆)が詳述する」。 | 1997 |
| | 5月24日 | 「就氏真帰国、家康へ以誓句申届處、御返答之誓詞速到来、本望候、殊氏真扞當方へ無二可有御入魂由、大慶候、就中、懸河出城之刻、其方至千半途、為證人入来之由、誠以手扱喜悦候、自今以後者、家康へ別而可申合候條、可然様に馳走任入候、仍馬一疋黒進之候、猶弟助五郎可申候、恐々謹言、」。<br><br>北条氏政(1538～1590)、家康家臣酒井忠次(1527～1596)に、今川氏真の掛川城退城の時に途中まで来て証人になってくれた処置を謝し、以後は何事も家康と相談するから、しかるべきように斡旋するよう書状を送る。<br>弟助五郎は、北条氏規(1545～1600)である。 | 1998 |
| | 5月一 | 今川氏真室・早川殿(?～1613)と今川氏真に随行した家臣の妻子等の非戦闘員達は、相模国早川(小田原市)に移って、久翁寺や海蔵寺に分宿して「宿取衆」と呼ばれる。 | 1999 |
| | 5月一 | この月、織田信長(1534～1582)、津田一安(織田忠寛)(?～1577)を使者として甲府の武田信玄(1530～1578)のもとに派遣する。 | 2000 |
| | 閏5月3日 | 上杉輝虎(謙信)と北条氏康の間で、いわゆる「越相同盟」が結ばれる。<br>氏康は、武田と敵対関係にあった上杉家と同盟を結ぶことで、武田の動きをけん制しようと考えた。<br>謙信も、関東への影響力を強められると考え、北条家からの申し入れを受け入れた。北条高広は、北条氏政の仲介のもと、再び上杉氏に帰参。 | 2001 |

# 西暦1569

|  |  |  |  |
|---|---|---|---|
| 永禄12 | 閏5月3日 | 北条氏政(1538～1590)、富士兵部少輔信忠(？～1583)・垪和氏続・太田十郎氏房(北条氏直の同母弟)(1565～1592)に、今川氏真が駿河名職を、北条国王丸氏直(1562～1591)に譲った事を宣言する。 | 2002 |
| | 閏5月3日 | 「氏真御二方、無相違至于沼津御着候」。<br>北条氏康、今川氏真の沼津到着と北条氏政との対面を報じた岡部大和守に対し、労いの返書を送る。岡部一族の忠節と、岡部和泉守の薩埵(静岡市清水区由比西倉澤)での粉骨を誉める。<br>沼津から黄瀬川を挟んだ三島には北条氏政の本陣があった。 | 2003 |
| | 閏5月17日 | **「細谷成ヶ之儀、野々山四郎衛門尉」。**<br>家康、朱印状をもって、三河国細谷百姓中に、野々山四郎衛門尉への年貢納入を命じる。野々山四郎右衛門尉(元政)だといい、朱印状の初見という。<br>三河野々山氏2代当主元政が、今川氏を離れ徳川氏に付いたようだ。 | 2004 |
| | 閏5月20日 | **「今度知行犬居之内給分方本知之事」・「今度宛行家山之内本知行之事 参」・「今度宛行犬居之内本知行之事 気」。**<br>家康、尾上彦拾郎(尾上正長)・鱸源六郎・渡辺三左衛門尉に所領を与える。<br>家康、尾上彦十郎正長に、犬居熊切内牧野・葛津堀之内田中・楠巣・気多内里原安堵。家山本領30貫安堵。<br>家康、鱸(鈴木)源六郎に、家山郷30貫文安堵。<br>家康、渡辺三左衛門尉に、犬居本領・知多・土石切・河内・竹ノ内・熊切内伊佐賀安堵。 | 2005 |
| | 閏5月21日 | 「去十五日駿州号沼津地納馬候、当地氏政陣下三島為近所之間、諸事遂談合」。<br>今川氏真(1538～1615)、上杉輝虎(謙信)(1530～1578)に、掛川城を徳川家康(1543～1616)に明け渡し沼津に移り、北条氏政(1538～1590)と共に武田氏と戦う旨伝える。 | 2006 |
| | 閏5月26日 | **家康の臣石川数正(1533～1592？)、犬居の天野景貫(藤秀)に、家康の三河国帰国につき、自らの遠江国滞在を伝える。** | 2007 |
| | 閏5月26日 | **石川数正、天野宮内藤秀に、遠江国家山の鱸源兵衛の動向を伝える。** | 2008 |
| | 閏5月- | **「定 舞坂 右於当郷、伝馬・并押」。**<br>家康、舞坂(静岡県浜松市西区舞阪町)に朱印状。「福徳」朱印の初見。 | 2009 |
| | 6月2日 | 駿河をほぼ撤退され怒る武田信玄、甲府を発つ。 | 2010 |
| | 6月9日 | 「上杉輝虎(謙信)と北条氏康が和睦ー越相同盟成立」。<br>氏康父子の誓約で、氏政の子・国増丸(太田源五郎)が謙信の養子になること、上野国は上杉氏に所属が決まる。<br>上杉輝虎(謙信)と北条氏康の間でいわゆる「越相同盟」が結ばれる。<br>北条氏康は、武田と敵対関係にあった上杉家と同盟を結ぶことで、武田の動きを牽制しようと考えた。謙信も、関東への影響力を強められると考え、北条家からの申し入れを受け入れた。 | 2011 |
| | 6月11日 | 小笠原与八郎(美作守氏興)(1529～1569)がこの日没し、子の高天神城(静岡県掛川市上土方)小笠原与八郎氏助(長忠、のち信興)19歳(1551？～1590？)が家督を継ぐ(寛政重修諸家譜)。 | 2012 |
| | 6月16日 | 「信玄の第二次駿河侵攻」。<br>武田信玄、甲斐・信濃の兵を率いて、駿河古沢(静岡県御殿場市)に迫る。<br>この日、北条氏康・氏政父子、上杉輝虎(謙信)に、信濃出兵を求む。 | 2013 |

## 西暦1569

| | | | |
|---|---|---|---|
| 永禄12 | 6月17日 | 武田信玄、韮山・山中・三島焼き払い、三島神社が焼失。<br>三島大社は静岡県三島市大宮町にある。 | 2014 |
| | 6月19日 | **「飯田城の戦い」**。<br>今川方の遠江飯田城(静岡県周智郡森町飯田)山内大和守通泰(みちやす)は、徳川軍榊原康政(1548～1606)・大須賀康高(1527～1589)・筧助太夫正重(1523～1594)らに攻められ討死。<br>しかし、通泰の庶子伊織は、家臣梅村彦兵衛に伴われて三河へ落ちのびる。 | 2015 |
| | 6月19日 | **「天方城の戦い」**。<br>家康軍榊原康政22歳(1548～1606)ら、天方城(あまかたじょう)(静岡県周智郡森町向天方)攻略のため進撃。この日、天方本城と支城の白山城を攻略。掛川城開城後も徳川に従おうとしなかった、今川方城主・天方山城守通興(みちおき)(1519～1596)は降伏。 | 2016 |
| | 6月20日 | **「奥郡下細谷知行分之事 右任先判」**。<br>家康、野々山四郎右衛門に三河国下細谷の所領を安堵する。野々山四郎右衛門尉(元政)という。 | 2017 |
| | 6月23日 | 武田信玄、駿河に進軍、北条方大宮城(静岡県富士宮市城山)に向かう。 | 2018 |
| | 6月25日 | 「第三次大宮城の戦い」。<br>武田信玄の大軍、大宮城の富士蔵人信通(のぶみち)(?～1619)を、前後20日間昼夜攻続ける。武田軍2千人死傷。北条方の富士蔵人信通は、2年間、矢・鉄砲・玉薬・篭城中の扶持や兵糧を富士氏自前で調達していたという。 | 2019 |
| | 6月25日 | **「一於寺中井門前、不可殺生事 一」**。<br>家康、三河国大樹寺登誉上人に禁制を発給し、殺生禁断、諸役停止などの法度を定める。 | 2020 |
| | 6月28日 | 信玄、御厨(みくりや)(静岡県御殿場市)に布陣。 | 2021 |
| | ― | **「家康、遠江をほぼ平定ー三河・遠江の二ヶ国領有」。**<br>**この頃、家康、高天神城(たかてんじんじょう)(静岡県掛川市下土方)を占領、小笠原氏助(のち信興)(1551?～1590?)をそのまま城将として置く。**<br><br>その後も、高天神城は、武田信玄・勝頼と徳川家康が争奪戦を繰り広げ、「高天神城を制するものは遠州を制する」と謳われた要衝の城。 | 2022 |
| | 7月2日 | 武田信玄、三島・韮山を攻撃。三島を焼き討ち。韮山(静岡県伊豆の国市韮山)で北条氏規(氏康の五男)(1545～1600)・氏忠(氏康の六男)(?～1593)兄弟の軍を破った後、三島から大宮へ兵を進めた | 2023 |
| | 7月2日 | 武田軍攻撃で、北条方大宮城の富士兵部少輔信忠(?～1583)と武田家臣穴山信君(梅雪)(1541～1582)との間で開城交渉。<br>北条氏政は、富士信忠に、3回にわたって開城を勧めた。 | 2024 |
| | 7月2日 | 「従是可申越之処、態音問祝着候、抑今度向豆州、及不虞之行、三島以下之悉撃砕、剰於于号北条地、当手之先衆与北条助五郎兄弟遂一戦、味方得勝利、小田原宗者五百余人討捕候、則小田原へ雖可進馬候、足柄・箱根両坂切所候之条、駿州富士郡へ移陣候、然者大宮之城主富士兵部少輔、属穴山左衛門大夫、今明之内ニ可渡城之旨儀定、此上者早速可令帰国候、猶土屋平八郎可申候、恐ゝ謹言、」。<br><br>武田信玄、信濃先方衆の玉井石見守に、大宮城の富士信忠が穴山信君に降伏して、今日明日にも城を明け渡す相談がまとまる、そしてすぐに帰国すると伝える。 | 2025 |

# 西暦1569

|  |  |  |  |
|---|---|---|---|
| 永禄12 | 7月3日 | 「信玄の第二次駿河侵攻終結ー信玄は駿河国富士郡を支配下に治める」。<br>武田信玄(1521～1573)、甲斐・信濃の兵を率いて、駿河大宮城を攻め、三度目の攻撃で、ようやく攻略する。 | 2026 |
| | 7月11日 | 武田信玄、武蔵に入り、鉢形城(埼玉県大里郡寄居町)主・北条氏邦(北条氏康の四男)(1541～1597)の兵と、秩父三山谷に戦う。 | 2027 |
| | 7月24日 | **「今度宛行知行之事 右犬居三ヶ村」。**<br>家康、天野八郎左衛門に、遠江国犬居内を安堵。 | 2028 |
| | 7月27日 | 北条氏康、清水新七郎の掛川籠城の功を賞す。<br>新七郎は、今川氏真とお二方の掛川ご籠城について、その行く末を見届けるため、当地へ来て申し出て、身命を捨てて数百里の海路を越えて馳せ参じた。 | 2029 |
| | 7月29日 | **「従前々花嶋為同心之処、今度懸川」。**<br>**家康、今川氏真へ内通した同心花島氏を成敗した天野宮内右衛門尉（藤秀）に、その跡職を与える。**天野氏の同心であった田河内の樽山城(浜松市天竜区春野町田河内)を守っていた天野美濃守、天野助兵衛(花島氏)という。 | 2030 |
| | 7月- | **「舛座之事 一拾弐人ニ申付上者、」。「家康、見付に秤座の制を定める」。**<br>家康、見付舛取かたに朱印状。遠江国府見付の問屋12名に枡座を結成させ、公定の枡を定める。 | 2031 |
| | 8月3日 | **「きんせい(禁制)はしハほつけ寺のうち、竹木きりとる事、かたく可令停止者也、もし此旨そむくともからにをひては、みあひにせいはひすへき者也、仍如件、」。(妙恩寺内の竹木を切ってはならない、もし違反するものがあれば厳罰にするので心得よ」。**<br>家康、福徳朱印状を妙恩寺(浜松市東区天龍川町)に与える。 | 2032 |
| | 8月3日 | **「於井伊谷所々買得地之事 一上都田只尾半名 一下都田十郎兵衛半分（永地也）一赤佐次郎左衛門尉名五分一 一九郎右衛門尉名 一祝田十郎名 一同又三郎名三ケ一分 一右近左近名 一左近七半分 一禰宜敷銭地 一瀬戸平右衛門尉名 已上 右条々、如前々領掌不可有相違、并千寿院・同重力ニ借預候任一筆、可有催促之、若於有難渋者、公方人以可有其沙汰者也、仍如件、」。**<br><br>家康、井伊家の政商ともいわれる瀬戸方久(せとほうきゅう)(1525～?)に安堵状を与える。<br>方久は家康の侵攻に際し、徳川軍が地元の都田川(みやこだがわ)を渡るとき、渡河点(浅瀬)を教え、さらに家宝の刀(銘「千寿丸重船」)を献上したという。家康は方久の対応をいたく気に入り、「瀬戸」の苗字と「御證文」を授けたという。 | 2033 |
| | 8月7日 | **「遠州犬居秋葉寺之事 右別当職并」。**<br>徳川家康、秋葉寺別当光播(加納坊、叶坊)に、天野宮右衛門尉(藤秀)納得のうえ、犬居秋葉寺別当職任ず。<br>戦国時代、一帯を領有していた天野氏が武田と徳川の狭間で揺れ動いていたため、秋葉山も荒廃を余儀なくされていた。それを再興したのは、家康の隠密として活躍した功績で秋葉寺別当に任ぜられた、可睡斎の禅僧茂林光幡(もりんこうは)。<br>光幡は秋葉山再興のために秋葉寺の宗旨を曹洞宗へと変えたが、依然修験系の色合いが強く、神仏混淆の寺として存続した。やがて秋葉山は火伏せの神として関東・東海・北陸に信仰を広め、その参詣道が秋葉街道と呼ばれるようになったという。秋葉山総本山秋葉寺(あきはさんそうほんざんしゅうようじ)は、静岡県浜松市天竜区春野町領家。 | 2034 |

| 年号 | 月日 | 事項 | No. |
|---|---|---|---|
| 永禄12 | 8月12日 | **「御太儀候共、笠居嶋へ此方陣取中、可有御在陣候…」。**<br><br>**家康、松平左近将監(大給松平真乗)(1546〜1582)に、遠江国笠居島への在陣を命じる。**<br>家康は、遠江の国侍を、引佐郡・浜名郡・磐田郡・周智郡・小笠郡と、西から東に侵攻した。今川氏の旧臣で、城主の地位をそのまま認められたのは、久野・小笠原の両氏だけであった。両氏はその軍隊をそのまま率いて、徳川氏の家臣団に組み込まれた。他の国侍は、徳川武将の組下に編入された。 | 2035 |
| | 8月20日 | ■「信長の北畠氏討伐戦─8月20日〜10月4日」はじまる。<br><br>織田信長(1534〜1582)、伊勢木造城(三重県津市久居木造町)主・木造具政(1530〜?)の、長兄北畠具教(1528〜1576)に背いての内応を受けて、八万余騎の軍勢を率いて、北畠氏を討伐するため、伊勢桑名まで出陣。秀吉、信長に従う。 | 2036 |
| | 8月24日 | 武田信玄、相模に向けて甲府を出陣。甲斐─信濃─碓氷峠を越えて西上野と進軍。 | 2037 |
| | 8月28日 | **「宛行同名淡路守・同弾正并采女佑」。**<br><br>**家康、久野三郎左衛門尉(宗能)(1527〜1609)に、その忠節を褒め称え、反逆し今川氏真方となった久野淡路守・久野弾正・久野采女祐跡職を与える。** | 2038 |
| | 9月1日 | **「宛行本知之事 合五拾参貫文 右」。**<br>家康、門奈善三郎(門名善三郎(直友))に、遠江国河匂庄内の名職を与える。 | 2039 |
| | 9月9日 | **徳川家康(1543〜1616)、堀川一揆の者を徹底的に捕らえ、この日、石川半三郎康次(数正の三男)、堀川城の戦いの捕虜7百人を、呉石塔の下(浜松市北区細江町気賀)で斬首する。** | 2040 |
| | 9月16日 | **「懸川番手之儀、兼而泉州へ申候、御太儀候共来ル廿日彼地迄」。**<br><br>家康、松平左近(忠次、松平康親)(1521〜1583)に、遠江国掛川城在番を命じ、20日までに任地に着くよう指示する。 | 2041 |
| | 9月26日 | **家康、大給松平真乗(1546〜1582)に遠江国掛川城在番を命じる。** | 2042 |
| | 10月1日 | 「第二次小田原城包囲」。<br>小田原城外に到着した武田軍は、周りの村落を焼き、小田原城を攻囲。しかし、難攻不落を誇る小田原城はびくともしない。 | 2043 |
| | 10月4日 | ■「北畠氏討伐戦(8月20日〜10月4日)─大河内城の戦い終結─信長、南伊勢平定」。<br><br>船江(松阪市)の薬師寺において国司北畠具教(1528〜1576)・具房(1547〜1580)父子と信長の次男で十一歳の茶筅丸(のちの信雄)(1558〜1630)とが親子の杯を交わし具房の養子となる。 | 2045 |
| | 10月4日 | 武田信玄、小田原城を攻めるも、北条氏政の徹底抗戦に遭い、この日、城に放火して兵を撤収。<br>しかし三増峠には、本城を救わんと支城から駆けつけた北条軍が武田軍を待ちかまえていた。 | 2044 |

# 西暦1569

|  |  |  |  |
|---|---|---|---|
| 永禄12 | 10月6日 | 「三増峠の戦い」。三増筋（神奈川県愛甲郡愛川町）の様子を探らせた信玄は、軍を三つに分けた。一つは中央の三増峠を行く馬場・小荷駄(内藤修理が警備)・武田勝頼・浅利信種隊。二つは峠東方を進む信玄、旗本、残りの隊。三つは峠西方を進む小幡信貞(1541～1592)・山県昌景(1529～1575)・侍大将ら遊軍の隊。<br>中央隊が三増峠の頂上にさしかかると左右から出撃して小荷駄隊を警護、そして敵部隊を挟撃するという戦略である。この戦いは激戦になると予想した信玄は、乱戦時に諸隊が乱れたときには指揮をとる「検使の旗本」を付けた。<br>馬場信春隊には幸隆の三男武藤喜兵衛（後の真田昌幸）、勝頼には三枝勘解由守友（昌貞）(1537～1575)、浅利隊には曽根内匠（昌世）（？～？）。そして一番槍は馬場隊の検使・武藤喜兵衛(真田昌幸)(1547～1611)が果たし、戦いが始まるが、この中央隊の戦いは熾烈を極めた。殿軍の侍大将・浅利右馬助信種以下多くの武将が討ち死にするも、左右隊が敵軍の先鋒を急襲挟撃。横を突かれた北条勢は大混乱に陥り、日が暮れる頃、半原山に逃げ込んだ。この結果、北条方は、武田軍の突破・甲府への帰還を許してしまった。 | 2046 |
| | 10月7日 | 「三増峠の戦い」。<br>夕刻には、北条氏康(1515～1571)・氏政(1538～1590)父子の本隊1万が、荻野(神奈川県厚木市)まで進出していたが、敗戦を知り、小田原へ引き返す。 | 2047 |
| | 10月7日 | 信玄、甲斐の上野原(山梨県上野原市)に着く。 | 2048 |
| | 10月8日 | 武田信玄、甲府に帰陣。信玄は、関東遠征に失敗し戦略の転換を迫られる。 | 2049 |
| | 10月8日 | ■「信長、南伊勢の仕置き」。信長、上野(三重県津市河芸町)に着く。<br>信長はここで軍勢を解き、次男茶筅丸(信雄)を大河内城主として介添え(南方奉行)に津田一安(織田忠寛)(？～1577)を置き、安濃津(津)・渋見・木造の三城には滝川一益(1525～1586)の人数を入れ、伊勢上野城には弟の織田信包(のぶかね)(1543/1548～1614)を封じる。自らは馬廻のみをつれて京へ向かうことにし、諸国の軍勢にも帰国を許す。(『信長公記』)。信包はその後、安濃津(津)城に移る。 | 2050 |
| | 10月12日 | ■信長、将軍足利義昭に対する伊勢平定報告のために、上洛。 | 2051 |
| | 10月13日 | ■「織田信長、初の参内」。信長（1534～1582)、参内し禁裏修理を見舞い、太刀と三千疋を献上する。正親町天皇(1517～1593)との対面は無かった。 | 2052 |
| | 10月16日 | 北条氏政、上杉輝虎（謙信）への養子を、子国増丸（太田源五郎）(1563？～1582)から弟三郎(上杉景虎)(1554～1579)へ変更する。 | 2053 |
| | 10月16日 | **■義昭と衝突した信長、三万騎を率い急遽、岐阜に向けて京を出る。正親町天皇に理由を質され、足利義昭と不和のためと答える。** | 2054 |
| | 10月19日 | 武田信玄、秩父在陣、「人民断絶」と記す。信玄率いる武田軍が、26日まで、秩父地方の寺社仏閣に火を放ち焼き払ったという。 | 2055 |
| | 10月19日 | ■織田信長、岐阜城帰陣。 | 2056 |
| | 11月5日 | **■正親町天皇、山科言継へ、9月に挙行される後奈良天皇十三回忌の法事にあたり、徳川家康が2万疋を進上したので、御懺法講が滞り無く挙行されたことを賞す「女房奉書」を下す**。また織田信長へも献金の旨を申し渡すよう指示。 | 2057 |
| | 11月5日 | 信玄、駿河攻略のため甲府を出陣。 | 2058 |
| | 11月13日 | 北条氏康・氏政父子、越中討伐中の上杉輝虎(謙信)に、深雪を越え信濃に出兵し、武田信玄の牽制を求める | 2059 |

西暦1569

| 年 | 月日 | 事項 | No. |
|---|---|---|---|
| 永禄12 | 11月28日 | 信玄、大宮城(静岡県富士宮市元城町)に在城。 | 2060 |
| | 11月28日 | 「信玄の第三次駿河侵攻」。<br>信玄、駿河の北条諸城(深沢城・新庄城・湯沢城・足柄城・山中城など)を攻める。 | 2061 |
| | 12月4日 | 北条軍、駿河より引き上げる。 | 2062 |
| | 12月4日 | 武田軍、岩渕・蒲原を放火。 | 2063 |
| | 12月6日 | 「蒲原城の戦い」。<br>武田信玄、勝頼・信豊(1549～1582)が奮戦で、千人が守る駿河蒲原城(静岡市清水区蒲原)を陥れ、守将・北条新三郎氏信(北条綱重)(?～1570)・箱根少将長順兄弟以下711人を斬る。これにより薩埵山砦の北条軍は撤退。 | 2064 |
| | 12月7日 | 武田信玄、今川方岡部次郎右衛門正綱(1542～1584)が拠る駿府館を包囲。 | 2065 |
| | 12月10日 | 武田信玄(1521～1573)、織田信長(1534～1582)に、上杉輝虎(謙信)(1530～1578)の信濃出兵を中止させるよう依頼。 | 2066 |
| | 12月12日 | 「第三次薩埵峠(静岡市清水区)の戦い」。<br>薩埵陣の岡部和泉守・大藤政信ら自落。武田信玄が勝利。 | 2067 |
| | 12月13日 | 「駿府館の戦い」。駿府城(静岡市葵区)の岡部正綱ら400、武田軍に防戦。 | 2068 |
| | 12月13日 | **「今度於榛原郡宛行知行之事 一吉」**。<br>家康、松平左近丞(大給松平真乗(さねのり))(1546～1582)に、遠江国榛原郡内で2000貫文の所領を与える。 | 2069 |
| | 12月14日 | 「駿府館開城」。<br>武田信玄、臨斎寺鉄山宗純(1532～1617)に、今川氏真の家臣・岡部次郎右衛門正綱(1542～1584)らを説得させ投降させる。<br>今川家と関係の深い臨済寺(静岡市葵区大岩町)の当時の住持は、甲斐生まれの鉄山宗純だった。信玄は本陣に招いた宗純を説いて今川館へ送り込み、岡部正綱の所領安堵と全員の助命を条件として降伏を勧告させた。 | 2070 |
| | 12月14日 | 信玄旗本60騎・馬場美濃(信春)60騎、薩埵山(静岡市清水区由比町西倉沢)に籠る今川方を攻める。興津河原まで追い掛け37人討ち取る。 | 2071 |
| | 12月15日 | 今川氏真(1538～1615)、使を沼田在城の上杉輝虎(謙信)(1530～1578)に遣わし、その関東出陣を謝し、併せて甲斐・信濃への出兵を求める。 | 2072 |
| | 12月16日 | 武田軍、北条方深沢城(静岡県御殿場市深沢字本城)を攻める。 | 2073 |
| | 12月18日 | 「就今度不慮之儀、当城相移之処、泰朝同前、不準自余令馳走之段忠節也」。<br>沼津から韮山城(静岡県伊豆の国市韮山)に避難した今川氏真、家臣興津摂津守の功績を称える。 | 2074 |
| | 12月22日 | **家康、匂坂六郎五郎吉政に、匂坂750貫・見取・牛飼・寺谷・平松40貫を安堵。**<br>掛川城開城後、兄六郎左衛門式部政信も徳川方に合流し、匂坂(向坂)氏は一族揃って家康の臣下となった。父である長能の武勇を聞いた家康は郷の鎮守とするように命じ、所領七百九十貫を安堵したという。 | 2075 |
| | 12月- | **「参州渥美郡船形山普門寺桐岡院領」**。<br>家康、船形山桐岡院(三河国普門寺桐岡院)(豊橋市雲谷(うのや)町ナベ山下)の所領などを安堵する。 | 2076 |

# 西暦1570

|  |  |  |  |
|---|---|---|---|
| 永禄13(元亀1) | 1月4日 | 山西(焼津・藤枝の周辺)に侵入を図る武田軍に対し、今川方花沢城衆が、小坂口(静岡市駿河区小坂)で迎え撃つ。 | 2077 |
| | 1月4日 | 武田信玄、駿河深沢城(静岡県御殿場市深沢字本城)を落とす。<br>駿河における戦況は武田方に有利となった。 | 2078 |
| | 1月10日 | **武田信玄(1521～1573)、今川方大原肥前守資良(小原鎮実)(？～1570)が花沢城(静岡県焼津市高崎)で抵抗している事を、徳川家康(1543～1616)に伝える。** | 2079 |
| | 1月23日 | **■「信長、家康および三河国諸侍中らに上洛を命じる」。**<br>織田信長、畿内近国の二十一国に及ぶ諸大名、諸将に触状を発す。<br>「禁中御修理」・「武家御用」及び「天下弥静謐」のために信長が来月中旬に参洛するので各自上洛し、足利義昭に御礼を上奏し「馳走」することが大事であり、延引することはないようにと通達。 | 2080 |
| | 1月25日 | 武田信玄、大兵を率いて花沢城へ出陣。 | 2081 |
| | 1月26日 | 「花沢城の戦い」。今川方の花沢城の大原肥前守資良(小原鎮実)・三浦右衛門義鎮3千を、武田軍が攻める。武田方・孕石泰時(山県昌景の与力)が一番槍。 | 2082 |
| | 1月27日 | 武田信玄(1521～1573)、花沢城を陥す。村上弥右衛門は浜松に至り、家康の臣下となる。伊丹康直は、武田軍海賊衆となる。<br>大原肥前守資良(小原鎮実)(？～1570)は花沢城から逃亡し、遠江国高天神城(静岡県県掛川市)の小笠原氏助(後の信興)に身を寄せたという。しかし、既に徳川家康に属していた**小笠原氏助(のち信興(のぶおき))(1551？～1590？)は、大原資良(小原鎮実)・三浦義鎮(右衛門佐)父子の首をはねて家康に献上した。**<br>鎮実は、三州吉田城代のおり、徳川御家人の人質を悉く串刺しにした恨みが深く、徳川家康が激怒していたのを聞いていたためという。<br><br>信玄、さらに藤枝の今川方徳之一色城を陥し、これを田中城(藤枝市西益津)と名付け、2月中旬まで逗留する。 | 2083 |
| | 2月15日 | 武田信玄、清水(静岡市清水区)へ陣を移して江尻城(静岡市清水区江尻町)の普請に着手し、海賊衆の編成を行った。 | 2084 |
| | 2月18日 | 北条氏康・同氏政父子、起請文を上杉輝虎(謙信)に送りて盟約を誓い、且つ兵を信濃または西上野に出して、武田信玄の勢を牽制することを求める。<br><br>「越相同盟」。武蔵岩付の返還・養子の出立という、北条・上杉の和睦条件が整い、この日以降、誓詞・条書が交換される。 | 2085 |
| | 2月18日 | **織田信長(1534～1582)、駿河江尻城逗留の武田信玄(1521～1573)に書を送り、徳川家康(1543～1616)の入魂と引廻しを依頼する。** | 2086 |
| | 2月25日 | ■信長、岐阜城を出立、京に向かう。赤坂で宿陣。(『信長公記』)。 | 2087 |
| | 2月26日 | **「徳川家康29歳、織田信長上洛に合流、随行」。**<br>織田信長が越前朝倉氏討伐を企図し、家康にも派兵を要請した。 | 2088 |
| | 2月下旬 | 信玄、甲斐へ帰国し、武蔵・上野の北条軍を攻めた。 | 2089 |

## 西暦1570

|  |  |  |  |
|---|---|---|---|
| 永禄13<br>(元亀1) | 2月30日 | ■織田信長、申刻(16時)に山中越で上洛。<br>公家衆・奉公衆が近江国堅田・坂本・山中などへ迎えに行った。上下京の地下人は一町につき五人が狩り出され、京都郊外の吉田まで迎えに出た。私(言継)が五辻の間を歩行の間、信長公は馬を降りて一町ばかり同道しその後乗馬し、明智光秀の宿所に赴かれた。(『言継卿記』)。 | 2090 |
| | 2月30日 | **徳川家康(1543～1616)、織田信長入京に随行。三好義継・和田惟政・松永久秀らも京都に集結する。**<br>信長に挨拶の者たちで門前は市をなすがごとき情景となった。 | 2091 |
| | 3月1日 | ■織田信長(1534～1582)、将軍足利義昭(1537～1597)へご機嫌伺い、次いで禁裏に(二度目の)参内して物を献上、禁裏造営を視察。誠仁(さねひと)親王(1552～1586)に初めて対面。<br>信長に随行したのは、畠山昭高、畠山高政、三好義長(義興)、畠山播磨守、鷲巣、大舘輝光、大舘晴忠等という。 | 2092 |
| | 3月3日 | 北条氏康、同盟した上杉輝虎(謙信)に、至急信濃に出兵し、武田信玄を牽制するよう求める。 | 2093 |
| | 3月5日 | 上杉輝虎(謙信)は、北条氏康の七男三郎氏秀(上杉景虎)(1554～1579)の代わりに、柿崎城(中頚城郡柿崎町)城主・柿崎景家(1513？～1574)の子・晴家(？～1578)を人質をして小田原城に送る(越相同盟)。 | 2094 |
| | 3月5日 | ■**三月五日、御上洛、上京驢庵に至って御寄宿。畿内隣国の面々等、三州より家康公御在洛。門前市をなす事なり。**(『信長公記』)。<br>3月5日、織田信長が上洛、半井驢庵の町家に訪問し寄宿と、『信長公記』は、2月30日上洛、明智光秀の宿所に行ったことを隠している。<br><br>実はこの日予定通り、信長は半井驢庵の町家に寄宿したのだろう。 | 2095 |
| | 3月7日 | 家康家臣・本多忠勝23歳(1548～1610)、信長に招かれて精鋭二千兵で相国寺へ入る。 | 2096 |
| | 3月17日 | ■**足利義昭(「武家」)、山科言継を同行し「桜馬場」に於いて徳川家康内衆(「三川徳川之内衆」)の乗馬を見物**。見物の「貴賤」は二万人ばかりであった。(『言継卿記』)。 | 2097 |
| | 3月— | **この月、遠江国浜松近くの堀江で再び一揆が発生し、徳川家康軍によって平定される。** | 2098 |
| | 3月— | この頃、富田大中寺(栃木県栃木市大平町西山田)において上杉輝虎(謙信))と北条氏康が対面し、氏康はかねての約束通り、17歳の三郎(のちの上杉景虎)(七男氏秀・初め信玄の養子として武里二郎氏秀といった)を質として差出すこととする。謙信、これを養子として迎える。<br>3月5日、謙信の姪(上杉景勝の姉)を三郎に娶らせることが約束される(越相同盟)。 | 2099 |
| | 4月4日 | **この日、織田信長より徳川家康に、あらためて朝倉氏討伐加勢が命じられるという。** | 2100 |
| | 4月10日 | 上杉輝虎(謙信)(1530～1578)、北条氏康(1515～1571)の七男・三郎を養子として「景虎」(1554～1579)と名乗らせる。 | 2101 |
| | 4月10日 | 武田信玄、駿河攻略に当たって将軍義昭に駿河国で1万疋の御料所と近臣一色藤長に5千疋の地を進献すると約束、あわせて四郎勝頼に任官と偏諱を請う。 | 2102 |

# 西暦1570

|  |  |  |  |
|---|---|---|---|
| 永禄13<br>(元亀1) | 4月14日 | 武田信玄(1521～1573)、伊豆に侵入せんとし、海津城代の春日虎綱(高坂昌信)(1527～1578)に、信濃・上野の兵を率いて出陣すべきことを命ずる。ついで、北条氏政(1538～1590)は、上杉輝虎(謙信)に、信濃に侵入して、信玄を牽制することを請う。 | 2103 |
| | 4月14日 | **■幕府御所(二条城)の祝宴がある。信長、能楽を開催。参加者に徳川家康。**<br>信長はさらに、官位の昇叙を勧められるが辞退という。 | 2104 |
| | 4月中旬 | この頃、北条氏政、武田方の深沢城(静岡県御殿場市)を攻撃する。城将・駒井右京亮昌直(政直)(1542～1595)は頑強に低抗、北条勢は、やむなく引き上げる。<br>昌直は、信玄の側近中の側近であり、軍事においても政治においてもその参謀として活躍、その記録を日記に記した駒井高白斎政武の嫡男。 | 2105 |
| | 4月16日 | 「信玄の第四次駿河侵攻」。武田信玄、甲府から駿河へ出陣。 | 2106 |
| | 4月19日 | **武田信玄、徳川家康に書を送り、織田信長に同心して上洛する労を慰問し、洛内外の「静謐」を祝す。** | 2107 |
| | 4月19日 | 北条氏康、上杉輝虎（謙信）へ、重ねて信濃に出兵し、武田信玄を牽制するよう求める。 | 2108 |
| | 4月19日 | ■織田信長、誠仁親王へ「結花枝」を献上。明日の「出陣御暇乞」(朝倉討伐のため)の祇候で、山科言継は「衣冠」を着用し参内。三条西実澄・万里小路惟房・烏丸光宣・「極﨟」らも同様に参内。正親町天皇(「禁裏」)より「薫物」十貝を賜り退出。「御使」は万里小路惟房であった。(『言継卿記』)。<br>織田信長、暇請いそして足利義昭と禁裏造営を視察し、禁裏に四度目の参内をし若狭討伐の勅命を得、正親町天皇より薫香を下賜される。 | 2109 |
| | 4月20日 | **■「信長の越前侵攻戦ー家康、朝倉氏討伐に出陣」。**<br>若狭討伐勅命の織田信長、早旦に家康ら諸将・秀吉ら兵三万を率いて、朝倉氏討伐のために出京、近江国堅田に陣取る。奉公衆明智光秀（1528？～1582）や公家の飛鳥井雅敦(1548～1578)・日野輝資(1555～1623)らも出陣。官軍の司令官としての出陣であった。<br><br>信長は朝倉義景（1533～1573）に出仕を命じており、足利義昭との密書交換の件について詰問するつもりでいたが、義景は上洛しなかった。信長、将軍の命に背いた若狭国の武藤友益(？～？)を討つという口実で、大軍を率い若狭へ向かう。 | 2110 |
| | 4月20日 | 武田信玄、大宮城(静岡県富士宮市)に入って城の修築。 | 2111 |
| | 4月20日 | 北条氏政、甲州勢の駿河富士ロへの侵攻を上杉輝虎（謙信）に報じ、重ねて信州口への出馬を求める。 | 2112 |
| 元亀1 | 4月23日 | **■この日「元亀」と改元。**戦乱などの災異のため改元。 | 2113 |
| | 4月25日 | ■～27日、正親町天皇（1517～1593)、御所の内侍所で織田信長の戦勝祈願のために「千度祓」を行う。(『御湯殿上日記』)。<br>信長の若狭討伐（実際は朝倉氏討伐）は、将軍の上意と天皇の勅命を帯びた初めての公認の戦いとなる。 | 2114 |
| | 4月25日 | **「家康軍、敦賀にて信長軍に合流」。**<br>遠江・三河の軍勢1万余の家康軍、朝倉方の手筒山城を一日で攻略する。 | 2115 |

# 西暦1570

| | | | |
|---|---|---|---|
| 元亀1 | 4月25日 | ■「信長の越前侵攻戦」。信長(1534~1582)、突然、若狭・越前国境の関峠を越えて越前国敦賀郡に入り、敦賀の妙顕寺(福井県敦賀市元町)を本陣として朝倉方の手筒山城(敦賀市泉・手筒)と金ヶ崎城(敦賀市金ヶ崎町)の二つの支城を攻めはじめる。<br>織田軍、二千余の戦死傷者を出す。(『多聞院日記』)。<br>初陣の森可隆(可成の嫡男)(19歳)(1552~1570)、討ち死にする。(『信長公記』)。<br>柴田勝家、木下秀吉らと共に手筒山城を攻略し敵の首一千三百七十を討ち取る。(『家忠日記増補』)。 | 2116 |
| | 4月25日 | ■「信長の越前侵攻戦―浅井長政反覆」。<br>信長が浅井長政(1545~1573)と交わした「朝倉への不戦の誓い」を破ったため、長政は朝倉義景(1533~1573)との同盟関係を重視し、織田信長に反覆。 | 2117 |
| | 4月26日 | **■「信長の越前侵攻戦」。織田・徳川連合軍、金ヶ崎城(福井県敦賀市金ヶ崎町)の朝倉中務大輔景恒(?~1570)を攻略、敦賀郡全域を占領。**(『信長公記』)。<br>続いて疋壇城(ひきだじょう)(敦賀市疋田)も落とした。 | 2118 |
| | 4月26日 | **■「信長の越前侵攻戦」。織田・徳川連合軍、木目峠を越えて朝倉領国(越前)に攻め入ろうとした矢先、妹婿の浅井長政反覆の報せが入る。**(『信長公記』)。<br>信長の妹・お市が両端をきつく縛った小豆入りの袋を信長へと送り、「袋のネズミ」ということを暗に仄めかしたという逸話はこのときのこと。 | 2119 |
| | 4月28日 | 朝倉義景(1533~1573)率いる兵二万、敦賀に到着。 | 2120 |
| | 4月28日 | **■「信長の越前侵攻戦ー信長の金ヶ崎退き口」。**<br>夜、織田軍、全軍撤退をはじめる。信長(1534~1582)、敦賀を撤退、丹後道(若狭路)を、三方郡佐柿の国吉城(佐柿城)に向かう。このときに殿軍として金ヶ崎城に池田筑後守勝正(1530?~1578)らを残した。この殿軍は朝倉勢の追撃を受けて一千三百以上の兵士が討ち取られたといわれている。後に木下秀吉・明智光秀ら、金ヶ崎城より撤退。木下秀吉(1537~1598)・明智光秀(1528?~1582)らの殿軍は、疑問視されている。 | 2121 |
| | 4月28日 | **「信長の越前侵攻戦ー家康も退却」。**<br>**徳川家康(1543~1616)、木の芽峠から退却する。途中から本隊を率いる池田勝正隊に代わって殿軍を務め鉄砲にて防戦撤退ともいう。** | 2122 |
| | 4月30日 | ■「信長の朽木越えー信長の越前侵攻戦」終わる。<br>信長は、地元の近江朽木城主・朽木信濃守元綱(1549~1632)の協力もあり、越前敦賀から朽木を越えて、亥下刻(23時半頃)に京へ逃げ延びた。供はわずか十人程度であったという。 | 2123 |
| | 5月3日 | **■山科言継、松木宗房・三条公仲・白川雅朝・中原師廉らを同行し織田信長を訪問。林秀貞(「林佐渡守」)が申次、徳川家康(「徳川左京大夫」)・畠山高政(「畠山尾張守」)・松永久秀(「松永山城守」)らにも面会。坂井好斎(好斎一用)より談合の子細が説明された。次いで徳川家康以下三名(畠山高政・松永久秀)に「飯」が振る舞われた**。次いで三好義長(義興)(「三好左京大夫」)からの「音信」が届いたが披露はされず、各自「罷帰」った。(『言継卿記』)。 | 2124 |
| | 5月9日 | ■織田信長、軍勢二万を率い出京、岐阜に戻るべく近江に下る。近江国坂本まで下向。 | 2125 |

# 西暦1570

| | | | |
|---|---|---|---|
| 元亀1 | 5月13日 | ■山科言継、織田信長が近江国永原城に移ったという情報に接す。(『言継卿記』)。浅井の裏切りと甲賀に逃れた六角の挙兵により、中山道を通っての岐阜帰城を断念した信長は、京から岐阜への道を確保する。千草峠を経由して伊勢、尾張、美濃へと帰るルートだった。 | 2126 |
| | 5月14日 | 武田信玄の軍勢、北条氏政・今川氏真と駿河吉原で戦う。 | 2127 |
| | 5月18日 | **徳川家康、京より岡崎へ帰城。** | 2128 |
| | 5月19日 | ■織田信長、千草山中の甲津畑で六角承禎（1521～1598）の放ったともいわれる刺客・杉谷善住坊（？～1573）に狙撃され、体をかすめた。(『信長公記』)。<br>「笠之柄」に当たったという。 | 2129 |
| | 5月21日 | ■狙撃されながらも、織田信長、岐阜へ帰還。(『信長公記』)。<br>信長、暗殺されかけた事に激怒し、徹底した犯人探しを厳命。 | 2130 |
| | 5月25日 | ■浅井長政への攻撃の準備を進める織田信長、美濃国郡上郡木越城（岐阜県郡上市大和町島）主・遠藤胤俊（「遠藤新右衛門尉」）（1546～1570）・八幡城（郡上市八幡町柳町）主・遠藤慶隆（「遠藤新六郎」）（1550～1632）へ、近江国北郡への軍事行動に際し来る六月二十八日以前に美濃国岐阜まで出頭を命令。今回の軍事行動は「天下之為、信長為」に重大な作戦であるから「人数」（軍勢）は老若を問わず多勢を率いるべきこと、功績次第では訴訟している内容も了承する旨を通達。また人員は知行高よりも一層奔走すべきこと、「鉄炮」については塙直政（「塙九郎左衛門尉」）（？～1576）・丹羽長秀（「丹羽五郎左衛門尉」）（1535～1585）より指示があることを通達。 | 2131 |
| | 5月下旬 | 「信玄の第四次駿河侵攻」終わる。信玄、甲府帰陣。 | 2132 |
| | 6月一 | **「家康、浜松城に移る」。**<br><br>**この月、徳川家康（1543～1616）、岡崎城を嫡男・竹千代（信康）（1559～1579）に譲り、自身は曳馬城（引馬城、引間城）（静岡県浜松市中区元城町）に移る。**<br>**その際に、曳馬という名称が「馬を引く」、つまり敗北につながり縁起が悪いことから、かつてこの地にあった荘園（浜松荘）に因んで城名・地名ともども「浜松」と改めた。**<br>家康は、天正14年（1586）12月4日、駿河府中に移るまでの17年間（数え年29から数え年45まで）、浜松に在城した。29歳から45歳、壮年期から中年期にわたる期である。浜松城の築城がはじまる。家康が本城を引馬に進めたのは、遠江をその分国にしようとする意図であり、それは武田信玄との生死をかけた戦いを意味するもので、その決意を内外に示したことになる。 | 2133 |
| | 6月4日 | ■「野洲河原の戦い」。長光寺城（滋賀県近江八幡市長光寺町）守備・柴田勝家、佐久間信盛・江州衆らと共に、城に攻め寄せた六角勢を野洲川において破る。<br>この勝利により、江南はひとまず鎮静した。 | 2134 |
| | 6月5日 | 「越前并江州属静謐信長御帰国珍重候、浅井事者一往雖企不儀追伐不可廻踵候、仍去四月下旬、以市川十郎右衛門尉申候砌、」。<br><br>信玄、織田信長の右筆・武井夕庵宛に書状を送り、越前と北近江が鎮圧され、信長が無事帰国したことを祝す。 | 2135 |

| 年 | 月日 | 事項 | 番号 |
|---|---|---|---|
| 元亀1 | 6月8日 | 「御札之趣致披露候、如仰信長路次中無異儀下着、珍重に被思召候、弥如被仰談、早速御調儀肝要之旨、任其意可申入由に候、誠今度者、永々御在京之処、無音之仕合、失本意存候、将又去四日、江南江承禎取出、浪人衆敗軍候、三雲、高野瀬、其外随分之衆討死候、佐々木父子三人不知行方候、尚御使僧可被申候…」。足利義昭の意を受けた**一色式部少輔藤長、徳川殿（家康）に返報の書状を送り、この年三月から四月に在京した家康に対して、面会したり書状のやり取りができなかった非礼をわび、さらに六月四日に、近江の六角承禎が織田信長に敗れたことを知らせる。** | 2136 |
| | 6月11日 | **浜松の家康、信長より加勢を命じられるという。** | 2137 |
| | 6月15日 | 武田信玄(1521〜1573)、越前国の朝倉義景(1533〜1573)に、国内の安定に関しての助力を依頼。 | 2138 |
| | 6月16日 | 武田信玄、駿河に侵入して、古沢新城（静岡県御殿場市古沢）を攻めたが落ちず、三島に侵入、北条城(山中城)(静岡県三島市山中新田)を攻め、転じて富士大宮城(静岡県富士宮市元城町)を攻め落とす。 | 2139 |
| | 6月18日 | ■「信長の浅井・朝倉討伐戦─6月18日〜7月3日」はじまる。<br>織田信長(1534〜1582)、近江の浅井父子討伐のため、岐阜より近江国浅井郡へ着陣。(『士林証文』)。 | 2140 |
| | 6月19日 | ■山科言継、足利義昭(「武家」)が明日の近江国への出陣(「御動座」)延引したことを知る。<br>池田勝正（摂津国池田城主）(1530？〜1578)が一族内紛のため池田城を追放されたことが原因だという。また三好三人衆と阿波国衆・讃岐国衆が出陣(「出張」)したという注進があったことも知る。(『言継卿記』)。 | 2141 |
| | 6月21日 | ■「信長の浅井・朝倉討伐戦」。<br>長比城（滋賀県米原市柏原）を出た織田信長、要害の小谷城（滋賀県長浜市湖北町伊部）から浅井長政をおびき出すため、森可成・坂井政尚・斎藤新五(斎藤利治)・市橋長利・佐藤六左衛門・塚本小大膳・不破光治・丸毛長照をして、江北に火を放ち、虎御前山(滋賀県東浅井郡虎姫町)に陣取る。さらに柴田勝家・佐久間信盛・蜂屋頼隆・木下藤吉郎・丹羽長秀および江州衆に命じて近在の諸所へ余すところなく火を放たせた。(『信長公記』)。 | 2142 |
| | 6月22日 | **徳川家康、浜松を出陣、近江に向かう。** | 2143 |
| | 6月22日 | ■「信長の浅井・朝倉討伐戦─八相山の退口」。<br>信長軍、伊吹弥高（滋賀県米原市(伊吹)）に退陣。浅井勢がこれを追撃するも、殿軍の信長家臣の簗田左衛門太郎広正(？〜1579)・中条将監(家忠)(？〜1577)・佐々成政(1536〜1588)らに退けられる。信長、「やたかの下」に陣を敷く。(『信長公記』)。 | 2144 |
| | 6月24日 | ■この頃、八千の朝倉軍が、六千の浅井軍に合流すべく、横山城に向かう。 | 2145 |
| | 6月24日 | ■信長軍、長浜龍ケ鼻（滋賀県長浜市東上坂町龍ヶ鼻）に進駐。浅井長政をおびき出すため、横山城(長浜市堀部町・石田町)を攻撃する。(『信長公記』)。 | 2146 |
| | 6月24日 | **「信長の浅井・朝倉討伐戦─6月18日〜7月3日ー家康、龍ケ鼻に着陣」。**<br><br>**徳川家康29歳、五千の兵を率いて、信長本陣・長浜龍ケ鼻に到着。**<br>**織田・徳川連合軍は二万五千となる。信長(1534〜1582)、浜松から来援した徳川家康(1543〜1616)に源為朝の鏃(やじり)を与える。** | 2147 |

# 西暦1570

| | | | |
|---|---|---|---|
| 元亀1 | 6月26日 | **「今度於姉川合戦浅井備前守・朝倉」。**<br><br>**家康（得川蔵人御書判）、小笠原信濃守・同左衛門佐の姉川合戦軍功を賞す。**<br>高天神小笠原氏一族か。姉川合戦は、もう、はじまっていたのか。 | 2148 |
| | 6月27日 | ■再々延期されていた将軍足利義昭の動座は、この日とされていたが、またまた延期となり、動座自体が休止となる。 | 2149 |
| | 6月27日 | **家康29歳、五千の兵を率いて、信長本陣・長浜龍ケ鼻に到着。6月24日のようだ。** | 2150 |
| | 6月27日 | ■**「信長の浅井・朝倉討伐戦」**。<br>未明、浅井・朝倉が大依山の陣を引き払ったので撤退のように見えたが、夜になって浅井・朝倉軍は姉川の手前まで進出し、野村・三田村の二手に分かれて布陣した。<br>**徳川軍は西方で三田村の朝倉軍と、織田軍は東方で野村の浅井軍と対峙した。**<br>**信長主力の東側に美濃三人衆を配した。**<br>織田軍は十三段の陣を布いたと、『甫庵信長記』では記される。 | 2151 |
| | 6月28日 | **「姉川の戦い」**。戦いが始まると浅井軍は姉川を渡り、織田軍の備えを次々と突き崩し、信長の本陣に迫った。<br>**家康は榊原康政に命じ姉川下流を渡らせ、朝倉軍の側面を襲撃させた。これにより朝倉軍は崩れて形勢は逆転、織田・徳川軍の大勝利に終わったと、徳川側は後に記す。中安兵部少輔定安、家康の馬前で討死。** | 2152 |
| | 6月28日 | **「姉川の戦い」**。朝倉軍の客将で、刃長5尺3寸（約175㎝）の大太刀を振るって奮闘した、真柄（まがら）十郎左衛門直隆(1536～1570)は、敗戦が濃厚になると味方を逃がすべく、単騎で徳川軍に突入し、12段構えの陣を8段まで突き進んだ。<br>しかし、家康家臣の匂坂（向坂）兄弟の攻撃を受け力尽き、「我頸を御家の誉れにせよ」と敵に首を献上して果てたという。向坂（さきさか）六郎左衛門式部政信と渡り合っていたが、途中からその弟の向坂（匂坂）六郎五郎吉政が十文字槍をもって助太刀に入り、真柄の首を討ち取ったという。 | 2153 |
| | 6月28日 | **「信長の浅井・朝倉討伐戦ー姉川の戦い(滋賀県長浜市野村町)」。**<br>**織田・徳川連合軍、浅井・朝倉軍を敗る。**<br>**小笠原氏助（長忠、のち信興）(1551？～1590？)、徳川軍の第二陣として戦功をあげる。浅井石見守政之(久政の三男)(？～1570)、討死。**<br><br>早朝から七時間に及ぶ激闘で、両軍とも多くの戦死者を出す。浅井・朝倉軍は小谷城に向けて撤退。浅井・朝倉軍は九千六百人が討死という。(『言継卿記』)。<br>信長はすぐさま横山城の攻略に着手、時の城主三田村氏は降伏し、落城。信長は城番として木下秀吉を任命。横山城(滋賀県長浜市堀部町・石田町)は、小谷城に対する最前線基地として機能し、秀吉はここを拠点として浅井氏攻略を行う。 | 2154 |
| | 6月28日 | ■織田信長、細川藤孝（「細川兵部大輔」）へ、この日の近江国姉川に於ける浅井・朝倉連合軍との交戦で「得大利」したこと、「野も田畠も死骸計」りの様子、この戦勝は「誠為天下大慶不過之」であり、小谷城の攻略は時間の問題であること、横山城の籠城衆より「種々詫言」があるが今日明日中に「可討果覚悟」であること、佐和山城の件を処置してから直ちに上洛することを足利義昭へ披露するよう依頼。また**徳川家康(「岡崎家康」)が出陣し織田信長旗下(「我等手廻之者共」)と「一番合戦之儀論」に及んだので信長が家康に先陣を申し付けた**こと、浅井軍には織田軍(「手廻之者共」)を当てて撃破したことなどを通知。 | 2155 |

## 西暦1570

|  |  |  |  |
|---|---|---|---|
| 元亀1 | 6月29日 | **「今度其方鑓先三国無雙、日本大壱」。**<br>**徳川家康・織田信長連署して、長士信渡部金太夫の姉川合戦軍功に感状。**<br>姉川の戦いでいっきに勇名を馳せ、信長より「日本一の槍の名人」と称えられる、家康の家臣・小笠原長忠(氏助、のち信興)配下の将・渡辺金太夫照(わたなべきんだゆうてらす)(1532～1582)である。 | 2156 |
| | 6月29日 | **「姉川先手小笠原家郎働之事 於出」。**<br>徳川家康・織田信長連署して、三田小四郎他12名の姉川合戦軍功に感状。<br>高天神城小笠原氏の家臣であろうか。 | 2157 |
| | 6月下旬 | 武田信玄は大宮城(静岡県富士宮市元城町字城山)に在城し、別働隊は武蔵国秩父郡に侵攻、大滝と日尾で北条軍と戦う。 | 2158 |
| | 6月一 | この頃、北条氏政(1538～1590)、武田方城将・駒井右京亮昌直(政直)(1542～1595)の深沢城(静岡県御殿場市)を、2ヶ月間の攻防の末、奪取。北条氏は、北条綱成(1515～1587)を城代に任じる。 | 2159 |
| | 7月1日 | ■織田信長、浅井方の磯野員昌(1534～1583)の守る佐和山城(滋賀県彦根市古沢町)を攻めるが、員昌は巧みな籠城戦を取り頑強に抵抗に出て織田軍をよく防ぐ。<br>信長は力攻めをあきらめ、諸将に包囲させる。 | 2160 |
| | 7月3日 | ■「信長の浅井・朝倉討伐戦(6月18日～7月3日)終結」。<br>早旦に一条内基(「一条殿」)へ参上。次いで真如堂蓮光院を訪問。ここで山科言継は今日明日の間に織田信長が上洛するであろうことを知る。またこの日織田信長が近江国北郡の佐和山城を磯野員昌(「磯野丹波守」)より受け取ったことを知る。(『言継卿記』)。<br>「信長、岐阜から湖岸平野への通路を確保」。織田信長(1534～1582)、浅井長政の属将・磯野員昌(1523～1590)をようやく招降させる。佐和山城を丹羽長秀(1535～1585)に守らせる。『信長公記』では磯野の招降は、元亀2年(1571)2月24日とされる。 | 2161 |
| | 7月4日 | ■「申刻織田彈正忠信長上洛、四五騎ニテ、上下卅人計ニテ被上、遂遂ニ終夜上云々、直ニ武家へ被参之間、予則参、於北郡之楼體御雑談被申、驚耳者也、次明智十兵衛所へ被行了、」。(『言継卿記』)。(午後四時に織田信長公が上洛、御供は四、五騎と、前後三十名ほどの行列で上洛され、とうとう夜になって着かれたが、ただちに将軍家へ面会された。私もお供し、話題は北近江一帯の状況報告を盛んにされて、内容は驚くべきものであった。信長は、次いで明智光秀の宿所を訪問された)。明智光秀邸は、将軍直轄軍「奉公衆」居住地域という。<br>『信長公記』では、「七月六日御馬廻ばかり召し列れられ、御上洛」とあり、やはり明智光秀の宿所を訪問は、隠している。<br>信長が、光秀の宿所や半井驢庵宅に宿泊するのはこれが最後で、この年8月23日に本能寺に寄宿して以降は、洛中の寺院に寄宿するかたちへとそのあり方を変えていく。 | 2162 |
| | 7月7日 | ■信長、丑下刻(午前3時過ぎ)に出京、美濃国岐阜へ下向。(『言継卿記』)。 | 2163 |
| | 7月8日 | ■織田信長、岐阜城に帰る。 | 2164 |
| | 7月10日 | 武田信玄により、富士大宮城の整備が終わる。 | 2165 |
| | 7月14日 | 武田信玄、織田信長に書状を送り、「越後(上杉氏)と甲斐(武田氏)が戦になれば、(信玄に)合力くださるとのこと、頼もしく存じます」などと記す。<br>信長から信玄に協力を約束する意向が先に示され、その返事だという。 | 2166 |

# 西暦1570

| | | | |
|---|---|---|---|
| 元亀1 | 7月19日 | 上杉氏、武田方の使僧を成敗して武田氏と断交。 | 2167 |
| | 7月— | **家康、秋葉山叶坊光播を使者として上杉輝虎に浜松城図を贈って好を通じる。** | 2168 |
| | 8月1日 | **家康の臣鳥居忠吉（1496？～1572）、足助鈴木重直に三河国前後寺内の所領を与え、堤の修築について指示する。** | 2169 |
| | 8月4日 | 信玄の伊豆出兵で、北条氏政は、上杉輝虎(謙信)に後詰を依頼する。 | 2170 |
| | 8月9日 | 「韮山城の戦い」。<br>伊豆侵入の武田信玄は軍を二つに分け、一方を興国寺城（静岡県沼津市根古屋）にあたらせ、他方を韮山城(静岡県伊豆の国市韮山)にあてた。<br>この日、韮山攻めの将武田勝頼(1546～1582)・山県昌景(1529～1575)・小山田信茂(1540？～1582)ら8千の兵と北条軍は、韮山城外の町庭口(町場口)で戦う。<br>韮山城主北条氏規(氏康の五男、氏政の弟)(1545～1600)・氏忠(氏康六男)(？～1593)兄弟は、武田軍を撤退させる。 | 2171 |
| | 8月10日 | 「興国寺城の戦い」。<br>武田信玄の別働隊、垪和氏続(はがうじつぐ)(？～？)城主の興国寺城を攻撃。 | 2172 |
| | 8月12日 | 北条家の第4代当主・北条氏政(氏康の次男)(1538～1590)、援を上杉輝虎(謙信)(1530～1578)に請う。 | 2173 |
| | 8月13日 | これより先、上杉輝虎(謙信)、山吉豊守(1525～1575/1577)をして、北条氏邦(氏康の四男)(1541～1597)と、出兵のことを議させる。<br>この日、北条氏政（1538～1590)、輝虎の碓氷峠を越えて上野に出陣すれば、氏政も同陣する旨を輝虎(謙信)に報ずる。 | 2174 |
| | 8月13日 | **「今度江州合戦に、父兵部少輔於馬」。**<br>**徳川家康、中安満千代に、江州合戦（姉川の戦い）で馬前において戦死した中安兵部少輔定安の遺領を安堵。**<br>永禄12年(1569)4月12日、堀川城において和議を締結した、大沢基胤方の中安兵部少輔である。 | 2175 |
| | 8月20日 | ■織田信長（1534～1582)、三好三人衆を討伐するため、岐阜を出陣する。この日、横山城(滋賀県長浜市堀部町・石田町)に逗留。(『信長公記』)。 | 2176 |
| | 8月22日 | **「越三同盟成立」。上杉・徳川同盟である。**<br>この月、徳川家康(1543～1616)は、使僧・秋葉山権現堂別当の叶坊光播(こうは)を上杉輝虎(謙信)(1530～1578)に遣わして和親を申し入れた。これに対して謙信が、この日、喜んで承諾する旨を答えた。<br>**謙信は、家康の臣酒井忠次(1527～1596)・大給松平真乗(さねのり)(1546～1582)に、今後、和親する旨を伝えた。** | 2177 |
| | 8月22日 | **上杉謙信の臣直江景綱(1509？～1577)、徳川家康の臣石川家成(1534～1609)に、家康より使僧として叶坊光播が遣わされたことに礼を述べる。** | 2178 |
| | 8月23日 | ■織田信長、大軍勢を率いて上洛、三条西洞院本能寺へ着陣。(『信長公記』)。 | 2179 |
| | 8月23日 | ■幕府奉公衆・織田軍(「濃州衆」)の先発部隊、摂津国へ出陣。(『言継卿記』)。 | 2180 |
| | 8月23日 | **「竹千代、松平信康となる」。**<br>徳川家康(1543～1616)嫡男・竹千代(信康)が元服、信長より「信」の一字を与えられ、次郎三郎信康(1559～1579)を名乗る。 | 2181 |

# 西暦1570

| 元亀1 | 日付 | 内容 | 番号 |
|---|---|---|---|
| 元亀1 | 8月25日 | ■織田信長、辰刻(8時)に、三好三人衆(三好長逸・岩成友通)が摂津国大坂福島によって勃発した反乱討伐のため、三千の軍勢を率いて出陣。足利義昭「公方衆」軍も出陣。 | 2182 |
| | 8月26日 | ■「野田城・福島城の戦い(第一次石山合戦)—8月26日～9月23日」はじまる。<br>織田信長)、摂津国天王寺に着陣。これに応じて雑賀三組の雑賀衆が参陣。織田諸軍を神崎・上下難波・木津・今宮へ進軍させ、三好三人衆軍勢(三好長逸・岩成友通・三好康長・安宅信康・十河存保・篠原長房・松山重治・香西佳清(1553～1588)・三好為三ら)・斎藤龍興・長井道利)らの野田城・福島城を攻撃させる。 | 2183 |
| | 8月30日 | ■将軍足利義昭、2千の軍勢を率いて京都を出陣し、摂津に向かう。 | 2184 |
| | 8月30日 | **上杉輝虎(謙信)の臣河田長親(1543？～1581)、家康の臣松平真乗(さねのり)(1546～1582)に、今後、輝虎への取り次ぎをする旨を伝える。** | 2185 |
| | 8月30日 | 武田勝頼(1546～1582)、信濃衆に駿河三枚橋城(静岡県沼津市大手町)を普請させる。 | 2186 |
| | 8月— | 今川氏真、信玄による攻撃を受けて大平城(沼津市大平)に篭城する。 | 2187 |
| | 9月— | **「第一次浜松城改築」。**<br>**この月、徳川家康(1543～1616)が、あらためて浜松城(静岡県浜松市中区元城町)に入城する。**家康はこの年6月引馬城(浜松城)に移り、工事を急がせる。引馬城もとりいれ、その西方の高地に本丸、長屋などをつくり、三河遠江の武士を移らせる。4月に越前に、6月下旬には近江に出征するあわただしいうちに工事が進められたという。 | 2188 |
| | 9月上旬 | この頃、武田信玄、伊豆韮山へ動き、北条氏政(1538～1590)と対陣。<br>氏政は、3万8千の人数にて山中から三島、箱根に陣を布く。しかし武田の惣軍の様子を見て、夜陰に乗じて兵を引く。 | 2189 |
| | 9月— | 今川氏真、相模国早川(神奈川県小田原市)に疎開する。 | 2190 |
| | 9月3日 | 今川氏真(1538～1615)・朝比奈泰朝(1538？～1638？)、上杉謙信家臣山吉孫次郎豊守(1525～1575/1577)・直江大和守景綱(1509？～1577)・柿崎和泉守景家(1513？～1574)に、上杉輝虎(謙信)の信濃出兵のことを謝す。 | 2191 |
| | 9月12日 | ■「石山合戦—元亀1年(1570)9月12日～天正8年(1580)8月2日」、はじまる。<br>本願寺顕如、諸国の門徒に反信長の一揆蜂起を促す。本願寺顕如光佐(1543～1592)、三好三人衆とはかり、夜半、石山本願寺挙兵、摂津国福島の織田軍を攻撃。以後、11年に及ぶ石山合戦が始まる。 | 2192 |
| | 9月13日 | **■三河国の大給松平親乗(ちかのり)(1515～1577)、上洛する。** | 2193 |
| | 9月14日 | 「至中島表令進発、既信長励戦功、近日可討果分候、雖畿内其外諸卒数万騎馳集、外聞候間、此節家康遂参陣、抽軍忠者可悦喜候、織田弾正忠無用通申由候へ共、先々任約諾旨、不移時日着陣頼思召候、委曲藤長可申候也、」。<br><br>**将軍足利義昭、松平蔵人(徳川家康)に御内書を送り、摂津中島に進発したことを告げ、信長が敵を討ち果たそうとしているが、畿内その他の軍勢が数万騎馳せ集まっているからには、外聞もあるから家康も参陣されたいと依頼する。そして家康の参陣を信長は無用のようにいっているが、先々の約諾により家康がすぐに着陣することを頼りに思っていると記す。** | 2194 |

# 西暦1570

| 年号 | 月日 | 事項 | 番号 |
|---|---|---|---|
| 元亀1 | 9月16日 | ■「志賀の陣―9月16日～12月13日」はじまる。<br>本願寺の決起から四日後、浅井・朝倉軍(約三万)が坂本に布陣。宇佐山城(志賀城)の守将・森可成(1523～1570)は、城を出て坂本郊外で浅井・朝倉軍の進軍妨害をし奮闘。 | 2195 |
| | 9月23日 | ■「野田城・福島城の戦い(第一次石山合戦)―8月26日～9月23日」。<br>戦闘がほぼ終結。<br><br>本願寺との不利な戦いの中、浅井、朝倉軍の京都をうかがうの動向を知った織田信長(1534～1582)は、野田・福島両砦の囲みを解き、一部の兵を抑えとして摂津に残して、和田惟政(1530？～1571)・柴田勝家(1522？～1583)を殿軍として摂津の陣を引き払い江口の渡しから、京に向かう。しかし、小競り合いは続いた。 | 2196 |
| | 9月24日 | ■「志賀の陣」。<br>浅井・朝倉連合軍、比叡山(「青山」)に布陣。これに対し織田信長、二万余の軍勢を白川経由で志賀口・穴太口に布陣させる。辰下刻(午前10時前)、信長がこの日、本能寺を発ち逢坂を越えると、下坂本に布陣していた浅井・朝倉軍は比叡山に立て籠もる。これに対し織田信長、二万余の軍勢を白川経由で志賀口・穴太口に布陣させる。「堂之先」に於いて織田軍と浅井・朝倉連合軍が激突。 | 2197 |
| | 9月25日 | ■「志賀の陣」。<br>宇佐山に本陣をおいた織田信長、比叡山延暦寺を包囲。 | 2198 |
| | 10月2日 | **「その方儀ハ三郎に付、るすの事尤…」。**<br>**(その方は三郎信康について岡崎城を留守せよ。信康のことはその方にまかせる。この名刀は納戸に蔵めておけ。委細は使者一衛門が申し述べるであろう)。**<br><br>家康、平岩親吉(ちかよし)(1542～1611)に自筆書状を送り、三郎(信康)(1559～1579)の補佐を命じ、三河国衆から人質を取ったことを伝える。 | 2199 |
| | 10月2日 | **「志賀の陣」。**<br>**徳川家康(1543～1616)、信長の支援のために近江国に着陣。** | 2200 |
| | 10月2日 | ■織田信長、近江国陣中より河内国の遊佐信教(1548～？)へ、徳川家康(「徳川三河守」)の着陣、丹羽長秀・木下秀吉が琵琶湖を渡り坂本に着陣したこと、徳川家康に丹羽長秀・秀吉らの軍勢を加えて東福寺・清水寺・粟田口各所に配備する予定、淀川を「敵」(三好三人衆)が渡れば即時信長が攻撃を加える旨を通達。 | 2201 |
| | 10月上旬 | 武田信玄の将・山県昌景(1529～1575)、藤枝・遠江榛原郡の小山まで乱取し、遠江をうかがう。<br><br>**遠江の侵略を恐れた家康は、信長の扱いで、大井川をもって武田と徳川領の境目を糺す。** | 2202 |
| | 10月5日 | ■織田信長の仲介で武田・上杉両氏の和睦交渉が進められる。 | 2203 |

| 年号 | 月日 | 内容 | 番号 |
|---|---|---|---|
| 元亀1 | 10月8日 | **「…抑輝虎御内証条々被載書候、」・「敬白起請文 右今度愚拙心腹之通」。**<br><br>**「徳川家康、信玄と絶縁」。**<br>**武田信玄（1521～1573）と和睦関係にあった徳川家康（1543～1616）は、直江大和守（景綱）（1509？～1577）に書状を、謙信に誓書を送り、上杉輝虎（謙信）（1530～1578）に、信玄と絶縁する事を誓い、信長と謙信との両者の仲を取り持つことを約する。**<br><br>また、家康家臣酒井忠次（1527～1596）は、輝虎（謙信）家臣村上国清（山浦景国、村上義清の子）（1546～1603？）に書状と鷹を送られた礼を述べ、石川数正（1533～1592？）は尾崎某に書を送り、好を通ず。<br><br>**家康は信長と同盟しているが、上杉輝虎（謙信）とも結んだ。両者とも信玄に対する利害関係が一致していた。野心（上洛計画）を進める信玄にとっては、これによって遠江も公然と攻撃できる名分ができた。** | 2204 |
| | 10月8日 | **家康の使僧叶坊光播、上杉謙信の臣直江景綱に、上杉家・徳川家の同盟成立を祝し、来春越後へ招かれたことを謝する。** | 2205 |
| | 10月14日 | **「遠州井賀谷寺領令寄進」。**<br>家康、三河国随念寺（岡崎市門前町）の道蓮社磨誉和尚（磨誉魯聞（どんよろもん））に寺領を寄進する。 | 2206 |
| | 10月20日 | ■「志賀の陣」。朝倉義景軍と浅井長政軍、山城修学寺・一乗寺・松崎等を焼く。 | 2207 |
| | 10月20日 | ■「志賀の陣―9月16日～12月13日」。「信長公は朝倉勢へ菅谷長頼を使者に遣わし、「いらざる時を費やすをやめ、一戦をもって勝敗を決さん。日時を定めて出で候え」と申し述べさせた。しかし朝倉勢からの返答はなかった。そののち朝倉勢は交戦を中止して講和を申し入れてきたが、信長公は是が非にも決戦して鬱憤を散らすべしとして、これを蹴った」。(『信長公記』)。<br><br>信長は、菅屋長頼（？～1582）を使者に立てて義景に決戦を促したが黙殺されたという。また、比叡山延暦寺に対しても、「仏教勢力が一方に肩入れするのは如何か。極力、中立の立場をとってほしい」と伝えたがこれも黙殺されたという。<br>織田信長、比叡山上での戦いで兵力を失って包囲されることを恐れ、近江上坂本に本陣を進めた朝倉義景に和睦を申し入れる。 | 2208 |
| | 10月22日 | ■**「志賀の陣」**。徳川家康の来援を受け、小谷城（滋賀県長浜市湖北町伊部）に備えていた木下秀吉（1537～1598）・丹羽長秀（1535～1585）は、信長を救援するために一揆を突破して近江南方へ軍を移動させる。 | 2209 |
| | 10月23日 | **「其表迄著陣之由候、御大儀共候、」。**<br>家康、織田家臣・中条将監（中条家忠）（？～1577）に書状を送り、中条が志賀の陣に出陣し着陣した知らせを受けた、大儀であると記す。 | 2210 |
| | 冬 | **甲州に在った、家康異父弟の松平源三郎（康俊）（1552～1586）は、家康の計略によって脱出し、三河へ帰ることができたが、このとき大雪の山越えのために凍傷となり、両足先を失ってしまったという。**<br><br>家康は幼少から苦労をさせた松平康俊に、一文字の刀（一の字の銘を刻した、鎌倉時代、備前の刀工の作）と当麻（たいま）の脇差（南北朝時代、大和当麻寺付近に住んだ刀工の作）、そして山形十文字の槍を与え、労ったという。 | 2211 |

# 西暦1570

|  |  |  |  |
|---|---|---|---|
| 元亀1 | 11月9日 | ■「志賀の陣―9月16日～12月13日」。<br><br>幕府軍、近江国へ出撃。山科言継、近江国志賀城の織田信長を見舞うため日の出以前に発足、山科より小関越を経由した。言継、巳下刻に志賀城に到着したが、信長は勝軍城へ移動し留守であった。言継、朝山日乗・武井夕庵・松井友閑らの「小屋」(宿所)を訪問。信長「馬廻」の伊藤神六の「小屋」で思いも寄らず酒を振る舞われた。次いで武井夕庵の使者より織田信長(「霜台」)が帰城したというので山科言継、志賀城に登城。菅屋長頼(「菅屋長」)の応対で、最初に晩食を振る舞われた。次いで言継、信長に「見参」し「音信祝着之由」を懇ろに伝えられた。(『言継卿記』)。 | 2212 |
| | 11月13日 | ■本願寺と足利義昭政権との和睦が成立する。 | 2213 |
| | 11月21日 | ■「志賀の陣―信長、六角承禎・義治父子と和睦」。<br>山科言継、この日六角承禎(「江州六角」)と織田信長が和睦した旨を知る。六角被官の三雲某・三上某が「起請」を受け取るために近江国志賀まで出向いたという。(『言継卿記』)。 | 2214 |
| | 11月21日 | ■信長弟織田信興(?～1570)、長島の一向一揆に攻められ、尾張国小木江城(愛知県愛西市森川町村仲)で自害する。<br>この月、信長が石山本願寺などの信長包囲網にさらされると、信興の小木江城も尾張・伊勢長島一向一揆衆によって囲まれた。このとき信長は、浅井長政や朝倉義景らと比叡山で対峙し、近隣の桑名城にいた滝川一益も一揆勢の侵攻により籠城していたため、援軍を送ることができなかった。信興は孤立無援の中で奮戦し、6日間耐えたが落城し、信興は自害した、と伝わる。<br><br>信頼の厚い弟・信興を殺された信長の一揆衆に対する憎悪は高まり、これが天正2年(1574)の長島一向一揆衆の大虐殺にまでつながる一因となる。 | 2215 |
| | 11月30日 | ■「志賀の陣」。将軍足利義昭、織田信長に朝倉義景との和睦を勧めるため園城寺(三井寺)(滋賀県大津市園城寺町)に赴く。 | 2216 |
| | 12月上旬 | 「信玄の第五次駿河侵攻」。武田信玄、駿河侵入。 | 2217 |
| | 12月― | この月、武田勝頼(1546～1582)、高遠城から信玄の帷幕に入る。勝頼、跡取の地位を確保。 | 2218 |
| | 12月9日 | ■「志賀の陣―正親町天皇、延暦寺に講和を命じる」。<br><br>正親町天皇(1517～1593)、「山門衆徒中」(延暦寺僧兵)に対して今度の朝倉義景と織田信長との戦闘は「公武籌策(ちゅうさく)」(朝廷・幕府の調停)に任せて和与に及んだことに触れ、山門領の変動の無い旨を通達。 | 2219 |
| | 12月12日 | ■「信長は窮していた」。<br><br>織田信長、一色藤長・曽我助乗へ、比叡山延暦寺の件は今回不問に付すよう足利義昭より種々書付て仰せ出された旨を承知し、以後は足利義昭に対して疎略な態度をとらないことについては、信長は異論が無い旨の披露を依頼する。 | 2220 |

## 西暦1570

| | | | |
|---|---|---|---|
| 元亀1 | 12月13日 | ■「志賀の陣(9月16日～12月13日)終息—第一次信長包囲網を回避」。<br>治安混乱の中、勅を奉じた関白二条晴良の仲介で、織田信長（1534～1582）と朝倉義景(1533～1573)、浅井長政(1545～1573)が講和。調停の難航は信長に荘園を横領されていた山門の不承知によるものだったが、信長は荘園を旧に復すという条件も飲んで講和に応じた。<br><br>「明智光秀の両属関係が決定づけられた」。<br>志賀の陣の終息で信長は、明智光秀を宇佐山城（志賀城）主とした。「志賀の陣」で弟・織田信治と宇佐山城の森可成を失った信長の怒りは収まらず、一番の矛先は浅井・朝倉軍を匿った比叡山に向けられた。 | 2221 |
| | 12月13日 | 上杉輝虎（謙信）(1530～1578)、春日山城看経所に越中平定の祈願文を納める。この時から「謙信」を名乗る。 | 2222 |
| | 12月14日 | 信長と浅井・朝倉との和睦が不信の本願寺顕如(1543～1592)、甲斐の武田信玄に、この年7月に亡くなった信玄の正室・三条夫人を弔する書状を送り、香典として黄金10両も贈る。顕如、武田信玄・勝頼に好を通ず。 | 2223 |
| | 12月15日 | 今川氏真、上杉謙信に甲斐・信濃へ出兵を求める。 | 2224 |
| | 12月15日 | 信玄、北条綱成(1515～1587)の深沢城(静岡県御殿場市深沢)を攻める。 | 2225 |
| | 12月17日 | ■織田信長、近江・美濃・越前間に和睦を成立させ、浅井・朝倉・三好三人衆・本願寺連合軍による挟撃の危機を脱し、岐阜城に戻る。<br>信長は三好三人衆、六角・浅井・朝倉といったん和睦するが、これ以降、本願寺とも交戦・和睦を繰り返す。 | 2226 |
| | 12月— | **「小山新市之事、一、為楽市申付之条、一切不可有諸役事、一、公方人令押買者、其仁相改可注進事、一、於彼市国質郷質之儀、不可有之事、…」。**<br><br>徳川家康、小山新市宛に福徳朱印状。小山(遠江国榛原郡)は、遠江と駿河との国境にあたる大井川沿いの境目地域で、宛行等、駿河侵攻の武田氏と争奪が繰り返されていた。 | 2227 |

## 西暦1571

| | | | |
|---|---|---|---|
| 元亀2 | 1月— | 信玄、深沢城を攻める。真田幸隆の四男・加津野市右衛門信昌(真田信尹)(1547？～1632)は、その際には「地黄八幡」の旗を奪うなど武功を挙げたという。 | 2228 |
| | 1月3日 | 「深沢城矢文」。武田信玄(1521～1573)、正月早々、氏政の将・北条綱成(1515～1587)の守る駿河深沢城(静岡県御殿場市)を攻め、矢文をもって降伏を勧める。 | 2229 |
| | 1月3日 | 信玄、興国寺城(静岡県沼津市根古屋)を攻撃。 | 2230 |
| | 1月5日 | **徳川家康30歳(1543～1616)、従五位上に昇進。** | 2231 |
| | 1月7日 | 北条氏政(1538～1590)、小倉内蔵助勝久らに、深沢城への参陣を求める。 | 2232 |
| | 1月10日 | 深沢城救援のため北条氏政が、小田原を出陣 | 2233 |
| | 1月11日 | **家康、侍従に任ぜられる。** | 2234 |

# 西暦1571

| 元号 | 月日 | 事項 | 番号 |
|---|---|---|---|
| 元亀2 | 1月16日 | 「深沢城、開城」。<br>北条綱成(1515～1587)は、武田信玄開城勧告を蹴って抵抗したが、武田軍は「金堀衆」を投入して城を掘り崩しにかかったため、綱成は援軍を待たずに開城し相模玉縄城(神奈川県鎌倉市玉縄地域城廻)へ退却。<br>深沢城は再び武田家の支配下となった。 | 2235 |
| | 2月16日 | 武田信玄(1521～1573)、二万五千余の軍勢を率いて躑躅ヶ崎館を出陣。富士の大宮に3日間逗留。<br>武田信玄･三好義継･本願寺は、織田信長と対立を深めた足利義昭を奉じた。 | 2236 |
| | 2月23日 | 武田信玄、志太の田中城(静岡県藤枝市西益津)へ移る。 | 2237 |
| | 2月24日 | **長沢浄賢(長沢松平親広)(？～1571)、長沢城(愛知県豊川市長沢町古城)で没。長沢松平家の6代目当主であった。** | 2238 |
| | 2月24日 | 「信玄の第一次三遠侵攻」。<br>武田信玄、大井川を渡って遠江に入り、遠江攻略の橋頭堡として吉田町に能満寺城を普請して、小山城(静岡県榛原郡吉田町)を築城。続いて地の利を考えて相良(さがら)城(じょう)(静岡県牧之原市相良)を築いた。 | 2239 |
| | 2月25日 | **当時四方風を望んで武田氏に従ったが、菅ヶ谷村の川田平兵衛、湯日村の中山是非之助は、高天神城主小笠原長忠(氏助(のち信興))の招きに応じて徳川氏に帰従した。** | 2240 |
| | 2月25日 | **信玄が高天神を攻めるの報を聞き、城主小笠原長忠(氏助(のち信興))は、直ちに、小笠原彦七郎貞頼(？～1625)従士、相田又兵衛と伊勢治部右衛門を使者として浜松へ馳せて徳川家康に報告する。**<br>この時に、小笠原長隆(？～1581)・貞慶(さだよし)(1546～1595)兄弟が同族と見られる「民部貞頼」と共にの高天神城を救援していたとされる。 | 2241 |
| | 2月29日 | **形原松平又七家広(？～1571)、没。形原松平家5代当主は、子の又七郎家忠(1547～1582)が継ぐ。** | 2242 |
| | 2月吉日 | **「御朱印 金子与五右衛門尉 辛未」**。家康、金子与五右衛門尉に朱印状を送る。 | 2243 |
| | 3月− | **家康に命じられた高天神城内では、武田信玄来攻に備えて三月早々籠城の手配をしてそれぞれ部署を定めて守備の確保を計った。**<br>本丸に大将小笠原与八郎長忠(氏助(のち信興))、三の丸に大将小笠原与左衛門清有、西の丸に大将本間八郎三郎氏清、御前曲輪に大将斉藤宗林、搦手門に大将渡辺金太夫照、追手池の段に大将小笠原右京氏義等々、籠城軍兵二千余騎に及んだ。 | 2244 |
| | 3月上旬 | この頃、武田信玄、城東郡の高天神城(静岡県掛川市下土方嶺向)へ向かう。 | 2245 |
| | 3月5日 | 武田信玄、2万の軍勢で2千の徳川方・高天神城を攻撃、小笠原与八郎氏助(のち信興)(？～1590？)らは、よく戦い防ぐ。<br>信玄は、高天神城の南東にあたる塩買坂(静岡県菊川市川上)に陣を張る。しかし信玄は、獅子ヶ鼻(菊川市大石)と国安川の二ヶ所で小競りあいを行っただけであった。<br>高天神城が天嶮(てんけん)の要害に築かれた堅城であるのを見て、力攻めをあきらめたという。<br>信玄、馬を転じて遠州乾城(犬居城)(浜松市天竜区春野町堀之内)に入り掛川城(掛川市掛川)、久能城(静岡県袋井市久能)を巡見、いったん信州伊那の高遠城(長野県伊那市高遠町東高遠)に向かう。 | 2246 |

# 西暦1571

| | | | |
|---|---|---|---|
| 元亀2 | 3月5日 | **「……随而関東表一篇ニ被仰付由、」**。これより先、上杉謙信（1530〜1578）、徳川家康(1543〜1616)を存問する。この日、家康、之に答謝する。 | 2247 |
| | 3月5日 | **「……手合之事、無弓断可申付候、」。**<br>**家康、上杉家臣村上源吾(国清)(村上義清の子)に書状を送る。**<br><br>村上源吾は、初め、客将として謙信に仕え、川中島の戦いや越中国での戦いなど、謙信に従って各地を転戦。天正3年の『上杉家軍役帳』によれば、二百五十人の軍役を負担し上杉景勝に次ぐ第二位であった。謙信死後は上杉景勝に仕えて御館の乱の功績により、景勝から長尾氏の通字である「景」の字を賜って景国を称した。のちの村上(山浦)景国(1546〜1592)である。 | 2248 |
| | 3月10日 | **遠州佐野郡飛鳥120俵宛行された石谷十郎右衛門（政清）(1503〜1574)、子の政信(1545〜1619)と清定(1547〜1601)と伴に召し出されて、徳川家康に仕えるという。**<br>遠江国佐野郡西郷庄石谷村に生まれた石谷政清は、西郷政清と称していたが、天正6年以降、家康側室の西郷局の呼称に憚り、石谷を家号としたという。 | 2249 |
| | 3月13日 | **「遠州山名郡之小野田村之事 右先」。**<br>**徳川家康、高天神城で戦功の本間八郎三郎（義清）（丸尾和泉守の子）に、遠江国小野田村の屋敷地100貫文を安堵。**<br><br>本間五郎兵衛（氏清）は男子が無かったため、丸尾和泉守の子八郎三郎を婿養子として家督を譲り、永禄11年正月の掛川城攻めのとき天王山で戦死したという。 | 2250 |
| | 3月17日 | 武田信玄、高遠城に入ると、三河・遠江に出ることのできる伊那の大島城(長野県下伊那郡松川町)の普請を、秋山虎繁(信友)(1527〜1575)に命じる。 | 2251 |
| | 3月25日 | 武田信玄（1521〜1573)、相摸を侵さんとすとの風説あり、この日、北条氏政は、上杉謙信に之を報じ、その信濃口あるいは上野口への出兵を請う。 | 2252 |
| | 3月26日 | 西上を強く意図する武田信玄は、軍勢の増強を図り、領内の有力郷民に軍役衆同前の扶持と棟別役等の免許を与えて参陣を命ずる。 | 2253 |
| | 3月27日 | 信玄は、再び、駒井昌直（政直）(1542〜1595)を城将として駿河深沢城(静岡県御殿場市深沢字本城)を守らせる。 | 2255 |
| | 3月29日 | **家康継母・田原御前(真喜姫)(？〜1571)、没。**<br>松平広忠没後も三河国岡崎にとどまったといい、家康祖父松平清康と同じく、龍海院(愛知県岡崎市明大寺町西郷中)に翌年、墓が設けられた。 | 2256 |
| | 3月29日 | **「於高天神甲斐方人数寄来所、各加」。**<br><br>徳川家康(1543〜1616)、小笠原民部少輔(？〜1625)・小笠原右馬佐長隆(？〜1581)・小笠原左衛門佐広重・富士宮若丸(但し軍代)・長野信濃・富田新九郎康元に、高天神城における守備を賞す。 | 2257 |
| | 5月上旬 | 「信玄の第一次三遠侵攻」終結。<br>武田信玄は、諸城を落とし家康領内を震撼させたが、5月血を吐き、5月中に甲斐へ引き揚げたという。 | 2258 |
| | 5月11日 | ■朝廷、武田信玄に、比叡山延暦寺の再興の協力を求める。 | 2259 |

# 西暦1571

| 元亀2 | 5月12日 | 武田氏に仕える小幡憲重(「信勝」)、岡国高(「岡周防守」)(松永久秀家臣)へ、武田晴信(「信玄」)の遠江国・三河国「出馬」を報告。また、武田晴信の軍事行動は「以公儀御威光」(足利義昭)を背景とした「上洛」作戦であることに触れる。 | 2260 |
|---|---|---|---|
| | 5月12日 | ■「信長の第一次伊勢長島攻め」。<br>江北を牽制した織田信長(1534～1582)、伊勢長島一向一揆討伐のため、五万ともいわれる大軍を率い出陣。尾張津島へ着陣する。<br>軍を三つに分け、信長率いる本隊は津島、佐久間信盛率いる尾張衆は中央筋、柴田勝家率いる美濃衆の稲葉良通(一鉄)・氏家卜全(直元)らは大田口より攻め込む。苦戦の中、殿軍を勤めた柴田勝家らが一揆衆に追撃され負傷、美濃三人衆の一人、氏家卜全(直元)(1512？～1571)が討死する。 | 2261 |
| | 5月13日 | **■信長、徳川家康に、長島の一向一揆攻撃の加勢申し入れに礼を述べる。** | 2262 |
| | 5月16日 | ■「信長の第一次伊勢長島攻め」。<br>伊勢国長島攻めで大した戦果を得ないまま織田軍、津島諸所に火を放ち、夜に撤退をはじめる。この敗北で信長は宗教の力を実感、一向一揆を鎮めるためには「根切り」(根絶やし)しかないと考えるようになる。 | 2263 |
| | 6月― | ■「金森城の戦い－6月～9月3日」はじまる。<br>石山本願寺から派遣された坊官の川那辺秀政が指揮をとる一向一揆が、金森城(滋賀県守山市)に立て籠もり蜂起。 | 2264 |
| | 6月7日 | **「天野藤秀、家康方から武田方となる」。**<br>父信玄に代わって陣代(総軍の指揮)を務めるようになった武田勝頼(1546～1582)は代筆も務め、この日遠州犬居城(浜松市天竜区春野町堀ノ内字犬居)主の天野宮内右衛門(藤秀)に書を送り、功労を賞す。<br>家康方であった天野藤秀は、武田氏に従属し嫡男・小四郎景康を甲府に人質として差し出したという。奥山大膳亮吉兼や天野氏の同心奥山兵部丞定友らも、武田氏に従属し、武田氏の遠江先方衆となり、徳川氏の遠江侵攻に対抗したという。 | 2265 |
| | 6月11日 | ■本願寺顕如(1543～1592)、子の教如(1558～1614)と朝倉義景娘(三位殿)との婚儀が調ったことを祝う | 2266 |
| | 6月22日 | ■織田信長、上洛。 | 2267 |
| | 6月― | **「遠州見付国府問屋事 右去巳年先」。家康、朱印状発給。** | 2268 |
| | 7月― | 武田信玄、この月、浜名郷の郷主・大屋政頼(佐久城(静岡県浜松市北区三ヶ日町都筑字西平)主・浜名三郎正国の弟)を味方につける。 | 2269 |
| | 7月16日 | ■織田信長、京を発つ。 | 2270 |
| | 7月16日 | **■朝廷、武田信玄に東大寺大仏殿再建援助を求め、次いで徳川家康(1543～1616)にも奉加(寄進)を命ずる。** | 2271 |
| | 8月1日 | **上杉謙信、徳川家康の提携申し入れを承諾し、誓書を交換する。** | 2272 |
| | 8月1日 | **上杉謙信、三河国野田城主菅沼定盈(さだみつ)(1542～1604)・家康の臣植村家政(家存(いえさだ))(1541～1577)に、家康からの協力要請の受諾を伝える。同日、徳川家康に兜贈呈への礼を述べ、馬を贈る。** | 2273 |
| | 8月7日 | **■正親町天皇、徳川家康に、蓮華寺の一宮寺務供僧領などの返付を命ずる。<br>遠州森町のことであろう。** | 2274 |

# 西暦1571

| 年号 | 月日 | 事項 | No. |
|---|---|---|---|
| 元亀2 | 8月18日 | ■織田信長、岐阜より北近江に出陣、北郡横山に陣する。 | 2275 |
| | 8月26日 | **徳川家康、嫡子信康(1559〜1579)の元服を祝い、浜松城で能楽を催す。** | 2276 |
| | 9月3日 | ■「金森城の戦い－6月〜9月3日」終結。<br>織田信長、常楽寺を出陣し、石山本願寺から派遣された坊官の川那辺秀政が指揮をとる一向一揆が立て籠る金森城(滋賀県守山市)を陥れ、人質を出させ降伏させる。 | 2277 |
| | 9月3日 | **「菅沼常陸介・同半五郎知行之境目ニ鉛有之云々、然者諸役一切為不入令免許畢、若亦於分国中、銀・鉛出来者、大工職両人ニ申付所也、仍如件」。**<br>徳川家康、鉱山師の高野山仙昌院・小林三郎左衛門尉に書状を送り、鉛山の諸役を免除する。東三河北部の両菅沼知行地の境目付近で鉛が産出するという、そして「鉛山」への「一切の諸役の不入(立ち入らせないこと)」を認める。 | 2278 |
| | 9月5日 | **上杉謙信、徳川家康の臣石川家成(1534〜1609)に、家康からの書状に謝意を表し、取次を求める。** | 2279 |
| | 9月7日 | **上杉方の村上国清(山浦景国)(1546〜1603？)、三河国大給城(おぎゅうじょう)(愛知県豊田市大内町)の大給松平親乗(ちかのり)(1515〜1577)に書を送り、謙信と家康との和親の渝(かわ)ることなからんことを通じ、家康と謙信の間の取次を求める。** | 2280 |
| | 9月12日 | ■**「信長の比叡山焼き討ち」**。「九月十二日、叡山を取詰め、根本中堂・三王廿一社を初め奉り、霊仏・霊社、僧坊・経巻一宇も残さず、一時に雲霞のごとく焼き払ひ、灰燼の地と為社哀れなれ。其の隠れなき高僧、貴僧、有智の僧と申し、其ノ他、美女、小童其の員をも知らず召し捕へ召し列らぬる。御前へ参り悪僧の儀は是非に及ばず、是は御扶けなされ候へと、声々に申し上げ候と雖も中々御許容なく、一々ニ頸を打ち落され目も当てられぬ有様なり数千の屍算を乱し哀れなる仕合せなり、年来の御胸朦を散ぜられ訖んぬ。さて志賀郡明智十兵衛に下され、坂本に在地候ひしなり」。(『信長公記』)。<br>信長の軍勢によって、未明から坂本市街への放火が始められた。坂本を焼き出された僧俗は八王寺山へ逃れた。信長の軍勢は日吉神社へ火をかけ、神社後方の八王寺山へ攻め上り、多くの僧侶たちを殺害した。捕らえられた有徳の僧・女子供については助命の嘆願もあったが、信長は聞き入れず、容赦なく処刑させた。浅井・朝倉連合軍を擁護したことに対する見せしめであった。 | 2281 |
| | 9月13日 | ■「信長、上洛」。軍勢は引き続き比叡山内の攻撃、放火を続ける。焼き討ち後の処理を明智光秀(1528？〜1582)に任せた織田信長、小姓衆・馬廻ばかりを従え上洛、足利義昭へ参り、小飯をとる。衣棚押小路の妙覚寺に寄宿。(『言継卿記』)。 | 2282 |
| | 9月15日 | 武田信玄、北条氏政と武蔵国榛沢(はんざわ)(埼玉県深谷市)に戦う。 | 2283 |
| | 9月17日 | 武田勝頼(1546〜1582)の室・遠山夫人(龍勝院)(織田信長の養女、信長の姪)(？〜1571)、没。 | 2284 |
| | 9月18日 | ■「信長、出京」。織田信長、早旦に近江永原に下向。 | 2285 |
| | 9月20日 | ■織田信長、岐阜城に帰陣。 | 2286 |
| | 10月1日 | 武田信玄、勝頼と連名にて、越中の一向一揆の主領・勝興寺宛に手紙を出し、西上作戦の計画に当たり、上杉謙信の腹背を衝かせる計画を洩らす。<br>文中、特に信玄の病気が記録されている。 | 2287 |

# 西暦1571

| | | | |
|---|---|---|---|
| 元亀2 | 10月3日 | 隠居していた3代当主北条氏康(1515~1571)、小田原城において没。享年57。<br>信玄と対立していた氏康が死去し、信玄の娘婿であった北条氏政（1538~1590）が嗣ぐ。<br>氏政、父の遺言「越相同盟を見限り、再び武田と同盟を結ぶように」により、上杉謙信(1530~1578)との同盟を断ち、信玄と結ぶことを志向。<br>信玄にしても西上作戦の展開で、西上野での北条氏との攻争が足かせとなっていた。 | 2288 |
| | 10月一 | **「遠州高尾石雲院之事 右寺領以下」。**<br>徳川家康、石雲院(静岡県牧之原市坂口)に寺領安堵。<br>徳川・武田の兵火によって石雲院は焼失していた。 | 2289 |
| | 11月6日 | **「分国中於諸浦、船壱艘諸役令免許」。**<br>徳川家康、久次見土佐守に福徳朱印状。<br>久須見土佐守宛に出された、分国中での浦船１艘の諸役を免除する旨の文書。 | 2290 |
| | 11月6日 | ■国友鉄砲鍛冶、織田信長へ大砲献上という。 | 2291 |
| | 11月10日 | 北条氏政、上杉謙信との同盟を破棄し、武田信玄と結ぼうとする。 | 2292 |
| | 11月20日 | 武田信玄、海賊衆を伊勢で募る。信玄は海軍を編成する。<br><br>武田水軍創設にあたって、武田信玄の家臣・土屋貞綱(？~1575)に招聘されて、伊勢海賊衆小浜景隆(1540~1597)・向井正綱(1556~1624)らが、信玄の家臣として仕える。 | 2293 |
| | 11月26日 | **「尚々、其表之躰、委大六ニ可被仰越候、此方人衆之事可為御さ右次第候、信長御馬向江北被出之由承候、寔寒天之中如何、無御心元存候て、大六進之候、模様具可承候、人衆等於御用ハ、何時も可申付候、信長へ直札以申上候、御取成憑入候、猶彼口上ニ申含候、恐々謹言、」。**<br><br>徳川家康、織田家臣の佐久間甚九郎(信栄(のぶひで)(信盛の長男)(1556~1632)・佐々一兵衛尉主知(佐々良則)(佐々(さっさ)長穐(ながあき)の父)に書状を送り、信長への取成を依頼する。 | 2294 |
| | 12月17日 | **今川氏真(1538~1615)、相模国を離れ、浜松に退去。徳川家康(1543~1616)の庇護受ける。**<br>武田信玄は北条氏政に対し、小田原にいる今川氏真を殺すことを求める。氏真はこれを知り、船で脱出し浜松に逃れた。<br>家康はこれを懇ろに待遇して居館を造営した。 | 2295 |
| | 12月26日 | 今川氏真、富士信通(のぶみち)（？~1619）に、先年の駿河国大宮城における戦功を賞し、暇乞いを認める。<br><br>文書では「忠信之至也」と富士氏の忠信を賞した上で「東西於何方、進退可相定本意之時者」とあり、円満に許された離脱であった。今川氏真により他家に就くことを許された後、富士氏は武田氏に属することとなる。 | 2296 |

## 西暦1571

|  |  |  |  |
|---|---|---|---|
| 元亀2 | 12月27日 | 「北条氏政が甲相同盟を復活」。<br>北条氏政（1538～1590）は、実効が乏しい、越後上杉との越相同盟を破棄し、改めて武田信玄（1521～1573）と誓紙を交換、甲斐武田との「甲相同盟（第二次）」を復活させる。<br>武田信玄は、上杉謙信（1530～1578）の動きを封じるべく、謙信と同盟関係にあった北条と和睦。武田氏は北条氏との対立を解消して徳川氏への攻撃を始めるために、北条氏に和睦を持ちかけた。北条氏は、当主である北条氏康が元亀2年（1571）10月に病死し家督が北条氏政に継がれたことと、上杉氏がいつまで経っても煮え切らない態度が変わらないことに嫌気がさして、これまでの方針を転換し、武田氏と同盟を結ぶ。<br>西上野・駿河は武田領、東上野・武蔵は北条領と定められた。また北条方が籠城していた駿河の興国寺城（静岡県沼津市根古屋）は武田方に引き渡された。<br>この時点で武田家の領土は、甲斐一国のほか、信濃、駿河、遠江・三河・飛騨・上野西部、越中の一部にまで及び、石高はおよそ120万石に達したという。<br>交渉経緯は文書の上からは見られず、江戸時代初期に成立した武田方の軍記物である『甲陽軍鑑』では和睦は北条方から持ちかけたれ、北条方の軍記物である『関八州古戦録』によれば武田方から持ちかけられたものとしている。 | 2297 |
| | — | **「商人問屋定事 右、山海之雑物ハ」**。家康、三河国岡崎の浜嶋新七に安堵状。 | 2298 |

## 西暦1572

|  |  |  |  |
|---|---|---|---|
| 元亀3 | 1月26日 | 武田信玄、織田信長の臣武井夕庵（せきあん）に書を送り、三河・遠江両国における虚説を否定し、信長への取り成しを依頼する。 | 2299 |
| | 2月3日 | **「於井伊谷所々買得地之事 一上都」**。<br>家康、瀬戸岩松に安堵状。瀬戸岩松は、今川家臣という。 | 2300 |
| | 2月17日 | 上杉謙信、常陸国佐竹義重に、織田信長と協力して東海道方面に出兵することを伝える。 | 2301 |
| | 2月― | **「定 一於園林・海渚殺生禁断之事」**。家康、定書発給。海渚（かいそ）は、海辺。 | 2302 |
| | 2月― | **「遠江國布知郡鷲津本興寺之事 一家風人等、當寺中之儀、兎角不可沙汰、是非之成敗者、宜任住持之意事 一」**。<br>家康、本興寺（静岡県湖西市鷲津）に安堵状。 | 2303 |
| | 3月5日 | ■「信長の第一次小谷城攻め」。<br>浅井・朝倉氏挑発の織田信長、五万の大兵を動員、江北方面に向けて出馬し、岐阜より近江国赤坂に布陣。 | 2304 |
| | 3月12日 | ■「第一次小谷城攻め終了―信長上洛」。<br>浅井・朝倉氏が挑発に乗らないため、織田信長、軍勢七百名程を率いて近江国より上洛、妙覚寺へ寄宿。将軍義昭は、武者小路の地を信長に与え邸宅建設を勧めた。 | 2305 |
| | 3月24日 | ■「織田信長、三好三人衆との和睦を成立させる」。<br>三好三人衆が後退し、細川昭元（信良）（1548～1592）と岩成友通（？～1573）が、初めて信長（1534～1582）のもとへ挨拶に来る。（『信長公記』）。<br>信長は、細川家が足利将軍家に次ぐ武門の名門であったため、昭元を利用することになる。足利義昭につく岩成友通（三好三人衆の一人）は、信長にも臣従。 | 2306 |
| | 3月25日 | **家康の臣鳥居忠吉（ただよし）（1496？～1572）、没。80余歳ともいう。三男元忠（1539～1600）が、家督を相続した。** | 2307 |

# 西暦1572

|  |  |  |  |
|---|---|---|---|
| 元亀3 | 3月29日 | ■「信長、改元を要求」。朝廷よりも武家が権力を持った鎌倉時代には、天皇の御代替わりによる改元が形式的なものになる。信長のあらたな挑戦である。<br>元亀という年号を不吉だと考えた織田信長、「至急ぜひ」改元を希望すると朝廷に伝えるという。改元について、幕府と信長に勅命があった。朝廷は、実務の担当者らを人選して準備した。しかし、室町幕府将軍足利義昭は、改元費用の調達を拒否して、最終的に沙汰止みになった。 | 2308 |
| | 3月— | ■「織田信長、本願寺顕如と和睦」。<br>この頃、将軍義昭と武田信玄の仲介により、本願寺顕如光佐（1543〜1592）は、信長の京都屋敷普請のお祝いとして、秘蔵の万里江山の一軸と白天目の茶碗を贈って、織田信長と和解。お互いの戦略上便法であった。 | 2309 |
| | 4月17日 | ■織田信長、摂津に向けて京を出陣。 | 2310 |
| | 4月— | 富士蔵人信忠（？〜1583）が武田氏に帰属し、甲府へ出仕する。<br>元亀2年（1571）12月、今川氏真により暇を与える旨の判物が嫡子である信通（のぶみち）（？〜1619）に発給されると、富士氏は今川・北条勢から離れることとなった。 | 2311 |
| | 4月— | **「遠州見付之国府宿屋敷一間并酒役」。徳川家康、上村清兵衛に朱印状。**<br><br>上村清兵衛は、見付宿の取りまとめ役として徳川家に尽くす一方、武田信玄が侵攻した際には浜松への帰城を助けたという。清兵衛は日頃から冷酒をたしなみ、家康にも冷酒を勧めたことから家康から「冷酒」と呼ばれ、近隣にも「冷酒清兵衛」の名で知られていたという話がある。（『遠江古蹟図絵』）。 | 2312 |
| | 5月9日 | ■「松永久秀と信長勢との調停が成立する」。<br>筒井順慶（1549〜1584）は南大門に、信長軍は多聞山の北を包囲して布陣するが、午後には陣を払う。 | 2313 |
| | 5月11日 | ■吉田兼右、深草から帰宅し織田信長を見舞いのため訪問。河州表へ出陣していた軍勢が帰陣・上洛したという。（『兼見卿記』）。<br>河内派遣の公方衆、信長軍、京に帰る。 | 2314 |
| | 5月13日 | 武田信玄、足利義昭からの御内書を受け取る。忠節を求められる。 | 2315 |
| | 5月14日 | ■織田信長、岐阜に向けて、京を発つ。 | 2316 |
| | 5月17日 | 武田信玄、松永久秀家臣・岡周防守国高に宛てた手紙で、信長・義昭のどうにもならない不和を記し、義昭が信長討伐の気持を持っていることを記す。<br>久秀、信長に背く。 | 2317 |
| | 5月19日 | 今川氏真（1538〜1615）、久翁寺（小田原市早川）で今川義元13回忌を執り行う。 | 2318 |
| | 5月19日 | ■織田信長、「天下の儀」を仰せ付けて美濃国岐阜へ帰還。（『信長公記』）。 | 2319 |
| | 5月— | 武田信玄、足利義昭に誓書を送る。 | 2320 |
| | 7月20日 | ■「信長の第二次小谷城攻め—7月20日〜9月16日」はじまる。<br>織田信長・信忠、近江国横山城（滋賀県長浜市堀部町・石田町）に入城。（『信長公記』）。<br>信長が五万の大軍を率い北近江に来襲。 | 2321 |
| | 7月30日 | 武田信玄、奥平美作守定能（貞能）（1537〜1599）に、三河・遠江両国内の旧領安堵の書状を発給。<br>亀山城（作手城）（愛知県新城市作手清岳）の奥平定能は、徳川から武田に乗り換えた。<br>元亀2年（1571）3月頃には、奥平氏は武田氏に従属、人質3人を出した。 | 2322 |

| 年号 | 月日 | 事項 | 番号 |
|---|---|---|---|
| 元亀3 | 8月10日 | 武田信玄、遠江国侵攻に際し軍令を定め、三河の山家三方衆に、信濃先方衆下条信氏(1529～1582)の加勢を命じる。<br>東三河東北部(新城市、北設楽郡)・奥三河の山家三方衆、武田方に帰属。作手の奥平氏、長篠の菅沼氏、田峰の菅沼氏である。 | 2323 |
| | 8月11日 | 武田信玄(1521～1573)、北条氏政(1538～1590)と協力して、関東に出陣せんとし、信濃水内郡葛山衆の軍役を定める。 | 2324 |
| | 8月― | **この月、徳川家康(1543～1616)、三方ヶ原にて鷹狩をする。対武田信玄の予行演習ともいう。** | 2325 |
| | 9月10日 | ■「本願寺と信長の第一次講和」。<br>本願寺顕如(1543～1592)、足利義昭・武田信玄の斡旋により織田信長(1534～1582)と和睦。 | 2326 |
| | 9月16日 | ■「信長の第二次小谷城攻め―7月20日～9月16日」終結。<br>信長・信忠父子、虎御前山の砦を木下秀吉にまかせ、横山城(滋賀県長浜市堀部町・石田町)に帰陣する。 | 2327 |
| | 9月16日 | ■織田信長・信忠、近江国横山城より美濃国岐阜城へ帰還。 | 2328 |
| | 9月22日 | **家康は、遠江国小国神社(静岡県周智郡森町一宮)に、三河・遠江両国の軍勢を率いて武田信玄の侵攻を撃退できるよう祈願する。** | 2329 |
| | 9月28日 | ■織田信長、「信長の添え状なしに御内書を発給したこと」などを責める、足利義昭へ全十七ヶ条の意見「条々」を提出。<br>江北の浅井・朝倉連合軍、石山本願寺をはじめとする江南や長島の一向一揆、そして、いつ西上して来るかしれない甲斐の武田信玄、その中心に将軍義昭がいる信長包囲網への苛立ちが意見書となった。<br>十条は、「元亀の年号不吉に候間、改元然るべきの由、天下の沙汰に付いて申上候。禁中にも御催の由候処に、聊の雑用仰付けられず、今に遅々候。是は天下の御為に候処、御油断然るべからず存候事」。(『信長公記』)。<br>信長は改元の意思を示し、義昭の失政を、叱責し厳しく諫める。信長は義昭が勝手な行動をしていることを批判し、さらに義昭が民衆に「悪御所」と呼ばれているとしている。さらに「悪御所」とは暗殺された足利義教と同じであるとしている。そして、義昭は参内を怠っていると指摘する。 | 2330 |
| | 9月― | ■この月、浅井長政(1545～1573)・朝倉義景(1533～1573)、武田信玄(1530～1578)と同盟を結ぶ。 | 2331 |
| | 10月3日 | 「武田信玄、西上作戦開始―甲尾同盟解消―第二次信長包囲網はじまる」。<br>織田氏と手切れした武田信玄(1521～1573)と上洛の兵、甲斐国府中を出発。<br>将軍足利義昭の信長討伐令の呼びかけに応える形で信玄が、北条氏政(1538～1590)からの援軍二千を含めた二万七千の軍勢を率い甲斐躑躅ヶ崎館を進発。<br><br>軍団を三つに分け、それぞれ別ルートから侵攻。山県昌景率いる約五千は、信濃伊那の飯田方面から三河川沿いに南下、奥三河に侵攻して、家康軍を三河東部へとひきつける。<br>秋山虎繁(信友)(1527～1575)率いる約三千は、伊那口から東美濃(岐阜県)へと進み、信長を牽制。<br>そして、信玄率いる本隊が、諏訪から高遠を経て、天竜川沿いに南下する。 | 2332 |

# 西暦1572

**元亀3**

**10月10日**　2333

「甲相同盟を復活した信玄の第二次三遠侵攻」。
武田信玄本隊、2万の大軍を率いて伊那谷から遠江との国境にある青崩峠に侵攻。
天野景貫(藤秀)の犬居城(浜松市天竜区春野町堀ノ内字犬居)に入る。

**10月13日**　2334

武田信玄、腹心の馬場信春(1515？～1575)に一軍を預けて、只来城(多々良城)(静岡県浜松市天竜区只来)を落とさせた。自らも大軍勢を率いて、徳川方の天方城(静岡県周智郡森町向天方)・一宮城(片瀬城)(周智郡森町一宮)・飯田城(周智郡森町飯田字峯山)・向笠城(磐田市向笠竹之内字新豊院山)・各和城(掛川市各和)などを、わずか1日で全て落とし、袋井を経て木原・西島(以上袋井市)付近に進む。ここから浜松まで12㎞である。
**「木原畷の戦い」**。木原の地でも徳川勢と武田勢が戦う。徳川方の久野城(袋井市鷲巣字城跡)の久野宗能(1527～1609)は、包囲されたが守りぬいた。

**10月13日**　2335

**「一言坂の戦い～14日」**。
徳川家康(1543～1616)は信玄本隊と戦うために、内藤信成(1545～1612)らに偵察させた。偵察隊は天竜川を渡って見付にまで進出する。
しかし信玄の巧妙な用兵、並びに兵力の差により偵察隊は大敗し、殿軍本多忠勝(1548～1610)とし、西方に向け退却する。
武田軍は近路をとり、見付の西の降口にあたる一言坂(見付から約1㎞)で家康の本隊に追いつき、後方を断ち切ろうとする。ここで一言坂の戦いがあった。
**家康は、殿軍本多忠勝・大久保忠佐(1537～1613)の活躍と、池田の船頭の助けを得て、天竜川を渡り何とか浜松まで帰還した。**
この時、本多忠勝を待つ家康を匿い接待したのが、妙恩寺(浜松市東区天龍川町)の和尚であるとの逸話がある。

内藤信成は、母は家康父・松平広忠の寵愛を受けて信成を身籠り、嶋田景信に嫁して3ヶ月後に出産、事情を知った内藤清長がこれを養子として育てた。弘治3年(1557)に13歳で松平元信(家康)に会見、一字を与えられて「信成」となり、その側近となったという。

**10月14日**　2336

信玄の本隊と犬居城(浜松市天竜区春野町堀之内)で分かれた、信玄の息子・武田勝頼(1546～1582)を主力とした別働隊が、浜松城の北東20kmに位置する徳川方二俣城(静岡県浜松市天竜区二俣町)に向かう。

**10月15日**　2337

武田信玄は、見付の台から北に向かい、匂坂城(静岡県磐田市匂坂上字大土居)を攻略。
合代島(磐田市合代島)に陣して二俣城を囲む態勢をとる。
これにより、掛川城や高天神城は孤立し、家康方は浜松城にある城兵だけで武田軍と戦うことを余儀なくされた。

**10月16日**　2338

**「二俣城の戦い―10月16日～12月19日」はじまる。**
武田勝頼、二俣城(静岡県浜松市天竜区二俣町)を包囲。

**10月16日**　2339

**「髪結職分者、領内勝手可為者也、」**。家康、北小路藤七郎に安堵状。
日本における理美容業の祖といわれる藤原采女亮政之の子孫は代々髪結を業としていた。徳川家康が武田信玄の勢に押され敗退の際、17代目北小路藤七郎が天竜川を渡る手助けをしたことから褒美と銀銭一銭を賜り一銭職と呼ばれるようになったとされる。

**10月18日**　2340

**「二俣城の戦い」**。二俣城城将・中根正照(？～1573)は、家康そしてその同盟者である織田信長の後詰(援軍)を期待して、信玄の降伏勧告を拒否する。
武田信玄、武田勝頼を大将とする3千の軍勢で、二俣城を攻撃するも攻めあぐむ。

# 西暦1572

| 元亀3 |  |  |  |
| --- | --- | --- | --- |
| 元亀3 | 10月18日 | 上杉謙信(1530～1578)、河田重親(しげちか)(1531～1593)に、武田信玄の美濃国への侵攻および山家三方衆が三河国で徳川家康に敗れたことを伝える。 | 2341 |
| | 10月21日 | 武田信玄、三河国の奥平定勝（1540～1615）に、遠江国高天神城よりの侵攻予定を伝える。 | 2342 |
| | 10月22日 | **「三方原の戦いの前哨戦ー仏坂(ほとけざか)の戦い」**。<br>武田方山県三郎兵衛昌景の率いる一隊は、東三河から下吉田の鈴木石見守重好(？～1635)を攻めた。満光寺の朝堂玄賀和尚の和議で、石見守重好は柿本城(下吉田城)(愛知県新城市下吉田)を捨て、一族と共に三遠国境を越え伊平の鈴木出雲守の守る小屋山の砦(井平城)に退去した。これを追ってきた山県勢と仏坂(浜松市北区引佐町伊平)で激戦を交えた。<br>この戦いで井伊飛騨守直成（井平領主）は、鉄砲に当たり戦死。石見守一族鈴木権蔵重俊(石見守重好の伯父)も鉄砲を受け討死。88人が討死という。<br>井伊谷三人衆一族は、浜松に逃げる。<br>井伊谷城(浜松市北区引佐町井伊谷)も、武田軍の山県昌景(1529～1575)により落城。<br>井伊直虎(？～1582)は、虎松(井伊直政)(1561～1602)と共に浜松に逃げる。 | 2343 |
| | 10月22日 | **織田信長(1534～1582)、徳川家康(1543～1616)へ、武田軍との決戦を前に作戦を申し含めた簗田広正(別喜右近)(？～1579)を派遣した旨を通知。** | 2344 |
| | 10月27日 | **「今度宇津山へ被相移候事、忠節祝」**。<br>家康は、形原松平家忠(1547～1582)に替わり、竹谷松平備後守清善(きよよし)(1505～1587)を宇津山城在番を命じ、所領給与を約束する。<br><br>宇津山城（静岡県湖西市入出字正太寺鼻）は、浜名湖の西岸浜名郡湖西町入出の湖中に突出した小台地にあり、東岸の宇布見に通ずる湖上交通の要地にあたる。<br>家康は、信長の援軍をなるべく早く安全に迎えねばならない。そのためには岐阜から浜松までの通路を確保する必要があった。 | 2345 |
| | 11月6日 | **「敵信州表江就罷出候、自岩村被申越候、武節江乍太儀…」**。<br>家康、松平督(大給松平真乗(さねのり))(1546～1582)に、武田信玄の侵攻に備えて三信国境の、三河国武節(愛知県豊田市武節町)に出張するよう命じる。 | 2346 |
| | 11月― | **「二俣城の戦い―10月16日～12月19日」**。<br>この頃、信玄の本軍2万余と三河路から南下した山県昌景（1529～1575）率いる5千の軍が二俣城(ふたまたじょう)(静岡県浜松市天竜区二俣町)周辺に集結。<br>武田勝頼軍と共に、力攻めを繰り返すも、天険の要害二俣城は容易に落ちず、名ある家臣小宮山昌友(？～1572)らの討死が相次いだ。<br><br>山県昌景は、山家三方衆・作手(愛知県南設楽郡)の奥平貞勝(1512～1595)・田峯の菅沼貞忠(？～1582)・長篠の同満直(？～1582)を先鋒として吉田を奪い、遠江の井伊谷(浜松市北区引佐町)に陣し、三河から二俣への援軍の通路を断っていた。 | 2347 |
| | 11月― | **「二俣城の戦い」**。武田勝頼は水補給ルートを断つため、天竜川の上流から大量の筏を流して、櫓を崩壊させ、遠江の要衝である二俣城の水の手を断つ。<br>武田軍は、天竜川から飲料水を汲み上げる釣瓶の縄を切ったともいう。 | 2348 |
| | 11月19日 | **「対当国武田光禄手出候、就其被成」**。<br>徳川家康、足利義昭に仕える、御部屋衆朽木弥十郎輝孝に書状を送る。 | 2349 |

# 西暦1572

|  |  |  |  |
|---|---|---|---|
| 元亀3 | 11月20日 | ■「信長、謙信同盟ー濃越同盟」。<br>「就越甲和与之儀、被加上意之条、同事ニ去秋以使者、申償之処、信玄所行寔前代未聞之無道、且者不知侍之義理、且者不顧都鄙之嘲哢次第、無是非題目候、」。<br><br>織田信長、上杉謙信へ、全5ヶ条にわたり信長と信玄の敵対とその状況を通知。信長、輝虎（謙信）の要請を入れ、信玄と国交を断ち信濃に攻め入るを約す。信長は謙信と同盟し、信玄を信濃に挟撃する策を計る。また、浅井・朝倉をはさみ撃ちにせんとする。 | 2350 |
| | 11月27日 | 「海賊に田原表を放火させたが、その様子はいかがであったか」。<br><br>信玄の臣山県昌景、三河国奥平貞能（さだよし）（1537～1599）に、近江国における織田軍敗北の風説を伝え、三河国田原における海賊放火の状況を尋ねる。 | 2351 |
| | 11月下旬 | **武田信玄が家康の遠州に侵攻したことを知り、織田信長は、佐久間信盛（1528～1581）・平手汎秀（ひろひで）（長政）（1553～1573）・水野信元（家康伯父）（？～1576）ら3千を援軍に派遣、この頃、浜松城に来着する。** | 2352 |
| | 12月3日 | ■「武田信玄の西上による信長包囲網の一角が崩れる」。<br><br>小谷城の応援の朝倉義景（1533～1573）、信長軍を追撃しようとせず、近江国より撤退、越前に帰国する。 | 2353 |
| | 12月13日 | **「酒井与四郎家来、抽一人先懸働ハ」。**<br>家康、小笠原民部少輔に書状。<br>酒井与四郎は、酒井雅楽頭正親（まさちか）（1521～1576）であろうか。 | 2354 |
| | 12月19日 | **「二俣城の戦いー10月16日～12月19日」、終結。**<br><br>水の手を断たれて1ヶ月余、二俣城（ふたまたじょう）（静岡県浜松市天竜区二俣町）は、ついに降伏・開城。城将・中根正照（？～1573）らは浜松城へ退去した。この後、信玄本隊が二俣城に入った。**遠江の地侍で信玄に味方するものが多くなる。** | 2355 |
| | 12月19日 | 武田信玄、朝倉義景に翌年5月の上洛予定を伝え、共同作戦を促す。 | 2356 |
| | 12月21日 | **徳川家康、軍議。** | 2357 |
| | 12月22日 | 武田本軍、二俣城を出陣。朝、武田信玄、合代島（ごうだいじま）のすぐ下の神増の辺りで天竜川を渡る。ついで東三河に侵入すべく三方原の台地に向かう。<br><br>信玄は、予想と違い、浜松城には向かって来なかった。 | 2358 |
| | 12月22日 | **家康31歳は、信長からの援軍3千を含めて全軍1万1千を率い、浜松城を出陣。**<br><br>そして徳川軍は、武田軍の後方につきながら、いつでも攻撃のできるように陣型を左右にひらき鶴翼の形をとった。信玄軍2万5千は陣形を魚鱗にして、家康軍の攻撃を待ち受ける。<br>信玄は、家康軍を浜松から誘い出して打撃を与える作戦であった。 | 2359 |

| 元亀3 | 12月22日 | **「家康三大危機の二番目ー三方ヶ原の戦い―家康、信玄に大敗」。**<br>午後4時、家康の家臣・石川数正(1533～1592?)の部隊の突撃によって、この戦いの火蓋が切って落とされた。遠江国三方ヶ原に於いて武田信玄2万と織田・徳川家康連合軍1万1千が激突。<br>信玄は、信濃・甲斐の兵を率い迎え撃った。夜、徳川・織田連合軍は大敗し、家康、浜松城へ命からがら逃げ帰る。<br>武田軍が石を投げかけてきたので、家康軍は斬ってかかり、一の手・二の手を切り崩したが、信玄の旗本が集団となって逆襲してきたため、ついに敗戦となったという。家康31歳、信玄52歳であった。<br>**徳川軍は鳥居四郎左衛門、成瀬正義(1535～1572)、本多忠真、米津政信(よねきつまさのぶ)など二千余の死傷者を出す大敗であった。**<br>信長の援軍の大将平手汎秀は、城に入ることができず、東海道今切(浜松市西区舞阪町)に向かったが稲葉(浜松市中区東伊場)で戦死。佐久間信盛・水野信元(家康伯父)は逃走。<br>浜松城に帰った家康は、城門をそのまま開いておかせた。追撃してきた武田軍の先鋒は、城門まで来て引き揚げたという。 | 2360 |
|---|---|---|---|
| | 12月22日 | **三方ヶ原の戦いで服部源兵衛保正が討死.**<br>服部半蔵正成(1542～1597)は、伊賀者150名を預かるとされる。 | 2361 |
| | 12月22日 | 三方ヶ原に誘い出された家康軍は総崩れとなり、敵中に突入しようとする家康を近侍する夏目次郎左衛門吉信(よしのぶ)(1518～1572)が押しとどめ、槍の柄で家康の乗る馬の尻を叩き、**家康は命からがら浜松城に帰った。**<br><br>その後吉信は家康の兜を被って武田晴信勢に突撃して討死。高木広正(1536～1606)は、敗走する家康の馬が鉄砲に撃たれた際には自らの馬を差し出してその撤退を助け、また家康を追撃する武田軍の武者4人を討ちとったという。<br>家康は城門を開け放ち、門の内外に篝火を焚き、湯漬けを掻き込んでそのまま高いびきで寝てしまった。<br>**何か計略があるのではと警戒した武田軍は、そのまま引き揚げたという。** | 2362 |
| | 12月22日 | 勘当中で徳川家康庇護下にあった長谷川橋介・佐藤藤八・山口飛騨・加藤弥三郎(織田信長小姓衆)、遠江国三方ヶ原合戦に於いて討死。(『信長公記』)。 | 2363 |
| | 12月22日 | 夜、三方ヶ原の戦いに勝利した武田信玄は、徳川家康が逃げ帰った浜松城の北方1kmのところにある犀ヶ崖(さいががけ)の北側に布陣。<br><br>反撃に転じた徳川軍は、一計を案じ、犀ヶ崖に武田軍を追い落とそうと、崖に白い布を張り、丈夫な橋が架かっているように見せかけ、深夜になって、浜松城の近くにある普済寺に自ら火を放ち、浜松城が炎上していると見せかける。城内に残っている鉄砲を集めていた、大久保忠世(ただよ)(1532～1594)、天野康景(1537～1613)らが犀ヶ崖付近の間道を通って武田の陣営の背後にまわり、鉄砲を撃ち込み、夜襲をかけた。<br>不意打ちをかけられ、逃げ場を失った武田軍は狼狽して、闇の中で地理不案内のために人馬もろともを犀ヶ崖の谷底へ転落、又、ある者たちは、徳川軍が張った白い布を橋と勘違いして転落したといわれ、たちまち数十人が絶命したという。<br>この報告を受けた信玄は、「勝ちても怖き相手なり」と、20歳も年下の家康を評したという。創作であろう。 | 2364 |

## 西暦1572

|  |  |  |  |
|---|---|---|---|
| 元亀3 | 12月22日 | **「今度味方原挑戦尾州勢敗北、被引」**。家康、植村土佐法印に感状。<br>植村泰忠(1539～1611)は、幼くして父を亡くし、三河国鳳来寺の大叔父・二位法印教円に育てられ鳳来寺薬師別当となり、安養院と号する。三方ヶ原の戦いに僧兵を率いて徳川家康に加勢したとされる。戦後に還俗し、遠江国榛原郡内に領地を賜る。 | 2365 |
| | 12月23日 | 信玄が三方ヶ原の戦いの首実検を行う。<br>中には、家康と同盟関係にあった織田信長が、援軍として派遣した平手汎秀(1553～1573)の首もあった。<br>信玄は平手汎秀の首を、織田家への絶交の宣言として岐阜の信長に送る。<br>家康と信長は同盟関係にあったが、信長は信玄とも同盟関係にあった。 | 2366 |
| | 12月28日 | 遠江三方ヶ原で勝利した武田信玄(1521～1573)、朝倉義景(1533～1573)の近江よりの撤兵を知り、信長討滅の機会を逸したと非難。 | 2367 |
| | 12月28日 | 信玄、朝倉義景に三河国侵攻の途上、遠江国三方ケ原で勝利したこと、翌年5月に上洛予定を伝え、共同作戦を促す書状を再度送る。 | 2368 |
| | 12月28日 | ■「織田軍、岩村城郊外で敗れる」。<br>岩村城（岐阜県恵那市岩村町）の陥落に危機感を覚えた織田信長（1534～1582）は、長男の勘九郎信重（信忠）を大将に、東美濃にある親織田派の豪族に動員令を発し、岩村城奪還を目指して反攻させたが、岩村城南方の上村（岐阜県恵那市上矢作町）において秋山虎繁(信友)(1527～1575)に敗れる。 | 2369 |
| | 12月28日 | 遠江三方原で勝利した武田信玄は、遠江刑部(浜名湖北岸)で越年する。 | 2370 |
| | 12月29日 | **「定 河別 右於郷中狼藉一切令停」**。家康、河別に福徳朱印状。 | 2371 |
| | 12月- | **「出置知行事 一三州椛草七郷之事」**。<br>徳川家康、山家三方衆の裏切りの中、忠節を尽くした河合源三郎に、三河国振草七郷などの所領を与える。 | 2372 |

## 西暦1573

|  |  |  |  |
|---|---|---|---|
| 元亀4 | ― | ■この頃、織田信長(1534～1582)、嫡男信重(信忠)(1555/1557～1582)と松姫(信玄五女、信松尼)(1561～1616)の婚約解消。<br>信玄と、織田氏の同盟国である三河の徳川家康との間の三方ヶ原の戦いで、信長は徳川方に援軍を送ったことから武田・織田両家は手切れとなり、松姫との婚約も解消される。 | 2373 |
| | 1月2日 | 信玄の臣穴山信君(梅雪)(1541～1582)、近江国の多胡惣右衛門尉(浅井氏被官)へ、武田信玄は、朝倉義景・浅井長政と申し合わせて遠江国・三河国へ「出張」し攻略したこと、三方ヶ原に於いて徳川家康軍を撃破したこと、浅井氏被官「備前」にその模様を検分させたことなどを通知。 | 2374 |
| | 1月3日 | 武田信玄、三河国大恩寺(愛知県豊川市御津町御津山山麓)に濫妨・狼藉禁止などの制札を与える。 | 2375 |
| | 1月5日 | 信玄の娘婿・木曾義昌(1540～1595)が、三方ヶ原合戦の勝利を祝し、塩硝(黒色火薬の原料)五十斤を甲斐に贈る。 | 2376 |
| | 1月10日 | 武田信玄は、遠江国浜名湖北岸の刑部村にて年越しした。その後、この日に出発すると、細かく宿泊をして、宇利峠から三河へと進入。<br>ようやく豊川を渡ると、500名程度が守備する野田城(愛知県新城市豊島)を包囲した。 | 2377 |

| | | | |
|---|---|---|---|
| 元亀4 | 1月11日 | 「武田信玄最後の戦い―野田城の戦い(1月11日～2月15日)」。<br>三方ヶ原に勝利した信玄、徳川方の三河野田城を攻撃。武田軍は力攻めは行わず、地下道を掘り、水の手を断ち切ることで落城に追い込む作戦を取る。 | 2378 |
| | 1月17日 | **「禁制 一於当寺中井門前らうせき」。**<br>家康、竜禅寺(浜松市中区龍禅寺町)に福徳朱印状で禁制。 | 2379 |
| | 1月27日 | ■本願寺顕如(1543～1592)、朝倉義景に、武田信玄からの尾張・三河など四か国の門徒に対する援軍要請を受諾し、三河国勝鬘寺の出陣予定を伝える。 | 2380 |
| | 1月― | **「津留之事 右雖堅申付候、多門縫」。**家康、判物発給。 | 2381 |
| | 2月2日 | **「宛行知行分之事 右於吉良横手郷弐百貫文之地、并菅沼・笠井島・御判・折立・善夫・木和田令扶助畢、」。**<br>家康、原田小右衛門(原田正信)・簗瀬九郎左衛門(簗瀬家弘)に、三河国横手郷などの所領を与え、諸役を免除する。 | 2382 |
| | 2月2日 | 「宛行知行分之事 右、於吉良横手之郷弐百貫文之地、并菅沼・笠井島・御判・折立・善夫・木和田令扶助畢、」。徳川家康判物、吉良(幡豆)横手之郷へ。 | 2383 |
| | 2月4日 | **「舊冬就一戦之儀、遠路御飛脚深志之至ニ候、委曲横田半助口才申入候キ、抑信玄至于野田城在陣候、就其参州吉田に相移、尾・濃之衆同陣候、後詰之儀、近日信長出馬之間、此節可討果覺悟候、然者賀州表被蜀御存分之由、尤大慶候、殊ニ向信州可有御出張之旨、急速御手合願望候、尚以使者従是可申述候、恐々謹言」**。<br><br>徳川家康、上椙殿(上杉謙信)に、武田信玄の三河国野田城在陣につき、尾張・美濃両国衆と共に同国吉田へ移動したことを伝える。「上椙弾正大弼兼越後守輝虎入道藤原謙信」である。 | 2384 |
| | 2月6日 | **「新暦之御吉兆、雖事舊候、更以不可有休期候、仍刀一腰守家進覧候、御秘蔵可為畏悦候、委曲権現堂申含候條、可在口上候、恐惶謹言」。**<br>徳川家康(1543～1616)、同盟を結んでいた上杉(上杉謙信)へ、太刀と密書(信玄の背後をつくべく、信州への出陣を要請する)を送り、同盟者・信長へは援軍要請をする。 | 2385 |
| | 2月6日 | ■本願寺顕如、朝倉義景に、武田信玄の三河国野田城攻めなどを伝える。 | 2386 |
| | 2月― | **この頃、徳川家康が、野田城後詰に現れたが豊川の対岸山頂で引き返してしまったという。** | 2387 |
| | 2月13日 | ■足利義昭、織田信長に敵対する態度を明らかにし、朝倉義景(1533～1573)・浅井長政(1545～1573)に支援の御内書を下す。<br>追い詰められた足利義昭は、朝倉・浅井に味方して信長を敵とする意思を示す。 | 2388 |
| | 2月15日 | **「武田信玄最後の戦い―野田城の戦い(1月11日～2月15日)」終結。**<br>武田信玄、ようやく、三河野田城(愛知県新城市豊島)を攻略する。日は異説あり。城将菅沼定盈(さだみつ)(1542～1604)は、防備を強化した野田城に立て籠り設楽貞通(1534～1596)・桜井松平忠正(1543～1577)らと共に1ヶ月の抵抗を示したが、水の手を断たれたために、この日に開城降伏して捕らわれた。<br>**この野田城落城によって、三河での徳川家康の防衛線は壊滅した。** | 2389 |
| | 2月16日 | 武田信玄、将軍義昭のもとにいる東老軒(常存)に、三河国野田城を攻め落とし、城主菅沼定盈を生け捕ったことを伝える。 | 2390 |

# 西暦1573

| 元亀4 | 2月16日 | 「……仍去比者御使者重而飛脚本望」。<br>家康、上椙(上杉謙信)に書状を送り、武田信玄の三河国野田城在陣を伝える。 | 2391 |
|---|---|---|---|
| | 2月16日 | ■浅井長政(1545〜1573)、室町幕府の重臣伊勢貞知に、武田信玄の三河・遠江両国の平定と、尾張・美濃両国への出陣予定を伝える。 | 2392 |
| | 2月16日 | 武田信玄、長篠城(愛知県新城市長篠)に入り病状の回復を待つが、持病の悪化ため、上洛を目指す武田軍が三河から撤退を開始する。 | 2393 |
| | 2月22日 | ■浅井長政、武田信玄の臣穴山信君(梅雪)(1541〜1582)に、武田信玄の三河国での戦勝を祝い、尾張・三河両国への出陣を望む。 | 2394 |
| | 2月23日 | ■「義昭の信長討伐の激」。将軍足利義昭(1537〜1597)、浅井長政・朝倉義景・武田信玄・本願寺らに、信長討伐の激を発する。 | 2395 |
| | 2月23日 | 「織田信長黒印状」。信長、細川兵部大輔(細川藤孝)の報告に応え、足利義昭の「逆心」について全七ヶ条の条目を通達。<br>塙直政を京都へ派遣し和睦を提示したところ、義昭より「条々」が提示されたので全て了承したこと、また塙直政は眼病を患ったために松井友閑・島田秀満を上京させ「質物」を提出したことで「京都之雑説」は鎮静化し、義昭の信長に対する隔心は無くなるか否かを確認。また摂津国荒木村重が信長に対し「無二之忠節」を励むという知らせに喜んでいること、和田惟長が先日信長のもとへ疎略無き旨を通信してきたので細川藤孝に若年の和田惟長へ意見することが重要であること、伊丹親興が敵方に加担したが調略により織田側に帰属させること、岩成友通は表裏無き人物であると聞いているが現在はどのような状態かを確認して能々相談すべきこと、信長・義昭間の「無事」が破綻したならば敵方の領中は味方になりそうな者に宛行い勧誘すべきこと、「遠三」周辺の件で信玄は二月十七日に野田表を撤収したこと、近江国志賀周辺にて一揆が蜂起したので蜂屋頼隆・柴田勝家・丹羽長秀に出陣を命令したこと、琵琶湖を渡って急行させるので鎮圧に時間は要しないであろうこと、信長は近江国佐和山に移動し近日に上洛し「畿内之事平均」に鎮める戦略は信長の「案中」にある旨を通達。<br>信長は、敵対行動をとった義昭との対決を、当初は避けようとした。 | 2396 |
| | 2月26日 | **徳川家康、上杉謙信に新春を賀して、太刀を贈る。** | 2397 |
| | 2月26日 | ■「対立が決定的になり、義昭、反信長挙兵」。<br>「足利義昭、浅井長政・朝倉義景・武田信玄と謀り、織田信長を撃たんとし、光浄院暹慶等をして、兵を西近江に挙げしむ、暹慶等、一向宗門徒等を糾合して、石山・今堅田等に拠る、信長、義昭に和睦を請ひ、柴田勝家・明智光秀等をして、西近江を平定せしむ、勝家等、石山を降す、勝家等、今堅田を破る」。(『信長公記』)。<br>他の兄弟が織田氏方に付くなか、暹慶は義昭に従った。義昭につく、三好三人衆の一人であった岩成友通(?〜1573)は、これに反応して信長に再び対立姿勢を打ち出す。<br><br>「光秀ら、石山城攻略」。柴田勝家・明智光秀ら、足利義昭与党の籠もる近江国石山城を攻略、破却する。山城の半国守護・光浄院暹慶(山岡景友)(1540/1541〜1604)は、信長方に付いた兄・景隆(1525〜1585)の説得を受けて降伏・開城する。暹慶は、義昭追放後、還俗して「山岡八郎左衛門尉景友」と称し織田家に仕官する。<br>明智光秀に叛いて松永久秀に附属されていた岩倉の山本・山中の磯貝(谷磯)・和邇の金蔵坊・瀬多の山岡玉林房(猶景)・田中の渡辺らは国に帰った。 | 2398 |

# 西暦1573

| 元亀4 | 2月27日 | 信玄、長篠城(愛知県新城市長篠)に入り病状の回復を待つ。 | 2399 |
|---|---|---|---|
| | 2月27日 | ■本願寺顕如(1543～1592)、武田信玄に書状を送り、三河国野田落城を祝う。 | 2400 |
| | 春 | **今川氏真(1538～1615)、武田信玄が病に倒れるとの知らせを得たので、再び、徳川家康の許に行き庇護される。** | 2401 |
| | 3月- | **岡崎城主・岡崎信康(家康の嫡男)(1559～1579)、今川方の三河武節城主菅沼貞吉(定忠)(?～1582)を攻める。これが信康の初陣か。**<br><br>**酒井忠利(1559～1627)、徳川家康に供し亦之に従ひ敵の冑首を獲たり。**<br>当時武田方の武節城は、三河国設楽郡、現在の愛知県豊田市武節町シロ山にあった山城。別名・地伏城。 | 2402 |
| | 3月5日 | ■上杉謙信、会津蘆名氏の外交僧・游足庵淳相に、徳川家康の武田信玄との戦いについて伝え、武田軍が三河・遠江両国の山中に入ったことを伝える。 | 2403 |
| | 3月6日 | 武田信玄、秋山虎繁(信友)(1527～1575)に、織田信長東美濃出陣にともない、三河・遠江両国の守備を別人に命じたことを伝える。 | 2404 |
| | 3月6日 | 武田の将・秋山虎繁(信友)(1527～1575)、信玄の命で東美濃に向かい、前年に武田方に寝返っていた岩村城(岐阜県恵那市岩村町)に入城。<br>以後、虎繁は大島城代と岩村城代を兼任する立場となる。 | 2405 |
| | 3月7日 | ■信長、細川藤孝に、三河・遠江両国の無事と敵城普請の風聞などを伝える。 | 2406 |
| | 3月9日 | 武田信玄、鳳来寺(愛知県新城市門谷字鳳来寺)を出て甲斐へ向かう。<br>信玄は野田城を攻略したが、この頃から病状が悪化、長篠を経て鳳来寺に移り、しばらく療養に専念していたが、一向に回復に向かわなかった。 | 2407 |
| | 3月10日 | **家康に従い続けた三河国野田城(愛知県新城市豊島)主・菅沼定盈(1542～1604)は、徳川家と武田家の人質交換で解放される。山家・三方の人質と交換という。** | 2408 |
| | 3月一 | **徳川家康、平岩親吉(1542～1612)に、前年の三方ヶ原の合戦で徳川方が敗れたため、武田方となった天方城(静岡県周智郡森町向天方)を攻めさせる。**<br>大久保新十郎忠隣(1553～1628)、渡辺半十郎政綱、渡辺半蔵守綱(政綱の兄)(1542～1620)らは激しく攻め、守将久野弾正忠宗政は敗れ、再び甲州へ逃げ去る。 | 2409 |
| | 3月16日 | **「家康、武田の手に落ちた諸城の奪回戦を開始」**。<br><br>徳川方の石川日向守家成(1534～1609)・久野宗能(1527～1609)は、武田方の各和城(掛川市各和字山下)を攻め、3日にわたる攻防で、城主原六郎頼延は出奔する。<br>六笠城(向笠城)(磐田市向笠竹之内字新豊院山)主六笠伯耆守・一宮城主武藤刑部氏定は逃走。向笠その外の小城は、戦わずして降参。 | 2410 |
| | 3月19日 | 信長軍による一向一揆や造反する寺社への苛烈な攻撃を牽制すべく、武田信玄は、「天台座主沙門信玄」と署名した挑戦状を信長に送った。<br>■それに対して信長は、「第六天魔王」と署名した返信を送ったと記される。(『耶蘇会士日本通信』1573年4月20日付)。<br>「第六天魔王」とは、仏教において仏道修行を妨げる魔のこと。 | 2411 |
| | 3月19日 | ■信長、上杉謙信に、武田信玄の三河国からの退散などを伝える。 | 2412 |
| | 3月19日 | ■上杉謙信、能登の長景連(?～1582)に、織田信長・徳川家康の領国の沈静化、および信長・家康と連合して武田信玄を討つ意思を伝える。 | 2413 |

# 西暦1573

| 元亀4 | 日付 | 内容 | 番号 |
|---|---|---|---|
| | 3月25日 | ■織田信長(1534～1582)、足利義昭追放を決意、上洛のために美濃国岐阜城を出陣。(『信長公記』)。 | 2414 |
| | 3月29日 | ■「信長、上洛」。将軍御供衆・細川藤孝と荒木村重、織田信長への「御身方の御忠節」として近江国逢坂に於いて出迎える。(『信長公記』)。 | 2415 |
| | 4月4日 | **■「信長、上京焼打ち」。**<br>織田信長、足利義昭の挙兵に対して、足軽以下を派遣し洛中諸所に放火、幕府御所(二条城)を残して、信長に反抗的な姿勢を見せていた上京、ことごとく焼亡。類火が禁裏近辺に及ぶ。 | 2416 |
| | 4月6日 | ■「信長・義昭、和睦」。織田信長、正親町天皇勅命により、将軍足利義昭と和睦。 | 2417 |
| | 4月6日 | **■織田信長、上洛にあたり小栗大六重常(徳川被官)を派遣してきた徳川家康へ、足利義昭の挙兵については信長の身に覚えの無いことであり、「君臣御間」ということで従来の忠節が無駄としないために種々の「理」を講じたが義昭の承諾が得られなかったため、去る四月二日・三日の両日に洛外を、四日には上京を悉く焼き払ったので義昭との講和が成立したことを通達。また徳川家康の近江国横山周辺への出陣は無用であること、遠江・三河国境(武田信玄の動向)の件は油断無きように備えることを通知。** | 2418 |
| | 4月8日 | ■織田信長、美濃国岐阜城へ向けて京都を発す。(『兼見卿記』)。 | 2419 |
| | 4月12日 | **武田信玄(甲斐及び信濃守護)**(1521～1573)、**信濃国駒場**(長野県下伊那郡阿智村)**に於いて病没。享年53。**<br>死の床にて3年秘束、領内の整備、戦力の充実などを遺言する。反信長同盟が事実上崩壊。<br>勝頼が相続し、長坂長閑斎(虎房、光堅)(1513～1582)・跡部勝資ら諏訪・高遠関係の家臣団が支えることになる。武田家は四男・四郎勝頼(1546～1582)が継いだ。母は信玄により自刃させられた諏訪頼重の娘であった。遺言により喪を3年間秘し、信玄の竜朱印と「晴信」の朱印を用いたが、その事実は世上に直ぐ知れ渡り、4月の時点で謙信は、家康に信濃・甲斐に出兵を要請する書状を送っている。<br>**天正10年(1582)武田氏が滅亡するまでの10年間、家康と勝頼との対決が続く。** | 2420 |
| | 4月16日 | 武田勝頼、信玄の葬式を恵林寺で営む。 | 2421 |
| | 4月16日 | **■織田信長、徳川家康に、京都から帰国することを伝え、三河・遠江両国の守備をねぎらう。** | 2422 |
| | 4月24日 | ■上杉謙信、常陸国の小田守治(もりはる)(1557～1610)に、武田信玄の三河・遠江両国出陣に際し、織田信長・徳川家康と連携することを伝える。 | 2423 |
| | 4月25日 | ■飛騨国江馬輝盛の臣河上富信、上杉謙信の臣河田長親に、越中情勢、信長の足利義昭追放について述べ、尾張・美濃両国の軍勢の甲斐国出陣の風聞を伝え、西進していた甲州勢が引き上げたことや、信玄が煩っていたことを知らせ、武田信玄の死を推測する。 | 2424 |
| | 4月27日 | ■「28日にかけて、信長と義昭が起請文を交わし、正式に和睦する」。<br>滝川一益・美濃三人衆(安藤守就・氏家直昌(直通)・稲葉一鉄)・柴田勝家・佐久間信盛・林秀貞、足利義昭側近の一色藤長・上野秀政・一色昭秀・曽我助乗・松田頼隆・飯尾貞連・池田一狐へ、「公儀信長御間」の「御和平」について、織田信長は足利義昭に対して一切の「表裏」をしないこと、織田信長「最前之条数」を堅守することを「霊社起請文」を以て誓約する。 | 2425 |

# 西暦1573

| 年号 | 月日 | 事項 | 番号 |
|---|---|---|---|
| 元亀4 | 5月9日 | **徳川家康（1543～1616）、信玄の死を確認するため、大井川を越えて武田領である駿河に入り、久能城の根小屋や駿府城下の岡部に放火。** | 2426 |
| | 5月13日 | **家康、信玄の死を確認するため、長篠城（愛知県新城市長篠）を巡視、岡崎に帰る。** | 2427 |
| | 6月13日 | ■「義昭、信長との和睦変改」。<br>将軍足利義昭（1537～1597）、織田信長（1534～1582）との盟を破って挙兵を企て、兵糧米の送付を毛利輝元（1553～1625）に依頼する。 | 2428 |
| | 6月22日 | **武田家に帰属していた、三河国作手の有力国人・奥平定能（1537～1599）は、家康に、「信玄の死は確実なこと、貞能・信昌父子は、徳川再帰参の意向であること」を伝える。** | 2429 |
| | 6月30日 | 武田勝頼は、三河の山家三方衆（長篠城（愛知県新城市長篠）菅沼右近助・田峰城（愛知県北設楽郡設楽町田峯）菅沼刑部丞・作手城（亀山城）（新城市作手清岳）奥平定能（1537～1599）に書状を送り、所領分配の裁定を伝えた。<br><br>奥平貞能などに遠江新所・高部の一部を、菅沼刑部丞に武部の一部を安堵。同日、遠江の菅沼伊賀の軍功を賞し、所領を宛行う。 | 2430 |
| | 6月一 | **家康は、社山（静岡県磐田市社山）・合代島（同市合代島）・渡島（浜松市天竜区渡ヶ島）の諸砦を築き、二俣城（静岡県浜松市天竜区二俣町）に備え、長篠を攻撃する。** | 2431 |
| | 7月3日 | ■「足利義昭、再挙兵」。<br>足利義昭（1537～1597）、再び信長に反旗を翻し、宇治槇島城（京都府宇治市槇島町大幡）に籠もり挙兵。 | 2432 |
| | 7月6日 | 武田勝頼、信濃先方衆の小笠原信嶺（1547～1598）に、三河国長篠城の在城を命じ、在城料として遠江井伊谷所領を与える。 | 2433 |
| | 7月7日 | 武田勝頼の臣長坂光堅（1513～1582）、奥平貞能（1537～1599）に、三河国が沈静化したことを聞き、駿河国出陣などについて伝える。 | 2434 |
| | 7月9日 | **「……重而大室被差越候、御懇情承」。<br>是より先、上杉謙信（1530～1578）、徳川家康（1543～1616）に信濃・甲斐出兵を求む。<br><br>是日、家康、之を諾し織田信長の出兵をも促すべきを答える。** | 2435 |
| | 7月14日 | 北条氏政（1538～1590）、一向宗甲斐国長延寺の実了師慶へ書状を送り、代替わりした武田勝頼（1546～1582）との同盟（第二次甲相同盟）の趣旨を伝える。<br><br>「長延寺実了師慶」は上杉憲政の一族で、上杉家没落後武田信玄の呼びかけにより来甲、長延寺を開いたという。実了は信玄の各国使者として、主に伊勢長島・大坂・一向宗・越後上杉氏へと赴いた。<br>長延寺二世となったのが、顕了道快（1574～1643）。武田信道ともいい、武田竜宝（信玄二男）（1541～1582）の子。武田家滅亡時、竜宝は入明寺で自害するが、顕了は父竜宝に逃がされ信濃に隠れた。 | 2436 |
| | 7月17日 | **徳川家康、設楽貞通（1534～1596）に、山中筋への出勢につき軍勢動員を命じる。** | 2437 |

# 西暦1573

| 元号 | 月日 | 事項 | No. |
|---|---|---|---|
| 元亀4 | 7月18日 | **■「槇島合戦─室町幕府、滅亡─信長、第二次信長包囲網から脱する」。**<br>織田信長、巳刻(10時)に山城国槇島城(京都府宇治市槇島町大幡)への攻撃を開始。佐久間信盛・丹羽長秀・柴田勝家・木下秀吉・蜂屋頼隆・明智光秀・荒木村重・細川藤孝と息子与一郎忠興・蒲生賢秀と息子忠三郎(氏郷)・山岡景隆と息子孫太郎景宗・山岡景猶・多賀新左衛門・京極小法師高次らは川下の五ヶ庄より、稲葉一鉄・息子右京助貞通を先陣として斎藤新五(斎藤利治)・氏家直通(直昌)・安藤守就、不破光治・息子彦三直光、丸毛長照・息子兼利、市橋長利・種田助丞らは平等院周辺から攻撃し焼き打ちする。<br>足利義昭(1537～1597)、わずか一歳の嫡子(後の義尋)(1572～1605)を人質として提出して山城国枇杷庄(京都府城陽市)へ退く。<br>義昭は普賢寺で剃髪して、謹慎の意を表し、足利昌山と取りあえず名乗る。 | 2438 |
| | 7月20日 | **徳川家康(1543～1616)、武田軍本国撤退の間隙をぬって、本多忠勝(1548～1610)・榊原康政(1548～1606)らに命じて、武田軍の三河侵略の拠点、長篠城(愛知県新城市長篠)を攻撃。** | 2439 |
| | 7月21日 | **■「織田単独政権が成立」。**<br>織田信長(1534～1582)、京都に凱旋し、村井貞勝(？～1582)を京都所司代に任ずる。信長、京都奉行・村井貞勝に宛てに定書を出す。信長、幕府に代って京都を支配下におこうとする。足利義昭監視役も含め、明智光秀(1528？～1582)と村井貞勝の京都差配は天正3年(1575)まで続くが、天正3年以降、光秀は軍事に勤しむこととなり、貞勝の専任となる。 | 2440 |
| | 7月23日 | この日、長篠へ徳川勢が来襲したので、武田勝頼は援軍の派遣を決定。 | 2441 |
| | 7月27日 | ■織田信長、朝倉・浅井攻めのため京都を発し坂本へ下り、近江国高島郡へ「大船」を以て参陣。残敵の籠もる近江国木戸城(滋賀県大津市木戸)・田中城(滋賀県高島市安曇川町田中)を攻略。(『信長公記』)。信長、近江木戸・田中両城を陥れこれを明智光秀に与える。光秀は、西近江と合わせ都合十万石を拝領する。 | 2442 |
| 天正1 | 7月28日 | **この日、「天正」と改元される。**21日、信長(1534～1582)は正親町天皇(1517～1593)に「元号を変えよ」と、前代未聞の要求を突きつけた。信長は自分が天皇より力があることを見せ付ける為に、天皇交代時の神事“改元”を命じた。 | 2443 |
| | 7月30日 | 武田勝頼(1546～1582)、長篠城(愛知県新城市長篠)籠城の奥平定能(1537～1599)・貞昌(1555～1615)父子に、武藤喜兵衛(のちの真田昌幸)(1547～1611)と三枝守友(昌貞)(1537～1575)が後詰の出陣したことを伝える。あらゆることを皆で話し合い、堅固に守備するよう命じ、また武田軍本隊も近日中に甲府を発つと伝えた。 | 2444 |
| | 8月2日 | ■「淀古城の戦い─信長、山城国平定」。この頃、岩成友通重臣の番頭大炊頭(坂東季秀)・諏訪飛騨守行成(？～1582)が、羽柴秀吉(1537～1598)の調略で内応。<br>この日、信長、三淵藤英・長岡(細川)藤孝兄弟・御牧摂津守らをして、足利義昭の命で立て籠もった元勝龍寺城主・岩成友通(三好三人衆)(？～1573)を山城国淀城攻城戦に於いて討ち取る。三好長逸(？～1573)も消息不明の状態となり、畿内における三好氏の勢力の衰退と前後して三人衆としての活動は完全に途絶えた。 | 2445 |
| | 8月4日 | ■織田信長、近江国より美濃国岐阜城へ帰還。(『信長公記』)。 | 2446 |
| | 8月8日 | ■「信長の第三次小谷城攻め─8月8日～9月1日」はじまる。<br>浅井家の重臣・阿閉貞征(あつじさだゆき)が羽柴秀吉に降伏した事を知り、信長、岐阜から近江に出陣する。(『信長公記』)。 | 2447 |

|  |  |  |  |
|---|---|---|---|
| 天正1 | 8月- | 武田勝頼、武田信豊(1549～1582)・土屋昌続(1545？～1575)らを三河に侵攻させる。 | 2448 |
| | 8月17日 | これより先、武田方の小県郡室賀信俊(？～1575)は、三河長篠に篭城した。<br>この日、壱叶(信俊の妻)等、信俊の無事を、同郡下之郷の大明神生嶋足嶋神社(生島足島神社)(長野県上田市下之郷中池西)に祈る。 | 2449 |
| | 8月17日 | ■織田信長、木目峠を越えて越前国へ乱入する。(『信長公記』)。 | 2450 |
| | 8月20日 | **「敬白起請文之事 一今度申合候縁」。**<br>**徳川家康、奥平美作守(奥平定能)(1537～1599)・同九八郎(奥平貞昌)(1555～1615)父子宛て起請文を呈す。家康は三河・遠江両国の所領を安堵し、新知行を与えることを誓約する。** | 2451 |
| | 8月20日 | **家康、武田方に与した菅沼正貞(？～1582)の長篠城(愛知県新城市長篠)を攻める。** | 2452 |
| | 8月20日 | ■「朝倉家滅亡ー信長、越前国平定」。朝倉義景(1533～1573)、一族の朝倉景鏡(1525？～1574)に裏切られ、越前国賢松寺にて自害。 | 2453 |
| | 8月21日 | **「作手城主奥平貞能、貞昌(信昌)父子、武田勝頼に背いて家康に内応する」。**<br>武田家家臣であった奥平貞昌(後の奥平信昌)(1555～1615)は、武田信玄の死に際し、父・定能(1537～1599)の決断により、一族郎党の大半を率いて亀山城(作手城)(愛知県新城市作手清岳)を退去して徳川方へ寝返る。<br><br>家康は、信長の意見を入れ、定能に家康長女亀姫と貞昌(信昌)の婚約、領地加増、定能の娘を本多重純(本多広孝の次男)に入嫁させることを提示した。<br>家康は三方原の敗戦から衰えていた勢いを盛りかえすため、奥平氏を味方につけた。 | 2454 |
| | 8月25日 | 武田勝頼(1546～1582)、山県昌景(1529～1575)に書状を出し、長篠城(愛知県新城市長篠)の奪還について穴山信君・逍遥軒信綱・岡部元信・岡部正綱・朝比奈信置らと相談するようにと伝え、徳川家康の動向に応じて、三河国長篠への後方支援を十分にするよう命じる。 | 2455 |
| | 8月25日 | 武田信廉(逍遙軒信綱、武田信虎の六男)(1532？～1582)・穴山信君(梅雪)(1541～1582)・朝比奈信置(1528～1582)・岡部丹波守元信(？～1581)・岡部正綱(1542～1584)、信濃より犬居谷を経て浜松方面に出陣。<br><br>岡部正綱・岡部元信は、今川義元の没後は氏真に仕えたが、永禄11年(1568)12月、武田信玄の駿河侵攻によって今川氏真が駿府を追われると降伏して武田家に仕えた。 | 2456 |
| | 8月26日 | 奥平定能・貞昌(信昌)父子の徳川帰参を受け、武田勝頼は、奥平が差し出していた人質3人を処刑。同年9月21日ともいう。<br>元亀2年(1571)、作手亀山城主奥平貞能と長男貞昌(後の信昌)が武田信玄に降伏した時、貞能次男仙千代(10歳)、萩城(愛知県豊川市萩町字下の坪)主奥平周防勝次の次男虎之助(13歳)、岡崎の日近城(愛知県岡崎市桜形町)主奥平貞友の娘於フウ(於安)(13歳)と共に人質として甲斐に送られていた。 | 2457 |
| | 8月27日 | ■「第三次小谷城攻め」。浅井長政は羽柴秀吉らの投降勧告に応じず自刃を決意。長政の説得で、妻・お市(信長の妹)と三人の娘、茶々(淀殿)・初・お江が救出される。羽柴秀吉、お市の方と三人の娘を信長へ渡す。 | 2458 |

# 西暦1573

| 天正1 | 9月1日 | ■「第三次小谷城攻め(8月8日～9月1日) ―浅井家滅亡」。<br>浅井長政(1545～1573)、小谷城赤尾屋敷に於いて自刀。(日は8月28日など異説あり)。織田信長、浅井久政・長政父子の首を切り、「洛中・洛外之者」に見物させるため京都に送付。信長包囲網が完全に崩壊する。 | 2459 |
|---|---|---|---|
| | 9月4日 | ■「信長、近江国平定」。<br>織田信長、近江国佐和山城(滋賀県彦根市古沢町)へ入り、柴田勝家へ近江国鯰江城(なまずえじょう)(滋賀県東近江市鯰江町)攻略を命令。(『信長公記』)。<br>佐久間盛政・蒲生賢秀・丹羽長秀、柴田勝家と共に攻撃し、佐々木六角義治(義弼)(1545～1612)を奉じた鯰江貞景は開城降伏。 | 2460 |
| | 9月6日 | ■織田信長、美濃国岐阜城へ凱旋。(『信長公記』)。 | 2461 |
| | 9月8日 | **「家康、長篠城を開城」**。<br>これより先、徳川家康(1543～1616)は、三河に入り室賀信俊(?～1575)らを同国長篠城(愛知県新城市長篠)に攻める。<br>武田勝頼(1546～1582)は、信濃勢らをして室賀信俊らを援けようとするも、この日、長篠城は落ち、信俊は、同国鳳来寺(愛知県新城市門谷字鳳来寺)に奔(はし)る。<br>長篠菅沼氏6代目当主・菅沼正貞(?～1582)は、武田軍に甲斐府中に連れ去られる。<br>**家康は、長篠城に五井松平景忠(1541～1593)・伊昌(これまさ)(1560～1601)父子を入れた。** | 2462 |
| | 9月8日 | 武田勝頼、上野国碓氷郡後閑郷(群馬県安中市後閑地区)の上条伊勢入道(後閑信純(ごかんのぶずみ))らに、三河国長篠城在番衆の謀叛に対して用心を命じる。 | 2463 |
| | 9月8日 | 武田勝頼、信濃国や上野国を転戦する真田信綱(幸綱の長男)(1537～1575)へ返書を出し、「遠江に出陣している者たちに、二俣を通って長篠に軍勢を向けるよう命令を下した、長篠での勝利は疑いないので安心するように」と記す。<br>この月、勝頼は、山県昌景・穴山信君・武田信廉らを北遠江へ侵攻させていた。 | 2464 |
| | 9月- | **徳川・武田両軍、森・山梨辺で戦う。遠江国森で武田信廉軍が徳川軍の伏兵に遭って、敗退する。** | 2465 |
| | 9月18日 | 武田勝頼、穴山信君に、出陣を賞すると共に三河国長篠落城を伝える。 | 2466 |
| | 9月21日 | ■本願寺、武田信玄に対する隠居祝、勝頼には家督相続祝いを贈る。勝頼は、本願寺に対して父信玄の隠居と勝頼の家督相続を披露していた。 | 2467 |
| | 9月21日 | **徳川方奥平貞能(さだよし)、貞昌(信昌)父子、武田勢を三河滝山(岡崎市宮崎町)に破る。** | 2468 |
| | 9月23日 | **「土呂八町新市之事、永可相計之、」。**<br>**家康、上林越前(上林政重)(1550～1600)に、三河国土呂八町新市の支配を命じる。**<br><br>政重は、三河額田郡土呂に100石を与えられ、松平親宅(ちかいえ)(1534～1604)と共に、三河一向一揆以来衰退していた土呂市と土呂茶栽培の支配を任された。 | 2469 |
| | 9月24日 | ■「第二次北伊勢一向一揆討伐」。織田信長(1534～1582)、北伊勢に向けて岐阜城を出陣。この日は、美濃国大垣城に宿泊。(『信長公記』)。 | 2470 |
| | 9月29日 | これより先、飛騨の姉小路頼綱(1540～1587)が武田氏を離反。勝頼はこの日、飛騨出陣の意向を示す。 | 2471 |
| | 9月30日 | **「吉良庄内、前後堤之内、伊賀入道」。**<br>徳川家康、鈴木八右衛門尉(足助鈴木重直)に、三河国吉良荘前後堤内を不入の地として安堵する。 | 2472 |

| 年号 | 月日 | 事項 | 番号 |
|---|---|---|---|
| 天正1 | 10月8日 | ■「信長、北伊勢の一向一揆を平定」。<br>織田信長（1534～1582）、伊勢国東別所へ布陣。伊勢国人衆の萱生城・伊坂城の春日部氏、赤堀城の赤堀氏、桑部南城の大儀原氏、千種城の千草氏、長深城の冨永氏および田辺九郎次郎・中島勘解由左衛門ら、人質を進上し恭順の意を表明。北伊勢の一揆をほぼ鎮圧。 | 2473 |
| | 10月26日 | ■織田信長、美濃国岐阜城に帰陣。(『信長公記』)。 | 2474 |
| | 11月― | この月、武田勝頼、1万5千人を率いて遠州に乱入、浜松東方の天竜川対岸の見附に陣し、掛川 ・ 久能(静岡県袋井市久能)を放火して浜松城近くまで接近。10月ともいうが、その後、武田軍は駿河に引き返し、諏訪原城（静岡県島田市金谷）を普請する。 | 2475 |
| | 11月4日 | ■織田信長、上洛のため岐阜城を出立。 | 2476 |
| | 11月10日 | ■織田信長が上洛、妙覚寺に入る。義昭息の義尋（ぎじん）(1572～1605)同行という。<br>信長は、義尋を足利義昭に代わって将軍に擁立し、信長がその上位に立つ構想を持っていたともいう。 | 2477 |
| | 11月11日 | **「遠州馬籠渡船之事 一川上・川下」**。家康、船守中に、馬籠渡船の業を安堵。 | 2478 |
| | 11月11日 | **「遠州天竜池田渡船之事 一河上河」**。家康、船守中に、天竜池田渡船の業を安堵。 | 2479 |
| | 11月16日 | ■「若江城の戦い―三好家崩壊」。三好義継（1549～1573）、足利義昭を匿った罪で織田信長の命令を受けた佐久間信盛（1528～1581）らに攻撃され河内国若江城に於いて妻子と共に自害。享年25。首は信長のもとへ届けられたという。これによって戦国大名としての三好家の嫡流は断絶した。若江城(大阪府東大阪市若江北町3丁目)は、内通した若江三人衆(池田丹後守教正・多羅尾右近(多羅尾綱知)・野間左橘兵衛尉(長前)に預け置かれることとなった。 | 2480 |
| | 11月― | **「堀平十郎就討死、依無遺跡、為彼菩」**。<br>これ以前　堀平十郎宗正の菩提のために安城の内しやくし堂近くに草庵が建てられる。徳川家康、堀平右衛門入道（堀宗政）に、同平十郎の菩提のために三河国安城のしやくし堂領の諸役を免除する。 | 2481 |
| | 12月6日 | **「於伊良湖に、網弐条、為不入永扶」。**<br>**徳川家康、伊良湖六郎左衛門（糟谷六郎左衛門）に、三河国伊良湖での網役を免除する。**<br>三方ヶ原合戦のおりに、武田方に味方する熊野浦や伊勢浦の海賊が押し寄せてきた。それを徳川方の海賊が迎え撃ったが、伊良湖の鯨捕り糟谷六郎左衛門も徳川方に加勢した。今切の沖で両者の海戦となったが、六郎左衛門の奮戦もあり、徳川方は熊野浦や伊勢浦の海賊を退けた。伊勢浦の海賊は引き上げる際に伊良胡の村を襲い焼き討ちして帰って行く、六郎左衛門も防ごうとしたが敵わなかったという。 | 2482 |
| | 12月8日 | **「遠江国豊田郡池田庄内前野村神明・松尾八王子・諏訪・天神・高根・毘沙門并長松院領之事」。**<br>家康、鈴木太良左衛門尉(太郎左衛門尉)に、池田庄内前野村等9貫200文を安堵。 | 2483 |
| | 12月17日 | ■織田信長、美濃国岐阜城に帰城ため、京を発する。 | 2484 |
| | 12月21日 | **「遠江浜名大福寺領之事 合五拾貫」。**<br>家康、大福寺(浜松市北区三ヶ日町)に寺領宛行。 | 2485 |

## 西暦1573

| | | | |
|---|---|---|---|
| 天正1 | 12月21日 | **「遠江浜名金剛寺領之事 合参拾貫」。**<br>家康、金剛寺(浜松市北区三ヶ日町三ヶ日)に寺領宛行。 | 2486 |
| | 12月21日 | **「遠江国敷知郡浜名岡本村之内伊」**。家康、某に浜名岡本村内を宛行。 | 2487 |
| | 12月21日 | **「遠州濱名神戸惣社神明領之事 合四十二貫余 右任甚源之秘符仁寄附之。然者禰宜三人并役人二人、為諸役不入領掌畢、依之竹木且伐等堅令停止之、許於神前可抽懇祈者也、仍如件、」。**<br><br>家康、宮奉行神戸・惣公文・祢宜三人に、寄進・不入等与える。 | 2488 |

## 西暦1574

| | | | |
|---|---|---|---|
| 天正2 | 1月1日 | ■「信長、薄濃を肴に祝宴」。<br>織田信長、美濃国岐阜城に於いて京都周辺の面々（「他国衆」)の「出仕」を受けて各自に三献ずつ下賜。「他国衆」退出後「御馬廻」のみで朝倉義景（「朝倉左京大夫義景」)・浅井久政(「浅井下野」)・浅井長政(「浅井備前」)の首級「薄濃」を酒肴に祝勝会を行う。 | 2489 |
| | 1月5日 | **家康33歳、正五位下に昇進。** | 2490 |
| | 1月9日 | **上杉謙信（1530～1578)、西上野経略をせんと、徳川家臣の榊原康政27歳（1548～1606)に書状を送り、徳川家康(1543～1616)に、織田信長(1534～1582)と共に甲斐・信濃への出兵を要請する。** | 2491 |
| | 1月18日 | ■「越前一向一揆－1月17日～4月14日」蜂起。<br>吉田郡志比荘(福井県吉田郡永平寺町志比)の一向一揆蜂起。越前守護代・桂田長俊(前波吉継)（1524～1574）に不満を抱いていた富田長繁（越前国府中城将）(1551～1574)、安居景健(朝倉景健)(1536？～1575)らは一向衆に同調して決起する。 | 2492 |
| | 1月27日 | 武田勝頼（1546～1582)、美濃国岩村口（岐阜県恵那市岩村町）に出陣し、岩村城付城十八城を次々と攻略、織田方の美濃国明智城(恵那市明智町)へ向かう。 | 2493 |
| | 1月一 | **この月、徳川信康（家康の長子）(1559～1579)、15歳にして三河北部に出兵という。この時信康は、甲冑始めをして初陣を果したという。3月ともいう。** | 2494 |
| | 1月一 | **この月、徳川家康、駿河に侵攻。武田方田中城(静岡県藤枝市西益津)を攻める。** | 2495 |
| | 2月5日 | ■織田信長(1534～1582)・信忠(1557～1582)父子、美濃国明智城(岐阜県恵那市明智町)救援のために、岐阜を出陣し美濃国御嵩に布陣。(『信長公記』)。 | 2496 |
| | 2月5日 | ■上杉謙信、沼田城(群馬県沼田市)に入る。**謙信が徳川家康に書を送り、自身の関東出馬を報じ、織田信長と連携しての武田勝頼への牽制を依頼する。** | 2497 |
| | 2月7日 | 武田勝頼（1546～1582)、山県三郎兵衛昌景に命じて兵六千で信長の退路を断つ。<br>明知城救援の信長、山岳戦の不利を思い、動かず、やがて兵を撤退。<br>信長は、高野に城を普請して河尻秀隆（1527～1582）を入れ、また小里にも付城を築いて池田恒興(1536～1584)に守らせ、武田勢に備えさせた。 | 2498 |
| | 2月7日 | 武田勝頼、信長の援軍を失った美濃国明智城内の飯羽間右衛門（？～1582）を内応させて攻略する。『信長公記』では2月5日。<br>飯羽間右衛門は、東濃衆として信長に従い明智城を守備していたが、武田勝頼軍に囲まれた時、城内にて謀反、他の守将を殺して開城したという。 | 2499 |

# 西暦1574

| 年号 | 月日 | 事項 | No. |
|---|---|---|---|
| 天正2 | 2月8日 | **「秀康(家康次男)誕生」。**<br>家康側室於万の方(小督局、於古茶、長勝院)(1548～1620)、次男於義丸(後の秀康)(1574～1607)を浜松有富見村(宇布見村)で生む。(異説4月8日)。<br>その後、家康が正室築山殿の悋気を恐れたために、秀康を妊娠した於万は、重臣の本多重次のもとに預けられたという。 | 2500 |
| | 2月12日 | **「内々御床敷之処、酒井左衛門尉、石河伯耆守かたへ之音簡即遂被見候。然者無何事其国御滞在之由候。万々令察候。兼又不図此方へ可有御越之由候。何篇不可有無沙汰候間、必待入候。尚具両人可申候間、不能懇筆候。恐々謹言」。**<br><br>**徳川家康、足利義昭の臣一色藤長に、義昭の三河国への来訪を歓迎する意思を伝える。儀令的の答書であった。** | 2501 |
| | 2月24日 | ■織田信長、嫡子信忠と共に、岐阜城に帰陣。(『信長公記』)。 | 2502 |
| | 2月— | この月、武田勝頼、遠州に出兵、二俣・犬居・天方・只来の各城に規則を設け、守備を厳重にする。 | 2503 |
| | 3月— | 武田方天野景貫(藤秀)、犬居谷で家康軍を破る。 | 2504 |
| | 3月4日 | **「大恩寺成誉上人以司堂銭買得候事」。**<br>(大恩寺成誉上人司(祠)堂銭を似て買得の事、東三河八幡領2町5段、一宮領5段は使牧野左近、但し本銭は之を返す。右何れの領中たりと雖も新寄進の上は相違あるべからざる者也。仍って件の如し)。<br>**家康、三河国大恩寺に、僧成誉一笑買得の所領を安堵する。** | 2505 |
| | 3月5日 | **「……然者御津大恩寺領判形之事蒙」。**<br>(芳札の如く先度は向顔を遂げ恐悦の至りに候。然れば御津大恩寺領判形の事、仰せを蒙り即ち朱印相添え進覧候向後聊かも相違有る可からず候、御心安ぜらる可く候。猶後音を期せしめ候。恐々謹言)。<br>**家康、大樹寺成誉上人に書状を送る。** | 2506 |
| | 3月11日 | **「遠江国浜松村野河原共一円令寄附」**。家康、某に浜松村野河原等寄進。 | 2507 |
| | 3月12日 | ■信長に上洛の勅使が来た。織田信長、上洛のため岐阜を発ち、佐和山(滋賀県彦根市古沢町)へ入る。 | 2508 |
| | 3月12日 | **「土呂郷中鍛冶番匠諸職人門次人足等、用次第可申付、若於難渋者、可成敗者也、仍如件、」。**<br>徳川家康、朱印状をもって上林(上林政重)(1550～1600)に、三河国土呂郷の鍛冶・番匠・諸職人に対する人足役などの賦課を命じる。 | 2509 |
| | 3月12日 | 「土呂郷中鍛冶・番匠・諸職人門次人足等、用次第可申付、若於難渋者、可成敗者也、仍如件、」。徳川家康朱印状、三河額田土呂郷へ。 | 2510 |
| | 3月13日 | **「……仍上州沼田表著馬之由候、本」。**<br>徳川家康(1543～1616)、村上源吾(国清)(山浦景国、村上義清の子)(1546～1603?)に書を送り、上杉謙信(1530～1578)の上野出兵を謝し、併せて、駿河出陣を約す。 | 2511 |
| | 3月— | **家康、遠州の軍兵を引率し、武田方となった天方城(静岡県周智郡森町向天方)を攻め三日のうちに攻落、この城に軍兵を置くという。** | 2512 |
| | 3月15日 | **徳川譜代重臣の石川数正(1533～1592?)、沼田に着陣した上杉家臣村上国清に、徳川家康父子も出陣したことを知らせる。** | 2513 |

# 西暦1574

|  |  |  |  |
|---|---|---|---|
| 天正2 | 3月17日 | ■織田信長、近江国志那（滋賀県草津市志那町）より坂本へ渡海する。信長、上洛して相国寺に初めて寄宿する。また、天下第一の名香と謳われる大和国東大寺所蔵の「蘭奢待」を所望する旨を正親町天皇へ奏聞する。 | 2514 |
| | 3月18日 | ■織田信長(1534～1582)、正四位下に昇進、下参議に叙任される。嫡男信忠(1557～1582)は従五位下、次男北畠具豊(ともとよ)(信雄)(1558～1630)は従五位下・侍従。 | 2515 |
| | 3月19日 | **家康家臣石川数正、上杉氏に、駿河攻撃の協力を要請する。** | 2516 |
| | 3月20日 | ■紀州由良(和歌山県日高郡由良町)の興国寺に亡命している足利義昭は、武田勝頼・上杉謙信・北条氏政に、互いに講和することを命じ、徳川家康と本願寺顕如と共に、室町幕府の再興に尽力することを指示。謙信には、自分が上洛できたなら、天下の政治はこれを任せると甘言をいう。 | 2517 |
| | 3月20日 | ■「就近般信長恣儀相積、不慮城都取退候、然此節甲州令一味、天下静謐馳走頼入候、為其差越一色中務太輔、猶藤長可申候也、」。<br>足利義昭、水野下野守信元(家康の生母・於大の方(伝通院)の異母兄)(？～1576)に御内書を送り、武田勝頼と協力して信長を討伐せよと促し、委細は(室町幕府御供衆)一色藤長が申しますと記す。<br>「中務大輔」を古河公方足利義氏家臣に比定する見解もある。 | 2518 |
| | 3月28日 | ■「信長、天皇家への高圧的な態度を示す」。<br>辰刻(8時)に大和国東大寺正倉院が開かれる。蘭奢待(「彼名香」)の入った六尺の長持は大和国多聞山城に運ばれ、「御成の間舞台」にて織田信長が一見した。そして「本法に任せて」一寸八分を切り取り、「御馬廻」衆へ「末代の物語に拝見仕るべき」旨を通達。(『信長公記』)。 | 2519 |
| | 3月30日 | 武田勝頼、木曽家臣山村良利(よしとし)(1514～1599)・良候(よしとき)(1547～1602)父子に、父信玄が美濃で与えた知行分を安堵し、かつて今川氏に仕えていた岡部元信（？～1581）に知行を宛がう。 | 2520 |
| | 3月下旬 | 武田軍、三河足助口（愛知県豊田市）を攻撃し、引き続き長篠城（愛知県新城市長篠）奪回に向けた軍事行動を続ける。 | 2521 |
| | 4月1日 | ■織田信長、朝早々に大和国奈良を出立、京に戻る。(『多聞院日記』)。 | 2522 |
| | 4月2日 | ■「石山本願寺、再び挙兵（第二次石山合戦―天正2年4月2日～天正3年10月21日）」。本願寺顕如光佐(1543～1592)・石山本願寺、織田信長に対して再び挙兵。 | 2523 |
| | 4月3日 | ■「第二次石山合戦」。織田信長、本願寺顕如(「大坂」)が「御敵の色を立申」したため即時軍勢を派遣し、苅田および放火を実行させる。(『信長公記』)。 | 2524 |
| | 4月3日 | ■織田信長、相国寺で会合衆十人を招いて茶会。不住庵梅雪のお手前でもてなし、茶会が終わってから、切り取った蘭奢待を扇子に乗せてその銘香を楽しみ、千宗易(千利休)と津田宗及にも分け与えた。 | 2525 |
| | 4月6日 | **徳川軍、天方氏の案内で、三倉、大久保、田能を経て、小奈良安（静岡県浜松市天竜区春野町静修）に進入。**天方氏は、通興(みちおき)(1519～1596)であろう。 | 2526 |
| | 4月6日 | **徳川家康(1543～1616)、武田家に寝返った遠江犬居城(静岡県浜松市天竜区春野町堀之内)を攻める。**<br>大須賀康高(1527～1589)・本多忠勝(1548～1610)・榊原康政(1548～1606)は「遠州衆」を率いており、中でも康高は横須賀衆を引率し殿を務めた。しかし、気田川増水のため攻略できずに撤退する。 | 2527 |

# 西暦1574

|  |  |  |  |
|---|---|---|---|
| 天正2 | 4月6日 | **徳川家康軍、犬居攻略戦の帰途、田能・大窪村で、武田方の犬居城主の天野景貫(藤秀)軍および郷民の奇襲を受ける。**<br>かなりの死傷者を出すも、大須賀康高(1527〜1589)・大久保忠世(1532〜1594)らの奮戦で、三倉を経てなんとか天方城(静岡県周智郡森町向天方)に退く(『三河物語』)。 | 2528 |
| | 4月9日 | **「今度仕合、両三人手柄共候、祝着」。**<br>家康、小笠原河内守・勾坂加賀守・小笠原左衛門尉三人の軍功を賞す。 | 2529 |
| | 4月10日 | 家康方の奥平貞能(1537〜1599)、三河国仙洞庵の寺領10貫文を安堵する。<br>貞能の二男・仙千代の首は、仙洞庵(遊仙寺(現在は廃寺))に葬られたという。 | 2530 |
| | 4月13日 | **■「近江守護六角氏の姿は近江から消える」。**<br><br>織田信長(1534〜1582)、近江国石部城に六角承禎・六角義治を攻囲、陥落させる。六角義賢(「佐々木承禎」)は雨夜に紛れて近江国石部城を脱出。信長、近江国石部城には佐久間信盛(「佐久間右衛門」)を配置する。(『信長公記』)。 | 2531 |
| | 4月14日 | ■「越前一向一揆(1月17日〜4月14日) ——一揆持の国成立」。<br><br>信長の一字を取って名を「土橋信鏡」と改めた朝倉景鏡(1525？〜1574)が、平泉寺(福井県勝山市平泉寺町平泉寺)と共同して一向一揆衆に決戦を挑んだが、一向衆と内通した一部の兵士によって平泉寺を放火され、土橋信鏡は討ち死。<br>かくして越前は、大坂石山本願寺の手に一統され、「一揆持」の国となる。 | 2532 |
| | 5月3日 | 武田勝頼、2万5千の兵で甲府を発ち、遠江に出陣。<br>4日に遠江国小山城(静岡県榛原郡吉田町)に入る。 | 2533 |
| | 5月3日 | **「禁制 大恩寺 一軍勢甲乙人等濫」。**<br>家康、大恩寺(愛知県豊川市御津町御津山山麓)に禁制。 | 2534 |
| | 5月5日 | ■「賀茂祭」の「競馬御神事」が「天下御祈祷」のために挙行された。<br>信長は幸いにも在洛中であったので「度々かち合戦にめさせられ候蘆毛の御馬」をはじめ駿馬を出して「何れも勝」った。(『信長公記』)。 | 2535 |
| | 5月7日 | **武田勝頼(1546〜1582)は、徳川家康配下・小笠原氏助(長忠、のち信興)(1551？〜1590？)の高天神城(静岡県掛川市上土方・下土方)を攻撃、包囲する。<br>小笠原氏助は、浜松城の家康に救援を要請。** | 2536 |
| | 5月9日 | 武田勝頼、遠江国平田寺(静岡県牧之原市)に禁制を発給。 | 2537 |
| | 5月12日 | **「第一次高天神城の戦い(5月12日〜7月2日)」。**<br>武田軍穴山信君らの高天神城攻撃がはじまる。<br><br>勝頼自身は高天神城の包囲戦には加わらず、本隊を率いて「塩買坂」に在陣し、後詰にやってくるであろう織田信長・徳川家康軍に備えていたという。 | 2538 |
| | 5月16日 | **「第一次高天神城の戦い」。**<br><br>**徳川単独では後詰は不可能だとも理解していた徳川家康(1543〜1616)、織田信長(1534〜1582)に、高天神城の援軍を要請。** | 2539 |
| | 5月16日 | ■織田信長、「四之時分」に鷹広栖に於いて子を産むところを見物するため、大和国へ下国。(『多聞院日記』)。 | 2540 |

# 西暦1574

| | | | |
|---|---|---|---|
| 天正2 | 5月22日 | **「今度高間神無通路之処、為使出入」。**<br>**徳川家康33歳、高天神城主小笠原氏助(長忠、のち信興)家臣・匂坂牛之助勝重の戦功を賞し、遠江国周智郡宇刈郷で百貫文知行宛行。**<br>氏助は家臣匂坂牛之助勝重を城から秘かに脱出させ、徳川家康のもとへ援軍要請の使者として派遣していた。匂坂牛之助は、武田軍の包囲網をかいくぐり浜松城に到着した。 | 2541 |
| | 5月23日 | **「第一次高天神城の戦いー城主小笠原氏助が降伏開城に向けた交渉を武田氏と開始」。**<br>「望みに従って、彼(小笠原氏助)の生命の安全などについて勝頼が誓詞を認め、信君を通じて手元に届くようにした。その外、彼に対する助勢や領地の安堵・宛がいなど、要求をことごとく承諾したと誓詞の条目に書いたので、納得し今後とも然るべく意見をしてほしい」。<br>武田勝頼(1546～1582)、穴山信君に書状を送り、高天神城の小笠原氏助(長忠、信興)から申し出た講和条件を承認、開城条件を記した誓詞を与える。しかし、交渉はまとまらなかった。 | 2542 |
| | 5月25日 | **匂坂牛之助勝重、浜松から高天神城に無事帰還。**<br>匂坂勝重は、織田軍の先陣が浜松に到着したら青田山に一番狼煙を、見付に到着したら二番狼煙を、浜松へ信長自身が到着したら三番狼煙を上げるという家康からの伝言を城主小笠原氏助(のちの信興)に復命する。<br>が、三番狼煙が上がったにもかかわらず、一向に援軍が到着しない。城内は意気消沈し、匂坂は虚言を言いふらした不届き者と指弾された。<br>小笠原氏助は匂坂を再び城から脱出させ、様子を探らせた。<br>匂坂は、織田の先陣はすでに浜松に到着していることを確認し、城に戻ってきて報告したが、誰も信じる者がいなかったというという話がある。 | 2543 |
| | 5月28日 | **「第一次高天神城の戦い」。武田軍の猛攻で、高天神城は、本曲輪(本丸)・二の曲輪(二の丸)・堂の尾曲輪が残るのみとなる。** | 2544 |
| | 5月28日 | **「第一次高天神城の戦い」**。高天神城を包囲する武田勝頼、真田信綱(1537～1575)に書状を送り、落城まで10日とかからないと見通しを伝える。併せて信綱の父・一徳斎(幸綱)の病状好転を喜ぶ。 | 2545 |
| | 5月28日 | ■織田信長、京から美濃国岐阜城に到着。 | 2546 |
| | 5月— | **「彼郷之百姓等令忠節候間、放火乱」。**<br>家康、遠江気多郷(けたごう)に朱印状をもって感状。<br>家康は、徳川方として忠節を尽くした気多郷(浜松市天竜区春野町)の百姓たちを賞し、禁制を与えた。 | 2547 |
| | 6月1日 | ■信長(1534～1582)は上杉謙信(1530～1578)との同盟関係維持を望み、狩野永徳筆「洛中洛外図屏風」一双を上杉謙信に贈る。 | 2548 |
| | 6月5日 | ■織田信長、尾張国の佐治左馬允へ、「遠州在陣衆」の兵粮米の件で「商買之八木船」にて搬送するので商人共へ順路等の連絡を命令。信長、尾張国知多郡の商人に遠州出陣の兵糧を調達させる。<br>佐治左馬允は、知多郡大野城(愛知県常滑市金山)主・佐治為平で信方(為興)(1553？～1574？)の父であろう。 | 2549 |
| | 6月5日 | **■岐阜城の信長に、武田勝頼の軍勢が遠州高天神城へ攻め寄せたとの報が入る。** | 2550 |

## 西暦1574

| 天正2 |  |  |  |
|---|---|---|---|
| 天正2 | 6月8日 | ■夜、岐阜城内に敵が忍び入ったところを、織田家臣横井伊織時泰が発見し、これを討ち取る。<br>横井時泰（？～？）は、本能寺の変後は織田信雄に仕えた。小牧・長久手の戦いでは徳川家康に味方し、その後家康に仕えた。 | 2551 |
| | 6月9日 | **「第一次高天神城の戦い」**。勝頼、高天神城付近の中村郷百姓に還住を命じる。 | 2552 |
| | 6月9日 | ■織田信長、美濃国の根尾三人衆、根尾右京亮・根尾市助・根尾五郎兵衛へ、高天神城救援のための遠州出馬に際し、越州一揆が蜂起すると判断したので防御を堅固にすべきことを命令。 | 2553 |
| | 6月10日 | **「第一次高天神城の戦い」。**<br>**武田勝頼、高天神城の塔尾と号す曲輪を乗っ取る。残り本曲輪・二曲輪のみ。** | 2554 |
| | 6月11日 | **「第一次高天神城の戦い」。**<br>「当城の儀去る十二日より取り詰め、諸口相稼ぎ候故、昨今塔尾と号す随分の曲輪乗っ取り候。本・二両曲輪ばかり指し構え候。但し三日の内に責め破るべく候。心安かるべく候。城主今日は種々悃望候と雖も、許容能わず候」。<br>武田勝頼は、遠江高天神城に、徳川家康の将・小笠原氏助（長忠、のち信興）（1551？～1590？）を囲み、その戦況を佐久郡の大井高政に報ずる。 | 2555 |
| | 6月14日 | ■**「第一次高天神城の戦い」。**<br>織田信長、ようやく、嫡男信忠（1557～1582）と共に、遠江国高天神城救援のために美濃国岐阜城を出陣。（『信長公記』）。 | 2556 |
| | 6月17日 | ■**「第一次高天神城の戦い」。**<br>織田信長、徳川家臣酒井忠次居城の三河国吉田城（愛知県豊橋市今橋町）に着陣。（『信長公記』）。 | 2557 |
| | 6月17日 | ■**「第一次高天神城の戦い」**。織田信長、三河国岡崎に到着。 | 2558 |
| | 6月18日 | **「第一次高天神城の戦い」。**<br>**武田方・岡部次郎右衛門尉正綱（1542～1584）が、二曲輪を占領。高天神城は本曲輪のみ。** | 2559 |
| | 6月21日 | ■織田信長・織田信忠、美濃国岐阜城に帰城。（『信長公記』）。<br>**「越前一向一揆」・「伊勢一向一揆」に手を焼く信長は、武田との全面戦争を避けたようだ。** | 2560 |
| | 6月29日 | ■**「武田勝頼は侮れないと知った信長、謙信に信濃・甲斐を一緒に攻めようと謀る」。**<br>織田信長、上杉謙信へ、全七ヶ条の「覚」を発す。<br>その内容は山崎専柳斎（上杉使者）と対面したこと、<br>信長が信濃国・甲斐国へ出陣しないのは五畿内・江北・越前国方面での戦闘に集中していたためであること、<br>上杉謙信からの来秋の信濃国・甲斐国方面への出撃要請を承諾したこと、<br>九月上旬頃の出陣を予定しているが、詳細な日限は協議の上で決定すること、<br>武田勝頼は若輩ではあるが「信玄掟」を遵守しており表裏もあるので油断は出来ないこと、<br>信長が謙信からの五畿内表に執心せず信濃国・甲斐国方面に尽力するという要請は承諾したこと、<br>大坂表の件は畿内の軍勢に委任し、「東国」への軍事行動は近江国・尾張国・美濃国・三河国・遠江国の軍勢で出撃すること等を通知。 | 2561 |

# 西暦1574

| | | | |
|---|---|---|---|
| 天正2 | 7月2日 | **「第一次高天神城の戦い―5月12日～7月2日」終結。**<br>『信長公記』では守将の「長忠（氏助）」が堪えたものの、信長や家康による援軍が到着するより先に「氏助」が寝返ったために城が陥落したとされているが、6月18日では無くこの日、開城とされる。<br>**籠城する小笠原氏助（長忠、のち信興）（高天神城将）（1551？～1590？）は、織田・徳川氏の来援が来なかったため、武田家臣穴山信君（梅雪）（1541～1582）の講和に応じて降伏、武田に降る。**<br>寄手武田軍により、城兵大石外記氏久と川田平太郎直勝は討死。討死士分37人・足軽18人・負傷57人。寄手武田軍死傷253人。<br>この時、軍監として城に立て籠もっていた徳川家臣・大河内源三郎政局（せいきょく）（政房（まさふさ））（？～1584）は、武田方に下る事を拒否し、怒った武田勝頼により城内の牢に監禁される。城内では、和平派と抗争派との深刻な対立があったとされる。<br>小笠原氏助は、駿河庵原郡・富士郡（下方荘鸚鵡栖）において1万貫（十万石相当）と国替され、高天神城番は、横田甚五郎尹松（ただまつ）（1554～1635）となる。のち岡部長教（元信）（？～1581）が替わる。横田尹松は、大河内政局の義に感じ、様々な配慮をしていたという。 | 2562 |
| | 7月2日 | **家康、高天神城西退組の匂坂牛之介光行・福島十郎左衛門助昌、子福島河内守長国・安西越前に自害させる。** | 2563 |
| | 7月9日 | 武田勝頼、高天神衆の本間八郎三郎（義清）（丸尾和泉守の子）に判物発給。<br>小野田村、やさか（谷坂）村、かけの上屋敷、木原郷内飯尾、篠原の領地100貫文を家康同様に安堵した。本間八郎三郎は、家康方より武田勝頼に転じた。 | 2564 |
| | 7月9日 | 武田勝頼（1546～1582）により、高天神衆の知行安堵がなされ、その後、降伏した小笠原与八郎氏助（長忠）（1551？～1590？）は、武田氏の通字「信」を与えられ、信興（のぶおき）に改名する。 | 2565 |
| | 7月10日 | **「遠江国山名郡石野郷内小野田村」。**<br>家康、本間十右衛門尉（盛政）に、小野田村、やさか（谷坂）村、かけの上屋敷、木原郷内飯尾、篠原の領地を安堵。本間十右衛門尉は、本間長季の子政季ともいう。<br>一族でありながら袂を分かったことで、同じ土地をそれぞれが属した戦国大名から安堵されたことを示す例である。 | 2566 |
| | 7月12日 | ■「信長の第三次伊勢一向一揆討伐戦－7月12日～9月29日」はじまる。<br>織田信長・信忠父子、三回目、最後の伊勢長島一向一揆を鎮圧するために出陣。十三日、伊勢国津島に布陣。（『信長公記』）。 | 2567 |
| | 7月23日 | ■「第三次伊勢一向一揆討伐戦」。伊勢国長島一向一揆討伐に進軍の織田信長・信忠に、信雄軍、信孝軍も従軍。 | 2568 |
| | 7月下旬 | 武田勝頼、遠江から甲府に帰陣し、戦功に対する恩賞を給付。 | 2569 |
| | 8月1日 | **高天神城を失った徳川家康、この日から高天神小笠原氏の属城であった馬伏塚城（静岡県袋井市浅名）の大改修を行うよう命じ、大須賀康高（1527～1589）を城主に任命し、高天神城攻略の拠点として位置づける。**<br>実際の、馬伏塚城の改修がはじまるのは、翌年2月という。 | 2570 |
| | 8月5日 | ■織田信長、奥州より献上された鷹見物のため一旦岐阜城に戻る。 | 2571 |
| | 8月8日 | ■「第三次伊勢一向一揆討伐戦」。織田信長、岐阜城より、長島陣所へ帰陣。 | 2572 |

# 西暦1574

|  |  |  |  |
|---|---|---|---|
| 天正2 | 8月9日 | 武田勝頼、高天神城攻略によって遠江支配の目途がついたことを示すため、武田氏に臣従した寺社に対して寺領を安堵する。 | 2573 |
| | 8月24日 | ■本願寺顕如光佐(1543～1592)、武田勝頼(1546～1582)に、伊勢長島への赴援を求める。 | 2574 |
| | 8月24日 | 武田勝頼、本願寺の坊官下間(しもつま)に、長島一向一揆の後方支援のため、近日尾張・三河両国へ出陣することを伝える。 | 2575 |
| | 9月7日 | **伊勢長島後詰めの出陣の武田勝頼、遠江への攻撃を再開。**<br>**徳川家康(1543～1616)は、武田勝頼と天竜川を挟んで対峙するも、大きな戦闘に至らず。勝頼、天竜川まで至るが、兵を引く。** | 2576 |
| | 9月9日 | 武田勝頼の命で山県昌景(1529～1575)は、奥三河(三河国井道)の菅沼伊賀守(菅沼定勝)(1540～1615)に100貫文の領地を与える約状を出す。 | 2577 |
| | 9月13日 | **「先日堀平右衛門尉以下申上処条々」。**<br>家康、岐阜殿人々御中宛に書状を送る。岐阜殿は信長。<br>**家康は、天下人信長の従属的な関係となった。** | 2578 |
| | 9月21日 | **これより先、三河作手城(亀山城)(新城市作手清岳)主奥平定能(1537～1599)・九八郎(信昌)(1555～1615)父子、武田勝頼に背きて徳川家康に通じ、同国滝山城(愛知県岡崎市宮崎町)に移る。**<br>**この日、勝頼の兵、之を撃ちて敗れる。宗家に従う奥平喜八郎信光(後の戸田加賀守信光)(?～1630)は、伊那郡大島在城中の勝頼に矢の根等を送る。** | 2579 |
| | 9月29日 | ■「第三次伊勢一向一揆討伐戦－7月12日～9月29日」終結。<br>長島一向一揆平定。「信長、一向衆門徒約二万人を焼き殺す」。<br>織田信長、伊勢国長島の中江城・屋長島城に籠もる一揆勢二万ばかりを「焼ころし」を断行。(『信長公記』)。激怒した織田信長が、残る中江砦、屋長島砦(三重県桑名市西汰)に立て籠もる一向衆門徒約二万人を焼き殺す。 | 2580 |
| | 9月29日 | 信長、美濃国岐阜城へ凱旋。(『信長公記』)。 | 2581 |
| | 9月— | 羽柴秀吉(1537～1598)、この頃より「筑前守」の受領名(ずりょうめい)を称す。 | 2582 |
| | 10月4日 | 相模国の北条氏政(1538～1590)、武田勝頼(1546～1582)に遠江出陣の模様を聞く。 | 2583 |
| | 10月28日 | **「起請文之事 梵天大釈四大天王、」。**<br>**家康、入門にあたって、奥平急加に起請文を送る。**<br>神影流、奥山流と称し奥義を極めた奥平急加は、奥山公重(きみしげ)(休賀斎)(1526～1602)で、三河国亀山城主・奥平貞能(美作守)の家臣・奥平貞久の七男という。元亀元年(157年)姉川の戦いで功があり、徳川家康に招かれて7年間、刀術を教授。 | 2584 |
| | 11月4日 | 武田勝頼、下野佐野氏に書状を送り、家康の居城浜松を焼き払ったこと、久野(久能)(静岡県袋井市)・掛川攻撃のための付城がほぼ完成し、帰陣の見通しがついたことを伝える。 | 2585 |
| | 11月13日 | ■織田信長(1534～1582)、上洛して大和国方面と、足利義昭に付いた伊丹親興(ちかおき)(?～1574)の反乱平定にあたる。 | 2586 |
| | 11月15日 | ■荒木村重(1535～1586)ら、織田信長に反乱した摂津三守護の一人・伊丹親興を攻撃。摂津国伊丹城(兵庫県伊丹市伊丹)は陥落し伊丹親興は自害す。<br>伊丹城は、信長の命により「有岡城」と改称。 | 2587 |
| | 11月25日 | ■織田信長、岐阜に帰国する。 | 2588 |

## 西暦1574

|  |  |  |  |
|---|---|---|---|
| 天正2 | 11月28日 | **「遠州浜松庄妙香城寺領之事 合弐」**。<br>家康、妙香城寺に寺領宛行。<br>浜松の真言宗高野山の末寺であった「妙香城寺」というが、廃寺のようだ。 | 2589 |
| | 11月28日 | **「今度奥山流平法、奇独之妙術共一覧祝著候」。**<br>**家康、急加斎(奥山公重)(1526～1602)に福徳朱印状。**<br>奥山公重(きみしげ)は、元亀元年(1570)姉川の戦いで功があり、家康に招かれて7年間、刀術を教授。この日、家康より御朱印を賜って御台所御守役となる。<br>後に病気のため辞仕し、旧主の奥平貞能のもとに戻った。 | 2590 |
| | 11月— | **「堀平十郎就討死依無遺跡、為彼菩 」**。<br>家康、堀平右衛門入道(堀宗政)に、三河国安祥寺内の所領の諸役を免除する。 | 2591 |
| | 閏11月9日 | **「吉良表御鷹野可被成御越儀、尤以……」**。<br>**家康(32歳)、岐阜殿(信長)(41歳)に書状を送り、信長様が私の領知である三河国吉良に鷹狩にお出ましと大変うれしく思うと御礼する。** | 2592 |
| | 12月2日 | 武田勝頼、小幡与一らに、三河国作手城番として出陣を命じる。<br>作手城(亀山城)は愛知県新城市作手清岳にあった。 | 2593 |
| | 12月9日 | **「保尾之郷江其方可令居住之由候、」**。<br>家康、水野信元家臣・清水権助(清水政晴)に、三河国保尾郷の諸役を免除し、同国中山郷の網役などの所務を命じる。 | 2594 |
| | 12月9日 | 「保尾之郷江其方可令居住之由、然者彼地為不入諸役一円令免許畢、并中山之郷地下網弐帖・湊役、如近年之可有所務、」。<br>徳川家康朱印状、三河渥美保尾之郷、中山之郷へ。 | 2595 |
| | 12月10日 | 武田勝頼(1546～1582)、木曾義昌(1540～1595)に、美濃国平定の後、所領を宛行うことを約す。 | 2596 |
| | 12月13日 | **「遠江国吉美郷延兼山妙立寺之事」**。<br>家康、延兼山妙立寺(静岡県湖西市吉美)に寺領安堵状発給。 | 2597 |
| | 12月28日 | **「遠江国新居村善住坊領之事 右、」**。 徳川家康、善住坊に寺領安堵状発給。 | 2598 |
| | 12月28日 | **「遠州海別新所之内法花寺之事 右」**。家康、法花寺に寺領安堵状発給。 | 2599 |
| | 12月28日 | **「遠江国今切新居渡船之事 一船賃」**。家康、舟守中に安堵状発給。 | 2600 |

## 西暦1575

|  |  |  |  |
|---|---|---|---|
| 天正3 | 1月13日 | 今川氏真(1538～1615)、上洛のため浜松を出発。<br>付き従うのは浜松では「氏真衆」と呼ばれる今川家臣の朝比奈弥太郎(泰勝)(1547～1633)と海老江弥三郎(里勝)(1551～1633)、他に徒士(かち)や小者数名であった。 | 2601 |
| | 1月17日 | **「塩免定之事 一座を立、永可為売」**。<br>徳川家康、三河国岡崎の塩商人に、塩座の設置などを定め塩商売を許可する。 | 2602 |
| | 1月下旬 | 武田勝頼、三河足助口(愛知県豊田市)に軍勢を動かす。 | 2603 |
| | 2月7日 | 上杉謙信、上州沼田に着陣したことを徳川家臣酒井忠次(1527～1596)に知らせる。 | 2604 |
| | 2月8日 | **「随念寺令寄進寺産之事 西明寺分」**。<br>徳川家康、心蓮社譽誉上人に発給して、三河国随念寺(愛知県岡崎市門前町)に田畠などを寄進する。 | 2605 |

| 年 | 月日 | 事項 | 番号 |
|---|---|---|---|
| 天正3 | 2月12日 | **「内々御床敷之処、酒井左衛門尉、石河伯耆守かたへ之音簡即遂被見候、然者無何事其国御滞在之由候、万々令察候、兼又不図此方へ可有御越之由候、何篇不可有無沙汰候間、必待入候、尚具両人可申候間、不能懇筆候、恐々謹言」**。<br><br>家康、一色式部少輔に書を送る。足利義昭は、近臣一色藤長をして家康の家臣酒井忠次・石川数正に遣って三河に下向の意を漏さしめたので、家康はこれに対し、藤長にこの儀令的の答書を遣った。 | 2606 |
| | 2月15日 | **徳川家康(1543～1616)、遠江国浜松での放鷹の際に、虎松(後の井伊直政)15歳(1561～1602)を召し抱えるという**。直政は、徳川四天王の一人。<br><br>直虎(次郎法師)(?～1582)は、家康に出仕する際、虎松に衣服を贈る。<br>直虎(次郎法師)・南渓瑞聞(?～1589)・養父松下源太郎(清景)・実母の画策により松下虎松(15歳)が、小野朝之(小野但馬守の甥・母は奥山朝利の娘で直政と従兄弟)を連れて徳川家康に会見。<br>家康は虎松を松下から井伊に復姓させる。その時、家康は自分の幼名「竹千代」にちなみ「万千代」の名前を与え、お供の朝之には「万福」を与えた。万千代は、後には、300石で家康の小姓として取り立てられる。 | 2607 |
| | 2月16日 | **「定 池田渡舟上下往来之輩、船有」**。家康、福徳朱印状発給。 | 2608 |
| | 2月16日 | **「定 馬籠渡船上下往来之輩、船有」**。家康、船守中に朱印状発給。 | 2609 |
| | 2月20日 | **「……今度松平左近将監殿差下候処」**。<br>家康、上杉氏家臣・村上源吾(村上国清、のちの山浦景国)(1546～1592)に書状を送る。 | 2610 |
| | 2月26日 | ■河尻秀隆(「河尻与兵衛尉秀隆」)、小笠原貞慶(「小笠原右近大夫」)(信濃国守護)へ初めて通信し、今度「信長直札」を以て交誼を願うことを通知。また、この秋に織田信長は信濃国へ出勢する予定であるので、その際に信濃国守護職に「還補」することを勿論であること、特別に小笠原貞慶(「貴殿」)の「才覚」を発揮する好機であること、信濃国・美濃国境目の「有事」が発生した際には相応の尽力をすることを通知。詳細は小牧但馬守に伝達させる。<br><br>是より先、織田信長(1534～1582)、小笠原貞慶(1546～1595)に書を送り、共に信濃に出陣せんことを勧む、是日、信長の将・河尻秀隆(1527～1582)、貞慶に決意を促す。 | 2611 |
| | 2月27日 | ■織田信長、上洛のために岐阜城を出立、美濃国垂井(岐阜県不破郡垂井町)まで移動。(『信長公記』)。 | 2612 |
| | 2月27日 | **徳川家康、小國鹿薗大菩薩(静岡県周智郡森町一宮)の社頭一宇を造立させる。**神主鈴木源左衛門重勝。<br>「鹿苑」の由来は、鹿肉を献上するために境内に野生の鹿を囲い込んだからという。 | 2613 |
| | 2月28日 | **徳川家康、奥平九八郎(貞昌、後の信昌)(1555～1615)に、三河国長篠城(愛知県新城市長篠)の守備を命令。** | 2614 |
| | 3月3日 | ■織田信長(1534～1582)、新道を経て上洛。吉田兼和(兼見)(1535～1610)、満千代を同行し山中辺で信長を迎礼する。信長、相国寺慈照院を宿所とする。(『兼見卿記』)。 | 2615 |
| | 3月一 | ■信長、直後に、四月六日出陣という陣触れを出す。 | 2616 |
| | 3月一 | **■織田信長、対武田戦に兵糧米2千俵を徳川家康に送り、3百俵は長篠城に分配。** | 2617 |

# 西暦1575

|  |  |  |  |
| --- | --- | --- | --- |
| 天正3 | 3月7日 | 武田勝頼、甲斐国長延寺の僧実了師慶(じつりょうしけい)に、尾張・三河・美濃への出陣を本願寺に伝達するよう命じる。 | 2618 |
| | 3月13日 | **「今度御兵粮過分被仰付候、外聞實儀敵国覚、旁以恐悦不及是非候、殊諸城為御見舞、佐久間被為差越候、是亦過当至極候、此表様子具右衛門可被申上候、猶従是以使者可得御意候、恐惶謹言」。**<br>(このたび御兵糧過分に仰せ付けられ候。外聞実儀敵国の覚え、かたがたもって恐悦是非に及ばず候。殊に諸城御見舞いとして、佐久間を差し越させられ候。これまた過当至極に候。この表の様子、つぶさに右衛門申し上げらるべく候。なお、これより使者をもって御意を得るべく候。恐惶謹言)。<br><br>**徳川家康、岐阜殿（織田信長）へ、武田勝頼との交戦を前に兵粮を過分に搬送されたことは「外聞実儀敵国覚」は「恐悦不及是非」であること、特に諸城見舞として佐久間信盛の派遣を「過当至極」であることを謝し、三河国長篠城（愛知県新城市長篠）方面の状況については佐久間信盛より上申してもらうこと、徳川側より使者を派遣して織田信長「御意」を承ることを通知。** | 2619 |
| | 3月14日 | ■織田信長、廷臣たちに対し身分に応じて米を支給し、加えて門跡・公家衆の借物等を棄破する徳政を発令。 | 2620 |
| | 3月16日 | ■「今川氏真、信長に出仕」。<br>今川氏真(1538～1615)、京都相国寺に於いて織田信長(1534～1582)に謁し百端帆釣花入を進上。以前進上した千鳥の香炉、宗祇香炉の内、宗祇香炉を返される。さらに、百端帆（木綿百反を繋いで作った大きな帆）を進上。織田信長が2年前に建造した大船用として贈進。<br>氏真は、徳川家康の同盟者にして「父の仇」でもある織田信長と会見、信長は氏真に蹴鞠を所望。 | 2621 |
| | 3月20日 | ■織田信長、京都相国寺に於いて今川氏真と公家衆(三条西実枝・三条西公明・高倉永相・高倉永孝・飛鳥井雅教・飛鳥井雅敦・広橋兼勝)との蹴鞠を見物。(『信長公記』)。 | 2622 |
| | 3月20日 | ■織田信長、関白二条晴良との間に祝言を執り行う。養女を権大納言二条昭実(あきざね)(1556～1619)に嫁がせ、二条家と縁類となる。<br><br>足利義昭の上臈佐子局(さこのつぼね)に祗候していた播磨の国衆赤松某の娘を、信長が養女の扱いとしたという。赤松政秀の娘で、足利義尋(ぎじん)(1572～1605)を出産した、「さこの方」ともされる。 | 2623 |
| | 4月1日 | 武田勝頼は、甲府を出立する予定で上野国衆安中景繁(？～1575)には、3日までの諏訪上原(長野県茅野市)参陣を命じた。<br>しかし利根川氾濫の仕置と重なり武田軍の実際の出陣はかなり遅れた。 | 2624 |
| | 4月1日 | ■織田信長、「主上・公家・武家ともに御再興」を公表。(『信長公記』)。 | 2625 |
| | 4月3日 | ■織田信長、今川氏真らの蹴鞠を見物。4日も。 | 2626 |
| | 4月4日 | ■「明智十兵衛尉出陣南方、二千騎、」。(『兼見卿記』)。<br>「第二次石山合戦」。明智光秀(1528？～1582)、2千の軍勢を率い河内国へ出陣。 | 2627 |

| | | | |
|---|---|---|---|
| 天正3 | 4月5日 | **「大岡（大賀）弥四郎事件」。岡崎町奉行大岡弥四郎、武田氏への通謀が発覚し、処刑される。**<br>『徳川実紀』によると、初めは徳川家康の中間だったが、算術に長じていたため会計租税の職に試用された後、三河国奥郡20余郷の代官に抜擢された。普段は家康の居する浜松にありながら、ときどき岡崎にいる嫡男松平信康の用も務めるようになり、両者の信任を得て権勢並びなき者となり増長した。しかし、家康の家臣・近藤壱岐(登之助)が領地を加増されたとき、弥四郎が自分の執成しによるものだと放言したため、近藤は弥四郎に追従してまで加増されたくはないと返上を申し出た。<br>このことがきっかけで、家康が弥四郎の日頃の悪行を耳にすることになり、弥四郎は家康の命で捕らわれて、免職されて家財を没収された。<br>間もなく釈放されるも、これに根を持った弥四郎が、小谷甚左衛門・倉知平左衛門・山田八蔵と共謀し、岡崎城を乗っ取って武田勝頼を手引きすることを書いた、武田方への書簡が発見された。<br>山田八蔵が変心して家康・信康に訴え出たため、弥四郎はふたたび捕らわれて馬に乗せられて浜松城下を引き回され、妻子5人が磔にされたのを見せられた後、岡崎で土に埋められ首を通行人に竹鋸で引かれ、7日後に死亡した。なお、小谷は甲斐国へ逃れ、倉知は討ち取られ、山田は1000石を加増されたという。 | 2628 |
| | 4月6日 | ■「第二次石山合戦」。織田信長(1534～1582)、一万余の軍勢を率い河内国(「南方」)へ出陣。(『兼見卿記』)。京を出て大坂石山に向かう織田信長、転じて、一万余の軍勢を率い河内国へ出陣。この日は八幡に布陣。 | 2629 |
| | 4月8日 | ■「高屋城の戦いの二―4月8日～4月19日」(第二次石山合戦)。<br>織田信長、河内国高屋城(大阪府羽曳野市古市)の三好康長(後の咲岩、笑岩)(？～？)への攻撃を開始。信長自身は駒ヶ谷山より戦況を見物す。(『信長公記』)。<br>織田軍は、誉田八幡道明寺周辺に布陣。信長、佐久間信盛・柴田勝家・丹羽長秀・塙直政に命を飛ばし、四方へ足軽を放って谷々村々を放火させたうえ近隣の田畑を薙ぎとらせた。 | 2630 |
| | 4月12日 | **「今度津貝郷江相動悉放火、其上後」。**<br>**徳川家康、三河国津具郷における奥平喜八郎信光(戸田加賀守信光)(？～1630)の戦功を賞する。**<br>奥平喜八郎信光は、武田方に属していた津具郷(愛知県北設楽郡設楽町津具)の土豪・後藤九左衛門らを討ち取った。 | 2631 |
| | 4月13日 | 武田勝頼、上野箕輪(群馬県高崎市箕郷町)在城の内藤昌秀(1522～1575)に、三河長篠城(愛知県新城市長篠)攻開作戦への出陣を催促。 | 2632 |
| | 4月14日 | ■「第二次石山合戦」。織田軍、大坂石山本願寺近くを攻撃。作毛悉く薙捨てた。(『信長公記』)。このとき信長に従った軍勢は総勢十万余にも及ぶという。 | 2633 |
| | 4月14日 | **家康の臣石川数正(1533～1592？)、三河国津具郷における奥平喜八郎信光(戸田加賀守信光)の戦功を賞し、武田勝頼侵攻の報告を求める。** | 2634 |
| | 4月15日 | **「武田勝頼、三河侵入」。**<br>家康と謙信の同盟を知った武田勝頼は、父信玄の死により凍結されていた徳川攻めを再開し、信濃より三河に入り、山家三方衆の案内で徳川方・足助城(愛知県豊田市足助町須沢)を囲む。<br>徳川家近臣・大賀弥四郎の内通を受けての決断であったともいう。 | 2635 |

# 西暦1575

|  |  |  |  |
|---|---|---|---|
| 天正3 | 4月19日 | **「三河足助城の戦い」。**<br>武田勝頼、鈴木（鱸）越後守重直父子を足助城（真弓山城）(愛知県豊田市足助町)に攻めて、この日、之を降す。ついで、秋山虎繁（信友）(1527～1575) 配下の伊那郡下条信氏(1529～1582)をして、同城番とする。城主鈴木重直は岡崎へ逃れた。 | 2636 |
| | 4月19日 | ■「信長、河内国平定」。「高屋城の戦いの二―4月8日～4月19日」（第二次石山合戦）。三好一族の中では最後まで抵抗を続けた高屋城の三好康長（後の咲岩、笑岩）(？～？)、松井友閑（？～？）を介して降伏をし、赦免される。(『信長公記』)。河内は信長家臣佐久間信盛(1528～1581)の統治下におかれる。<br>この頃織田信長、塙直政（？～1576）に河内国内の城塞を悉く破却させる。(『信長公記』)。<br>河内が平定されたことにより、もはや大坂落城も時間の問題かと思われた。 | 2637 |
| | 4月20日 | ■織田信長及び織田軍、夕刻に河内国より京に向かう。(『多聞院日記』)。 | 2638 |
| | 4月21日 | **「勝頼、青崩峠を越えて遠江侵攻」。**<br>**武田勝頼、三河に侵入して、奥平九八郎（貞昌、後の信昌）が約5百の手勢で守る長篠城(愛知県新城市長篠)に攻撃する。** | 2639 |
| | 4月21日 | ■織田信長（1534～1582）、河内国より帰陣し入京す。吉田兼見、室町通で織田信長を出迎える。(『兼見卿記』)。 | 2640 |
| | 4月28日 | **「からのかしら 右者今度於仁連木」。**<br>家康、戸田伝十郎（戸田吉国）(？～1584)に、その軍功を賞す。 | 2641 |
| | 4月28日 | 武田勝頼、山県昌景(1529～1575)・小笠原信嶺（のぶみね）(1547～1598)らをして、家康方の吉田城(愛知県豊橋市今橋町、豊橋公園内)等を攻める。 | 2642 |
| | 4月28日 | 武田勝頼(1546～1582)、上杉輝虎牽制のために、加賀一向一揆の主将一人・杉浦紀伊守（壱岐守が正しい）に書を送り、三河の足助城攻略を伝え、足利義昭の要請で三河・尾張に侵攻する決意を示す。また信長が本願寺を攻撃するという風聞を踏まえて後詰めの手配を求めると共に、上杉謙信が越中に進軍した場合は、加賀越前の本願寺派門徒を動員するよう要請する。 | 2643 |
| | 4月29日 | 武田勝頼、足助落城のあと、足助支城の浅ヶ谷（あざかい）、阿摺（あすり）、大沼、田代、八桑（やくわ）などの諸城を陥す。 | 2644 |
| | 4月29日 | **「仁連木の戦い」。**武田軍、吉田城来援に来た家康の臣・酒井忠次(1527～1596)と仁連木で戦う。<br>武田勢は、仁連木城(愛知県豊橋市仁連木町)主・松平（戸田）康長(1562～1633)に城を放棄させ、援軍にきた家康軍を敗走させる。 | 2645 |
| | 4月29日 | **家康（1543～1616）、また浜松より来援し吉田城(愛知県豊橋市今橋町、豊橋公園内)に入る。武田勝頼は、牛久保長沢(愛知県豊川市)を掠めて去る。** | 2646 |
| | 4月29日 | ■織田信長、この日の辰刻（8時）に美濃国岐阜城へ帰城。 | 2647 |
| | 5月1日 | **「武田勝頼、長篠城を包囲」。**<br>武田勝頼(1546～1582)8千は、徳川方奥平九八郎（貞昌、後の信昌）(1555～1615)が約5百の手勢で籠城している長篠城(愛知県新城市長篠)をこの日、包囲。<br>真田信綱(1537～1575)と昌輝(1543～1575)兄弟は、2千人の前備えに一条信竜（信玄の異母弟）(1539？～1582)と土屋昌次（昌続）(1544～1575)らと共に参加した。 | 2648 |

# 西暦1575

| 和暦 | 日付 | 事項 | 番号 |
|---|---|---|---|
| 天正3 | 5月4日 | 六角承禎、穴山信君（「武田玄蕃頭」）へ、武田勝頼の三河国方面への出馬により徳川氏属城を攻略していることを賞し、六角賢永（義定、承禎二男）（「中務大輔」）(1547～1582) を武田軍に従軍させたがその待遇を謝す。また「南方」（大坂方面）の戦況については深い事情があるので書簡では通知しないことに触れる。詳細は六角高盛（「高盛」）・落合八郎左衛門尉に伝達させる。 | 2649 |
| | 5月6日 | 武田勝頼、渋川（愛知県新城市）に、山県昌景を奉行とした高札を出す。 | 2650 |
| | 5月7日 | 勝頼、吉田城（愛知県豊橋市今橋町、豊橋公園内）包囲。勝頼、徳川方酒井軍と交戦するも、兵を引く | 2651 |
| | 5月11日 | 武田勝頼、長篠城攻略開始。寒狭川（豊川支流）に筏を浮かべて渡合から野牛曲輪を急襲するが失敗。 | 2652 |
| | 5月11日 | ■多聞院英俊、最近甲斐国の武田勝頼が出撃し、武田軍先発隊が尾張国熱田まで進撃したことを知る。（『多聞院日記』）。 | 2653 |
| | 5月12日 | 武田軍、甲州の金掘部隊により、長篠城内突入を図るが発見され失敗。 | 2654 |
| | 5月13日 | 武田勝頼(1546～1582)、再び金山衆を使い長篠城を攻める。夜には瓢丸（食糧庫）・服部曲輪占領。 | 2655 |
| | 5月13日 | 織田信長、長篠城（愛知県新城市長篠市場）救援のため、嫡男信忠（1557～1582）と共に、美濃国岐阜より三河国へ向けて出陣。後詰として出陣で、この日、尾張国熱田（名古屋市熱田区）に布陣し、熱田社荒廃に対して御大工岡部又右衛門に造営の件を命令する（『信長公記』）。 | 2656 |
| | 5月14日 | 武田勝頼、三度、長篠城攻略開始。三の丸・弾正曲輪占領。 | 2657 |
| | 5月14日 | **夜、奥平九八郎（貞昌、後の信昌）家臣・鳥居強右衛門、長篠城を脱出。岡崎城へ向かう。** | 2658 |
| | 5月14日 | 織田信長・織田信忠、三河国岡崎城に到着。（『信長公記』）。 | 2659 |
| | 5月15日 | 織田信長、京都の長岡（細川）藤孝に、三河国長篠後詰めのため出勢し、岡崎に着陣したことを伝える。 | 2660 |
| | 5月15日 | **家督を譲って隠居し、家康の許にあった奥平貞能（1537～1599）、三河国長篠籠城の同貞昌（信昌）（1555～1615）に、織田・徳川来陣を伝え、油断なく防戦することを命じる。** | 2661 |
| | 5月15日 | 上洛の旅を終えた今川氏真(1538～1615)、牛久保（愛知県豊川市）着。 | 2662 |
| | 5月15日 | **奥平九八郎（貞昌、後の信昌）家臣・鳥居強右衛門（勝商）、長篠城より岡崎城の織田信長に注進。**<br>**奥平九八郎は最後の手段として、岡崎城へ使者を送り、援軍を要請しようと決断した。**<br>強右衛門は十四日の夜陰に乗じて城の下水口から出発。川を潜ることで武田軍の警戒の目をくらまし、無事に包囲網を突破。<br>翌十五日の朝、長篠城からも見渡せる雁峰山から烽火を上げ、脱出の成功を連絡。当日の午後に岡崎城にたどり着いて、援軍の派遣を要請したとされる。 | 2663 |
| | 5月16日 | 織田信長・織田信忠、三河国牛窪城（牛久保城）（愛知県豊川市牛久保町）に入り、城の警固役として丸毛兵庫頭長照・福田三河守を配備。（『信長公記』）。 | 2664 |

# 西暦1575

|  |  |  |  |
|---|---|---|---|
| 天正3 | 5月16日 | **鳥居勝商(かつあき)、篠場野において磔殺される。**<br>強右衛門(勝商)は、信長・家康軍来援の朗報を一刻も早く味方に伝えようと、すぐに長篠城(愛知県新城市長篠)へ向かって引き返す。<br>この日の早朝、往路と同じ山で烽火を掲げた後、さらに詳報を伝えるべく入城を試みた。が、城の近くの有海村（城の西岸の村）で、武田軍の兵に見付かり、捕らえられたという。 | 2665 |
| | 5月17日 | 武田勝頼(1546～1582)、長篠城に開城の矢文を放つ。 | 2666 |
| | 5月17日 | 織田信長・織田信忠、牛窪城(牛久保城)より出撃、三河国野田原に野陣を設営。 | 2667 |
| | 5月17日 | **徳川軍も出陣。** | 2668 |
| | 5月18日 | 武田勝頼は、医王寺山の本陣より寒狭川(かんさがわ)を渡ってこれと対陣。 | 2669 |
| | 5月18日 | 織田信長、「志多羅」郷極楽寺山に布陣し、武田軍（「敵かた」）に姿が見えないように各部隊を配備させる。(『信長公記』)。 | 2670 |
| | 5月18日 | 織田信長、三河国長篠より三里余りの地点に於いて武田軍と遭遇。「鉄炮放」で撃退する。(『信長公記』)。 | 2671 |
| | 5月18日 | **信長と徳川家康の軍勢三万が布陣。家康、長篠城西方設楽原高松山に布陣。信長は極楽寺山に布陣、長篠の後詰めをする。**<br><br>織田軍の鉄砲の数は3千(または1千)といわれ、鉄砲奉行は佐々成政(1516～1588)・前田利家(1538～1599)・野々村正成(1536？～1582)・福富秀勝(？～1582)・塙直政(？～1576)だった。 | 2672 |
| | 5月19日 | **「先刻申含候場処之事、様子令見積」。**<br>家康、石川伯耆(石川数正)(1533～1592？)・鳥居彦右衛門(鳥居元忠)(1539～1600)に、戦いに備えて柵を設置するよう命じる。東向きに敵に備え、馬防柵を設置。 | 2673 |
| | 5月19日 | **朝、織田・徳川連合軍、柵の設置完了。信長・家康は、長篠設楽原に南北2kmの陣城を築いた。** | 2674 |
| | 5月19日 | 武田勝頼は軍議を行う。多くの武田重臣は撤退を進言したというが、勝頼は翻意しなかったという。 | 2675 |
| | 5月20日 | 武田勝頼、鳶巣山に千人を残し設楽原に出陣。 | 2676 |
| | 5月20日 | 武田勝頼(1546～1582)、織田・徳川両軍の設楽原布陣状況を、駿遠守備の長坂釣閑斎(長閑斎)(1513～1582)と三浦右馬助員久に報ずる。<br>作戦は順調に推移し、敵は逼迫しているので心配はいらないと伝え、自らを鼓舞した。 | 2677 |
| | 5月20日 | 織田信長、この戌刻に軍勢を「のりもと川」を渡河し武田勝頼(「武田四郎」)の布陣する鳶巣山(とびがすやま)へ向かわせる。(『信長公記』)。 | 2678 |
| | 5月20日 | **「織田・徳川連合軍、戦評定」。**<br>信長(1534～1582)、徳川家臣酒井忠次(1527～1596)を召し寄せ、彼を大将として徳川勢のうち弓・鉄砲の精兵二千と信長公馬廻の鉄砲五百挺、それに検使として金森長近・佐藤六左衛門・青山新七父子・賀藤市左衛門らを添えた都合四千ばかりの軍勢を率いさせる。<br>この軍勢は、戌刻(20時)に大野川を越え、南の深山を迂回。 | 2679 |

# 西暦1575

天正3

5月21日 **「長篠の戦い・設楽ヶ原の戦い」。** 2680

朝6時、武田勝頼1万5千の兵を率いて、設楽原にて攻撃開始。8時、酒井忠次の軍、長篠東南の鳶巣山(とびがすやま)に攻めかかる。鉄砲を轟然と発射して敵衆を追い散らし、攻囲の中にあった長篠城への入城を果たした。酒井勢はさらに城中の兵と一手となって敵中へ討って出、敵陣の小屋々々を、ことごとく焼き払った。

菅沼定盈(さだみつ)（1542～1604）は、鳶ヶ巣山奇襲隊の一員として戦功を挙げ、武田軍への雪辱を果たしたという。

5月21日 **「鉄砲伝来から32年、信長と家康軍、武田勝頼を破る—長篠・設楽ヶ原の戦い」。** 2681

織田信長、この辰刻（8時）に数百挺の「鉄炮」を発砲し三河国長篠城（愛知県新城市長篠市場）を救援。（『信長公記』）。

信長、高松山の徳川家康陣所を訪れ、武田軍の動向を把握。千挺ばかりの「鉄炮」部隊を佐々成政・前田利家・野々村正成・福富秀勝・塙直政に引率させて武田軍へ攻撃を加えさせた。（『信長公記』）。

「御敵入れ替へ候へども、御人数一首も御出でなく、鉄炮ばかりを相加へ、足軽にて会釈、ねり倒され、人数をうたせ、引き入るるなり」。（『信長公記』）。

織田・徳川連合軍へ武田軍の山県昌景（「山県三郎兵衛」）・武田信繁（「正用軒」）・「赤武者」小幡一党・「黒武者」の武田信豊（「典厩」）一党・馬場信春（「馬場美濃守」）が部隊毎に攻撃を仕掛けるも「鉄炮」と「足軽」によって大損害を被る。8時間に及ぶ合戦で武田軍は1万もの死傷者を出したという。

武田軍（家臣団・「宗徒の侍」・「雑兵」）ら大損害を被り、武田勝頼（「武田四郎」）（1546～1582）らは鳳来寺山（愛知県新城市門谷字鳳来寺）へ向けて敗走。（『信長公記』）。

5月21日 **酒井忠次軍に属する深溝松平伊忠(これただ)（1537～1575）は、早朝、敵将・武田（河窪）信実（信玄の異母弟）を討ち取る。しかし、引き続き行われた残敵追撃戦で前線に出過ぎたため、退却する武田軍の小山田昌行率いる500騎に、後ろから猛反撃を受けて討死。享年39。** 2682

長篠の戦いでは、岩瀬雅楽助（岩瀬和泉守の子）も討死している、

長篠の戦いにおける織田・徳川連合軍側で有力武将の戦死した例は二人であったという。

伊忠の嫡男松平家忠（1555～1600）が、深溝松平家4代当主となることとなる。家忠は自身の日記である『家忠日記』の著者としても知られる。

5月21日 **日本一短い手紙として有名な「一筆啓上 火の用心 お仙泣かすな 馬肥やせ」の一文は、本多重次（1529～1596）がこの長篠の戦いの陣中から妻にあてて書いた手紙である。** 2683

この「お仙」は当時幼子であった嫡子仙千代（本多成重）のことである。

なお、手紙の原文は「一筆申す 火の用心 お仙痩さすな 馬肥やせ かしく」とされる。現在、丸岡城内には「一筆啓上碑」があり、福井県坂井市では旧丸岡町時代の平成5年（1993）から毎年テーマを定めて「一筆啓上賞」として、平成15年から「新一筆啓上賞」として作品を募集している。

5月21日 **伊奈忠次(いなただつぐ)（1550～1610）は、永禄6年（1563）に父・忠家（1528～1607）が三河一向一揆に加わるなどして家康の下を出奔。この長篠の戦いに陣借りをして従軍して功を立て、ようやく帰参することができたという。** 2684

家康の嫡男・信康（1559～1579）の家臣として父と共に付けられた。

# 西暦1575

| 年号 | 月日 | 事項 | 番号 |
|---|---|---|---|
| 天正3 | 5月21日 | 長篠の戦いにおいて、武田軍は大損害を被り、武田勝頼（1546～1582）ら、鳳来寺山に向けて敗走。<br>幸村父・昌幸の長兄信綱（1537～1575）、次兄昌輝（1543～1575）が戦死したため、三男武藤喜兵衛（昌幸）29歳（1547～1611）は真田姓に復して真田氏の家督を相続した。信繁（幸村）（1567？～1615）も甲府を離れ、父が城代を務める上野国岩櫃城（群馬県吾妻郡東吾妻町原町平沢）へ移る。 | 2685 |
| | 5月21日 | **夕方、織田信長（1534～1582）・織田信忠（1555/1557～1582）・徳川家康（1543～1616）、長篠城入場。** | 2686 |
| | 5月― | 「長篠・設楽原の戦い」に大敗の末、田峯城（愛知県北設楽郡設楽町田峯）主・菅沼定忠（？～1582）は、武田勝頼を田峯城へ案内したが叔父の菅沼定直（？～1576）や家老の今泉道善らの反逆にあって入城できず、苦難のすえに武節城へ落ち延びた。勝頼はここで梅酢湯を飲んで心身の労を休めて甲斐へ帰ったといわれている。<br>定忠はその後も武節城に籠ったが徳川家康家臣の酒井忠次に攻略され、奥平九八郎（貞昌、後の信昌）の領有となった。<br>定忠は、家臣と共に信濃国伊那郡に落延びた。 | 2687 |
| | 5月25日 | **■織田信長、美濃国岐阜城に凱旋。（『信長公記』）。家康も岐阜に赴き信長にお礼をした。** | 2688 |
| | 5月27日 | 5月21日の長篠の戦いの後、武田勢が弱体化した期に乗じ、信長嫡子・織田信忠は、武田部将秋山虎繁（信友）（1527～1575）らの籠る美濃岩村城（岐阜県恵那市岩村町）を包囲する。 | 2689 |
| | 5月27日 | **今川氏真（1538～1615）、家康に従い駿河に侵入して諸々に放火する。** | 2690 |
| | 5月― | **織田・徳川勢の反攻が開始され、作手・田峯・鳳来寺・岩小屋の在番衆は開城を申し出て、信濃に退去。**<br><br>三河国はほぼ家康の分国として固定したが、遠江国では武田勝頼の抵抗が強く、国衆もたやすく味方しない。天竜川から西はだいたい家康に従っていたが、東部の周智郡・小笠郡・榛原郡は武田方であって、二俣城（ふたまたじょう）（静岡県浜松市天竜区二俣町）・犬居城（静岡県浜松市天竜区春野町堀之内）・高天神城（静岡県掛川市上土方嶺向）はその拠点であった。 | 2691 |
| | 5月― | 長篠の戦いにおいて織田・徳川連合軍は武田軍を破った。<br>**この年、奥平九八郎（貞昌）（1555～1615）、この時の戦いぶりを織田信長から賞賛され、信長の偏諱「信」を与えられて名を「信昌」と改めた。家康からも大般若長光の刀と三千貫の土地が下賜された。** | 2692 |
| | 6月1日 | 武田勝頼、一条信竜（のぶたつ）（1539？～1582）らに、三河国長篠の戦い後、尾張・三河・美濃の国境の処置を命じて退却したことを伝える。 | 2693 |
| | 6月2日 | 武田勝頼（1546～1582）は、駿河方面の軍事を統轄していた山県昌景（戦死）（1529～1575）の代わりに穴山信君（のぶただ）（梅雪）（1541～1582）を江尻城（静岡市清水区江尻町）代に任命して最低限の処置を済ませ、この日に帰陣。 | 2694 |
| | 6月2日 | **徳川家康軍、大井川を越えて駿河に入り、由比・倉沢を攻めた。しかし、武田勝頼が南下してきたため遠江に退く。** | 2695 |
| | 6月6日 | **■上杉謙信（1530～1578）、徳川家康の三河国長篠の戦勝を祝う。** | 2696 |

西暦**1575**

| | | | |
|---|---|---|---|
| 天正3 | 6月7日 | 武田勝頼(1546〜1582)、遠州犬居城(浜松市天竜区春野町堀ノ内字犬居)主の天野宮内右衛門(景貫、藤秀)に書を送り、功労を賞す。 | 2697 |
| | 6月7日 | 武田勝頼、天野景貫(藤秀)に、光明(浜松市天竜区東)在番を命じ、江尻城(静岡市清水区江尻町)の穴山信君との連携を命じる。 | 2698 |
| | 6月13日 | 織田信長、上杉謙信へ、武田勝頼が三河国・信濃国境目に進出してきたので即時「出馬」し、去る五月二十一日に一戦に及び撃破、「平均」に属したのでその旨を通知するため三河国長篠陣中より使者を派遣したこと、信長が「畿内」・「北国」・「南方」(大坂方面)の件で忙殺されていた時に信玄が遠江国・三河国境目へ進出してきたので織田側は応戦の準備をするも「信玄断絶」後に勝頼が「出張」し、これは「誠天与之儀」であるので武田軍を悉く撃破し、勝頼は「赤裸之体」で「一身逃入」ったという風聞、信長にとって武田軍撃破は「数年之鬱憤」を晴らしたことであることを通知。また勝頼の要害美濃国岩村城を攻囲し城中より種々の懇望が申し入れられたので、攻め殺す覚悟であったが赦免すること、間も無く「落居」するので信長自身は信濃国方面に出勢する予定であるので上杉謙信の信濃国・甲斐国方面への軍事行動の好機であること、徳川家康は駿河国に進出して伊豆国との境目まで放火し、今川氏真の身柄を確保していること、「兵粮」の調達が不十分であるためにひとまず「納馬」して来たる秋に軍事行動を起こす予定を通知。 | 2699 |
| | 6月15日 | **「五月十八日酉刻、武田勢不意長篠」。**<br>家康、三河国長篠城における松平宮内左衛門(松平勝次)の戦功を賞す | 2700 |
| | 6月19日 | これより先、武田方の佐久郡依田信守は、遠江二俣(静岡県浜松市天竜区二俣町二俣)に存城。この日、信守(?〜1575)、同城に病没。ついで、その子信蕃(のぶしげ)(1548〜1583)、同城を守る。 | 2701 |
| | 6月22日 | **「……今度至三州表武田四郎出張候」。**<br>徳川家康、京都知恩院へ、戦勝祝いの使者派遣に礼を述べ、武田勝頼の三河表侵入に際し、織田信長が出馬され撃破した旨を通知。 | 2702 |
| | 6月24日 | **「諏訪原城の戦い―6月24日〜8月24日」。**<br>家康軍、諏訪原城(静岡県島田市金谷)を攻める。 | 2703 |
| | 6月24日 | **徳川家康軍、武田方光明城(浜松市天竜区山東字光明山)の天野景貫(藤秀)・朝比奈又太郎泰方を攻める。** | 2704 |
| | 6月25日 | **「武田氏は三河の拠点を喪失する」。**<br>**徳川軍により田峯城(愛知県北設楽郡設楽町田峯)支城・武節城(ぶせつじょう)(愛知県豊田市武節町)が陥落。** | 2705 |
| | 6月26日 | ■織田信長、岐阜城を発し、近江国佐和山城(滋賀県彦根市古沢町)に於いて休息をとり、「早舟」にて近江国坂本より渡海。小姓衆五、六名を随行させていた。(『信長公記』)。 | 2706 |
| | 6月27日 | ■「絹衣相論―信長が、禁裏五奉行を定め、朝廷政治に関与しはじめる」。<br>「御上着　相国寺御寄宿」。(『信長公記』)。<br><br>織田信長、岐阜から上洛し相国寺に寄宿する。天台宗と真言宗の争論のことを知り、天皇近臣である公家の中から五人の奉行(中山孝親・勧修寺晴右・庭田重保・甘露寺経元・三条西実枝)を任命して問題の解決に当たらせた。 | 2707 |

# 西暦1575

| 年号 | 月日 | 事項 | 番号 |
|---|---|---|---|
| 天正3 | 6月一 | 「第三次岩村城の戦い一6月～11月21日」はじまる。<br>長篠の戦いに勝利した信長は、そのまま、嫡男・織田信忠(1557～1582)に軍を預けて、「裏切り者」の美濃国岩村城(岐阜県恵那市岩村町)に侵攻させる。<br>信長は、武田勢が弱体化した期に乗じ岩村城奪還を行う。 | 2708 |
| | 7月3日 | ■織田信長(1534～1582)、七度目の禁裏参向。禁中において誠仁親王(1552～1586)による蹴鞠の儀が催された。信長も馬廻を引き連れて参会した。御鞠の終了後、信長は黒戸御所の置き縁まで伺候し、内侍所の官女より天盃を拝領。同日、信長、「御官位を進められ候」という正親町天皇勅諚を拝辞。代わりに家臣の賜姓、任官を請い、勅許を得る。<br>家老衆のうち松井友閑(?～?)を宮内卿法印に、武井夕庵(?～?)を二位法印にそれぞれ任官させ、また明智光秀(1528?～1582)には惟任日向守、羽柴秀吉(1537～1598)は筑前守、塙直政(?～1576)は原田の姓を下賜され備中守、村井民部少輔貞勝(?～1582)は長門守、簗田広正(?～1579)は別喜(戸次右近)姓を、丹羽長秀(1535～1585)には惟住姓を授からせた。<br>秀吉は、天正2年9月頃より「筑前守」の受領名を称す。<br>信長は、これを境に自身「上様」の呼称を適用させる。 | 2709 |
| | 7月5日 | **徳川方の攻勢は続き、武田勝頼に、光明城(静岡県浜松市天竜区山東字光明山)も自落したとの報が、田中城(藤枝市西益津)在番の山県昌満(?～1582)より届けられた。** | 2710 |
| | 7月5日 | 武田勝頼(1546～1582)、山県昌満(?～1582)に、「犬居谷の様子が気になるので、救援を要請してきたら、三浦右馬助員久・朝比奈駿河守信置(1528～1582)・小原宮内丞継忠(?～1582)と直参衆と協力して加勢するよう」伝える。 | 2711 |
| | 7月13日 | **「彼郷百姓等令忠節之条、郷中放火」。**<br>家康、遠江領家郷に福徳朱印状を発給。当郷内百姓の忠節を賞し、郷内における濫妨狼藉を禁じる。 | 2712 |
| | 7月13日 | 武田勝頼、木曽の山村良候(よしとき)(1544～1602)に小県郡手塚の地を宛行い、木曽谷中諸士の木曾義昌(1540～1595)への服属に努めさせる。 | 2713 |
| | 7月15日 | ■織田信長、京都を発し美濃国岐阜城へ向かう。この日、常楽寺(滋賀県湖南市西寺)に到着。(『信長公記』)。 | 2714 |
| | 7月19日 | 武田信豊(1549～1582)・小山田信茂(1539/1540～1582)、美濃国岩村城(岐阜県恵那市岩村町)衆に、援軍派遣の旨を伝える。 | 2715 |
| | 7月20日 | ■織田信長、村上国清(山浦景国)(1546～1592)に書を送り、上杉謙信に信濃出兵を催促せんことを請ふ、尋いで、謙信、信濃に出陣せんとし、諸将の参陣を促す。 | 2716 |
| | 7月27日 | 武田勝頼、家康が駿河を攻撃すると聞いて、駿河防衛を優先して岩村城の援軍を見送る。 | 2717 |
| | 7月一 | **この月、奥平信昌が長篠城(愛知県新城市長篠市場)から新城城に移る。**<br>この年、織田信長の強引な取り計らいで徳川家康の長女亀姫(1560～1625)が、新城城(愛知県新城市字東入船)の奥平信昌(1555～1615)に嫁ぐ。 | 2718 |
| | 8月10日 | 武田勝頼、保科正俊(1511～1593)に対し、伊那郡の防備を高遠城(長野県伊那市高遠町東高遠)・大島城(長野県下伊那郡松川町元大島)を中心に固めるよう指示すると共に、伊那衆には秋山虎繁(信友)(1527～1575)と共に美濃岩村城(岐阜県恵那市岩村町)に籠城しているものが多いため、救援に向けた準備も並行して行わせる。 | 2719 |

| | | | |
|---|---|---|---|
| 天正3 | 8月12日 | ■「越前一向一揆平定戦―8月12日～8月19日」はじまる。<br>武田軍を破って、東方の憂いをなくした織田信長(1534～1582)、十万の軍勢を率い、再び、越前一向一揆討伐に向けて美濃国岐阜城を出陣。<br>信長、美濃国垂井(岐阜県不破郡垂井町)に布陣。(『信長公記』)。越前一向一揆は、内部分裂を起こしていた。 | 2720 |
| | 8月19日 | ■「信長、一向一揆三万余人を殺害―越前一向一揆平定戦(8月12日～8月19日)終結」。三万余人を殺害という織田軍により、越前一向一揆平定。一揆衆の越前支配は1年半余りで終わりをつげた。 | 2721 |
| | 8月23日 | **「諏訪原城の戦い」。**<br>家康自身が出陣して本陣を日坂久延寺(静岡県掛川市佐夜鹿)に移し、諏訪原城(静岡県島田市金谷)への総攻撃を敢行。 | 2722 |
| | 8月24日 | **「諏訪原城の戦い―6月24日～8月24日」終結。**<br>安倍大蔵元真・信勝父子らが、金堀の者を使って諏訪原城中に侵入して敵を打ち破る。武田氏の遠江前進拠点・諏訪原城が、徳川軍により落ち、続いて二俣城(ふたまたじょう)(静岡県浜松市天竜区二俣町)・光明城(浜松市天竜区山東)の諸城も落ちる。<br>武田家部将の今福浄閑斎(1513?～1575)、討死。諏訪原城守将の海野・遠山氏らは、小山城(こやまじょう)(静岡県榛原郡吉田町)へと退去した。 | 2723 |
| | 8月24日 | **家康、諏訪原城を「牧野城」と改め、城主に今川氏真を入れることを決める。**<br>翌年3月、東条松平家忠(1556～1581)・松井忠次(松平康親)(1521～1583)に輔佐させる。松井忠次は、諏訪原城での軍功が賞され、家康より偏諱と周防守の称号を許されて、以後は松平周防守康親と称すともされる。 | 2724 |
| | 8月27日 | **徳川軍(徳川信康・酒井忠次)、進んで、遠江小山城(静岡県榛原郡吉田町)を攻める。** | 2725 |
| | 8月— | この月、武田勝頼、徳川家康に包囲されていた遠江小山城の救援のため出陣。 | 2726 |
| | 9月2日 | ■「信長、越前平定」。織田信長、越前国坂井郡豊原寺を焼き払い、越前国北庄(福井市中央)へ移動し、縄張を開始。 | 2727 |
| | 9月5日 | **徳川勢、武田勝頼が救援の為、2万の大軍で出兵してきたので、小山城包囲を解き牧野城(諏訪原城)(静岡県島田市金谷)に引上げる。家康嫡子信康(1559～1579)は、17歳ながら殿軍となり、全軍、牧野城に引き揚げた。** | 2728 |
| | 9月7日 | 武田勝頼、小山城後詰めのため大井川まで兵を進める。 | 2729 |
| | 9月8日 | 武田勝頼、鎌塚原(静岡県島田市)に陣を敷いて牧野城(諏訪原城)をうかがうが、夜に小山に退き小山の普請と高天神への兵糧補給を行う。 | 2730 |
| | 9月11日 | 武田勝頼、小山城(静岡県榛原郡吉田町)に入り、城主・岡部丹波守元信(?～1581)に感状。 | 2731 |
| | 9月15日 | ■信長(1534～1582)、上洛、京都妙覚寺を宿所とする。「公家衆」は織田信長の北国からの凱旋を祝賀。(『兼見卿記』)。 | 2732 |
| | 9月17日 | ■信長、岐阜へ帰るため京を発つ。 | 2733 |
| | 9月21日 | 武田勝頼、小山城在番衆に感状を与えて戦功を賞し、同月下旬に帰国。 | 2734 |
| | 9月26日 | ■織田信長、美濃国岐阜城に帰還。(『信長公記』)。 | 2735 |
| | 10月1日 | 武田勝頼、徳川氏の攻撃で荒廃した駿府の復興を行うため、商人衆に諸役免許を提示して帰住を促す。 | 2736 |

# 西暦1575

| | | | |
|---|---|---|---|
| 天正3 | 10月5日 | ■「第二次石山合戦―本願寺と信長、第二次和睦をはかる」。<br>織田信長、また、石山本願寺との和睦締結をはかる。<br>信長、「条目」と「誓詞」を以て和議を求めてきた本願寺顕如光佐へ「赦免」の旨を通達し、今後は信長に対し敵対行為をしないよう申し入れる。顕如光佐（1543～1592）は和平の「しるし」として、秘蔵する小玉澗・枯木・花の三幅対の絵を信長に差し出すこととする。<br>伊勢長島と越前の一向一揆が鎮定されたのを受け、本願寺顕如光佐が和睦を申し入れて来た。お互いの一時の策略であった。 | 2737 |
| | 10月13日 | ■織田信長十月十日、上洛し衣棚押小路の妙覚寺に入る。(『信長公記』)。実は13日。 | 2738 |
| | 10月16日 | 勝頼、蒲原（静岡市清水区）の伝馬衆に伝馬定書を発布して交通制度を整備。 | 2739 |
| | 10月20日 | ■織田信長、京都二条妙覚寺に於いて別所長治（1558～1580）・小寺政職（1529～1584）・赤松広秀（斎村政広）（1562～1600）ら播磨国衆の参洛礼問を受ける。(『信長公記』)。<br>信長、備前国の浦上宗景（？～？）や但馬国の山名韶熈（祐豊）（1511～1580）と対面する。 | 2740 |
| | 10月21日 | ■「第二次和睦成立―第二次石山合戦終結（天正2年4月2日～天正3年10月21日）」。<br>信長、三好康長・松井友閑を「御使」として、和を請う本願寺顕如光佐を赦免。 | 2741 |
| | 10月23日 | 武田方となった小笠原信興（氏助）（元高天神城将）（？～1590？）、山梨上郷中（静岡県袋井市）での乱暴狼藉を禁止する朱印状を出す。 | 2742 |
| | 10月28日 | ■織田信長（1534～1582）、衣棚押小路の妙覚寺に於いて京都・和泉国堺の「数寄仕候者」十七名を招喚し、信長の茶頭となった千宗易（千利休）（1522～1591）の点前による茶会を開催。<br><br>織田信長は、堺の茶匠の指導のもと茶趣味に没頭し、茶湯は単なる遊芸や慰みとは異なり政道（「茶湯政道」）として武将の間に茶湯が盛行する要因となった。 | 2743 |
| | 11月4日 | ■「信長、公卿として正式に国政に参与することになる」。<br>織田信長（「平信長」）（1534～1582）、権中納言・従三位に昇進。 | 2744 |
| | 11月7日 | ■「信長、武家の棟梁として地位を得る」。<br>織田信長、「御拝賀の御礼」があり、大納言三条西実枝を名代として帝に御礼を言上。正親町天皇より「御かはらけ」（土器）を下賜された。また同日、織田信長は「右大将」を兼任することになり、正親町天皇へ莫大な砂金・巻物を献上。 | 2745 |
| | 11月7日 | **「於浜松屋敷并分国中、諸商売荷物買渡海諸役等、永一切令免許畢、若及難渋之輩、急度可加下知者也、仍如件、」。**<br><br>家康、五官（唐人五官）に福徳朱印状発給。 | 2746 |
| | 11月10日 | 「第三次岩村城の戦い」。<br>この夜、武田軍の手に落ちた美濃国岩村城への織田「攻衆」が布陣する水精山に武田軍が夜襲を仕掛ける。<br>この武田軍の夜襲を織田軍の河尻秀隆（「河尻与兵衛」）・毛利秀頼（「毛利河内」）・浅野左近（盛久）・猿荻甚太郎らが撃退。(『信長公記』)。 | 2747 |
| | 11月11日 | **「家康次女督姫誕生」**。督姫（とくひめ）（1575～1615）母は、側室・西郡局（にしのこおりのつぼね）（柏原鵜殿長忠の養女）。永禄8年（1565）誕生ともいう。 | 2748 |

# 西暦1575

| 年号 | 月日 | 事項 | No. |
|---|---|---|---|
| 天正3 | 11月13日 | ■織田信長(1534~1582)、武田勝頼(1546~1582)の美濃国岩村城(岐阜県恵那市岩村町字城山)への侵攻により、俄かに京都を出立、美濃国岐阜へ下向。 | 2749 |
| | 11月15日 | ■織田信長、美濃国岐阜城に到着。(『信長公記』)。 | 2750 |
| | 11月21日 | ■「第三次岩村城の戦い(6月~11月21日)終結―信長、秋山虎繁の降伏条件を反故」。織田信忠(1557~1582)に降伏し、城主秋山虎繁(信友)(1527~1575)が大嶋長利・座光寺貞房の二名を伴い、「御赦免の御礼」のために、信忠本陣に参上したところを捕縛され、美濃国岐阜に連行され、十一月二十六日信長の命で長良川の河原に於いて「張付」に処される。<br>織田軍、おつやの方(信長叔母)(?~1575)もまた捕らえ、逆さ磔で処刑、城に残る遠山一党を全滅させる。 | 2751 |
| | 11月28日 | ■「信長、信忠に家督譲与」。<br>織田信長が、家督と岐阜城を嫡男信忠に譲り、尾張・美濃二ヶ国を与え、自らは茶道具のみを携えて佐久間信盛の屋敷に移る。織田氏をも含めた諸大名の上に立つ「天下人」(公儀)が信長、その下で美濃・尾張を支配する分国大名織田氏の当主が信忠、という分担が行われる。 | 2752 |
| | 12月13日 | 本願寺顕如(1543~1592)、三河国上宮寺・同国門徒中に、織田信長との戦いへの協力を求める。 | 2753 |
| | 12月15日 | ■織田信長、泉涌寺造営の勅命を受け、その旨を承知したことを天皇に返答。 | 2754 |
| | 12月16日 | 勝頼は、尾張・美濃・三河・遠江に出陣せんとし、小県郡の小泉昌宗等の諸士に条目を頒ち、隠居・蟄居者も加え軍役規定人数以上を出陣させ、鉄砲を用意させる。 | 2755 |
| | 12月24日 | **「二俣城(ふたまたじょう)開城」。**<br>二俣城(静岡県浜松市天竜区二俣町)は7ヶ月の籠城で食糧が尽きた。武田勝頼(1546~1582)、遠江国二俣城城将・依田信蕃(のぶしげ)(1548~1583)をして、同城を徳川家康(1543~1616)に渡させる。ついで、信蕃は退いて同国高天神城(静岡県掛川市上土方・下土方)を守る。<br><br>武田勝頼は9月にようやく遠江国へ軍勢を派遣したが、それは二俣城ではなく、要衝・高天神城を支える小山城(静岡県榛原郡吉田町)への後詰であった。潮時と見た依田信蕃は徳川勢との和睦交渉に応じ、23日に開城と決まった。しかしこの日は雨模様となり、城兵が「雨降りに蓑笠で城を出るのは見苦しい。晴れた日まで延期してほしい」と申し出ると家康はこれを認め、翌日が晴れたので城の明け渡しが行われたという。<br>接収された二俣城の城将には大久保忠世(ただよ)(1532~1594)と阿部忠政(大久保忠次の子)(1531~1607)が据えられた。<br>**諏訪原城(牧野城)と二俣城の占領は、家康にとって大きな収穫であった。** | 2756 |
| | 12月26日 | 城将依田信蕃は、城兵の助命を条件に開城、駿河田中城(藤枝市西益津)に退く。そして、下城した依田信蕃は城兵と共に高天神城(静岡県掛川市上土方嶺向)に入って徳川勢への抵抗を続ける。 | 2757 |
| | 12月27日 | 武田勝頼(1546~1582)、遠江田中城(静岡県藤枝市)を守る小山田昌盛(?~?)・三浦員久に、防備を固めるよう指示を出す。<br>田中城は、山西(やまにし)(志太地域)の軍事要塞として防御機能を高めていた。 | 2758 |

## 西暦1575

| 和暦 | 月日 | 事項 | 番号 |
|---|---|---|---|
| 天正3 | 12月27日 | **「家康の伯父にあたる水野信元、自害」。**<br>**徳川家康（1543～1616）、織田信長の命により、岡崎城に水野信元を呼び出し切腹を命じる。**<br>家康の生母・於大の方(伝通院)の異母兄・水野信元(？～1576)は、信長武将佐久間信盛（1528～1581）の讒言により武田勝頼との内通を信長に疑われた。武田勝頼の武将の秋山虎繁(信友)との内通や兵糧を輸送した疑いという。<br><br>別説では、刺客役平岩親吉（ちかよし）（1542～1612）が、三河大樹寺（岡崎市鴨田町字広元）において養子の信政と共に斬ったともいう。 | 2759 |

## 西暦1576

| 和暦 | 月日 | 事項 | 番号 |
|---|---|---|---|
| 天正4 | ― | **この年、徳川家康35歳、義伊丸(於義丸、後の結城秀康))3歳(1574～1607)と岡崎城で初めてと会見、正式に二男とする。**<br>長男信康(1559～1579)のとりなしという。 | 2760 |
| | 1月中旬 | ■織田信長、丹羽長秀(「丹羽五郎左衛門」)へ、近江国安土山「御普請」を命令。(『信長公記』)。<br>この頃、織田信長（1534～1582)、安土城（滋賀県近江八幡市安土町下豊浦）築城に着手。丹羽長秀（1535～1585）を普請奉行、岡部又右衛門以言（？～1582）を大工総棟梁とし近江の安土山に築城を開始。 | 2761 |
| | 1月中旬 | ■この頃、信長、二条御新造造営「御普請」を命令。天正5年(1577)閏7月6日、信長はこの邸に移る。二条新第(押小路烏丸殿・二条晴良邸跡)である。 | 2762 |
| | 1月20日 | **徳川家康、奥平喜八郎信光（戸田加賀守信光）（？～1630）の三河国長篠での忠節を賞する。**奥平信光は、作手地方を領した奥平氏の庶流・名倉奥平氏の当主。 | 2763 |
| | 1月20日 | **家康、浜松城で甲冑祝いと連歌（れんが）の会を催す。** | 2764 |
| | 1月― | **家康、片桐権右衛門家正に命じ、武田氏に通じた、天野氏属す奥山美濃守定茂の水巻城(浜松市天竜区佐久間町中部)を焼く。**<br><br>北遠の国人領主奥山能登守定之に四人の男子があった。嫡男民部少輔定益は本城高根城（久頭郷）（浜松市天竜区水窪町地頭方）を継ぎ、次男美濃守定茂は水巻城（中部)、三男加賀守定吉は若子城(相月)、四男兵部丞定友は小川城(大井)にとそれぞれ独立した。家康に属した総大将・片桐権右衛門家正の兄は、賤ヶ岳七本槍に数えられ、豊臣秀頼の守役となった片桐且元（かつもと）という。 | 2765 |
| | 2月7日 | **井伊万千代（直政）(1561～1602)、徳川家康の寝所を襲った武田間者の近藤武介を討ち取り、他一人に傷を負わせる。** | 2766 |
| | 2月23日 | ■岐阜城を信忠に譲った織田信長（1534～1582)、建築中の近江国安土城（滋賀県近江八幡市安土町下豊浦)に御座を移す。<br>普請の様子は信長御意に叶ったので、丹羽長秀(1535～1585)に褒美として「珠光茶碗」を下賜する。近江国安土山下には馬廻衆の屋敷地が与えられた。<br>のち、村井貞勝(？～1582)は、前将軍義昭の二条御所を壊して安土城に運ぶ。 | 2767 |
| | 2月24日 | ■織田信長、近江国安土城へ移徙。(『兼見卿記』)。 | 2768 |
| | 2月― | **徳川軍、犬居（浜松市天竜区春野町）へ出陣、勝坂砦（市天竜区春野町豊岡字大曲）を攻め、樽山城（たるやまじょう）(天竜区春野町田河内)を落とし、三倉・天万氏等を在城させる。** | 2769 |

| 年 | 月日 | 事項 | 番号 |
|---|---|---|---|
| 天正4 | 3月7日 | 武田勝頼、長延寺実了師慶に書状を送り、尾張・美濃・三河のいずれかに出馬する意向を伝え、本願寺に支援を求めるよう命じる。 | 2770 |
| | 3月17日 | **「一今度氏真就駿河入国、為牧野城番、其方相添依申付、」。**<br>徳川家康、松平甚太郎家忠・同周防守(松平康親)宛て判物を給す。<br>**先に家康は、諏訪原城を大規模修築し、牧野城(静岡県島田市金谷)と改名し、城主に今川氏真(1538～1615)を置いた。この日家康は、東条松平甚太郎家忠(1556～1581)・松井左近忠次(松平康親)(1521～1583)に補佐させる。**<br>**徳川家康は、氏真を擁することで、駿河をうかがい今川旧臣や反武田勢力の糾合を図った。** | 2771 |
| | 3月一 | この月、武田勝頼、遠江に侵攻し、高天神城への補給を実施し、帰途に相良城(静岡県牧之原市相良)を築く。<br>家康も後詰めとして浜松城を出陣。勝頼は重臣の諫止を受け引き揚げたという。 | 2772 |
| | 3月一 | ■「石山本願寺の籠城五年(第三次石山合戦—天正4年(1576)3月～天正8年(1580)閏3月5日)」はじまる。<br>この月、信長・本願寺の「第二次講和」が破られ、石山本願寺が織田信長に対して三度、挙兵する。木津・難波に城を構えた。本願寺顕如(1543～1592)は、毛利輝元に庇護されていた将軍足利義昭と与して三度挙兵した。 | 2773 |
| | 3月一 | **この月、信康(家康長男)と徳姫(織田信長の娘)の間に、登久姫(1576～1607)が生まれる。** | 2774 |
| | 4月1日 | ■織田信長(1534～1582)、近江国安土山の石垣構築を開始。またその石垣上に「天主」構築を命令。<br>尾張国・美濃国・伊勢国・三河国・越前国・若狭国・畿内の諸侍に普請役を課す。<br>京都・大和国奈良・和泉国堺の大工・諸職人と「一観」(唐人瓦焼職人)を近江国安土に召喚し、天主台は「唐様」にする旨を命令。(『信長公記』)。 | 2775 |
| | 4月3日 | 木曾家家臣が、武田勝頼と木曾義昌に対して、織田信長父子・上杉謙信・上杉景虎・長尾顕景(上杉景勝)・徳川家康父子・今川氏真・飛騨衆よりの調略に対する起請文を提出する。 | 2776 |
| | 4月12日 | 武田勝頼(1546～1582)、父信玄の喪を発する。 | 2777 |
| | 4月16日 | 武田勝頼、恵林寺において、快川紹喜大導師のもとに父・信玄の本葬儀を行う。剃髪する者、春日虎綱(1527～1578)をはじめ数百人におよぶ。葛山信貞(信玄の六男)(?～1582)、位牌をもつ。 | 2778 |
| | 4月29日 | ■織田信長(「右大将信長卿」)、近江国安土城より上洛。(『言経卿記』)。信長、近江国安土城より上洛、妙覚寺に入る。 | 2779 |
| | 5月5日 | ■「第三次石山合戦—天王寺合戦」。<br>五月五日、後詰として、御馬を出だされ、明衣の仕立纔か百騎ばかりにて、若江に至りて御参陣(『信長公記』)。織田信長(「右大将」)、未明に大坂へ向けて出陣。(『言経卿記』)。「辰刻左大将殿御出馬、二千計、追、上洛次第出勢」。(『兼見卿記』)。<br><br>戦いの事態を重く観た織田信長(「左大将殿」)、未明に、寝間着のまま、明智光秀・荒木村重らの救援のため二千余の軍勢を率いて出陣、摂津国大坂に向かう。<br>午刻(12時)に石清水八幡宮を通過して、河内国若江城(大阪府東大阪市若江南町)に到着。そして、分国衆は追々上洛次第出征すべきことを命じる。 | 2780 |

# 西暦1576

| | | | |
|---|---|---|---|
| 天正4 | 5月7日 | ■「第三次石山合戦―天王寺合戦―信長勝利」。<br>織田信長（1534～1582）は、わずか三千ばかりの兵で出撃し、一万五千もの敵勢へ打ち向かった。先手第一段は佐久間信盛・松永久秀・長岡（細川）藤孝と若江衆、続く第二段は滝川一益・蜂屋頼隆・羽柴秀吉・丹羽長秀・稲葉一鉄・氏家直通（直昌）・安藤守就（もりなり）が務め、最後の第三段は馬廻が固めた。<br>信長自身は、先手の足軽と共に攻撃に参加し的確に指令を発していたが、足に鉄炮疵を負うなど負傷するも、二段の陣で接近戦をもって一揆勢を撃破し天王寺砦まで追撃、敵首二千七百余を獲った。<br>この戦いの後、信長は、付け城を十ヶ所築き、諸将を入れた。 | 2781 |
| | 5月18日 | ■「信長と謙信との同盟関係は崩壊」。<br>上杉謙信（1530～1578）、越中・加賀の一向一揆、本願寺顕如光佐（1543～1592）と和睦する。信長の北陸経路に危機感を持った謙信、信長と敵対。<br><br>信長と謙信との同盟関係は崩壊し、加賀、・能登・越中で攻防を展開する事になる。 | 2782 |
| | 6月6日 | ■織田信長、この日、京都二条妙覚寺に入る。 | 2783 |
| | 6月6日 | **「先是正親病む、徳川家康之を訪ひて薬を賜ふ、是日正親卒す、」。**<br>**松平清康・松平広忠・徳川家康の3代に仕えた酒井雅楽頭正親（まさちか）（1521～1576）（西尾城主）病没。56歳**。龍海院に眠る。<br><br>正親は、主君・家康の初陣に付き従い、家康が人質として駿府に送られた際には、行動を共にして駿府に行っている。嫡男酒井重忠（1549～1617）が、雅楽頭系酒井家6代として跡を継いで三河西尾城（愛知県西尾市錦城町）主となる。 | 2784 |
| | 6月8日 | ■織田信長、未刻（14時）に今道（新道）を経て、近江国安土城へ帰還。（『兼見卿記』）。 | 2785 |
| | 6月10日 | **「山中之郷大良右衛門尉、くちした」。**<br>**家康、朝比奈太郎右衛門尉に福徳朱印状発給。**<br><br>今川家臣であった朝比奈太郎右衛門尉は、家康配下となり、遠江初馬・初倉で500貫（３人で）を宛行された。 | 2786 |
| | 6月12日 | ■足利義昭、北条氏規に御内書を下し、北条・武田・上杉の和睦を勧める。<br>氏規は、北条家内で西国方面の外交を担当していた。 | 2787 |
| | 夏 | この頃から三河・遠州地方に風流踊りが流行した。ある時、大浜から岡崎にかけて踊り歩いた群れの中に美しい少年がいた。岡崎城に在った、踊りを好む信康（家康の長男）（1559～1579）の目に止まった。その少年は召し出され信康に近侍することとなった。<br>**その美少年こそ、13歳の長田伝八郎、のちの永井直勝（1563～1626）である。** | 2788 |
| | 7月2日 | **徳川家康、酒井正親（まさちか）の遺領の中、三河国額田碧海幡豆郡内四百貫文の地を酒井忠利（正親の三男）（1559～1627）に給う。** | 2789 |
| | 7月13日 | ■「第三次石山合戦―第一次木津川口の戦い―本願寺への兵糧搬入を許す」。<br>毛利水軍、和泉国堺津住吉表から摂津国木津川口に進み織田水軍に攻撃を開始、戦闘は明朝まで継続。毛利水軍が木津川河口より石山本願寺に兵糧を運び込もうとした。<br>これを信長配下の織田水軍が阻止しようとしたが失敗、翌日には敗れる。 | 2790 |

# 西暦1576

|  |  |  |  |
|---|---|---|---|
| 天正4 | 7月14日 | 武田方菅沼定忠(?~1582)、密かに軍勢を率いて三河武節城を攻略し落とす。<br>復讐に燃える菅沼定忠は、この日に田峯城(愛知県北設楽郡設楽町田峯)に夜襲をかけ、謀反者の一族郎党96名を惨殺し、今泉道善を生きながらに鋸引きの刑に処したという。<br>菅沼定忠は、天正10年(1582)武田家滅亡後、徳川家康へ赦免を願い出たが許されず、信濃国伊那郡知久平(長野県伊那市)で牧野康成に誅殺されたという。菅沼宗家は滅亡。 | 2791 |
| | 7月― | **この月、徳川軍は、武田方の犬居城(浜松市天竜区春野町堀ノ内字犬居)を攻撃して天野景貫(藤秀)を追放する。**天野は、勝坂城(浜松市天竜区春野町豊岡字大曲)に逃げる。 | 2792 |
| | 7月― | **「家康、犬居地方を支配」。**<br>勝坂城の天野景貫(藤秀)、徳川家康(1543~1616)に攻められ逃亡する。犬居地方は完全に徳川氏の支配するところとなる。<br>犬居谷を追われて所領を失った天野藤秀には武田領国内で替地を宛がわれたという。 | 2793 |
| | 8月― | **この月、家康が駿河山西(志太地域)に軍勢を動かしたが、武田勝頼の駿河出陣をみて撤退。勝頼はそのまま小山に陣を進めた。** | 2794 |
| | 9月6日 | ■織田信長による泉涌寺再興造営にあたり、完成した泉涌寺本殿(仏殿)の棟札の染筆を、天皇の勅命により青蓮院門跡尊朝法親王がされた時、京都泉涌寺住持象耳泉奘(しょうじせんじょう)(1518~1588)が、記載する内容を親王の元に持参する。<br>泉奘は、今川氏の一族という。 | 2795 |
| | 9月8日 | ■泉涌寺住持象耳泉奘59歳、完成した本殿の本尊の前で、「東山泉涌寺中興寺誥」を読み上げる。 | 2796 |
| | 9月11日 | **牧野城(静岡県島田市金谷)主・今川氏真(1538~1615)、徳川家臣・朝比奈弥太郎泰勝(1547~1633)に、徳川家康との仲介を依頼する。**<br>朝比奈氏は、鎌倉時代の御家人・朝夷名(あさひな)三郎義秀の後裔と称し、駿河の今川氏に代々仕えていた。永禄3年(1560)、今川義元が桶狭間戦いで信長の襲撃を受けて没した後、多くの家臣が家康に臣従した中で朝比奈氏は今川義元の子である氏真に従った。戦国大名今川氏が滅亡後も氏真の下にいたが、天正3年(1575)氏真の使者として長篠の戦いの陣中を見舞った泰勝は、武田の武将・内藤昌豊(昌秀)(1522~1575)を討ち取る。これに感心した家康は氏真から泰勝をもらい受けたという。その後、泰勝は旗本の大番頭となっていく。 | 2797 |
| | 9月11日 | 武田勝頼、遠江平田寺(静岡県牧之原市大江)に禁制を下す。 | 2798 |
| | 9月16日 | 武田勝頼、毛利輝元・一色藤長に書状を出し、上洛を支援するため織田・徳川領国に出兵せよという、足利義昭の意向を受諾する意思を示す。同月28日も。 | 2799 |
| | 10月24日 | 武田勝頼、本願寺に書状を出し、加賀・越前の状況に無念の意を表す。<br>本願寺と和睦した上杉勢が勢力を拡大したことに、北条氏は不快感を示した。<br>武田氏と上杉氏は、信長という共通の敵を持つが、武田氏同盟国北条氏の敵は、依然上杉氏だった。 | 2800 |
| | 10月― | **「一信康卿大勇ナルニ誇給物荒ヲ表」。**<br>**家康、嫡男・岡崎二郎三郎(岡崎信康)(1559~1579)の軍功を賞す。**信康は、天正3年(1575)5月の長篠の戦いでは17歳で、徳川軍の一手の大将として参加した。<br>その後も武田氏との戦いでいくつかの軍功を挙げ、勇猛さが注目された。 | 2801 |

## 西暦1576

| 年号 | 月日 | 事項 | 番号 |
|---|---|---|---|
| 天正4 | 11月4日 | ■信長(1534～1582)、安土より上洛の途に就き、陸路をとって瀬田を抜け、申刻(16時)に上洛。衣棚押小路の妙覚寺に入る。 | 2802 |
| | 11月13日 | ■織田信長、正三位に昇進。右近衛大将兼任。 | 2803 |
| | 11月21日 | ■織田信長、大納言から内大臣に昇進。右近衛大将兼任。上卿は庭田重保(1525～1595)、奉行は烏丸光宣。午刻(12時)より陣儀があり、諸家祗候す。<br><br>信長は摂家(五摂家)・清華家(せいがけ)などの公卿へ知行を加えたほか、禁中へも黄金二百枚・沈香・巻物など名宝の品々を献上した。 | 2804 |
| | 11月25日 | ■信長、近江国安土城へ帰還。 | 2805 |
| | 12月― | 武田方三浦右馬助員久(かずひさ)・天野藤秀、樽山城(浜松市天竜区春野町田河内)安倍大蔵を攻撃する。<br><br>**樽山城を入手した徳川家康は、今川氏の旧臣安倍大蔵元真(あべのおおくらもとざね)(1513～1587)・三倉城(静岡県周智郡森町三倉)主三倉久右衛門定次らを城番に据えて武田氏の来攻に備えていた。** | 2806 |
| | 12月13日 | ■織田信長、清洲城(愛知県清須市一場)に入る。しばらく逗留。 | 2807 |
| | 12月22日 | ■信長、二十二～二十五日まで三河吉良(愛知県西尾市吉良町)で逗留。その間、鷹野で数多くの獲物を得る。 | 2808 |
| | 12月22日 | **大給松平家領の年貢高が徳川家康に報告される。** | 2809 |
| | 12月28日 | 武田勝頼、富士信忠(？～1583)・信通(のぶみち)(？～1619)父子の承認のもとで、鷹野富士千代(能通(よしみち))(1570～1652)を富士大宮公文職に補任。<br>これは、武田家臣、富士千代父徳繁が活躍したことへの恩賞であり、武田氏は鷹野徳繁を通じて富士大宮を支配していく。 | 2810 |
| | 12月31日 | ■織田信長、岐阜城にて越年。 | 2811 |

## 西暦1577

| 年号 | 月日 | 事項 | 番号 |
|---|---|---|---|
| 天正5 | 1月2日 | ■信長、岐阜城から安土城に戻る。 | 2812 |
| | 1月14日 | ■織田信長、安土から入洛、二条妙覚寺に入る。 | 2813 |
| | 1月22日 | 活路をみつけようとする武田勝頼32歳(1546～1582)は、春日虎綱(1527～1578)の献策により、北条氏政(1538～1590)の妹(北条夫人、北条氏康の六女)14歳(1564～1582)を娶る。<br>北条夫人母は松寿院(北条家臣松田憲秀の娘)。甲相同盟(第二次)を強化するためである。<br>武田勝頼は美濃国の国衆である遠山直廉(なおかど)の娘で織田信長の養女・龍勝院を正室としていたが、龍勝院は勝頼嫡男の信勝(1567～1582)を出産すると、元亀2年(1571)9月16日に死去した。 | 2814 |
| | 1月25日 | ■織田信長、未明に近江国安土へ下向。(『兼見卿記』)。 | 2815 |
| | 2月2日 | ■「信長の第一次紀州征伐ー2月2日～3月15日」はじまる。<br>信長は、三緘衆(みからみしゅう)(雑賀三組)らの内応を受けて、残り二組の雑賀(さいが)・根来(ねごろ)一向一揆討伐のために領国内に動員をかけた。 | 2816 |
| | 2月8日 | ■織田信長(「内府信長」)、上洛、二条妙覚寺入る。 | 2817 |

|  |  |  |  |
|---|---|---|---|
| 天正5 | 2月9日 | 岡部丹波守長教(元信・真幸・長保)(？～1581)、武田勝頼から遠江勝間田周辺において1500貫余を与えられる(土佐国蠹簡集残鷹所収文書))。 | 2818 |
| | 2月11日 | 武田勝頼、甲斐黒川(甲州市塩山上萩原)の金山衆に対し諸役を免許。<br>黄金採掘が上手くいかなくなったことへの対処で、武田領の金山は枯渇に向かい、財政状況は苦しいものとなっていく。 | 2819 |
| | 2月13日 | ■「第一次紀州征伐」。<br>紀伊雑賀衆一向一揆討伐の織田信長、十万余を率いて河内国へ京を出陣。(『兼見卿記』)。<br>信長、容易に落城しない石山本願寺の外堀を埋めるべく、雑賀衆征伐を目論む。信長、淀川を渡河し八幡宮に布陣。織田信忠・明智光秀・長岡(細川)藤孝・荒木村重ら、従軍する。 | 2820 |
| | 2月18日 | **「廻船著岸商売之事 右廻船壱艘也」。**<br>**徳川家康、平野孫八郎に、三河・遠江両国における廻般での商売を許し、諸役を免除する。**摂津平野の豪商で海外貿易でも活躍した末吉勘兵衛（利方）(1526～1607)は、はやくから家康領国の港に自由に出入して、商売することを許され、その一族とおぼしき平野孫八郎も、三河・遠江の港にきて商売することを認められ、船の課税を免除された。 | 2821 |
| | 2月22日 | ■「第一次紀州征伐―2月2日～3月15日」。<br>織田信長、和泉国志立(信達)(大阪府泉南市)に移動。全軍を山中と海岸沿いの二手に分けて進軍させた。<br>その部隊のうち、山中を通った方は、杉之坊・三緘衆を先頭に、佐久間信盛・羽柴秀吉・堀秀政・荒木村重・別所長治らが雑賀に乱入し、小雑賀川(和歌川)で敵の守備に進軍を阻まれ、ここを境として両軍が対峙。稲葉一鉄らは紀ノ川河口に布陣した。海岸沿いを進む部隊の明智光秀・滝川一益・丹羽長秀・長岡(細川)藤孝・筒井順慶らと、織田信忠・北畠具豊(織田信雄)・神戸信孝・織田信包は、淡輪からさらに三手に分かれて孝子峠を越え、雑賀側の防衛線を突破して南下し、中野城(和歌山市中野)を囲んだ。明智光秀は、長岡(細川)藤孝、初陣の細川与一郎(忠興)と共に中筋を進軍。 | 2822 |
| | 3月1日 | **牧野城主・宗誾(今川氏真)(1538～1615)が家康に解任され、浜松城へ戻される。**<br>今川氏真、家臣・海老江弥三郎(里勝)(1551～1633)に暇を与える。 | 2823 |
| | 3月5日 | **家康の臣酒井忠次(1527～1596)、村井源三郎らに、三河国山中・舞木の新田について定納高などを定める。** | 2824 |
| | 3月7日 | **「……将亦奥へ鷹所望差遣度候、依」。**<br>**家康、結城殿に書状を送り、鷹を望み人を派遣することを伝える。**<br>結城殿は、下総結城氏17代当主・結城晴朝(1534～1614)か。 | 2825 |
| | 3月15日 | ■「第一次紀州征伐(2月2日～3月15日)終結―信長、紀州平均」。<br>織田信長(1534～1582)・信忠(1557～1582)、雑賀一揆を屈服させる。信長、雑賀党の七頭目へ、今度の雑賀成敗を前に織田側として忠節を尽くすという「折紙」(誓紙)を受け、赦免することを通達。また小雑賀に向かい、在陣している軍勢にも指示を下すことを通達。 | 2826 |
| | 3月25日 | ■織田信長、凱旋入京し妙覚寺に宿泊。 | 2827 |
| | 3月27日 | ■信長、近江国安土城へ帰還ため京を発つ。 | 2828 |

# 西暦1577

|  |  |  |  |
|---|---|---|---|
| 天正5 | 4月21日 | ■信長、近江国安土城に帰還。 | 2829 |
| | 4月23日 | **「服部中宛行本知行分之事 合百弐」。**<br>**徳川家康、服部保次(やすつぐ)(1526～1587)に、三河国岡村・遠江刑部村など120貫文の所領を与える。**<br>服部保次は、最初は将軍足利義輝に仕え、たびたび武功を上げた。のち織田信長に転仕し、永禄3年(1560)桶狭間の戦いでは、今川義元の本陣へ先駆けるという戦功をあげたという。永禄8年(1565)から徳川家康に仕え、主に敵地との境界の警衛を命じられた。 | 2830 |
| | 4月23日 | 「服部中宛行本知行分之事 合百弐拾貫文 此内（百貫文者遠州刑部村 弐拾貫文者参州岡村)」。徳川家康判物、三河額田岡村へ。 | 2831 |
| | 4月23日 | **「宛行知行分之事 右、白須賀郷并」。**<br>**家康、小笠原信興(長忠)家臣であった匂坂牛之助(勝重)に知行宛行。**<br>匂坂牛之助（勝重）は、高天神城落城も小笠原与左衛門らと共に大須賀康高に属し、武功をあげていたようだ。 | 2832 |
| | 5月1日 | 「高天神が武田氏の直轄地となる」。<br>武田勝頼は、小笠原信興（氏助）衆に甲府で屋敷地を与えた上で、駿河下方(静岡県富士市)に1万貫で移封。<br>高天神城将に岡部元信（？～1581）が選ばれ、その寄子(よりこ)や同心衆へ高天神の周囲を中心に駿河や遠江に知行を与える。 | 2833 |
| | 5月― | **この月、家康の兵は、今切（浜名湖が海に通じる辺りの称）に碇泊している兵船を奪取しようとしたが失敗。武田の兵船が遠江今切で風待ちをしていたのを浜松勢が分捕ろうとしたが失敗、武田の兵船は走り去った。** | 2834 |
| | 6月13日 | ■「第三次石山合戦」。<br>織田信長(1534～1582)に摂津石山城を攻囲された本願寺顕如(1543～1592)、信濃長沼(長野市)浄興寺の武田勝頼(1546～1582s)に救援を要請。 | 2835 |
| | 6月― | ■「安土山下町中掟書」。この月、織田信長、安土に楽市・楽座を令する。 | 2836 |
| | 7月11日 | **徳川家臣大須賀康高(1527～1589)、森淵山梅林院(しんえんざんばいりんいん)(静岡県周智郡森町森)へ知行地の内5反2杖を寄進する。** | 2837 |
| | 閏7月5日 | 武田勝頼、今度の出陣は武田家興亡の一戦であるとして、15歳から60歳までの領民に対し、二十日間を上限とした参陣を命じる。 | 2838 |
| | 閏7月6日 | ■織田信長、上洛し二条新第(押小路烏丸殿・二条晴良邸跡)に入る。<br>二条新第が信長政権の京都の政庁となる。 | 2839 |
| | 閏7月― | **この月、徳川家康(1543～1616)、武田方の高天神城(静岡県掛川市)を攻撃する。** | 2840 |
| | 閏7月12日 | ■織田信長、前関白近衛前久(1536～1612)の嫡子(後の信尹)の元服にあたり加冠、理髪は広橋兼勝(1558～1623)、諸家は一人残らず出頭。退出後、贈物の披露は津田(織田)信張(1527～1594)。(『兼見卿記』)。<br>前久嫡子は、信長の一字を貰い「信基」と名乗る。本阿弥光悦(1558～1637)・松花堂昭乗(1582～1639)と共に「寛永の三筆」として日本書道史上にその名を謳われてきた近衛信尹(のぶただ)(1565～1614)である。 | 2841 |
| | 閏7月14日 | ■織田信長、安土帰城。 | 2842 |

# 西暦1577

| 年号 | 月日 | 事項 | No. |
|---|---|---|---|
| 天正5 | 閏7月17日 | ■「第二次七尾城の戦い―閏7月17日～9月15日」、はじまる。<br>上洛を目指す上杉謙信(1530～1578)、天神川原に陣を定め、七尾城(石川県七尾市)を攻撃。 | 2843 |
| | 閏7月19日 | 武田勝頼、遠江に出陣。11日、徳川家康が高天神に軍勢を動かしたとの報を受け、出陣の予定をこの日に繰り上げた。 | 2844 |
| | 閏7月20日 | ■近衛前久、朝廷に出仕する。永禄11年(1568)以来の出仕であった。「永禄の変」への関与を疑われ、足利義昭らと対立、朝廷を追放されていた。 | 2845 |
| | 閏7月20日 | **桜井松平家4代当主・松平忠正(1543～1577)、没。享年35。**<br>子の亀千代(松平家広)(1577～1601)が幼少であったため、弟の桜井松平忠吉(1559～1582)が、兄の正室であった多劫姫(徳川家康の異父妹)(1553～1618)を妻に迎えて家督を継ぐ。 | 2846 |
| | 閏7月22日 | **家康の臣榊原康政(1548～1606)、三河国大樹寺の僧守元に、一花院寺領について大給松平真乗(1546～1582)らに申し入れたことを伝える。** | 2847 |
| | 8月5日 | **「遠州棟別銭之事 約束共ニ 合六」。**<br>家康、吉美之郷(静岡県湖西市)に福徳朱印状発給。 | 2848 |
| | 8月8日 | ■「信長、加賀へ出兵」。<br>織田信長(1534～1582)、上杉謙信(1530～1578)の出兵に備え、柴田勝家(1522？～1583)を大将、滝川一益(1525～1586)・羽柴秀吉(1537～1598)・丹羽長秀(1535～1585)・斎藤新五(利治)(道三の末子)(1541？～1582)・氏家直通(直昌)(？～1583)・安藤守就(1503？～1582)・稲葉一鉄(1515～1589)・不破光治(？～？)・前田利家(1538～1599)・佐々成政(1516～1588)・原長頼(？～1600)・金森長近(1524～1608)ら及び若狭衆らを加賀国に派遣。<br><br>織田軍が手取川を渡った直後に、羽柴秀吉は、柴田勝家や滝川一益と意見が合わず届出もなしに勝手に長浜に帰兵した。その後、信長から厳叱され謹慎を命じられる。 | 2849 |
| | 8月17日 | ■「第三次石山合戦―松永久秀、謀反実行(三度目)」。<br>石山本願寺攻囲中、定番として入れ置かれていた摂津国天王寺城の付城の松永久秀(1508？～1577)・久通(1543～1577)父子が、上杉謙信・毛利輝元の同盟や、石山本願寺などの反信長勢力と呼応して、石山本願寺攻めを離脱、信長に反旗を翻して信貴山城(奈良県生駒郡平群町)に籠る。 | 2850 |
| | 8月21日 | **大給松平和泉守親乗(大給松平家4代当主)(1515～1577)、没。63歳。**<br>天正3年(1575)、仇を目指す、滝脇松平乗高(？～1592)(乗遠の次男)により大給城(愛知県豊田市大内町)を夜襲され、尾張国へ逃れていたという。 | 2851 |
| | 8月25日 | **この日、徳川家康36歳、横須賀城(静岡県掛川市横須賀)で武田勝頼と対陣。**<br>**勝頼は、高天神城に兵糧を入れようとして、その南方の横須賀城を攻めた。**<br>**家康・信康父子はこれと対陣したが、勝頼はまもなく引き揚げた。** | 2852 |
| | 9月11日 | **「今度山中へ敵罷出之処、其表堅固」。**<br>**徳川家康、三浦右馬助員久の攻撃から垂井山砦(樽山城)を守った阿部大蔵(安部大蔵元真)(1513～1587)に感状。** | 2853 |

# 西暦1577

|  |  |  |  |
|---|---|---|---|
| 天正5 | 9月15日 | ■「第二次七尾城の戦い―閏7月17日～9月15日」、終結。<br>上杉謙信、畠山七人衆の遊佐続光（？～1581）に密書を送り、畠山氏の旧領を与えるという約束で内応を誘う。以前より能登の領主能登畠山氏重臣・長続連（？～1577）が実権を握る事に不満を抱いていた遊佐続光は、温井景隆らとクーデターを起こし、長続連一族百余人を殺害して謙信に投降。七尾城が陥落する。 | 2854 |
| | 9月17日 | ■「上杉謙信、能登統一」。上杉軍、加賀国との国境に近い能登末森城（石川県羽咋郡宝達志水町）を攻略。城主・土肥親真（？～1583）を撃破、降伏させる。 | 2855 |
| | 9月22日 | 武田勝頼（1546～1582）、江尻（静岡市清水区江尻町）に着陣。徳川勢に田中城（静岡県藤枝市西益津）攻撃の動きがあるとの報を受け、穴山信君（梅雪）（1541～1582）を呼び戻して、代わりに曽根昌世（1546？～1630？）を高天神城に派遣する。 | 2856 |
| | 9月22日 | 武田軍本隊は、江尻に着陣。が、富士川の洪水で軍勢の召集に支障が生じた。 | 2857 |
| | 9月23日 | ■「手取川の夜戦―織田軍、謙信に敗れる」。<br>柴田勝家（1522？～1583）は、上杉謙信（1530～1578）が能登の七尾城（石川県七尾市古城町）・末盛城（石川県羽咋郡宝達志水町竹生野）を落として南下しているのに気づかずに、加賀北部へ進撃していた。しかし、手取川を越えた後で、勝家は謙信が加賀の松任城（石川県白山市古城町）まで迫っているのを知り、23日深夜に退却を開始した。勝家・前田利家（1538～1599）は退却中に謙信の追撃を受け、手取川を渡河中に大敗北を喫した。 | 2858 |
| | 9月24日 | 武田勝頼、この日全軍に、徳川家康と決戦するために、25日に駿河田中へ進軍する予定を伝える。 | 2859 |
| | 10月3日 | ■柴田勝家らの軍勢は国中の作物を薙ぎ捨てたうえで御幸塚（石川県小松市）に城塞を築き、そこに佐久間盛政（1554～1583）を入れた。さらに大聖寺（石川県加賀市）にも普請を施して柴田勝家の手勢を入れ置き、柴田勝家は越前に引き上げた。<br><br>勝家は、上杉謙信が七尾城から動こうとせず進軍が止まった、との報告を、この日、安土城の織田信長に報告。信長、加賀国に出陣していた部隊を、信貴山城（奈良県生駒郡平群町信貴山）攻城の援軍として送り込む。 | 2860 |
| | 10月10日 | ■「信貴山城の戦い（3日～10日）―松永久秀自害」。<br>織田信長（1534～1582）、織田信忠（1557～1582）を大将に、羽柴秀吉・明智光秀・丹羽長秀・佐久間信盛らを従軍させ、反旗を翻した松永久秀（1508？～1577）・久通（1543～1577）父子を大和国信貴山城で自害させる。（『信長公記』）。<br><br>大仏殿が焼けた永禄10年10月10日からちょうど10年後の10月10日、久秀は灰になった。久通は、10月1日に楊本城で殺害された。 | 2861 |
| | 10月― | **武田勝頼、遠江に侵攻。遠江国小山今城（吉田城）（静岡県榛原郡吉田町）を出陣、大井川に出て、徳川家康と馬伏塚（静岡県袋井市浅羽）で相対する。** | 2862 |
| | 10月17日 | **深溝松平家忠、遠江国白坂筋へ「鶉つき」に出る。**（『家忠日記』）。<br>うずらは、戦国時代には鳴き声を聞かせて武士の士気を高めるために戦場に持ち込まれたと言われている。『家忠日記』は、この年10月から文禄3年（1594）9月までの18年間の日記。 | 2863 |
| | 10月19日 | 深溝松平家忠、遠江国西郷筋へ「鶉つき」に出る。（『家忠日記』）。 | 2864 |

# 西暦1577

| 年号 | 月日 | 事項 | 番号 |
|---|---|---|---|
| 天正5 | 10月20日 | 武田勝頼、遠江国小山今城（吉田城）（静岡県榛原郡吉田町）を出て大井川を渡河、駿河国へ戻る。<br>**家康が決戦を避けて田中城（藤枝市西益津）から撤退したためであった。** | 2865 |
| | 10月21日 | **松平信康（家康の嫡男）（1559～1579）、三河国岡崎城へ帰還。深溝松平家忠ら三河衆、遠江国掛川城より遠江国浜松城に帰陣する。**（『家忠日記』）。 | 2866 |
| | 10月22日 | **家康（1543～1616）、遠江国馬伏塚城（静岡県袋井市浅羽）より遠江国浜松城に帰陣する。**（『家忠日記』）。 | 2867 |
| | 10月22日 | **「第二次浜松城修築」はじまる。**<br>深溝松平家忠、遠江国浜松城普請に着手す。（『家忠日記』）。 | 2868 |
| | 10月23日 | ■「秀吉の中国攻め」はじまる。<br>羽柴秀吉（1537～1598）、播磨国へ京を出陣して中国経略を開始。信長、秀吉に中国地方攻略を命じる。 | 2869 |
| | 10月24日 | **徳川家康、三河衆に「振舞」をする。** | 2870 |
| | 10月25日 | **深溝松平家忠、遠江国浜松城に於いて武田軍が大井川筋に出撃したことを知る。また、この日も遠江国浜松城の普請に従事する。**（『家忠日記』）。 | 2871 |
| | 10月26日 | **三河国衆、遠江国浜松から三河国に帰陣する。**（『家忠日記』）。 | 2872 |
| | 10月28日 | **松平家忠、遠江国浜松城の普請を終了。**（『家忠日記』）。 | 2873 |
| | 11月5日 | **家康の家老及び旗本先手役、植村家存（いえさだ）（1541～1577）、没。37歳。**<br>信玄に「一世の豪勇」と称されており、武田・上杉の家中に家存の武名は轟いていたという。 | 2874 |
| | 11月7日 | **「定 於参遠中借付米銭、不可徳政」。**<br>徳川家康、鱸太郎兵へ（鱸太郎兵衛）に、三河・遠江両国内の徳政を免除し、蔵屋の保護を行う。 | 2875 |
| | 11月14日 | ■織田信長、未明に上洛、二条新第（二条御所）に入る。 | 2876 |
| | 11月15日 | 深溝松平家忠、三河国岡崎へ行く。 | 2877 |
| | 11月16日 | ■織田信長（1534～1582）、従二位に昇進。織田信張（1527～1594）、従五位上に昇進。<br>室町幕府の管領職でも正三位どまりだったというので、信長は異例の昇級という。 | 2878 |
| | 11月20日 | ■織田信長、右大臣に昇進。右近衛大将兼任。<br>右大臣は朝廷の最高機関である太政官の職のひとつで太政大臣・左大臣に次ぐ職。これ以降信長は、「右府様」と呼ばれる。 | 2879 |
| | 11月20日 | ■信長、安土城に戻るため、京を発する。のち三河吉良で放鷹、さらに美濃岐阜向かう。 | 2880 |
| | 11月28日 | **深溝松平家忠、三河国岡崎へ行く。** | 2881 |
| | 11月28日 | **松平信康（家康の嫡男）（1559～1579）、三河国岡崎城へ到来。** | 2882 |
| | 12月1日 | **松平信康、三河国岡崎城に於いて三河衆を謁見する。** | 2883 |
| | 12月1日 | 武田方小笠原信興（？～1590？）が高天神を退去した被官（由左衛門、二郎兵衛、彦次郎）の三人の家臣に対し、どこに居住しても諸役を免許するという命を通達した。信興が駿河移封に伴って発生した問題への対処であった。 | 2884 |
| | 12月2日 | **松平家忠、三河国岡崎より三河国深溝城（ふこうずじょう）（愛知県額田郡幸田町深溝）へ帰還。** | 2885 |

## 西暦1577

| 年号 | 月日 | 事項 | 番号 |
|---|---|---|---|
| 天正5 | 12月3日 | ■織田信長、安土に帰城。 | 2886 |
| | 12月10日 | ■織田信長は、但馬・播磨で戦功のあった秀吉への褒美として、「乙御前の釜」を与えるように命じて、鷹狩のため吉良へ出発。<br>この日は、佐和山(滋賀県彦根市古沢町)の丹羽長秀居城に宿泊。 | 2887 |
| | 12月10日 | **家康36歳、正五位上から従四位下に叙せられる。** | 2888 |
| | 12月12日 | 深溝松平家忠、三河国深溝より三河国岡崎へ赴く。 | 2889 |
| | 12月12日 | ■信長、三河吉良に放鷹のため、岐阜城に到着。 | 2890 |
| | 12月13日 | **深溝松平家忠、三河国岡崎にて五井松平景忠(1541〜1593)を礼問する。** | 2891 |
| | 12月14日 | **深溝松平家忠、三河国岡崎より三河国深溝城へ帰還。** | 2892 |
| | 12月14日 | ■信長、清洲城に入る。 | 2893 |
| | 12月15日 | 信長、三河吉良(愛知県西尾市吉良町)で放鷹を楽しむ。 | 2894 |
| | 12月19日 | ■信長、岐阜城に戻る。 | 2895 |
| | 12月21日 | ■織田信長、安土城に帰城。 | 2896 |
| | 12月一 | ■この月、羽柴秀吉、安土へ凱旋。秀吉、安土城へ登城し織田信長へ戦果を復命。後に秀吉、信長より、殊勲の朱印状を賜る。 | 2897 |

## 西暦1578

| 年号 | 月日 | 事項 | 番号 |
|---|---|---|---|
| 天正6 | 1月1日 | ■正月一日、五畿内・若狭・越前・尾張・美濃・近江・伊勢など、近隣諸国の大名・武将たちが安土に滞在して出仕し、信長に新年の挨拶をした。まず、朝の茶会は、織田信長(1534〜1582)自ら招き入れ配膳する。筆頭として織田信忠(1557〜1582)、さらに武井夕庵(？〜？)、林佐渡守秀貞(1513〜1580)、滝川一益(1525〜1586)、長岡(細川)藤孝(1534〜1610)、明智光秀(1528？〜1582)、荒木村重(1535〜1586)、長谷川与次(？〜1600)、羽柴秀吉(1537〜1598)、丹羽長秀(1535〜1585)、市橋長利(1513〜1585)、長谷川宗仁(1539〜1606)の主要な家臣十二名が招かれた。<br>明智光秀は信長から八角釜を拝領した。これにより、光秀は自ら茶会を開ける立場となる。信長の嫡男信忠が「ゆるし茶之湯」の資格を得たのに続いて、この特権を与えられたのが光秀であったという。これによって光秀は織田家中において、重臣筆頭と見なされるようになったともいう。 | 2898 |
| | 1月3日 | **深溝松平家忠、遠江国浜松城に於いて徳川家康より「鷹雁」を下賜される。**〔『家忠日記』〕。 | 2899 |
| | 1月4日 | **徳川信康、三河国岡崎の鷹狩を行う。**〔『家忠日記』〕。 | 2900 |
| | 1月6日 | ■織田信長、正二位に昇進。 | 2901 |
| | 1月13日 | 信長、三河吉良に放鷹に安土出立、柏原へ着。 | 2902 |
| | 1月14日 | **三河国岡崎城に於いて「うたい」が催される。**(『家忠日記』)。 | 2903 |
| | 1月15日 | **三河国岡崎に於いて「爆竹乗」が行われる。**(『家忠日記』)。 | 2904 |
| | 1月16日 | **徳川家康、織田信長(「御家門様」)の三河国到来にあたり三河国岡崎城へ到来。**(『家忠日記』)。 | 2905 |
| | 1月18日 | **家康、信長を招き、三河吉良で放鷹を楽しむ。** | 2906 |
| | 1月20日 | **徳川家康、三河国岡崎城へ到来。**(『家忠日記』)。 | 2907 |

# 西暦1578

| 和暦 | 月日 | 事項 | 番号 |
|---|---|---|---|
| 天正6 | 1月21日 | 織田信長、三河国岡崎城へ到着。(『家忠日記』)。 | 2908 |
| | 1月22日 | 織田信長、尾張国へ向けて三河国岡崎城を発す。(『家忠日記』)。 | 2909 |
| | 1月25日 | ■信長、安土城に到着。 | 2910 |
| | 2月4日 | 信康の母・築山殿から松平家忠へ連絡が届く。(『家忠日記』)。 | 2911 |
| | 2月10日 | 岡崎城主松平信康(1559～1579)、三河国深溝へ来る。翌日から岡崎新城の普請始まる。 | 2912 |
| | 2月15日 | 深溝松平家忠、三河国岡崎城の「新城」普請に着手する。が、遠江国浜松の徳川家康より「陣ふれ」が到来したため普請は中断す。 | 2913 |
| | 2月18日 | 遠江国浜松から通達された「御ちん」が延期したため、三河国岡崎城「新城」普請が再開されることになる。(『家忠日記』)。 | 2914 |
| | 2月23日 | ■羽柴秀吉(1537～1598)、別所長治の謀反を受けて、再び、播磨国へ出陣。<br>別所与力・加古川の糟屋(賀須屋)内膳の城を借り本陣とし、秀吉は書写山(兵庫県姫路市書写)に在陣。 | 2915 |
| | 2月29日 | ■信長、江州中の相撲取り三百名を安土へ召し寄せ、相撲を見物。 | 2916 |
| | 3月1日 | 「家康、武田方守勢から攻勢に転じる」。三河国岡崎に遠江国浜松城の徳川家康より「陣ふれ」が通達され、岡崎城新城普請は中断する。(『家忠日記』)。 | 2917 |
| | 3月3日 | 松平家忠、遠江国浜松城の徳川家康より「陣ふれ」を受けて三河国岡崎より三河国深溝城(ふこうずじょう)(愛知県額田郡幸田町深溝)へ帰還す。(『家忠日記』)。 | 2918 |
| | 3月3日 | 徳川家康(1543～1616)、田中城(藤枝市西益津)を攻撃する。 | 2919 |
| | 3月5日 | 深溝松平家忠、二川(愛知県豊橋市)まで出陣す。(『家忠日記』)。 | 2920 |
| | 3月6日 | 深溝松平家忠、遠江国浜松城に到着。(『家忠日記』)。 | 2921 |
| | 3月6日 | ■織田信長、三日間に渡り、近江の奥島山に放鷹、長命寺若林坊(滋賀県近江八幡市長命寺町)に宿泊。 | 2922 |
| | 3月7日 | 深溝松平家忠、遠江国浜松城より遠江国掛川城へ向けて出陣。(『家忠日記』)。 | 2923 |
| | 3月8日 | 深溝松平家忠、遠江国掛川城を発し、大井川河端に布陣。(『家忠日記』)。 | 2924 |
| | 3月8日 | ■織田信長、安土城に帰る。 | 2925 |
| | 3月9日 | 家康家臣深溝松平家忠、大井川を渡河し武田側の駿河国田中城を攻撃、敵勢の佐野孫助・行家彦十郎を討ち取る。(『家忠日記』)。 | 2926 |
| | 3月9日 | また、武田方の田中城が徳川勢の攻撃を受ける。外曲輪まで破られたが落城は免れた。 | 2927 |
| | 3月10日 | 深溝松平家忠、遠江国牧野原城に帰陣。(『家忠日記』)。<br>『家忠日記』には牧野城のほか牧野原城とも記載。 | 2928 |
| | 3月10日 | 徳川勢は、牧野城(静岡県島田市金谷)に退く。 | 2929 |
| | 3月11日 | この日から18日、牧野原城の普請が行われた。(『家忠日記』)。 | 2930 |
| | 3月13日 | 徳川勢、武田方の今城砦(小山城)(静岡県榛原郡吉田町片岡字能満寺寺山)を攻撃。「家康はたもと」と三河衆の「大将計」りが攻撃にあたった。(『家忠日記』)。 | 2931 |

# 西暦1578

|  |  |  |  |
|---|---|---|---|
| 天正6 | 3月13日 | ■「上杉謙信、急没」。関東侵攻後、信長を打倒し京へ上洛と、遠征を開始する予定だった上杉謙信(1530～1578)、春日山城で急没。享年49。<br>上杉家では、養子の景虎と景勝が争う後継者争いの「御館の乱」勃発する。 | 2932 |
| | 3月15日 | ■「御館の乱―天正6年(1578)3月15日～天正7年(1579)3月24日」はじまる。<br>葬儀の直後、上杉景勝(1556～1623)は、「謙信公の遺言である」と称して謙信の居城であった春日山城の実城を迅速に占拠した(実城占拠の日には異説25日もある)。この「実城」とは、金蔵・兵器蔵・米蔵などを備えた城の中枢区域、いわば城の本丸である。 | 2933 |
| | 3月19日 | **穴山信君(のぶただ)(梅雪)(1541～1582)、小山城(静岡県榛原郡吉田町片岡)で徳川勢を撃退。** | 2934 |
| | 3月23日 | ■織田信長(「右府信長」)、申刻(16時)に上洛。(『兼見卿記』)。信長(1534～1582)、上洛して二条新第(二条御所)に入る。 | 2935 |
| | 3月23日 | **松平家忠、三河国岡崎城「新城」普請を再開す。**(『家忠日記』)。 | 2936 |
| | 3月24日 | 武田勝頼は、穴山信君(のぶただ)(のちの梅雪斎)(1541～1582)に返書を出し、諏訪原に撤退した徳川勢の動静を尋ねる。 | 2937 |
| | 3月27日 | ■織田信長、羽柴秀吉へ、去る三月二十四日の注進状に応え、数度にわたる別所長治の動静報告を諒承し、去る三月二十三日に八幡山奈波方面への軍事行動を賞す。<br>また近日中の播磨国三木城攻撃の予定を諒承し、要請次第で援軍を派遣すること、状況によっては信長自身の出馬もあり得ることを通達。さらに上杉謙信が「相果」てたという風聞があり、加賀国よりの注進状を写して送付すること、「珍事」であれば信長からも通達するので、羽柴秀吉へも「言上」を命令。 | 2938 |
| | 3月27日 | ■播磨「三木合戦(天正6年3月27日～天正8年1月17日)」がはじまる。<br>羽柴秀吉(1537～1598)、播磨国三木城の兵糧攻めを開始。 | 2939 |
| | 3月― | **「お愛の方」(1552/1561～1589)、西郷清員(きよかず)(1533～1595)の養女として家康に召され、浜松城に上り側室となり「西郷局(さいごうのつぼね)」とよばれる。**<br>西郷清員の姪・お愛の方(西郷局)は、家康の側室にと望まれたため、清員は一旦自身の養女としたのち、天正6年(1578)3月に差し出した。西郷局は、家康三男徳川秀忠、家康四男松平忠吉を生んだ。<br><br>こんな話もある。西郷義勝(？～1571)は正室に先立たれた後、寡婦となっていた従姉妹(戸塚忠春娘)であるお愛を継室に迎え、この継室との間にも一男一女をもうけていた。この継室は家康の側室に望まれたという。 | 2940 |
| | 4月1日 | **深溝松平家忠、三河国岡崎城の松平信康に出仕する。**(『家忠日記』)。 | 2941 |
| | 4月6日 | **松平家忠、三河国深溝城へ帰還。** | 2942 |
| | 4月9日 | ■「信長、征伐未だ成らずとして、右大臣、右近衛大将の両官辞任を奏聞、勅許される」。<br>織田信長(1534～1582)、広橋兼勝らに、正親町天皇へ、自身の「辞一官」と「顕職」を以て嫡男信忠(1557～1582)に譲与する旨の奏達を依頼。信長、勾当内侍(葉室氏)へ「のふ長位の事」で先ず辞官の上で、織田信忠へ「よたつ」を奏上す。その上で「朝庭の御事」は織田信忠が「馳走」することは聊かも油断することが無いという意志を奏上す。詳細は三条西実世へ申し含めているので、この旨の披露があるであろうことを上申す。織田信長(「右府」)、右大臣・右大将を辞任。 | 2943 |

| 年号 | 月日 | 事項 | No. |
|---|---|---|---|
| 天正6 | 4月11日 | **家康誕生の際には「蟇目の役」を務めたとされる、石川清兼（忠成）（？～1578）、没とされる。**<br>永禄5年（1562）の三河一向一揆の際には既に、三男家成（1534～1609）に家督を譲っていたという。<br>蟇目役とは、貴人の出産や病気のときに、邪気をはらうために蟇目を射る役。また、その人。 | 2944 |
| | 4月17日 | **岡崎城主松平信康（1559～1579）、遠江国浜松へ礼に赴く。**（『家忠日記』）。 | 2945 |
| | 4月22日 | ■織田信長、安土城に戻る。 | 2946 |
| | 4月27日 | ■織田信長（1534～1582）、入京する。五月一日に自らの播州出陣を宣言。<br><br>しかし、これに佐久間信盛・滝川一益・蜂屋頼隆・明智光秀・丹羽長秀の諸将が反対。「播州の敵は険難節所の地を押さえ、その上要害を堅固に構えて在陣しているとの由、聞き及んでございます。まずはわれらが出陣いたし、かの地の様子を見届けて申し上げますゆえ、しばしの間御配慮くだされ」というのであった。<br>明智光秀は、秀吉の播州別所長治の三木城攻めに助勢命令を受け、播州へ転戦することになる。 | 2947 |
| | 5月一 | **徳川家康（1543～1616）、駿河に出陣。** | 2948 |
| | 5月4日 | **「遠江田中城の戦い」。徳川軍の戦術は、刈田・放火が中心であった。** | 2949 |
| | 5月6日 | **幸若の幸春大夫（越前国幸若大夫の従兄弟）、岡崎城で舞う。**<br>幸若舞とは、語りを伴う曲舞の一種。室町時代に流行。 | 2950 |
| | 5月7日 | **家康家臣深溝松平家忠、三河国岡崎城に於いて、安芸毛利氏が美作国へ侵入し山中幸盛（鹿助）の籠もる城を攻撃したこと、これに対して「後詰」として織田信長が出陣することを知る。**（『家忠日記』）。 | 2951 |
| | 5月13日 | ■織田信長（1534～1582）、播磨出陣の予定につき、淀、鳥羽、宇治、槇島、山崎などより、洪水をついて軍船数百艘、五条油小路に集結。信長、出陣を停める。 | 2952 |
| | 5月26日 | **徳川信康（「信康」）、三河国切山（岡崎市切山町）へ楊梅（山桃）を見物す。**（『家忠日記』）。 | 2953 |
| | 5月27日 | ■織田信長、安土へ下向。（『兼見卿記』）安土の洪水災害視察のため下向し、大津の松本より草津の矢橋まで乗船して安土に帰城。 | 2954 |
| | 5月29日 | **松平家忠、遠江国浜松城の徳川家康へ「人あらための手判」を発す。**（『家忠日記』）。 | 2955 |
| | 6月1日 | **松平家忠、三河国岡崎城の徳川信康に出仕。**（『家忠日記』）。 | 2956 |
| | 6月10日 | ■織田信長、上洛の途に就き、再び矢橋・松本間を乗船して未刻（14時）に上洛。 | 2957 |
| | 6月10日 | ■「第二次上月城の戦い―4月18日～7月5日」。<br>あまりの毛利の大軍で、上月城で進退に窮した羽柴秀吉、播磨から京に向かう。 | 2958 |
| | 6月12日 | これより先、上杉景勝（1556～1623）、誓詞を武田勝頼（1546～1582）に送る。<br>この日、武田信豊（1549～1582）は、埴科郡海津城（長野市松代町松代）着陣の勝頼にこれを知らせる。<br>勝頼は、信豊と協議し、上杉景勝との同盟締結を受け入れた。勝頼の妹・菊姫（1558～1604）が景勝のところに嫁ぐことが決まる。 | 2959 |

# 西暦1578

| 天正6 | 日付 | 内容 | 番号 |
|---|---|---|---|
| 天正6 | 6月16日 | ■「第二次上月城の戦い―4月18日～7月5日」。<br>羽柴秀吉（1537～1598）、織田信長の指示を仰ぐため密かに播磨から上京し、上月城（兵庫県佐用郡佐用町）の尼子氏を見捨て三木城（兵庫県三木市上の丸町）攻略に全力を注ぐよう命令を受ける。<br>上月城は見殺しとなる。 | 2960 |
| | 6月21日 | ■織田信長（「右府」）、未明に安土へ下向。（『兼見卿記』）。 | 2961 |
| | 6月23日 | **深溝松平家忠、三河国吉田より三河国岡崎へ到来した酒井忠次（1527～1596）を訪問。遠江国浜松の徳川家康より、来7月1日に遠江国浜松城普請のための到来命令を受ける。「第二次浜松城修築」である。** | 2962 |
| | 6月25日 | **■織田信長（1534～1582）、見舞を贈ってきた遠江国の徳川家康（1543～1616）へ、播磨国方面の戦況を告げ、去る六月二十一日に敵軍を撃破し「是式不物数」と虚勢を張り（実際に羽柴秀吉は上月城で毛利軍に敗北を喫す）、武田勝頼が信濃国飯山に布陣しているが手出しは無用であることを通達。** | 2963 |
| | 6月26日 | ■「第三次石山合戦―淡輪沖海戦―本願寺補給路封鎖」。<br>九鬼嘉隆（1542～1600）ら、織田信長に命じられて建造した新造の鉄船ら七隻を中心とした船団は率いて紀伊国熊野浦を出撃、堺へ向かう。堺へ回航中の二十八日、淡輪沖で雑賀の小舟群に攻撃を受けるが、大砲で数多を撃沈させ、追い払った。 | 2964 |
| | 6月29日 | 武田軍本隊が越府（新潟県上越市）に着陣。先行していた武田信豊は、これを上杉景勝に連絡し、景勝・景虎間の和平仲介という武田氏の基本方針を提示した。 | 2965 |
| | 6月29日 | 武田勝頼は越府に着陣すると、上野岩櫃城代真田昌幸に対し、北条氏政（1538～1590）の動きに不満を表し、景勝方・景虎方・北条氏との交渉を指示した。 | 2966 |
| | 6月― | 武田勝頼（1546～1582）は、真田昌幸（1547～1611）に沼田城攻略と東上野の調略を命じる。<br>沼田城（群馬県沼田市）は、上杉にとって越後から三国峠を越え関東に出る要衝であった。昌幸は調略を開始し、順調に上杉景虎側の勢力を取り込んでいたが、この月、北条氏政（1538～1590）から勝頼に抗議が来たので、真田昌幸の上野国沼田への調略は打ち切られた。<br>真田昌幸が景虎方の沼田城を攻撃しようとしていたことが北条方の不信感を生み、甲相の関係には軋みが生じた。 | 2967 |
| | 7月4日 | 松平家忠、遠江国横須賀城普請に着手。また徳川家康（「家康」）より「ふり」を賜わる。（『家忠日記』）。<br>**徳川家康（1543～1616）、深溝松平家忠らをして、武田方の高天神城攻撃の拠点・横須賀城（静岡県掛川市横須賀）の普請を開始する。**<br>家康はさらに高天神城を孤立させるため周囲を囲む攻撃用の砦を6つ作った。これらは「高天神六砦」と呼ばれ、北から小笠山・能ヶ坂・火ヶ峰・獅子ヶ鼻・中村・三井山があった。 | 2968 |
| | 7月5日 | ■「第二次上月城の戦い―4月18日～7月5日」終結。<br>小早川隆景（1533～1597）・吉川元春（1530～1586）ら毛利軍により、織田方の播磨国上月城（兵庫県佐用郡佐用町）落城。<br>尼子勝久（1553～1578）ら、上月城に於いて自刃。山中幸盛（鹿介）（1545？～1578）は、捕虜となる。3日ともいう。 | 2969 |

# 西暦1578

|  |  |  |  |
| --- | --- | --- | --- |
| 天正6 | 7月7日 | **深溝松平家忠、「上方」へ戻った山岡半左衛門尉の使者より、播磨国神吉城（兵庫県加古川市東神吉町神吉（常楽寺））での織田軍敗北の報を知らされる。**<br><br>神吉城を織田信忠・滝川一益・美濃三人衆（稲葉一鉄・氏家直通（直昌）・安藤守就）・明智光秀・丹羽長秀が攻撃したが、織田軍は多数の負傷者を出し、滝川一益自身も負傷したということであった。 | 2970 |
| | 7月9日 | **松平家忠、徳川家康（「家康」）と本多広孝（「本田豊後守」）より振舞を受ける。**（『家忠日記』）。 | 2971 |
| | 7月15日 | **深溝松平家忠らをして普請の、武田方の高天神城攻撃の拠点・横須賀城（静岡県掛川市横須賀）が成る。**<br><br>横須賀城の築城について、家康は高天神城を取りもどすために馬伏塚城を修復させたが、高天神城と浜松城との間にあって、より海岸に近い横須賀に新城を築いた。そして城主には大須賀康高（1527〜1589）を任命した。家忠が普請したよこすか取出（よこすかの城）は、現在の城跡とは別の場所にあったという説がある。 | 2972 |
| | 7月15日 | 井伊直盛室・祐椿尼、没。法名「松岳院寿窓祐椿大姉」。<br>浄心院（井平直郷娘）で、井伊直盛の娘・次郎法師（直虎）の母である。<br>次郎法師は、井伊直親と婚約したといわれるが生涯未婚で、直親の遺児で後の徳川四天王・井伊直政（1561〜1602）の養母と伝わる。 | 2973 |
| | 7月18日 | ■「第三次石山合戦」。17日堺に接岸した織田方・九鬼嘉隆（1542〜1600）、新造の鉄船にて大坂湾の海路を封鎖。 | 2974 |
| | 7月23日 | 更に北上し越後府内に到った武田勝頼、上杉景勝・景虎の和平を計り、景勝方の仁科中務丞に、景勝への諫一言を頼む。 | 2975 |
| | 7月23日 | 武田四郎勝頼、景虎方の本庄繁長家臣・山吉掃部助に書状を出し、景虎・景勝の和平仲介のために越府に在陣していると伝える。<br>勝頼は、景勝に味方しても姻戚関係にある北条氏へも配慮する必要があり、景虎の滅亡を回避するため和平仲介に尽力するも、和平実現は困難を極めた。 | 2976 |
| | 7月29日 | **徳川家康（1543〜1616）、異父妹・松姫（家康の母・於大の方（伝通院）の再婚相手・久松俊勝の娘）（1565〜1588）を、家康の養女分として、仁連木城（愛知県豊橋市仁連木町）主・松平（戸田）康長（1562〜1633）と嫁がせる。**<br>深溝松平家忠は、家康妹を山中まで送った。<br>**異父妹・松姫は、24歳で仁連木城で没したとされる。** | 2977 |
| | 8月1日 | **松平家忠、三河国岡崎城の徳川信康へ出仕する。**（『家忠日記』）。 | 2978 |
| | 8月5日 | **松平家忠、遠江国浜松城の徳川家康にへ出仕する。**（『家忠日記』）。 | 2979 |
| | 8月7日 | **深溝松平家忠（1555〜1600）、遠江国牧野原城に到着し西郷家員（「西郷孫九郎」）と「番替」す。また東条松平甚太郎家忠（1556〜1581）の家臣都築助大夫より振舞を受ける。**（『家忠日記』） | 2980 |
| | 8月8日 | **徳川方牧野城（静岡県島田市金谷）の堀の普請が行われる。20日に普請出来上がる。** | 2981 |
| | 8月15日 | ■織田信長、近州・京都の相撲取りら千五百人余を安土へ召し寄せ、相撲を取らせて観覧。 | 2982 |

# 西暦1578

| 年号 | 月日 | 事項 | 番号 |
|---|---|---|---|
| 天正6 | 8月19日 | **徳川家康の駿河口への軍事行動命令により「三河衆」が遠江国浜松に到来。**(『家忠日記』)。 | 2983 |
| | 8月19日 | 「甲越同盟成立」。<br>武田勝頼、上杉景勝の求めに応じて、景勝に起請文を提出。<br>勝頼は景勝を支援し、北条勢の信濃通過の制限や景勝と縁組を行うことを誓約した。また一方で景勝・景虎の和平が理由なく破綻したら、双方への加勢を取りやめると述べ、中立姿勢も強調した。<br>上杉景虎（北条氏康の七男）支援で共同した北条氏と武田氏との甲相同盟が破綻する。 | 2984 |
| | 8月20日 | ■「御館の乱」。これより先、上杉景勝(1556～1623)、武田勝頼(1546～1582)に、上杉景虎(1554～1579)との和議斡旋の労を謝して物を贈る。<br>この日、勝頼が答謝。この日前には、景虎と景勝に、一応の和平成立していた。 | 2985 |
| | 8月21日 | **徳川家康・信康父子、武田属城の遠江国小山今城(静岡県榛原郡吉田町)へ攻撃を仕掛ける。** | 2986 |
| | 8月22日 | **深溝松平家忠、武田属城の駿河国田中城周辺で「苅田」を実行。松平家忠をはじめとする「馬乗衆」、駿河国大谷へ物見に出る。**<br>家忠は、平岩親吉（ちかよし）（1542～1612）と共に、駿河国大谷への物見の際に武田軍との接触で負傷する。 | 2987 |
| | 8月22日 | **徳川勢が、武田勝頼の留守を突いて、田中城（静岡県藤枝市西益津）に軍を動かす。さらに駿河持船で武田兵と戦う。** | 2988 |
| | 8月23日 | ■「御館の乱」。上杉景虎と景勝、両者の和平が数日にして破談となる。武田勝頼が甲府に帰った直後という。 | 2989 |
| | 8月23日 | **平岩親吉(「平岩七之助」)の「同心」、駿河国大谷への「物見」の際に武田軍との接触で負傷する。**〔『家忠日記』〕。<br>松平家忠、人足・「籠」を徳川家康・徳川信康陣所に送付。松平家忠、負傷した平岩親吉(「平岩七之助」)の「同心」を遠江国掛川城へ送還す。(『家忠日記』)。 | 2990 |
| | 8月25日 | **松平家忠、遠江国牧野原城「番替」の指示を受ける。**(『家忠日記』)。 | 2991 |
| | 8月26日 | **深溝松平家忠、武田属城の駿河国田中城周辺へ軍勢を派遣し「苅田」を実行。** | 2992 |
| | 8月28日 | **武田軍「馬乗」部隊7・8騎、この未明に遠江国牧野城(静岡県島田市金谷)に到来する。** | 2993 |
| | 8月28日 | 武田勝頼、上杉景勝・景虎の和議不調と徳川軍の田中城周辺の苅田等により、越府から甲府に帰る。 | 2994 |
| | 8月29日 | **深溝松平家忠、徳川家康より「苅田兵粮」2百俵を賜わる。** | 2995 |
| | 8月一 | **「勢州玉丸船壱艘但五拾石船三遠両」。<br>徳川家康、玉丸御局に朱印状を給し、伊勢国田丸船の三河・遠江両国諸湊の諸役を免除する。**<br>玉丸御局は、田丸城(玉丸城)(三重県度会郡玉城町田丸)の留守をあずかる織田信雄の妻、雪姫(千代御前)という。 | 2996 |
| | 9月1日 | **松平家忠、徳川信康陣所へ兵粮を送付。**(『家忠日記』)。 | 2997 |
| | 9月2日 | **松平家忠、不調になった徳川信康(「信康」)の馬を受ける。**(『家忠日記』)。 | 2998 |

| 年号 | 日付 | 事項 | 番号 |
|---|---|---|---|
| 天正6 | 9月4日 | **徳川家康、駿河山西地域攻略を諦めて、遠江国牧野原城(牧野城)(静岡県島田市金谷)へ帰陣。** | 2999 |
| | 9月5日 | **松平家忠、徳川家康(「家康」)の「御使」鵜殿善六より「岡崎在郷無用」との通達を受ける。**(『家忠日記』)。 | 3000 |
| | 9月6日 | **徳川家康(1543〜1616)・信康(1559〜1579)父子、駿河国陣より浜松帰陣。<br>三河国衆は遠江国牧野原城の普請に従事、牧野衆は武田属城の遠江国小山今城へ攻撃を仕掛ける。**(『家忠日記』)。 | 3001 |
| | 9月7日 | **松平家忠、遠江国牧野市場の普請を完成させる。また三河国岡崎城に向けて移動し遠江国掛川城に到着。**(『家忠日記』)。 | 3002 |
| | 9月8日 | **松平家忠、遠江国掛川城より「しらすか」城まで帰陣す。また遠江国浜松城の徳川家康に出仕す。**(『家忠日記』)。白須賀城は、静岡県湖西市白須賀に所在。 | 3003 |
| | 9月9日 | ■織田信長、安土城にて相撲を興行。信忠・信雄に相撲を見物させる。 | 3004 |
| | 9月9日 | **松平家忠、「しらすか」城より三河国岡崎まで帰陣す。**(『家忠日記』)。 | 3005 |
| | 9月10日 | 武田勝頼、岩櫃城(群馬県吾妻郡東吾妻町)代・真田昌幸へ、北条氏の動向に注意を払いながら同時に徳川家康の動きに対する旨を伝える。 | 3006 |
| | 9月10日 | 明智光秀、木俣守勝(1555〜1610)へ、播磨神吉城攻めの際の手柄を褒め賀茂庄五十石を与える。<br><br>**木俣守勝は、幼い時から徳川家康に仕え、元亀元年(1570)に元服。清三郎から守勝と名乗って19歳の頃、岡崎で刃傷事件を起こし、城下を出奔。当時織田政権下で力を発揮していた明智光秀に仕えた。戦功により50石を与えられて織田信長にも拝謁を許される。<br>天正9年(1581)27歳のとき家康の命によって帰参する。家康は光秀との外交手段、情報収集のパイプ役として木俣守勝を織田政権下へ放ち明智光秀もその辺りのことを内心承知の上で守勝を受け入れたという。** | 3007 |
| | 9月10日 | **岡崎城主松平信康、三河国田原で鹿狩りを行う。**(『家忠日記』)。 | 3008 |
| | 9月12日 | **徳川家康、「御祝言御ゆはい」のために遠江国浜松より三河国岡崎城へ到来す。(『家忠日記』)。松平(戸田)康長(1562〜1633)と、家康の異父妹松姫との祝言祝である。松平由重(よししげ)(「松平太郎左衛門」)(1522〜1603)、三河国岡崎宿所に於いて徳川家康らを振舞う。(『家忠日記』)。** | 3009 |
| | 9月13日 | **徳川家康(「家康」)、「御屋敷」を訪問す。家康、五井松平景忠(「松平太郎左衛門」)(1541〜1593)の三河国岡崎宿所に於いて松平家忠らを振舞う。**(『家忠日記』)。 | 3010 |
| | 9月14日 | **徳川家康、三河国岡崎より遠江国浜松城へ帰還す。**(『家忠日記』)。 | 3011 |
| | 9月20日 | **松平家忠、「岡崎越事」の通達を受けて三河国吉田の酒井忠次(「酒井左衛門尉」)へ使者を派遣。家忠は、三河国深溝より三河国岡崎へ赴く。**(『家忠日記』)。 | 3012 |
| | 9月21日 | **徳川家康、武田方小山城(静岡県榛原郡吉田町)を攻める。** | 3013 |
| | 9月22日 | **松平家忠、戌刻に三河国吉田の酒井忠次(「左衛門尉」)より「岡崎在郷之儀無用之由」という徳川家康(「家康」)の命令伝達を受ける。** | 3014 |
| | 9月22日 | 武田勝頼(1546〜1582)、小山城の岡部丹波守元信(?〜1581)に、甲府に召喚していた穴山信君(梅雪)(1541〜1582)を、田中城(静岡県藤枝市田中)へ急行させた事を伝える。 | 3015 |

# 西暦1578

|  |  |  |  |
|---|---|---|---|
| 天正6 | 9月23日 | **鵜殿八郎三郎(鵜殿松平康定)・五井松平景忠・深溝松平家忠、徳川家康からの命令である三河国岡崎「在郷」の件で、石川数正・平岩親吉へ使者を派遣し問い合わせたところ、早々に各在所へ帰還するようにとの通達を受ける。**(『家忠日記』)。 | 3016 |
| | 9月24日 | ■信長は辰刻(8時)に上洛し、二条新第(二条御所)に入る。 | 3017 |
| | 9月24日 | ■「御館の乱ー勝頼は、景勝側の援助を決める」。<br>武田勝頼は、上杉景勝と景虎との間の争いが落着しないことを歎き、斎藤朝信(1527？～1592？)ら上杉景勝奉行に、備えを固めるように要請する。 | 3018 |
| | 9月25日 | **松平家忠、石川数正(「石川伯耆」)・平岩親吉(「平岩七助」)より三河国岡崎から在所への帰還指示を受ける。**(『家忠日記』)。 | 3019 |
| | 9月27日 | ■織田信長、九鬼嘉隆の鉄船を観覧するため、和泉国堺に下向。この度の出陣には近衛前久も従軍。この日は石清水八幡宮に滞留。 | 3020 |
| | 9月29日 | ■信長、天王寺に着き、佐久間信盛の陣所で暫く休み、道すがら放鷹しながら住吉大社(大阪市住吉区住吉)に着き、社家に宿泊。 | 3021 |
| | 9月29日 | **「令開発新田之事 右前後南堤入河」。<br>家康、鈴木八右衛門尉(鈴木重直)に三河国前後の新田を与える。**<br><br>武田信玄の西三河侵攻により足助城(真弓山城)(愛知県豊田市足助町)は落城し、城主鈴木重直は岡崎へ逃れた。これにより一時的に武田方の持城となったが**武田信玄が病没すると、岡崎信康(家康の長子)は武田方の籠る真弓山城を攻撃し、武田氏を追放した。**<br>家康は真弓山城(足助城)を旧城主であった鈴木重直に守らせ、足助地方は再び鈴木氏の領有するところとなった。 | 3022 |
| | 9月30日 | ■織田信長(1534～1582)、払暁より和泉国堺に入り、九鬼嘉隆率いる鉄船を視察。近衛前久(1536～1612)・細川信良(昭元)(1548～1592)・一色満信(義定)(？～1582)らが大船見物のため同行。ついで、津田宗及ら堺衆の屋敷に立ち寄り、今井宗久宅を訪れ茶会、住吉社家に戻る。戻った住吉で九鬼右馬允(九鬼嘉隆)(1542～1600)を召し寄せ、黄金二十枚と御服十着・菱喰の折箱二行らを下賜、その上に九鬼と滝川一益(1525～1586)へそれぞれ千人扶持を与える。 | 3023 |
| | 9月30日 | **「…仍今刻為御加勢渡海、即至其」。<br>家康、九鬼右馬允(九鬼嘉隆)に書状を送り、その功を賞す。** | 3024 |
| | 9月30日 | **松平家忠、酒井忠次(「酒井左衛門尉」)・平岩親吉(「平岩七之助」)より茶屋清延(「茶屋四郎次郎」)への「合力」を通達される。**〔『家忠日記』〕 | 3025 |
| | 10月― | この月、武田勝頼、田中城(静岡県藤枝市田中)に入る。 | 3026 |
| | 10月1日 | ■織田信長、住吉を出て帰洛の途に就き、途中、安見新七郎(？～？)の居城・交野城(大阪府交野市私部)で休息、入夜に上洛、二条新第(二条御所)へ到着。 | 3027 |
| | 10月2日 | ■信長、留守中に不都合がありと住阿弥という者を成敗、さらには長らく召し使っていた、「さい」という女をも同罪に処す。(『信長公記』)。 | 3028 |
| | 10月2日 | ■吉田兼見、織田信長がこの度の南方(和泉国堺)出陣での留守中に宝鏡院が来訪し安土女房衆が遊宴した件を激怒し(「以外之逆鱗」)、重傳(同朋衆)・女房「さい」を処刑した旨を知る。(『兼見卿記』)。 | 3029 |

| | | | |
|---|---|---|---|
| 天正6 | 10月3日 | **武田勝頼、横須賀城(静岡県掛川市横須賀)を攻撃するが、家康の援軍により果たせず、高天神城(掛川市上土方・下土方)に退く。** | 3030 |
| | 10月3日 | ■織田信長、畿内より「スマウノ名仁」を召集し、禁裏に於いて「スマウ」(相撲)を興行。(『多聞院日記』)。 | 3031 |
| | 10月5日 | ■信長、五畿内・江州の相撲取りを集めて二条新第(二条御所)で相撲を取らせ、摂家・清華家の面々に見物させる。 | 3032 |
| | 10月6日 | ■織田信長、出京し、坂本より乗船し安土城に戻る。 | 3033 |
| | 10月6日 | **松平家忠、三河国深溝「在郷御礼」のため、「勘解由左衛門」を遠江国浜松城の徳川家康に派遣。**(『家忠日記』)。 | 3034 |
| | 10月7日 | 武田勝頼、上杉景勝の援軍派遣を拒否。勝頼自身は、「御館の乱」に介入する余裕はなかった。 | 3035 |
| | 10月8日 | **高天神城籠城の武田軍、国安川辺で徳川軍と戦う。<br>家康は着々と高天神城包囲の態勢を整えていた。** | 3036 |
| | 10月13日 | 本願寺顕如、三河三か寺・坊主・門徒らに、大坂籠城への支援を求める。 | 3037 |
| | 10月14日 | ■織田信長、近江国長光寺で鷹狩を行う。 | 3038 |
| | 10月15日 | ■信長に茶を許された羽柴筑前守秀吉(1537〜1598)、初めての茶会を催す。(『宗及他会記』)。<br>三木城(兵庫県三木市上の丸町)の北東の平井山の本陣に入り三木城の監視に当たっていた秀吉は、堺の津田宗及(?〜1591)らを招いて茶会を開いた。この時、信長から拝領した乙御前の釜や月の絵の掛物を使うという。 | 3039 |
| | 10月17日 | ■「第三次石山合戦」。本願寺顕如光佐(1543〜1592)は、荒木村重・新五郎(村次)父子へ、全三ヶ条の「誓詞」を認め、同盟を要求する。そして、摂津の国は言うに及ばず、公儀(義昭)、芸州(毛利氏)に忠節を示す事で、御望みの国を守護するのを認めるとまで言う。 | 3040 |
| | 10月17日 | 松平家忠、酒井忠次(「酒井左衛門尉」)より近日中に織田信長(「御家門様」)が「西条」に「御成」する予定であるというので番匠を雇用する旨の通達を受ける。(『家忠日記』)。 | 3041 |
| | 10月19日 | **家康家臣松平家忠、三河国深溝にて酒井忠次より武田勝頼の遠江国侵攻の通達を受ける。**(『家忠日記』)。 | 3042 |
| | 10月21日 | ■「織田信長配下の荒木村重謀反—有岡城の戦い(天正6年10月21日〜天正7年11月19日」はじまる。<br>摂津の有岡城(在岡城)(兵庫県伊丹市伊丹1丁目)の荒木村重(1535〜1586)が、備後鞆の足利義昭・石山本願寺らと通じ毛利氏側に付く。荒木村重が有岡城に籠城。縁故の中川清秀(1542〜1583)も茨木城へ引き上げ、高槻城の高山飛騨守友照(?〜1595)・右近(重友)(1552〜1615)父子も村重に従う。<br>荒木村重は、将軍足利義昭を支援する毛利軍と石山本願寺との戦いで織田軍の形勢が不利となり、摂津国の周囲を敵に囲まれたことから織田政権の命運を見限り、謀反を起こすことを決めたともされる。 | 3043 |
| | 10月24日 | **松平家忠、酉刻に酒井忠次(「酒井左衛門尉」)より武田軍(「甲州衆」)の侵攻にあたり「陣触」を受ける。明日10月25日の出陣との通達であった。**(『家忠日記』)。 | 3044 |

# 西暦1578

| 元号 | 日付 | 事項 | 番号 |
|---|---|---|---|
| 天正6 | 10月27日 | **岡崎城主徳川(松平)信康、遠江国浜松まで出馬。** | 3045 |
| | 10月28日 | 「申刻(16時頃)に五十年来の大地震がある。半時ほどまた少し揺れがあった。戌刻にも地震があった。」(『家忠日記』。 | 3046 |
| | 10月28日 | **深溝松平家忠、遠江国浜松に於いて、遠江国牧野原城(静岡県島田市金谷)から武田軍が宇津谷峠を越えたという注進が到来したことを知る。**(『家忠日記』)。 | 3047 |
| | 10月29日 | **徳川家康(1543〜1616)、遠江国牧野原城(牧野城)からの注進を受けて三河国衆へ、遠江国見附砦(静岡県磐田市)までの出陣を命令。**深溝松平家忠ら三河国衆、見附砦へ出陣す。(『家忠日記』)。 | 3048 |
| | 10月29日 | **深溝松平家忠、遠江国浜松に於いて、遠江国牧野原城(牧野城)から武田軍の大井川渡河の注進が到来したことを知る。**(『家忠日記』)。 | 3049 |
| | 11月1日 | **深溝松平家忠、遠江国見附砦に着陣。** | 3050 |
| | 11月2日 | **「勝頼、大井川を渡り家康と対峙」。**<br>**武田軍、遠江国小山(こやま)・相良(さがら)方面へ移動する。徳川家康・信康父子、遠江国馬伏塚城(静岡県袋井市浅名)に着陣。徳川軍諸勢は遠江国柴原へ布陣し、大井川を渡った武田軍と対陣。** | 3051 |
| | 11月3日 | **武田勝頼、遠江国横須賀城(静岡県掛川市横須賀)付近まで進撃。**<br>**徳川家康、全軍を率いて横須賀城の城際に布陣。武田勝頼、徳川軍の出撃に対し横須賀城付近より遠江国高天神城(掛川市上土方・下土方)へ退却す。徳川軍、勝頼の高天神城退却により横須賀城から本陣に退却。**<br>『改正三河後風土記』には「三日、大渕郷熊野鎮座の三社山に陣を移した。八千の軍勢は山麓に備えた。勝頼は進んでよこすかに攻め寄せようとしたけれども、三社山に家康が在陣しているので、塩買坂の本道をさけて浜辺を通った。武田の先手小笠原・小菅等は海辺から押して横須賀城を攻めた。城中には大須賀・筧等が鉄砲をうちたて防戦した。勝頼は軍を十七段に分けて入江を隔てて陣を張った。信康は自身で敵陣近くへ斥候して、一戦をするべきと申上げた。家康は敵が入江を越えて進んでくるならば、三社山から軍勢を下して敵にかかり戦うであろう。そうでないのに、こちらからかかるべきではないと仰せられた。内藤信成(1545〜1612)も味方を制して抑留した。勝頼も入り江を渡って一戦を挑もうとしたが侍大将等が諫めたので引き返し高天神城に入った」としている。<br>『甲陽軍鑑』は天正4年のこととしている。「勝頼は全軍を十七手に備え、家康が軍勢を山から下ろして川を越えたならば、戦の決着をとげるための合戦にもちこもうと待っていた。しかし家康はとりあわなかった。勝頼は歩者を30人ばかり連れて横須賀城をくわしく見分した。高坂がこれを見ていそいで乗りつけて勝頼を諫めた。勝頼は本陣へ帰り、軍を引いた」とある。 | 3052 |
| | 11月4日 | **武田軍の「物見」部隊、横須賀城に進撃。徳川軍、迎撃するため出撃。**<br>**徳川家康、遠江国小笠山砦(静岡県掛川市入山瀬)に移る。** | 3053 |
| | 11月4日 | ■織田信長、京都「二条之御殿」より村井貞勝(「村井長門守」)を以て正親町天皇(「禁裏様」)へ、本願寺顕如(「大坂本願寺」)に「勅定」を以て和議締結を通達するよう上奏させる。(『立入左京亮入道隆佐記』)。 | 3054 |
| | 11月5日 | **徳川家康(「家康」)、遠江国小笠砦にて出陣諸将に振舞う。**(『家忠日記』)。 | 3055 |
| | 11月6日 | **松平信康(1559〜1579)、出陣中の遠江国小笠砦付近にて鷹狩を行う。**(『家忠日記』)。 | 3056 |

# 西暦1578

| 天正6 | 11月6日 | ■「第三次石山合戦（天正4年（1576）～天正8年（1580）閏3月5日）—第二次木津川口海戦—信長勝利—石山本願寺の孤立化に成功」。<br>九鬼嘉隆、大船六艘を率い大坂湾に於いて毛利水軍六百余艘を撃破。（『信長公記』）。石山本願寺の孤立化に成功。また、有岡城も孤立し、荒木村重は苦境に立たされる。 | 3057 |
|---|---|---|---|
| | 11月7日 | **松平家忠、尾張国山崎の「水野藤次殿」からの飛脚により摂津国の荒木村重（「荒木信濃」）が織田信長（「信長」）の「御敵」となった旨を知る。また音信として鱈2本を受けたので、平岩親吉（「平岩七助」）へ贈った。**（『家忠日記』）。 | 3058 |
| | 11月8日 | **西郷家員（「西郷孫九郎」）、松平家忠と共に来11月10日より遠江国「風吹」砦の3日番が決定。この番は「松平督足助衆」との交替であった。同日　松平家忠、遠江国陣所にて「安倍三助殿」・鵜殿善六の来訪を受ける。**（『家忠日記』）。 | 3059 |
| | 11月9日 | ■「有岡城の戦い」。信長、京都から摂津国へ向けて出陣し、山城国山崎に布陣。 | 3060 |
| | 11月11日 | **松平家忠、遠江国「風吹」砦にて徳川家康（「家康」）からの「ちやくとうつけ」を受ける。「侍」85人・中間126人・「鉄放」15「ハリ」・弓6張・鑓35本、「鑓使」3人であった。**（『家忠日記』）。 | 3061 |
| | 11月12日 | 武田勝頼軍、高天神城から引く。 | 3062 |
| | 11月13日 | **深溝松平家忠、遠江国風吹砦にて、阿部善九郎正勝（1541～1600）より、遠江国掛川城への移陣通達を受ける。**（『家忠日記』）。 | 3063 |
| | 11月14日 | 武田勝頼軍、大井川を越える。 | 3064 |
| | 11月14日 | **深溝松平家忠、遠江国風吹砦より遠江国益田砦まで移動。ここで遠江国牧野原城（牧野城）（静岡県島田市金谷）より武田軍が大井川を渡河したとの注進に接す。**（『家忠日記』）。 | 3065 |
| | 11月15日 | **徳川信康（「信康」）、遠江国掛川城にて三河衆に「たかのかん」を振る舞う。深溝松平家忠、遠江国掛川城にて、遠江国牧野原城から昨日の武田軍の大井川渡河と川端の青島への布陣の注進に接する。** | 3066 |
| | 11月15日 | ■織田信長、安満から摂津国郡山（大阪府茨木市郡山）に移陣する。 | 3067 |
| | 11月17日 | 武田部将穴山信君（梅雪）（1541～1582）、三浦右馬助員久（かずひさ）に、徳川家康の遠江国横須賀城（静岡県掛川市横須賀）での様子を注進するよう命じる。 | 3068 |
| | 11月17日 | 武田軍、遠江国島田まで「三備」編成にて進撃。落城に至らず。 | 3069 |
| | 11月18日 | ■「有岡城の戦い」。織田信長（1534～1582）、摂津国惣持寺（大阪府茨木市総持寺）に移陣する。ここから織田信澄勢に命じて茨木城（大阪府茨木市片桐町）の小口を押えさせ、同時に、攻め手を敵城へ近づける。 | 3070 |
| | 11月19日 | 武田軍、遠江国青島より遠江国田中まで退却す。 | 3071 |
| | 11月25日 | 武田勝頼、甲斐国甲府へ帰陣する。 | 3072 |
| | 11月28日 | ■「有岡城の戦い」。織田信長、小屋野（兵庫県伊丹市昆陽）に陣を移し、四方より攻囲の輪を縮めさせる。<br>信長、滝川一益・明智光秀を遣わし、西宮から生田にかけて兵を出し、花隈城（神戸市中央区）への押さえの兵を配置。 | 3073 |
| | 11月30日 | **松平信康（1559～1579）、武田勝頼の退却により、遠江国から三河国へ戻る。** | 3074 |

## 西暦1578

| | | | |
|---|---|---|---|
| 天正6 | 11月30日 | **家康家臣深溝松平家忠ら、武田勝頼が去11月25日に遠江国高天神城より退却したという報により遠江国浜松城へ退却。またこの時、松平家忠は、徳川（松平）信康が既に三河国に滞在していることを知る。**（『家忠日記』）。 | 3075 |
| | 12月2日 | **徳川家康、三河国岡崎城へ到来。**（『家忠日記』）。 | 3076 |
| | 12月8日 | ■「有岡城の戦い―天正6年10月21日～天正7年11月19日」。<br><br>織田信長、申刻（16時）より、堀秀政（1553～1590）・万見仙千代（重元）（1549？～1579）・菅屋長頼（？～1582）の三名を奉行として鉄砲衆を率いさせ、弓衆と共に、摂津国有岡城（兵庫県伊丹市伊丹1丁目）を攻撃させる。弓衆指揮は、七本槍の一人、中野又兵衛（一安）（1526～1598）、平井久右衛門、芝山次大夫であった。弓衆を三手に分けて火矢を討ち入れ有岡の町を焼きはらった。 | 3077 |
| | 12月12日 | **深溝松平家忠、三河国深溝にて去12月8日に、織田信長が荒木村重の摂津国有岡城を「御せめ」たこと、「水野藤次殿」（水野忠分）が討死にしたことを知る。**（『家忠日記』）。 | 3078 |
| | 12月13日 | 武田勝頼（1546～1582）、上杉景勝（1556～1623）に、妹・菊姫（1558～1604）の正式な婚約に関する書状を出す。 | 3079 |
| | 12月17日 | **尾張国緒川（おがわ）の水野忠分（ただわけ）（1537～1579）、摂津国有岡城で戦死し、三河国岡崎満生寺一世により葬儀が行われる。織田信長配下の水野忠分は、12月8日に戦死。享年42。兄姉に水野信元、於大の方がいる。** | 3080 |
| | 12月21日 | ■織田信長、摂津国古池田（大阪府池田市）より上洛。 | 3081 |
| | 12月23日 | 上杉景勝、武田勝頼の妹・菊姫と婚約。 | 3082 |
| | 12月23日 | 武田勝頼、上杉景勝に宛て、妹菊姫との祝儀として太刀一腰・黒毛馬一疋・鵝眼千疋が贈られたことへの礼を述べ、家臣小山田信茂（1539/1540～1582）と婚儀について詰めるよう書状を送る。 | 3083 |
| | 12月25日 | ■織田信長、安土城に帰る。 | 3084 |
| | 12月26日 | **松平家忠、三河国深溝にて遠江国浜松の徳川家康（「家康」）より兵粮100「粮」下賜の通達を受ける。**（『家忠日記』）。 | 3085 |
| | 12月28日 | **松平家忠、「歳暮」のため三河国岡崎城へ出仕し、松平新二郎と藤井松平信一（「松平伊豆守」）の娘との「祝言」を知る。**（『家忠日記』）。 | 3086 |
| | 12月29日 | **松平家忠、松平新次郎の三河国岡崎宿所を訪問し食事を共にす。**（『家忠日記』）。 | 3087 |

## 西暦1579

| | | | |
|---|---|---|---|
| 天正7 | 1月2日 | **松平家忠、夜通しで遠江国浜松に赴く。夕方に遠江国浜松城へ出仕する。「うたひ初」が行われた。**（『家忠日記』）。 | 3088 |
| | 1月4日 | **松平家忠、三河国吉田の酒井忠次（「左衛門尉」）を礼問し、三河国深溝へ戻る。この日、酒井忠次（「酒左」）は近江国安土城へ徳川家康「御使」として出仕していた。**（『家忠日記』）。 | 3089 |
| | 1月8日 | 武田勝頼（1546～1582）と北条氏直（1562～1591）との間で年始贈答が交わされた。妻の北条夫人が兄氏政に宛てた手紙も添えられたが、これ以降両国の関係は悪化していく。 | 3090 |

| 年号 | 月日 | 事項 | No. |
|---|---|---|---|
| 天正7 | 1月14日 | **松平家忠、三河国岡崎城の徳川信康(「信康」)を礼問し「うたひ初」に参席す。**(『家忠日記』)。 | 3091 |
| | 1月19日 | **徳川家康、三河国岡崎城に到来。翌日、三河吉良(きら)(愛知県幡豆郡吉良町)に放鷹した。**(『家忠日記』)。 | 3092 |
| | 1月23日 | **松平家忠、三河国深溝にて遠江国浜松より到来した犬法師(「犬法」)の訪問を受ける。**(『家忠日記』)。 | 3093 |
| | 1月27日 | **松平家忠、三河国吉良大塚にて鷹狩をしている徳川家康(「家康」)を見舞う。**(『家忠日記』)。 | 3094 |
| | 1月28日 | **「未申通、雖思慮千万二候、令啓候」。**<br>**武田氏担当の取次であった北条氏照(氏政の弟)、謹上浜松御宿所(徳川家康)に年始挨拶状を出す。**<br>氏照は、「今後は自分が交渉を承るので、御同意いただければ本望である」と述べる。 | 3095 |
| | 1月29日 | **徳川家康(「家康」)、三河国吉良での鷹狩を終えて三河国深溝城に立ち寄る。**松平家忠、徳川家康を三河国深溝宇谷にて「御酒むかい」する。松平家忠、徳川家康より「鷹の雁」を下賜された。(『家忠日記』)。 | 3096 |
| | 2月3日 | **松平家忠、三河国深溝より遠江国浜松へ「鷹雁」を下賜された返礼の使者を派遣す。**(『家忠日記』)。 | 3097 |
| | 2月9日 | **松平家忠、遠江国浜松より徳川家康(「家康」)の「印判」にて来2月18日からの遠江国浜松城普請に従事するよう命令される。**(『家忠日記』)。 | 3098 |
| | 2月11日 | 武田勝頼(1546〜1582)、内藤昌月(1550〜1588)を上野箕輪城(群馬県高崎市箕郷町)代として派遣(北条氏との関係悪化に対応)。<br>海津城(長野市松代町)代・春日信達(高坂昌元/春日昌元)(?〜1582)が、三枚橋城(静岡県沼津市大手町)に配置替えとなる。 | 3099 |
| | 2月14日 | **松平家忠、三河国深溝城にて「岡崎鷹匠」の「伊東殿」(徳川信康鷹匠)と「清田」(徳川信康鷹匠)の来訪を受ける。**(『家忠日記』)。 | 3100 |
| | 2月18日 | ■織田信長(1534〜1582)、近江国安土より上洛し、二条新第(二条御所)に入る。 | 3101 |
| | 2月18日 | **松平家忠、三河国深溝より遠江国浜名砦まで「出陣」する。**(『家忠日記』)。 | 3102 |
| | 2月19日 | **松平家忠、遠江国浜名砦より遠江国浜松城に到着。浜松城の徳川家康に出仕す。(『家忠日記』)。家忠、普請のため浜松城に赴く。「第三次浜松城修築」である。** | 3103 |
| | 2月21日 | 武田勝頼、上杉景勝の府中での大勝利を祝う。 | 3104 |
| | 2月21日 | **浜松城の作左曲輪の普請が行われた。** | 3105 |
| | 2月21日 | ■信長、東山慈照寺辺に於いて鷹狩を催す。(『信長公記』)。<br>吉田兼見、吉田兼治(「侍従」)より織田信長が鷹狩「列卒衆」へ焼餅を賦り、「一段御機嫌」であった由を知らされる。(『兼見卿記』)。 | 3106 |
| | 2月22日 | **徳川家康(「家康」)、遠江国浜松城普請に従事する松平家忠ら「各国衆」へ「鷹鶴」を振舞う。**(『家忠日記』)。 | 3107 |
| | 2月26日 | ■織田信長(「右府」)、東山において鷹狩を行う。(『兼見卿記』)。 | 3108 |
| | 2月28日 | ■織田信長、この日も東山慈照寺(銀閣寺)辺に於いて鷹狩を催す。(『信長公記』)。 | 3109 |

# 西暦1579

| 天正7 | 日付 | 事項 | 番号 |
|---|---|---|---|
| 天正7 | 3月2日 | ■織田信長、賀茂山に鷹狩を行う。(『信長公記』)。 | 3110 |
| | 3月5日 | ■「有岡城の戦い」。織田信長・織田信忠ら、摂津国有岡城(兵庫県伊丹市伊丹1丁目)に向けて京を出陣し、山城国山崎へ布陣。(『信長公記』)。 | 3111 |
| | 3月6日 | ■織田信長、天神馬場(高槻の上宮天満宮への参道)から道々で放鷹し郡山(大阪府茨木市郡山)に着陣。(『信長公記』)。 | 3112 |
| | 3月7日 | ■「有岡城の戦い―天正6年10月21日～天正7年11月19日」。<br><br>織田信長(1534～1582)、古池田(大阪府池田市)に移陣、本陣とする。(『信長公記』)。 | 3113 |
| | 3月7日 | **深溝松平家忠、遠江国牧野原城の定番に赴き、西郷家員(いえかず)(1556～1597)と交替す。**(『家忠日記』)。 | 3114 |
| | 3月12日 | **松井松平康親(1521～1583)、三河国東条から遠江国牧野城に赴く。** | 3115 |
| | 3月12日 | 駿河江尻城代・穴山信君(梅雪)(1541～1582)、駿河臨済寺(静岡市葵区大岩町)で、信玄の七回忌法要を1ヶ月繰り上げで行う。 | 3116 |
| | 3月21日 | **「大樹寺法式之事 一国中之諸士至」。**<br>徳川家康、大樹寺勢蓮社麐誉上人に命じ、三河国大樹寺の法式を定める。 | 3117 |
| | 3月21日 | **「土呂茶之事 在々所々出家如前々」。**<br>家康、上林政重(1550～1600)に朱印状をもって、三河国土呂の茶園管理を命じる。 | 3118 |
| | 3月24日 | ■「御館の乱―天正6年(1578)3月15日～天正7年(1579)3月24日」終結。<br>もはや降伏の途さえ閉ざされたことを悟った上杉景虎(1554～1579)(北条氏康7男)は、実家の北条領へ逃れようと御館から脱出して信濃国方面へと向かった。しかし、頸城郡の鮫ヶ尾城(新潟県妙高市宮内)まで逃れたところで、味方であった城主・堀江宗親の裏切りに遭い、自刃。景虎の妻(長尾政景の娘、景勝の妹)、自害。武田・北条の関係悪化は決定的となる。 | 3119 |
| | 3月26日 | **松平家忠、遠江国牧野原城の定番を松平(戸田)康長(1562～1633)と交替し三河国深溝城に向かう。**(『家忠日記』> | 3120 |
| | 3月31日 | ■信長、鷹狩の後、箕雄滝(大阪府箕面市)を見物。(『信長公記』)。 | 3121 |
| | 4月7日 | **「秀忠誕生」。**<br>**家康側室・お愛の方(西郷局)(1552/1561～1589)、三男長松(長丸)(後の徳川秀忠)(1579～1632)を浜松城にて生む。** | 3122 |
| | 4月8日 | ■信長、鷹狩に出て、古池田で「御狂」。 | 3123 |
| | 4月23日 | 武田勝頼、高天神城の補給に駿河江尻(静岡市清水区)まで出陣。 | 3124 |
| | 4月23日 | **家康家臣深溝松平家忠、武田勝頼の遠江国江尻までの進撃により、出陣命令を受ける。**(『家忠日記』)。 | 3125 |
| | 4月25日 | **「山中郷之内於山綱村三貫五百文、」。**<br>**徳川家康、朱印状をもって酒井忠次(1527～1596)に、三河国山綱村の所領を賀藤甚十郎に与えるよう命じる。** | 3126 |
| | 4月25日 | 「山中郷之内於山綱村三貫五百文、賀藤甚十郎有断、近年所務仕来、然上者無相違可相渡者也、仍如件、」。徳川家康朱印状、三河額田山綱村へ。 | 3127 |
| | 4月25日 | **深溝松平家忠、遠江国浜松城に到着。武田勝頼の遠江国高天神城・国安への布陣の報に接す。**(『家忠日記』)。 | 3128 |

| 天正7 | 日付 | 事項 | 番号 |
|---|---|---|---|
| 天正7 | 4月26日 | **徳川家康、この夜に遠江国馬伏塚に出陣、信康(1559～1579)は三河国吉田から馬伏塚に出陣し、武田勝頼を国安より退却させる。**<br><br>この際に本多忠勝(1548～1610)・榊原康政(1548～1606)・井伊万千代(直政)(1561～1602)が先鋒として活躍。深溝松平家忠(1555～1600)ら三河衆、遠江国見附へ布陣。<br>「国安」は高天神山の東南で、菊川が遠州灘に注ぐところにある。 | 3129 |
| | 4月26日 | ■織田信長、古池田(大阪府池田市)で「御狂い」。馬廻・小姓衆に加えて近衛前久・細川信良(昭元)も騎馬で参加。(『信長公記』)。 | 3130 |
| | 4月27日 | **深溝松平家忠ら三河衆、遠江国袋井へ進軍。**(『家忠日記』)。 | 3131 |
| | 4月29日 | **徳川家康・信康父子、武田軍が大井川を越えたので帰陣し、信康は岡崎へ戻った。** | 3132 |
| | 4月— | 武田勝頼(1546～1582)は遠江奪回を企図し、天野景貫(藤秀)に、光明寺城(静岡県浜松市天竜区山東)攻撃を命じる。真田昌幸(1547～1611)は、その支援を実施する。 | 3133 |
| | 5月1日 | ■織田信長(1534～1582)、摂津国より上洛する。(『信長公記』)。 | 3134 |
| | 5月3日 | ■織田信長、山中越えから坂本へ出て、舟で安土帰城。(『信長公記』)。織田信長、「今路」を経由して俄かに近江国安土へ下向。(『兼見卿記』)。 | 3135 |
| | 5月11日 | ■安土山麓居館の織田信長、吉日というので近江国安土城の天主に、正式に移徙する。(『信長公記』)。天正四年一月築城開始から三年以上の歳月が過ぎていた。同時代としては、異例の長期に渡る大築城工事であった。 | 3136 |
| | 5月28日 | ■「安土宗論—信長、京の町衆徒らが支える法華宗を、見せしめとして弾圧」。<br>織田信長、村井貞勝へ、浄土宗・法華宗の「宗論」に関して、法華宗の誓紙及び一行案文写を知恩院と織田側へそれぞれ提出させること、そしてこの旨を洛中洛外に公表することを命令。(『言経卿記』)。<br>織田信長、教蓮社聖誉貞安へ慈恩寺浄厳院における法華宗との問答で勝利したことを賞す。よって洛中法華宗諸山に暴徒が乱入する。町衆徒らも難を洛外に逃れる。(『言経卿記』)。 | 3137 |
| | 6月2日 | **徳川家康、織田家臣の尾張常滑城(愛知県常滑市山方町)主水野監物丞守隆(第三代)に書状を送り、見事なお香と鉄炮薬十斤の到来を謝す。**守隆は、当時京都で家康方の陣を守っていたという。<br><br>常滑水野家の祖は水野忠政の兄弟・水野忠綱。家康の母は水野忠政の娘・於大の方。水野監物丞守隆は、本能寺の変で明智方につき常滑城を追われ、京都嵯峨の天竜寺に住む。隠棲後は、「監物入道」と名乗り京都に滞在。連歌や茶道をたしなむ文化人として、千利休、津田宗及らと親交を結び、出身地である常滑で作られる常滑焼を茶人らに紹介した。しかし、明智残党として、北野の大茶会にて豊臣方に見つかり、慶長3年(1598)4月21日、京都において自害した。守隆の妻・総心尼は、徳川家康の従兄弟でもあり、総心尼の妹の実子を養子として迎え、水野家を再興したという。 | 3138 |
| | 6月5日 | **徳川家康、遠江国浜松城より三河国岡崎城へ到来し、徳川(松平)信康と対面。信康と某との仲直りのため。**(『家忠日記』)。 | 3139 |
| | 6月14日 | 武田勝頼(1546～1582)、岡部元信(長教)(?～1581)に、高天神城の番替を指示。 | 3140 |
| | 6月23日 | 武田勝頼が駿府国江尻まで出陣したとの報告があった。(『家忠日記』)。 | 3141 |

# 西暦1579

| 天正7 | 6月25日 | **深溝松平家忠ら浜松城に到着、勝頼軍は高天神城郊外の国安に布陣。**(『家忠日記』)。 | 3142 |
|---|---|---|---|
| | 6月26日 | **家康は夜のうちに馬伏塚まで出馬。岡崎の信康も三河国吉田から遠江国馬伏塚まで出陣した。**(『家忠日記』)。 | 3143 |
| | 6月27日 | **三河の軍勢が袋井まで陣を進めた。**(『家忠日記』)。 | 3144 |
| | 6月29日 | **国安を引きあげた勝頼軍が大井川を越えた。家康軍も帰陣。**(『家忠日記』)。 | 3145 |
| | 7月1日 | **「雖未申通候……仍鷹為所持、鷹師差下候、路」。**<br>徳川家康(1543～1616)、出羽米沢の伊達輝宗(1544～1585)に対し、鷹を捕えるため鷹師を派遣したことを述べ、道中のことを頼み、織田信長に用事があれば取り次ぐと伝える。 | 3146 |
| | 7月1日 | **「……抑去々年、中河市助鷹取ニ差」。**<br>家康、伊達輝宗配下の宿老・遠藤山城守(遠藤基信(もとのぶ))(1532～1585)に書状を送り、中河市助を出羽(山形県)に派遣し鷹を探させた時のお世話を謝す。 | 3147 |
| | 7月一 | **この月、徳姫(徳川信康の正室)は、父の信長に、義母築山殿と信康の罪状を訴える十二ヶ条の訴状を書き送ったという。「築山殿が、武田勝頼と密かに手を結び、信長・家康に背こうとしており、しかも信康まで引き入れようと企んでいる」・「築山殿と唐人医師滅敬との不義密通」・「夫信康の常軌を逸した、日頃の行為」・「信康と家康の不仲」などなど。**<br><br>徳姫は、天正4年(1576)3月に登久姫(1576～1607)、天正5年(1577)7月に熊姫(国姫)(1577～1626)を生んだ。しかし、いつまでも嫡子が生まれぬのを心配した姑の築山殿が、部屋子をしていた女性を側室に迎えさせたため、この頃から築山殿と徳姫が不和になったといわれている。また、信康とも不仲になったともいわれる。 | 3148 |
| | 7月3日 | 武田勝頼、上杉景勝に名産を送り同盟を深める。19日も。 | 3149 |
| | 7月6日 | ■両日、安土御山にて御相撲これあり。(『信長公記』)。七日にかけて安土城内で相撲が開催。 | 3150 |
| | 7月7日 | **松平家忠、三河国岡崎城に出仕。**(『家忠日記』)。 | 3151 |
| | 7月16日 | 家康公より、坂井左衛門尉御使として、御馬進せらる。奥平九八郎、坂井左衛門尉両人も御馬進上なり。(『信長公記』)。<br><br>**徳川家康、奥平九八郎信昌・酒井左衛門尉忠次を使者として遣わし、信長へ馬を進上。また使者である奥平・酒井の両名もそれぞれに馬を進上した。<br>その際、信長は酒井忠次に、家康嫡男・徳川(松平)信康の武田氏通謀の噂を確認した。** | 3152 |
| | 7月16日 | **「信長、信康の処断を家康に命じる」。**<br><br>織田信長(1534～1582)、徳川家康(1543～1616)に、長男信康(1559～1579)の処断を命ずる。『当代記』や信長家臣堀秀政宛ての家康書状にも、信長が信康を自害させるよう指示したという記載はない。むしろ家康から酒井忠次を通じて、信長に相談を持ちかけている旨が記されているとされる。 | 3153 |
| | 7月21日 | **「定 普済寺 右当門前人馬之道」。**家康、普済寺(浜松市中区広沢1丁目)に定書発給。 | 3154 |

# 西暦1579

|  |  |  |  |
|---|---|---|---|
| 天正7 | 8月1日 | **徳川家康、信長へ、二人(信康、築山御前)の処分を申し出たという。**<br>**信長が築山御前と信康の処分を家康に命じ、家康は従うことを決断。** | 3155 |
| | 8月3日 | **「信康、父家康と対面」。**<br>**信長の命を受けた徳川家康、浜松城から軍勢を率いて徳川(松平)信康**(1559〜1579)**の岡崎城に入る。**<br><br>家康を中心とした、信長との同盟を継続し武田氏と戦いを継続する派閥と、それを見直して武田氏と結ぼうとする、岡崎城の信康の周辺との間で政治的対立があったとされている。 | 3156 |
| | 8月4日 | 「御親子被仰様候て、信康大浜江御退候」。(『家忠日記』)。<br>**徳川家康、徳川(松平)信康を、当時廃城されまともな防備の無い三河国大浜城**(愛知県碧南市羽根町)**に移す。**<br>岡崎城の留守番は、本多作左衛門(重次)(1529〜1596)となった。 | 3157 |
| | 8月5日 | **家康、西尾へ移る。松平家忠、徳川家康より弓衆・鉄砲衆を連れて三河国大浜近辺の三河国西尾城**(愛知県西尾市錦城町)**への出動命令を受ける。**(『家忠日記』)。 | 3158 |
| | 8月6日 | ■江州国中の相撲取召し寄せられ、安土御山にて相撲とらせ、御覧候ところ、甲賀の伴正林と申す者、年齢十八、九に候か、能き相撲七番打ち仕り候。次の日、又、御相撲あり。此の時も取りすぐり、則ち御扶持人に召し出ださる。鉄炮屋与四郎、折節、御折檻にて、籠へ入れ置かる。彼の与四郎私宅、資財、雑具共に御知行百石、熨斗付の太刀、脇指大小二ツ、御小袖、御馬皆具共に拝領。名誉の次第なり。(『信長公記』)。 | 3159 |
| | 8月7日 | **深溝松平家忠、この日まで竹谷清宗(松平清宗)(1538〜1605)・鵜殿長信(氏長の養子)と共に、三河国西尾城の番として警戒態勢にあたる。**(『家忠日記』)。 | 3160 |
| | 8月8日 | **「信康事件」。「今度、左衛門尉(酒井忠次)を以申上候處、種〃御懇之儀、其段御取成故候。忝意存候、仍、三郎、不覚悟付而、去四日岡崎を追出申候。猶其趣、小栗大六(重常)、成瀬藤八(藤八郎国次)可申入候。恐々謹言」。**<br><br>徳川家康(1543〜1616)、織田信長側近の堀久太郎(堀秀政)(1553〜1590)に、「信康の追放」を報せる。 | 3161 |
| | 8月9日 | **「信康事件」。徳川家康、小姓衆に命じて、徳川(松平)信康を遠江国堀江城**(静岡県浜松市西区舘山寺町)**に移す。**(『家忠日記』)。 | 3162 |
| | 8月10日 | **「信康事件」。**<br>**この日、徳川(松平)信康**(1559〜1579)**、二俣城**(ふたまたじょう)(静岡県浜松市天竜区二俣町)**に移される。**<br>**大久保忠世**(ただよ)(1532〜1594)**が預かる。** | 3163 |
| | 8月10日 | **「信康事件」。**<br>**深溝松平家忠、徳川家康の命令を受けて三河国岡崎に出向く。家康より鵜殿善六郎が使いとして岡崎へ来た。西三河衆は徳川(松平)信康に内通しない旨の起請文を提出させられる。**(『家忠日記』)。 | 3164 |
| | 8月13日 | **「信康事件」。**<br>**徳川家康、事態の沈静化をはかり終え、遠江国浜松城に帰還。**(『家忠日記』)。 | 3165 |
| | 8月20日 | 武田勝頼、駿河に出陣。 | 3166 |

# 西暦1579

| 元号 | 月日 | 事項 | 番号 |
|---|---|---|---|
| 天正7 | 8月29日 | **「家康、正室を殺害」。**<br>**徳川家康38歳(1543〜1616)の正室・築山殿(つきやまどの)37歳？（？〜1579)が、二俣城への護送中、遠江国小藪村(浜松市富塚)で家康の命により殺害される。**<br>小藪村の佐鳴湖畔で、家康の命令を受けた野中三五郎重政・岡本平右衛門らによって殺害され、西来院に葬られたとされている。<br>が、『松平家忠日記』にも記述は無く、文書類も残されてはいない。築山殿は信長に討たれた今川義元の姪(めい)に当たる。夫の家康は信長と同盟を結び、今川を裏切る形になり夫婦仲も冷え込んだそうだ。今川との手切れにあたって離縁されたともいう。<br>後、築山殿の怨霊が蛇となって家康の寝室に蟠(わだかま)っていたので、可睡斎の等膳和尚・弟子一株禅易・士峯宋山を迎えて怨霊を済度(さいど)してもらう。 | 3167 |
| | 8月— | 武田勝頼、高天神城(静岡県掛川市上土方・下土方)に入り、岡部丹波守元信(長教)(？〜1581)を城将とする。 | 3168 |
| | 9月3日 | 「駿豆之境号沼津地、被築地利候」。<br>北条氏政(1538〜1590)は、下総の千葉邦胤(1557〜1585)に書状を送り、御館の乱以後、武田勝頼が「敵対同前」の行動をとったと非難。これまで我慢を重ねてきたが、勝頼が沼津に築城を始めたため、自身も対抗して伊豆で普請を開始したので、出陣を求めた。 | 3169 |
| | 9月4日 | ■羽柴秀吉(1537〜1598)が、備前岡山城の宇喜多直家(1529〜1582)から降参の申し入れがあったので降参を認めた、所領安堵の朱印状を賜りたいと安土城に参上したが、信長は「わが命を伺わずして降参の許可を出すとは何事か」と激怒し、秀吉を播磨の陣に追い返す。(宇喜田直家は10月31日に織田に降ることが許された)。 | 3170 |
| | 9月4日 | **徳川家臣朝比奈泰勝(1547〜1633)、小田原北条氏との同盟締結の報を、遠江国浜松城に届ける。** | 3171 |
| | 9月4日 | **深溝松平家忠、牧野番を西郷家員(いえかず)(1556〜1597)と交代し牧野城に在城する。**(『家忠日記』)。 | 3172 |
| | 9月5日 | **「駿河知行之事 弐百貫文 壱所小」。**<br>徳川家康、朝比奈弥太郎泰勝に、小川(焼津市)50貫文・良知郷(焼津市)百貫文、福島伊賀守元倚跡等宛行。 | 3173 |
| | 9月5日 | **徳川家康、鵜殿善六郎重長を、遠江国牧野原城(牧野城)定番の深溝松平家忠へ派遣し、三河国岡崎城(岡崎市康生町)詰停止を命令。** | 3174 |
| | 9月5日 | **「第一次遠相同盟」。**<br>**徳川家康(1543〜1616)と北条氏政(1538〜1590)、同盟を締結。**<br>御館の乱をきっかけに武田氏と決別した北条氏政は、家康と和約し、遠江・駿河間で武田勝頼を挟撃しようと申し込み、その約束は成立した。<br>武田勝頼(1546〜1582)と北条氏政との第二次甲相同盟は破棄される。<br><br>北条氏は、織田信長との外交を視野に入れ、北条氏照(北条氏康の三男)(1540〜1590)が北条氏規(氏康の五男)(1545〜1600)に取って代わって取り次いだ。 | 3175 |
| | 9月7日 | **徳川家康家臣・大須賀康高(1527〜1589)、遠江高天神城をうかがう。高天神城将岡部丹波守元信(長教)は、後詰の援軍を武田勝頼に要請する。** | 3176 |

| 年 | 月日 | 事項 | No. |
|---|---|---|---|
| 天正7 | 9月11日 | ■織田信長、安土を出て、申刻（16時）に上洛。今回は陸路瀬田を通っての出京であった。<br>そして逢坂まで進んだところで、播州三木表で合戦があり羽柴勢が敵首数多を討ち取ったとの勝報が届いた。秀吉は先般安土から追い返されたことを無念に思い、それゆえ合戦を励んで今回の勝利を得たのであった。<br>報を受けた信長はみずから書状をしたため、「三木の落着もいよいよであるゆえ、攻囲を詰め、虎口の番等はくれぐれも油断なく申し付けることが肝要である」と秀吉に書き送った。 | 3177 |
| | 9月11日 | 今度、相州（北条）氏政の舎弟、大石源蔵氏直、御鷹三足、京都まで上せ進上。（『信長公記』）。<br>北条氏直（1562～1591）は氏政の嫡男。大石家に養子に入り大石源三と名乗ったのは氏政の父・氏康の三男、北条氏照（1542～1590）。源蔵ではなく源三である。 | 3178 |
| | 9月13日 | **「徳川氏・小田原北条氏の間に同盟が完全に成立」。**<br>勝頼の背信に怒る北条氏政（1538～1590）、第二次甲相同盟を破棄し、武田勝頼（1546～1582）と国交断絶をし、徳川家康（1543～1616）と同盟を結ぶ。 | 3179 |
| | 9月13日 | 「第二次甲相同盟完全破綻―武田・北条の戦いが、駿府国と上野国ではじまる」。<br>武田勝頼、駿河に出て沼津に三枚橋城（静岡県沼津市大手町）を築く。駿河黄瀬川（静岡県沼津市大岡）で、小田原から伊豆国三島に出陣した北条氏政と対陣。戦国大名同士が同盟を締結する場合、国境の砦や城は破却されるのが原則であった。そのため、どちらかが城を造ることは敵対行為であり、北条氏政にとっては、武田氏が駿豆国境に築城したことが重大な盟約違反とした。北条氏政（1538～1590）は、第二次甲相同盟を破棄し、武田勝頼（1546～1582）と国交断絶をし、徳川家康と同盟を結ぶ。<br>織田・徳川連合と北条氏が手を結んだことで、武田氏は東西からの脅威にさらされることになる。 | 3180 |
| | 9月14日 | **北条氏政、家康家臣大須賀康高に、同盟に関する書状を送る。次いで同月20日にも送る。** | 3181 |
| | 9月15日 | **「信康事件終結ー家康、長男信康を自害させる」。**<br>徳川家康、二俣へ天方通綱らを遣わして、信康に切腹を命じる。<br>徳川家康長男・岡崎三郎信康（1559～1579）、遠江国二俣城（静岡県浜松市天竜区二俣町）で切腹。<br>14歳ほどで家康のもとを離れ、同じ城で暮らし母親（築山殿）寄りとみられる信康が20歳過ぎころから自立を図ろうとして、家臣団も対立する中、家康はわが子より自身の重臣とのつながりを重視したともいう。<br>介錯は天方山城守通綱（1519～1596）。このとき服部半蔵が介錯人を務め、天方通興の子・通綱が検分役であった。信康が切腹した際、服部正成（半蔵）（1542～1596）（渡辺半蔵守綱とも）が涙のあまり刀が振り下せず介錯できなかった為、通綱が代わりに介錯をした。このため主君である家康の長男の首を落としたという自責の念にかられ通綱は高野山に登り仏門に入ったという。<br>長田（永井）直勝（1563～1626）は、信康が自刃すると、徳川氏を去って隠棲したが、天正8年（1580）、家康に召し出されて再び家臣となり家号を「永井」と改めたという。信康家老長沢松平康忠（1546～1618）は、再び家康に仕える。信康に仕える伊奈忠次は、再び出奔し、和泉国・堺に在したという。 | 3182 |

# 西暦1579

| | | | |
|---|---|---|---|
| 天正7 | 9月17日 | **徳川家康、武田勝頼の伊豆国侵攻に対し、和睦同盟した北条氏政を援助するために、遠江国掛川に出陣。** | 3183 |
| | 9月17日 | 「先に、武田勝頼・上杉景勝同盟」。「於豆州境新城相築候」。武田勝頼(1546~1582)、出陣した駿河での戦況を上杉景勝(1556~1623)に報ずる。<br>伊豆・駿河の境目に築いていた三枚橋城(静岡県沼津市大手町)が完成したことを伝え、春日信達(高坂昌元/春日昌元)(?~1582)・長坂光堅(1513~1582)等が戦備の成れるを報ずる副状を作成する。 | 3184 |
| | 9月18日 | ■織田信長(1534~1582)、二条新第(二条御所)に、摂家・清華の諸家・細川信良(昭元)(1548~1592)を招き蹴鞠を興行。 | 3185 |
| | 9月19日 | **「第二次持舟城の戦い」。**<br>徳川家康、北条氏政の要請を受けて、武田水軍の拠点、遠江国遠目城(静岡県焼津市浜当目字殿山)・持船城(静岡市駿河区用宗城山町)を攻撃。<br>徳川軍に攻められ、武田方の今福丹波守友久、三浦兵部助義鏡、向井伊賀守正重・向井政勝父子ら4百人余、討死する。**戦火は駿府にまで及び、駿府浅間社が焼失。徳川軍は、さらに駿河由比まで進み、放火する。** | 3186 |
| | 9月21日 | ■「有岡城の戦い」。織田信長、有岡城(兵庫県伊丹市伊丹1丁目)へ向けて京を出陣、山崎に至る。大雨のため22・23日も山崎。 | 3187 |
| | 9月22日 | **深溝松平家忠、三河国岡崎にて酒井忠次より、岡崎城詰停止命令を受ける。**(『家忠日記』)。 | 3188 |
| | 9月24日 | ■「有岡城の戦い」。織田信長、山城国山崎から摂津国へ発足、古池田に向かい、陣を敷く。 | 3189 |
| | 9月25日 | **武田勝頼、徳川家康と決戦をすべく北条軍との対陣を切り上げ、全軍を駿東郡から駿府に向けるが、家康はこれを避けて遠江へ引き上げる。<br>勝頼は徳川軍駿河侵入を知り、北条軍への押さえの兵を残し軍勢西進決定。<br><br>この日、武田軍の一部が駿府に到着したことを知り、家康は井籠(静岡県島田市)まで引き取った。** | 3190 |
| | 9月26日 | **松平家忠、三河国岡崎より妻子を三河国深溝城(ふこうずじょう)(愛知県額田郡幸田町深溝)へ帰す。** | 3191 |
| | 9月26日 | 武田家臣跡部勝忠(勝資)(?~1582)と市川元松(1511?~1593)が、上杉家臣長井昌秀に宛て、菊姫入輿に伴い、甲斐から越後に居住する佐目田菅七郎・土屋藤左衛門尉・雨宮縫殿丞・向山新三・林与兵衛ら47名とその貫高を書いた文書を送る。菊姫に多くの家臣を附属させ、上杉家中に影響力を持とうとした。 | 3192 |
| | 9月27日 | **松平家忠、三河国深溝城へ帰還する。**(『家忠日記』)。 | 3193 |
| | 9月27日 | ■「有岡城の戦い」。織田信長、伊丹の四方に築かれた付城群を巡視し、諸将を見舞う。小屋野の滝川一益陣所に暫時逗留した。その後はさらに塚口の丹羽長秀陣所まで足を運び、有岡城包囲の様子を見る。晩になって古池田に戻る。 | 3194 |
| | 9月28日 | **徳川軍、井籠から牧野(旧諏訪原城)に移る。** | 3195 |
| | 9月28日 | ■織田信長、摂津国より帰洛する。 | 3196 |
| | 秋 | 高天神城の岡部元信(長教)(?~1581)・栗田鶴寿寛久(1551~1581)・江馬右馬允(?~1581)ら、城中小者までが連署した願書を武田勝頼に進上し、高天神城(静岡県掛川市上土方・下土方)への後詰めと番手衆の編成替えを願い出る。 | 3197 |

| | | | |
|---|---|---|---|
| 天正7 | 10月1日 | **徳川家康、遠江国浜松城に帰陣。**(『家忠日記』)。 | 3198 |
| | 10月7日 | **この日から18日まで浜松で普請が行われる。** | 3199 |
| | 10月8日 | 武田勝頼(1546~1582)、常陸佐竹氏麿下の太田道誉資正(1522~1591)・梶原政景(1548~1615/1623)父子に書状を送り、佐竹義重(十八代当主)(1547~1612)及び一門の北(佐竹)義斯(1545~1599)・東(佐竹)義久(1554~1601)から起請文が届けられたことを喜ぶ。また、北条氏政(1538~1590)が伊豆三島に在陣し、泉頭に城を築いていること、勝頼自身は江尻に対陣し、佐竹義重(1547~1612)の動きを待っていることを伝える。<br>9月頃には、武田方は武田信豊、佐竹方は梶原政景・太田資正が取次となり双方で誓詞を交わし、「手合(甲佐同盟)」について協議していた。<br>北条氏政は、織田・徳川と同盟を結んでいた。 | 3200 |
| | 10月8日 | **浜松城を改修中の松平家忠の詰所へ今川氏真が訪れ、家忠がもてなしをする。**(『家忠日記』)。 | 3201 |
| | 10月8日 | ■織田信長、戌刻(20時)、二条新第(二条御所)を発ち、翌朝、安土に到着。 | 3202 |
| | 10月11日 | 「先度以榊原小平太被申達候処、御父子様御同前之御意共、対家康恐悦無是非候、相替之儀、従是可申入候、従上方被申越分者、弥可有入魂旨候、猶承届可申上候、委細河尻方被申候、此段宜預御披露候、恐々謹言、」。<br><br>**徳川方の取次酒井忠次(1527~1596)、北条氏政の側近・山角紀伊守定勝(1529~1603)に書状を送り、榊原康政に伝えさせた要請を、北条氏政・氏直父子が受容したことに家康が感謝していると述べると共に、「上方」(信長)の意向を伝達した。** | 3203 |
| | 10月19日 | ■「有岡城の戦い」。攻防十ヶ月、有岡城(伊丹市伊丹1丁目)城守をしていた荒木久左衛門は開城を決意した。荒木久左衛門は、なんと、池田知正(1555~1604)であった。 | 3204 |
| | 10月19日 | **家康、掛川へ出馬。** | 3205 |
| | 10月一 | **この月、徳川家康、高天神城を攻める。** | 3206 |
| | 10月20日 | 「甲越同盟」。武田勝頼の妹・菊姫(1558~1604)が春日山城の上杉景勝(1556~1623)の元に到着。随伴警固は、小山田信茂と弟の安田信清が勤めた。入輿の準備は妻の北条夫人が行った。菊姫は景勝の正室となり甲州夫人と呼ばれる。<br><br>安田信清(1560/1563~1642)は、信玄七男とも八男ともいわれ、母は信濃国小県郡の禰津氏の娘である禰津御寮人であるという。正室は甲府城下の長延寺住職である実了師慶(長延寺実了)の娘。永禄10年(1567)信玄の命により巨摩郡加賀美(南アルプス市加賀美)の法善寺に入り、玄竜と号した後に兄・勝頼の命令で還俗し、甲斐源氏の旧族である安田氏の名跡を継承し安田三郎信清と名乗り、海野城主となる。天正10年(1582)3月の甲州征伐による武田氏の滅亡後、僧姿に変装し高野山に逃れ、後に越後国の上杉景勝の正室となっていた異母姉・菊姫の縁を頼って上杉氏に寄寓し、上杉家一門・高家衆筆頭として3300石を領し、武田姓に復帰した(米沢武田家)。<br><br>この頃、天正6年(1578)の「甲越同盟」により武田氏が信濃全体を領する。 | 3207 |
| | 10月24日 | **家康、牧野(静岡県島田市金谷)まで出陣。** | 3208 |

# 西暦1579

| 年号 | 日付 | 事項 | 番号 |
|---|---|---|---|
| 天正7 | 10月24日 | **織田信長、徳川家康へ、「伊丹事」（荒木村重の摂津国有岡城（伊丹城）の外構えを悉く破壊し「天守」ばかりを残すのみとなり、直ちに「落居」させることを通知。詳細は、西尾義次（後の吉次）(1530～1606)に伝達させる。**<br>信長家臣西尾義次は、徳川家康への担当取次として、家康が信長に書状を送る際は義次を宛先として、意向を伝えていたという。西尾義次は、天正10年6月本能寺の変が起こるとこれを急報し、護衛をして伊賀越えを決行、家康を無事に送り届け、そのまま家康の家臣になった。 | 3209 |
| | 10月24日 | ■「十月廿四日、惟任日向守、丹後、丹波両国一篇に申し付け、安土へまいり御礼。其時、志々良百端進上候へき」。(『信長公記』)。「丹波国日向守働き、天下の面目をほどこし候」。<br>明智光秀(1528？～1582)、長岡(細川)藤孝(1534～1610)ら、近江国安土城へ凱旋、登城し丹波国・丹後国の平定を報告、志々良百端を進上。織田信長は、翌年、丹波国を明智光秀に、丹後国を長岡(細川)藤孝に与えることになる。 | 3210 |
| | 10月25日 | 北条氏政(1538～1590)は、徳川家康(1543～1616)と結び、約六万の軍勢を率いて武田氏攻撃のため出陣し、甲斐に向かって黄瀬川を隔てた三島に陣をとる、という報が信長に入る。(『信長公記』)。 | 3211 |
| | 10月25日 | **松平家忠、朝比奈泰寄（小田原北条氏使者）の帰国にあたり送迎のため遠江国牧野原城より井籠へ出向く。**(『家忠日記』)。 | 3212 |
| | 10月28日 | これより先、武田勝頼(1546～1582)がそれまで模索していた佐竹義重(1547～1612)との「甲佐同盟」が成立。相模北条氏を対敵として機能した。<br>今村城(群馬県伊勢崎市稲荷町下今字城)主・那波顕宗(なわあきむね)(1548～1590)も服属を申し出たため、上野の北条氏は北条（喜多条)、那波、佐竹に攻撃されることとなった。勝頼は厩橋城に信濃衆を援軍として送り、北条勢は、この日までに兵を退いた。 | 3213 |
| | 11月3日 | ■織田信長、安土城を出立、近江国栗太郡勢田（瀬田）の御茶屋に逗留。そして番衆や伺候してきた客たちへ白の御鷹を披露した。(『信長公記』)。<br>織田信長、近江国栗太郡勢多に逗留。(『兼見卿記』)。 | 3214 |
| | 11月4日 | **深溝松平家忠、遠江国井籠に武田側の「かまり」(物見)が出没したため出陣。**(『家忠日記』)。 | 3215 |
| | 11月4日 | ■織田信長、巳刻(10時)に上洛。(『信長公記』)。 | 3216 |
| | 11月6日 | ■信長公は白の御鷹を連れて放鷹に出かけ、北野近辺で鶉鷹を使って狩りを行った。(『信長公記』)。 | 3217 |
| | 11月7日 | **遠江国滝坂に武田側の「かまり」が出没し、徳川氏の荷物が掠奪される。**〔『家忠日記』〕。**深溝松平家忠らは、敵の首を15取った。** | 3218 |
| | 11月7日 | ■織田信長、東山において鷹狩を行う。(『兼見卿記』)。 | 3219 |
| | 11月8日 | ■織田信長、東山から一乗寺、修学寺山に放鷹。この日初めて白の御鷹を放って獲物を狩った。(『信長公記』)。 | 3220 |
| | 11月9日 | ■織田信長、一乗寺、修学寺山に放鷹。10日も。 | 3221 |
| | 11月11日 | ■織田信長、参内する。 | 3222 |
| | 11月11日 | **家康、掛川へ出馬。** | 3223 |
| | 11月12日 | **家康、馬伏塚へ移る。** | 3224 |

# 西暦1579

| | | | |
|---|---|---|---|
| 天正7 | 11月15日 | ■織田信長(1534〜1582)、誠仁親王(1552〜1586)へ二条新第(二条御所)を献上。(『兼見卿記』)。信長は誠仁親王に自第(二条家旧宅)を謙譲すると強要。<br>信長は皇子を土御門内裏からまんまとおびき出し、自己の人質として囲みこむことに成功。 | 3225 |
| | 11月16日 | ■織田信長、亥刻(22時)、二条新第(二条御所)より衣棚押小路の妙覚寺に移る。(『信長公記』)。 | 3226 |
| | 11月18日 | 武田勝頼(1546〜1582)、飛騨口経略のため、飛騨国衆の江馬輝盛(1533〜1582)、信盛(1535〜1581)兄弟らを派遣。<br>この頃勝頼は、佐竹義重(十八代当主)(1547〜1612)を通じて織田信長との和睦交渉を進めていた。 | 3227 |
| | 11月18日 | 武田勝頼、上杉景勝に誓書を送る。 | 3228 |
| | 11月19日 | ■「有岡城の戦い(天正6年10月21日〜天正7年11月19日)終結—開城」。<br>荒木村重の重臣荒木久左衛門(池田知正)(1555〜1604)らが、妻子を有岡城に人質として残し、有岡・大物城を信長に明け渡して人質を救うよう村重を説得するため、尼崎へ向かう。<br><br>明智光秀(1528?〜1582)は、尼崎・花隈の開城と引きかえに城内の者達を助命することを進言して許され、信長公へ感謝しつつその旨を荒木方へ申し送っていた。(『信長公記』)。 | 3229 |
| | 11月20日 | この日付の上杉景勝宛武田勝頼条目。<br>この第一条目に「一 甲江和与之儀、佐竹義重媒介之事」とあり、勝頼は甲越同盟によって友好関係にあった上杉景勝に対して、公式に織田信長と和睦交渉開始を通達した。 | 3230 |
| | 11月24日 | **家康に、勝頼軍が駿河国田中まで来たとの報告あり。** | 3231 |
| | 11月26日 | **武田勝頼、一転して遠江に軍勢を動かし、高天神城補給に入る。家康に、勝頼軍が高天神へ移ったとの報告あり。** | 3232 |
| | 11月27日 | ■織田信長(1534〜1582)、豊後の大友義統(1558〜1610)へ、周防国・長門国両国の「進止」を要求。大友義統、従五位下・左兵衛督に叙任。信長、これに周防・長門両国を宛行う。「進止」とは、進退とも呼ばれ、土地・財産・人間などを自由に支配・処分することを指す。 | 3233 |
| | 11月27日 | ■信長、北野辺で放鷹を楽しむ。<br>このとき秘蔵の端鷹がいずこかへと飛び失せてしまったが、方々を捜索させたところ十二月一日になって丹波で発見され、無事信長公のもとへ戻されたのだった。(『信長公記』)。 | 3234 |
| | 11月27日 | **深溝松平家忠らは見付まで出陣。勝頼軍が国安から引いた。** | 3235 |
| | 11月28日 | **武田勝頼軍が大井川を越えて退散。** | 3236 |
| | 11月30日 | **武田勝頼は、田中城を経由して高天神城に入るが、家康が見付(静岡県磐田市見付)まで軍勢を進めたので駿河に退く。この後、伊豆に侵攻した。** | 3237 |
| | 11月— | **家康家臣酒井忠次(1527〜1596)・形原松平家忠(1547〜1582)、三河国吉田方新田百姓に、同国吉田横須賀の屋敷田畠の年貢定納免許などを定める。** | 3238 |
| | 12月— | ■この月、織田信長、朝廷に本願寺との和睦を働きかける。 | 3239 |

# 西暦1579

| 天正7 | 日付 | 出来事 | 番号 |
|---|---|---|---|
| | 12月1日 | **深溝松平家忠ら帰陣。** | 3240 |
| | 12月3日 | ■本願寺は、雑賀の年寄衆を招集して講和の談義を行う。 | 3241 |
| | 12月3日 | ■織田信長、衣棚押小路の妙覚寺に家中の上下諸侍ことごとく集めて、座敷に積み上げた千反に余る縮羅・巻物・板物(錦など)等の織物類を馬廻・諸奉公人へ分け与えた。(『信長公記』)。 | 3242 |
| | 12月7日 | ■多聞院英俊、摂津国大坂の石山本願寺出城の一つである「森口」が、織田信長に帰参したことを知る。(『多聞院日記』)。<br><br>のちの慶長11年(1606)に創建された東本願寺の末寺で、「西御坊」と呼ばれた難宗寺(守口市竜田通1丁目)、「東御坊さん」と呼ばれ盛泉寺(大阪府守口市浜町丁目)辺りが、森口城(守口城)とされる。 | 3243 |
| | 12月9日 | 武田勝頼、伊豆を引き払い、甲府に帰国。 | 3244 |
| | 12月10日 | ■織田信長、「南方」へ京を出陣。<br>この日は山城国山崎に布陣。(『兼見卿記』)。 | 3245 |
| | 12月11日 | ■織田信長、雨のため十二日まで宝積寺に滞留。<br>信長、山崎の隆光寺にて八幡宮縁起を聞く。<br>翌日、信長は、山城の代官の武田佐吉・林高兵衛尉・長坂助一郎に、石清水八幡宮の造営を命じる。 | 3246 |
| | 12月12日 | ■「信長の荒木村重の人質処刑がはじまる」。<br>信長、荒木村重の人質の処刑を都で行うことを命じ、人質たちを晩刻から夜もすがら京へ上らせた。そして妙顕寺に広牢を構えて三十余人の女達を押し込め、また、吹田村氏(荒木村重の弟)・伯々部左兵衛・荒木久左衛門の息子自念の三名を村井貞勝の屋敷で入牢させた。<br>さらに摂津国では分限の侍の妻子を集めて磔にかけるよう命じ、滝川一益・蜂屋頼隆・丹羽長秀の三名にその執行を申し付けた。 | 3247 |
| | 12月14日 | ■伊丹有岡城の警固を小姓衆に二十日交替で命じた織田信長、摂津国方面の軍事行動がが悉く「一着」したとのことで山城国山崎より帰陣、妙覚寺に入る。(『信長公記』)。 | 3248 |
| | 12月15日 | 武田勝頼(1546～1582)、下総の結城晴朝(1534～1614)に返書を送り、北関東諸氏で連合して北条氏政の背後を突き、古河・栗橋を攻撃したことに感謝を伝える。 | 3249 |
| | 12月16日 | ■「織田信長朱印状」。信長、長岡兵部大輔(藤孝)・長岡与一郎(細川忠興)へ、来春の摂津出陣、本願寺攻めを通知。 | 3250 |
| | 12月18日 | ■織田信長、戌刻(20時)に二条御所へ祇候。信長、飛鳥井雅教(雅春)(1520～1594)・甘露寺経元(1535～1585)と雑談し、吉田兼見へは「堂上勅許」を祝し、その後、信長は誠仁親王に謁す。(『兼見卿記』)。 | 3251 |
| | 12月19日 | ■織田信長、未明に近江国安土へ下向。(『兼見卿記』)。 | 3252 |
| | 12月23日 | 武田勝頼、上杉景勝(1556～1623)に返書を送り、菊姫(1558～1604)祝言に関しての祝辞と「越後へ祝言以後の仕合いかがに候や、聞き届けたきの事」と様子を尋ねる。 | 3253 |
| | 12月25日 | ■正親町天皇、本願寺に対し信長との講和を勧める。 | 3254 |
| | 12月26日 | 武田勝頼、上杉景勝に血判起請文到来について礼状を送る。 | 3255 |

## 西暦1579

|  |  |  |  |
|---|---|---|---|
| 天正7 | 12月27日 | 武田家臣・跡部勝資(?~1582)が上杉家臣に返書を送り、武田勝頼の帰国と作戦が順調に推移している旨を伝える。 | 3256 |
| | 12月28日 | **「去比中河市助差下候、帰路之時分」。**<br>徳川家康、伊達左京大夫（伊達政宗）に書状を送り、昨年山形に遣わした鷹師の中河市助の帰路の伊達家のお世話を謝する。 | 3257 |
| | ー | **この年、須和(すわ)(阿茶局(あちゃのつぼね))(1555~1637)が、徳川家康に側室として召し出される。**<br><br>須和は、武田家臣飯田直政の娘で、武芸と馬術に優れていたという。19歳のときに、今川家の家臣で主家没落後に一条信龍(のぶたつ)に属した神尾忠重に嫁ぐ。二子をもうけたが、天正5年(1577)7月に忠重は亡くなった。 | 3258 |

## 西暦1580

|  |  |  |  |
|---|---|---|---|
| 天正8 | 1月1日 | ■織田信長、諸将の摂津表に在番を考慮し、旧年中に触れを出して年頭の礼を免じた。 | 3259 |
| | 1月5日 | **徳川家康、従四位上に昇進。** | 3260 |
| | 1月ー | 武田勝頼、正月早々、武蔵国に出陣し、北条氏邦(1541~1597)を破ったのち、2月19日までに帰陣。 | 3261 |
| | 1月16日 | **徳川家康が岡崎城(愛知県岡崎市康生町)を訪ねる。** | 3262 |
| | 1月17日 | ■「三木合戦(天正6年3月27日~天正8年1月17日)終結―秀吉、三木城攻略ー東播平定」。<br>羽柴秀吉(1537~1598)が攻囲する播磨の三木城(兵庫県三木市上の丸町)の城主・別所長治(1558~1580)と一族が、部下の助命を条件に切腹し、二ヶ年の「三木城の干殺し」が終わる。 | 3263 |
| | 1月23日 | **徳川家康、犬法師に三河国安城で所領を与える。** | 3264 |
| | 1月24日 | **徳川家康、西尾で放鷹。** | 3265 |
| | 1月27日 | **徳川家康、西尾から岡崎に戻る。** | 3266 |
| | 2月4日 | **「一分国中加嶋一類、如前々諸役令」。**<br>家康、大角孫尉・弥太夫宛に福徳朱印状発給。<br>二俣方面に偵察に来た家康が帰りの舟がなくなって困っていた時に筏を作って窮地を救い、家康から天竜川の筏川下げと諸役免除の特権を与えられた。大角家は田代家の中興の祖とされる。 | 3267 |
| | 2月17日 | **徳川家康が岡崎城を訪ねる。** | 3268 |
| | 2月20日 | **徳川信康正室・徳姫(1559~1636)が家康に見送られ岡崎城(愛知県岡崎市康生町)を出立、安土の織田家に帰される。深溝松平家忠、尾張国桶狭間まで警固する。<br>二人の娘達(登久姫と熊姫(国姫))は、家康の元に残していった。**<br>五徳姫は、父の信長の元には向かわず、岐阜の兄織田信忠（1557~1582）の元に身を寄せたともいう。 | 3269 |
| | 2月21日 | **徳川家康、浜松へ帰る。** | 3270 |
| | 2月21日 | ■織田信長(1534~1582)、未刻(14時)に上洛、妙覚寺に入る。(『信長公記』)。<br>やがて摂津国大坂（石山本願寺）への攻撃をしかけるための行動であるという。(『多聞院日記』)。 | 3271 |

# 西暦1580

| 天正8 | 日付 | 内容 | 番号 |
|---|---|---|---|
| 天正8 | 2月24日 | ■織田信長、京都東山に於いて放鷹。吉田兼見は二条御所を退出後、茶湯菓子を準備し吉田兼治を同行して辰刻（8時）に東山慈照寺（銀閣寺）へ出向く。兼見、織田信長が「一段機嫌」であった由を吉田兼治より知らされる。（『兼見卿記』）。 | 3272 |
| | 2月25日 | ■織田信長（「右府」）、昨日同様京都東山に於いて放鷹。未刻（14時）に織田信長は帰京。（『兼見卿記』）。 | 3273 |
| | 2月26日 | ■織田信長、妙覚寺より本能寺へ移座のため、京都所司代・村井貞勝に本能寺の普請を命じる。（『信長公記』）。本能寺の宿舎御殿の普請である。 | 3274 |
| | 2月27日 | ■織田信長、摂津国へ向けて京を出陣し、山崎に至る。<br>この地で織田信澄・塩河伯耆（長満）・丹羽長秀の三名に向け「兵庫花隈表へ出兵し、花隈城（兵庫県神戸市中央区）に向けてしかるべき地を選んで要害を築き、池田恒興父子三人を入れ置いた上で帰陣すべし」との命を発した。 | 3275 |
| | 2月29日 | ■～三十日、織田信長、山崎西山に放鷹。（『信長公記』）。 | 3276 |
| | 3月1日 | ■織田信長、山崎から郡山（大阪府茨木市郡山）に至る間、天神馬場、大田にて放鷹。 | 3277 |
| | 3月1日 | ■織田信長（1534～1582）、正親町天皇（1517～1593）に願い、勅使を本願寺に下して同寺と和睦を図る。 | 3278 |
| | 3月3日 | ■放鷹三昧の織田信長、有岡城（兵庫県伊丹市伊丹1丁目）に移陣、かつて荒木村重の居城であった有岡城を検分。 | 3279 |
| | 3月4日 | **「定 一軍勢甲乙人等、不可濫妨狼」。**<br>徳川家康、三河国大恩寺（愛知県豊川市御津町広石御津山）に、濫妨・狼藉禁止などの制札を与える。 | 3280 |
| | 3月8日 | ■織田信長、摂津国より上洛し、直接京都北山に向かい放鷹。妙覚寺に寄宿。（『信長公記』）。 | 3281 |
| | 3月9日 | ■信長に、北条氏政より鷹十三足が進上されてきた。その中には、「鴻取・鶴取・真那鶴取」と名付けられた鷹も入っていた。また同時に馬五匹も進上された。進上は洛中本能寺で行われ、鷹居の者が据木に繋いで信長へ進上した。この時、申次を務めたのは滝川一益であった。（『信長公記』）。<br><br>北条氏は、上野国では武田勝頼の攻勢が続き、上野下野国衆も武田方に転じたため、劣勢に陥っていた。 | 3282 |
| | 3月10日 | ■「小田原北条家、信長に従属」。<br>北条氏政の使者が到来して信長へ御礼を行った。進物の太刀および進物目録の折紙は佐久間信盛が披露した。なお、氏政（1538～1590）の使者は笠原越前守（康明）、舎弟氏照（1540～1590）の使者は間宮若狭守（綱信）（後の子孫に間宮林蔵がいる）であり、さらに下使として原和泉守が同行していた。（『信長公記』）。<br><br>織田信長、相模の北条氏政の使者を引見し、太刀と進物目録の折紙を見る。氏政の使者より、「応対を務めていた御使衆の武井夕庵・滝川一益・佐久間信盛の三使との間で縁組を行い、関八州を織田分国として参らせたい」と、請われる。滝川一益、使者を京都案内することを命ぜられる。 | 3283 |
| | 3月10日 | ■織田信長、巳刻（10時）に出立し、近江国安土へ下向。（『兼見卿記』）。 | 3284 |

| 和暦 | 月日 | 内容 | 番号 |
|---|---|---|---|
| 天正8 | 3月11日 | **「遠路所、具足被差越候、殊外見事」。**<br>家康、明珍久大夫に礼状を送る。<br>通称は久太郎だが、甲冑師の明珍派宗家19代の明珍宗家(みょうちんむねいえ)。家康の命で大円平頂山尊霊の兜をつくったという。 | 3285 |
| | 3月13日 | ■信長、金銀百枚を北条家使者の笠原・間宮両人に贈り、「京都にて田舎の土産を揃えられよ」と告げた。(『信長公記』)。 | 3286 |
| | 3月13日 | **「遠江国浜松庄大工職之事、任前々」**。家康、五郎太郎に判物発給。五郎太郎を浜松荘の大工職とし、大工を統制させる。<br>**家康は、浜松城下紺屋・檜物師・塗師・瓦師・仕立物師・桶師・屋根屋・鍛冶・大工・畳師・木挽などの職人に、それぞれ支配頭をおいて統制させ、頭には無税の屋敷を与え、領内の販売の独占権を認めた。職人らは軍陣にも参加し、城や陣所の構築などに従事した。** | 3287 |
| | 3月13日 | **深溝松平家忠、酒井忠次より出陣命令を受ける。**<br>**家康は、北条氏政を支援するため、遠江・駿河に侵攻する。** | 3288 |
| | 3月15日 | 「伊豆重須海戦」。この日、甲相の水軍が伊豆重須沖(静岡県沼津市沖)に戦う。激戦の末、双方撤退する。 | 3289 |
| | 3月15日 | ■織田信長、近江国長命寺善林坊に移座し、十九日まで奥の嶋山(近江八幡市)に放鷹。信長自愛の白鷹が評判となり、見物人が集まった。(『信長公記』)。 | 3290 |
| | 3月中旬 | これより先、上杉景勝のもとに武田・織田間で和睦(甲江和与)成立との情報が届く。<br>この頃、武田勝頼に景勝から「事前説明を受けていない」という抗議文が届いた。これは信長(1534~1582)の子で人質であった御坊丸(織田勝長)を佐竹氏を通して返還しようとしたことであった。<br>御坊丸(のちの織田源三郎信房、織田勝長)(1568?~1582)は美濃岩村の遠山氏の養子となっていたが、武田氏の手により美濃岩村が落ちると甲斐に送られて武田氏の養子(人質)となっていた。 | 3291 |
| | 3月17日 | ■「石山合戦—元亀1年(1570)9月12日~天正8年(1580)8月2日—石山戦争の終結」。<br>正親町天皇の勅使・近衛前久の仲介により、この日、信長(1534~1582)と本願寺顕如光佐(1543~1592)の講和が成立。8月2日、教如光寿(1558~1614)、退去。 | 3292 |
| | 3月18日 | 松平家忠、遠江国高天神城南の大坂砦普請を開始。(『家忠日記』)。<br>**徳川家康、高天神城(静岡県掛川市)攻撃のための付城の普請を開始する。以後、武田方高天神城は、長期にわたる籠城体制に入る。**<br>「高天神六砦」は、三井山砦、小笠山砦、能ヶ坂砦、火ヶ峰砦、獅子ヶ鼻砦、中村砦。 | 3293 |
| | 3月18日 | **この日~24日、家康の命により大坂堀取出普請が行われた。**三井山砦(みついさんとり)(静岡県掛川市大坂)で、高天神城を包囲するために築かれた「高天神六砦」の一つ。 | 3294 |
| | 3月18日 | ■「去歳以富永方就于御所望、勝頼被及大誓詞、剰執御榊深重申合、属甲江和睦者、貴国一統之儀、随分可被及才覚之旨、被申定候」。<br>武田・上杉間で織田信長との和睦について、武田家臣跡部勝資は、「春日山貴報人々御中」宛、詳細な釈明を行って上杉景勝の誤解を解くように務めた。<br>武田・上杉間においては、織田信長と和睦する際には三和の形をとるという約束ができており、武田の抜け駆けが疑われて外交問題化したが、上杉氏が独自に織田氏と交渉を重ねたことも議題に上った。 | 3295 |

# 西暦1580

|  |  |  |  |
|---|---|---|---|
| 天正8 | 3月21日 | ■信長公は相模の北条氏政への返礼として虎皮二十枚、縮羅三百反・三箱、猩々皮十五を笠原越前守に持たせた。また北条氏照に対しても間宮若狭守に段子二箱を持たせて送り出したのだった。(『信長公記』)。 | 3296 |
| | 3月24日 | 武田勝頼、下野の那須資晴(155~1610)に、北条氏政の伊豆出陣を伝え、背後を突くよう要請する。 | 3297 |
| | 3月25日 | 武田勝頼、海賊衆小浜景隆(1540~1597)・向井正綱(1557~1624)に感状を与え、伊豆浦で北条水軍を破った戦功を賞する。 | 3298 |
| | 3月25日 | **この日~28日、徳川軍中村取出普請が行われた。** | 3299 |
| | 3月25日 | ■織田信長、奥の嶋山に至り二十八日まで放鷹。(『信長公記』)。 | 3300 |
| | 3月27日 | 武田勝頼(1546~1582)、武田水軍の拠点、遠江国持船城(静岡市駿河区用宗城山町)を修築、朝比奈駿河守信置(1528~1582)を城番に置く。 | 3301 |
| | 3月28日 | ■織田信長、狩りの間世話になったとして永田刑部少輔(景弘、正貞)へ葦毛の馬を、池田孫次郎(景雄)(1528~1598)に青毛の馬をそれぞれ与えたのち、安土城に戻る。(『信長公記』)。<br>池田景雄(かげかつ)は、天正10年(1582)6月の本能寺の変の後、明智光秀に降って山崎の戦いでは明智方で従軍。その後、同年10月には羽柴秀吉に服属してその部将となっていたという。 | 3302 |
| | 3月― | ■この月、北条氏と対立する常陸の佐竹義重による甲斐の武田勝頼と織田信長の講和画策が露見する。 | 3303 |
| | 閏3月5日 | ■第三次石山合戦(天正4年(1576)3月~天正8年閏3月5日)終結。「11年に及ぶ石山合戦(元亀元年(1570)~天正8年閏3月5日)が終結」。<br><br>正親町天皇の勅旨により、本願寺顕如光佐が来る七月二十日までに石山本願寺の退去を約し、和睦が成立。<br>天皇は信長の要請にもとづいて顕如に対し勅旨によって信長と講和を結ぶことになった。勅命によるとはいえ、この講和は11年に及ぶ抗争の結末としてはあまりに呆気ない幕切れであった。 | 3304 |
| | 閏3月15日 | 北条氏政、駿河深沢(静岡県御殿場市)に出陣し御厨一帯を放火。 | 3305 |
| | 閏3月17日 | 北条氏政(1538~1590)、足柄(静岡県駿東郡小山町)に着陣。武田勝頼(1546~1582)は、穴山信君(梅雪)(1541~1582)に防備を指示。 | 3306 |
| | 閏3月20日 | **大給松平真乗(さねのり)(1546~1582)の家臣書立が作成される。** | 3307 |
| | 4月9日 | ■「石山本願寺の籠城五年」、終わる。<br>本願寺の門跡顕如は、寺を新門跡の教如へ渡して大坂を退去する旨を届け出ていた。本願寺顕如光佐(1543~1592)、宗祖親鸞の影像を奉じて、石山本願寺を退去。<br><br>子の教如(光寿)(1558~1614)は退去を拒否し、雑賀門徒をはじめとする諸国の本願寺門徒の主戦派の支持を受けて籠城を続ける。顕如は、長男教如の反抗が信長の勘気に触れることを恐れ、これを勘当して弟・准如光昭(1577~1631)を嗣子としたとする。これは後の本願寺東西分裂の端緒となる。 | 3308 |
| | 4月11日 | ■織田信長(1534~1582)、近江国長光寺(滋賀県近江八幡市長福寺町)に放鷹。途中で越中国の神保長住(?~?)の使者に出会い、馬二頭を進上される | 3309 |

## 西暦1580

| 年号 | 日付 | 事項 | 番号 |
|---|---|---|---|
| 天正8 | 4月12日 | **隠入院・鵜殿重長、深溝松平家忠(1547～1582)と鵜殿長信(？～1592)との山相論を仲裁する。以前のように峰切りということで決着した。** | 3310 |
| | 4月24日 | ■「但馬平定」。この頃、秀吉(1537～1598)に命じられた弟・羽柴長秀(秀長)(1540～1591)による但馬平定が完了。 | 3311 |
| | 4月24日 | ■織田信長、近江国伊庭山に放鷹。その際、山上で丹羽右近（氏勝）(1523～1597)の家臣が作業中で大石が落下、この事故がさまざまな不行届きの末に起こったことであるという報告を聞き、激怒した信長は現場年寄衆の一人を手討にする。(『信長公記』)。 | 3312 |
| | 4月25日 | **「参州額田郡能美郷拾玉山大林寺事」。**<br>徳川家康、三河国大林寺(だいりんじ)(愛知県岡崎市魚町1丁目)の寺領などを安堵する。 | 3313 |
| | 4月25日 | **「参州設楽郡鳳来寺之事 一渥美郡」。**<br>家康、三河国鳳来寺（愛知県新城市門谷字鳳来寺）に、寺領を安堵し諸役免除などの条目を定める。 | 3314 |
| | 5月1日 | **徳川家康(1543～1616)、掛川へ出陣。** | 3315 |
| | 5月2日 | **徳川諸軍勢は、牧野(静岡県島田市金谷)へ。遠州衆は井籠まで陣取った。** | 3316 |
| | 5月3日 | **徳川家康、駿河田中城(静岡県藤枝市田中)を攻撃し、翌日まで滞陣する。** | 3317 |
| | 5月5日 | **「当目峠の戦い」。**<br>徳川軍が撤退するとき、武田方の持船城（静岡市駿河区用宗城山町）の朝比奈勢が追撃してきたが石川数正の軍勢が当目峠（静岡市用宗と焼津の境界線地域）で迎え撃ち32人を討ち取った。 徳川軍との戦いで、持舟城主・朝比奈信置家臣長谷川左近、朝比奈市兵衛ら将士32人討死。 | 3318 |
| | 5月5日 | **田中城近くに滞陣の徳川家康、武田勝頼の来攻により、遠江掛川に兵を退く。** | 3319 |
| | 5月5日 | ■「御山にて御相撲これあり。御一門の御衆御見物なり」。(『信長公記』)。<br>織田信長、安土城で相撲を催す。 | 3320 |
| | 5月15日 | **「武田氏、本国侵入をされる」。**<br>北条氏照（北条氏康の三男で氏政の弟）(1540～1590)が甲斐都留郡に侵入。西原（山梨県上野原市）で武田軍は戦い、小山田信茂(1539/1540～1582)・加藤景忠(1542～1582)両将の働きで撃退する。躑躅ヶ崎館（武田氏政庁）では本国甲斐侵入を許したことに衝撃を受けた。<br>**甲斐が攻撃されたのは家督相続後、初めてのことであった。** | 3321 |
| | 5月17日 | ■国中の相撲取召し寄せられ、安土御山にて御相撲これあり。御馬廻衆御見物。日野の長光、正林、あら鹿、面白き相撲を勝ち申すに付きて、御褒美として銀子五枚長光に下され、忝く頂戴。甲賀谷中より相撲取卅人参り候。辛労の由、御諚候て、黄金五枚下され、忝き次第なり。布施藤九郎与力に、布施五介と申す者、能き相撲の由候て、召し出だされ、御知行百石仰せ付けられ候。今日の御相撲、あら鹿、吉五、正林、能き相撲勝ち申すに付きて、御褒美として、八木(米)五十石宛下され、忝く拝領なり。(『信長公記』)。 | 3322 |
| | 5月21日 | **「参州上野隣松寺領之事 一田地弐」・「定 一殺生禁断之事 一寺中不可」。**<br>徳川家康、三河国隣松寺(愛知県豊田市幸町隣松寺)の寺領を安堵し、定書をもって諸役を免除する。 | 3323 |

# 西暦1580

| 和暦 | 月日 | 事項 | No. |
|---|---|---|---|
| 天正8 | 5月28日 | **「遠江国浜松庄入野 御本所領之内」。**<br>家康、「御局」に宛て「木寺宮領保証」の丁重な判物発給。家康は入野町の竜雲寺に住む「大宮」に対し、入野(浜松市西区入野町)の本所領と竜雲寺領は、住持瑞椿に譲るのならこれを保証し、大宮の存生中はお考えのとおりにすると記す。<br>大宮は赤津中務少輔で、木寺宮(康仁親王)の八世だといい、瑞椿はその子である。中務少輔は天正8年3月18日の武田氏朱印状で、武田勝頼の軍役をつとめており、これが問題となったのであろう。同年9月に中務少輔は、入野城(静岡県藤枝市岡部町入野)へ逃走した。 | 3324 |
| | 5月下旬 | 武田勝頼(1546～1582)、伊豆で北条氏政(1538～1590)と対陣し、三枚橋城(静岡県沼津市大手町)の普請を行う。<br>この普請には、勝頼異母弟の仁科盛信(信玄の五男)(1557？～1582)が力を発揮した。戦いでは、武田水軍の小浜景隆(1540～1597)が、伊豆の浦々を攻撃する。 | 3325 |
| | 5月― | **「禁制 明眼寺 一軍勢甲乙人等濫」。**<br>徳川家康、三河国明眼寺に禁制を与える。明眼寺(愛知県岡崎市大和町沓市場)は、妙源寺と改称した。 | 3326 |
| | 5月― | 高天神城(静岡県掛川市上土方・下土方)の岡部丹波守元信(長教)(？～1581)は、また、武田勝頼(1546～1582)に援軍を要請する。 | 3327 |
| | 6月9日 | 北条氏政、伊豆から撤退。勝頼も甲府に帰陣する。 | 3328 |
| | 6月9日 | **家康が横須賀(静岡県掛川市松尾町)まで出陣。** | 3329 |
| | 6月11日 | **徳川家康(1543～1616)、遠江横須賀に陣を置き、鹿鼻(菊川市大石)・能坂(掛川市小貫)に高天神城攻撃のための、付城普請がはじまる。** | 3330 |
| | 6月11日 | **徳川方、この日～17日、鹿鼻(ししかはな)取出普請。高天神桶小屋に放火。** | 3331 |
| | 6月14日 | 武田勝頼、岡部丹波守元信(長教)に、高天神城の防備を命じる。 | 3332 |
| | 6月17日 | **高天神城攻撃のための、徳川家康の付城が完成する。**<br>徳川軍、高天神城(掛川市上土方・下土方)外を放火。以後、高天神城は徳川氏の攻撃にさらされ続ける。武田氏が伊豆と上野に主力を向けている隙に高天神城を落とそうと、徳川勢は攻勢を強め、根小屋(静岡市駿河区根古屋)が焼き討ちされた。 | 3333 |
| | 6月18日 | **稲をなぎはらい、家康三河衆が浜松まで帰陣。** | 3334 |
| | 6月24日 | ■織田信長、安土で相撲を開催。明け方から夜になり提灯をつけて続けたいい、この日も大野弥五郎が召抱えられた。(『信長公記』)。 | 3335 |
| | 6月27日 | **深溝松平家忠、雨乞いの連歌を行う。** | 3336 |
| | 6月29日 | 武田勝頼、駿河において北条氏政と対陣。 | 3337 |
| | 6月― | ■「第一次鳥取城攻撃―天正8年6月～9月21日」はじまる。<br>この頃、羽柴秀吉(1537～1598)、弟の長秀(のちの秀長)(1540～1591)と合流して鳥取城(鳥取市東町)を攻撃。城主・山名豊国(1548～1626)は、一旦は鳥取城に籠城する。 | 3338 |
| | 7月8日 | **この日から深溝松平家忠、6月29日に切れた三河国中島堤の普請を行う。** | 3339 |
| | 7月14日 | ■織田信長、近江国安土より上洛。(『兼見卿記』)。 | 3340 |
| | 7月20日 | **徳川家康、浜松を出陣、掛川へ出馬。徳川軍は掛川山口まで出陣。** | 3341 |
| | 7月20日 | 北条氏政、駿豆に出陣。 | 3342 |

# 西暦1580

| 年号 | 月日 | 事項 | 番号 |
|---|---|---|---|
| 天正8 | 7月21日 | **徳川軍が井籠崎への川原で陣取る。22日、小山筋に出動。** | 3343 |
| | 7月22日 | **「小山城合戦―天正8年(1580)7月22日～25日」。**<br><br>高天神城への補給路の要・小山城（こやまじょう）(静岡県榛原郡吉田町)おいて、徳川軍と武田軍の合戦がある。武田方の遠江小山城代・大熊備前守朝秀(？～1582)がよく守る。 | 3344 |
| | 7月23日 | **徳川家康、駿河田中城を攻める。**<br>石川数正(1533～1592？)が田中筋へ出動。25日、小山筋に出動。 | 3345 |
| | 7月一 | **「第二次高天神城の戦い―天正8年7月～天正9年3月22日」、はじまる。**<br>この月頃に高天神城(静岡県掛川市上土方・下土方)は、完全に徳川勢に包囲される。<br><br>高天神城の奪回に向けて本格的に動き出した家康は、高天神城攻めの付城（攻撃の拠点）として小笠山・中村・能ヶ坂・火ヶ峰・獅子ヶ鼻・三井山の6ヶ所「高天神六砦」に砦を築いて、武田方の滝堺城(静岡県牧之原市片浜字法京)・小山城(静岡県榛原郡吉田町)との兵站を断った。 | 3346 |
| | 7月26日 | **徳川軍が帰陣し、家康は掛川まで帰陣。** | 3347 |
| | 7月27日 | **家康、浜松帰陣。** | 3348 |
| | 7月29日 | **松平家忠、深溝に帰る。** | 3349 |
| | 7月一 | ■この月、上杉方の能登七尾城（石川県七尾市古城町）が開城し、織田軍が能登を制圧する。 | 3350 |
| | 7月一 | ■この月、織田信長（1534～1582）、丹波国一国（二十九万石）と丹波亀山城を明智光秀(1528？～1582)に、丹後を長岡(細川)藤孝(1534～1610)に宛行う。<br>光秀は、坂本城五万石・近江志賀郡五万石を合わせ三十九万石の領主となった。 | 3351 |
| | 8月4日 | ■「信長の大和一国諸城破却令」。<br><br>織田信長、筒井順慶（1549～1584）に、郡山城を除く大和国内諸城の破却を命じる。信長はあわせて河内も同様の措置を命じ、国人たちの反抗の拠り所を無くし、筒井順慶を通して信長支配の一元化を図った。 | 3352 |
| | 8月6日 | 武田勝頼、旧景虎方の栃尾城(新潟県長岡市栃尾町)・三条城(新潟県三条市)を攻略した上杉景勝に書を送り、越後統一を祝す。 | 3353 |
| | 8月11日 | 武田勝頼と北条氏政、伊豆戸倉(静岡県駿東郡清水町徳倉)で合戦。 | 3354 |
| | 8月12日 | ■織田信長、京を発し宇治の橋を見物し、そこから舟に乗って大坂へ下った。(『信長公記』)。 | 3355 |
| | 8月12日 | ■大坂に着いた織田信長、「退き佐久間」と呼ばれ戦上手の佐久間信盛（1528～1581)・信栄(1556～1632)父子を弾劾する全十九ヶ条の「覚」を発す。<br><br>その折檻状の三番目に、「丹波国、日向守働き、天下の面目をほどこし候。次に羽柴藤吉郎、数ヶ国比類なし。……」。(丹波の国における惟任日向守（光秀）のめざましい働きは、よく天下に面目を施した）と、秀吉より先に光秀（1528？～1582)の働きを上げた。 | 3356 |

# 西暦1580

|  |  |  |  |
|---|---|---|---|
| 天正8 | 8月12日 | ■佐久間信盛に対する信長折檻状に、「一、水野信元死後の刈屋（刈谷）を与えておいたので家臣も増えたかと思えばそうではない。水野の旧臣を追放しておきながら、跡目を新たに設けるでもなく、結局、追放した水野の旧臣の知行を信盛の直轄としてしまうのは言語道断…」という一文がある。<br>**さらに信長は、水野信元が冤罪だったとして、家康の下にいた信元の末弟・忠重(1541~1600)を呼び寄せて、旧領を与え水野家を再興させた。忠重は、信長の家臣となり、織田信忠の軍団に組み込まれたようである。** | 3357 |
| | 8月12日 | ■織田信長、初めて音信を通ず島津義久(1533～1611)へ、大友義統(1558～1610)と「鉾楯」に及んでいることは不当であり「和合」することがもっともであること、また信長の勢力圏では石山本願寺を「緩怠」を理由に「誅罰」し、石山本願寺側からの懇望により「赦免」して大坂「退散」が実現、本願寺顕如光佐らは紀伊国雑賀へ退去したことで「幾内無残所属静謐」したこと、来年は安芸国へ信長が「出馬」する予定であるので、その際には奔走し「天下」に対して大忠をなすことを促す。詳細は近衛前久より伝達させる。 | 3358 |
| | 8月14日 | **武田勝頼(1546~1582)、北条氏政(1538~1590)と駿河黄瀬川(静岡県沼津市大岡)で対峙。北条氏政、徳川家康(1543~1616)に軍事援助を求める。** | 3359 |
| | 8月15日 | ■織田信長、宇治から八幡を見て大坂へ向かう。信長が石山本願寺の焼け跡に入り、検分を行う。 | 3360 |
| | 8月15日 | ■「信長、宿老佐久間信盛父子追放」。織田信長、佐久間信盛(1528～1581)のもとへ楠長諳（楠木正虎）(1520～1596)・松井友閑(？～？)・中野又兵衛（一安）(1526～1598)の三名を遣わして、自筆の覚書をもって、石山本願寺攻略に比類なき戦功無しとして、本願寺攻めの大将佐久間信盛・信栄父子を高野山に追放。 | 3361 |
| | 8月16日 | **「今度高天神之一陣契約相整、令大慶訖、就中申談意趣被及同心満足候、依之為労芳志、刀一腰岩切丸贈之、猶期後音候」。**<br>徳川家康、笠原新六郎政晴（北条家の宿老・松田憲秀の長男）(？～1590)に、高天神来援を謝し太刀を贈る。 | 3362 |
| | 8月17日 | ■織田信長、大坂を発し、未刻、京都に向かう。 | 3363 |
| | 8月17日 | ■「信長、さらに宿老を追放」。<br>織田信長、宿老の林秀貞(1513～1580)と安藤守就（1503？～1582）・尚就(？～1582)父子と丹羽右近（氏勝）(1523～1597)を、過去の謀反を理由に追放。<br>『信長公記』には、林、安藤、丹羽三名の追放の理由として「先年信長公御迷惑の折節、野心を含み申すの故なり」（先年、信長公が苦闘を重ねていた折、それに乗じて野心を含んだためであった）とある。<br>秀貞は、過去の信行（信勝）擁立の謀反の罪を、安藤父子は、武田勝頼と内通したという罪、氏勝は二十五年前の守山城の信次事件や武田家内通疑惑が理由であったという。なんと、天文24年（1555）6月の信長の弟・秀孝を殺害する事件である。 | 3364 |
| | 8月19日 | この日、北条氏政(1538～1590)は、氏直(1562～1591)に家督を譲って隠居するが、これは在陣中の異例のもので、父に倣い北条家の政治・軍事の実権は掌握した。<br>信長との提携を視野に入れた政治判断の結果であったという。織田氏との縁組みを要請していた氏直を家督とすることで、信長の軍事支援を仰ごうと試みたとされる。 | 3365 |

## 西暦1580

|  |  |  |  |
|---|---|---|---|
| 天正8 | 8月23日 | ■「織田信長、上洛」。 | 3366 |
| | 8月26日 | ■織田信長、午刻(12時)に近江国安土へ下向。(『兼見卿記』)。 | 3367 |
| | 8月27日 | **能見松平家3代当主・松平重吉(1498/1493～1580)、没。享年82。**<br>松平清康・広忠・徳川家康の3代に仕えた。主君・今川氏に背いた鈴木重辰(日向守)の居城・寺部城攻めの際は松平元信(後の家康)に従って功績を立てた。三河一向一揆が起きると酒井忠尚の居城・上野城を攻め、戦功を挙げる。家康の嫡男・信康が武節・足助城攻めで初陣を飾った時は、鎧を身に付けさせる具足親となった。四男の松平重勝(1549～1620)が、能見松平家の家督を相続した。 | 3368 |
| | 8月28日 | ■織田信長、安土城に戻る。 | 3369 |
| | 8月29日 | 武田勝頼は、佐竹氏との連携を約束して、来る9月5日の東上野出陣を表明。その際、20日未満の短縮出陣であるとして兵糧支給を条件に、軍役規定以上の動員を求めた。 | 3370 |
| | 8月― | **この月、徳川家康、三好信吉(秀吉の甥、秀次)(1568～1595)より船3艘を贈られるという。のちに家康は、そのうち1艘を向井兵庫頭(御船手)に預け、「国一」と命名して御座船とした。** | 3371 |
| | 9月3日 | **「伊井谷奥山方広寺之事 一山四方」。**<br>家康、方広寺(浜松市北区引佐町奥山)に安堵状発給。 | 3372 |
| | 9月5日 | 「勝頼、上野侵攻」。<br>武田勝頼、東上野に向けて出陣。真田昌幸(1547～1611)は、その先陣を務める。 | 3373 |
| | 9月10日 | **家康の四男福松丸(のちの松平忠吉)(1580～1607)が浜松城下で誕生。母は西郷局(宝台院)。** | 3374 |
| | 9月19日 | **「第二次高天神城の戦い」。** 徳川勢が高天神城周囲に陣取り、砦を普請。 | 3375 |
| | 9月21日 | これより先、信濃国境に近い九頭郷城(高根城)(静岡県浜松市天竜区水窪町地頭方)の奥山氏内部で謀叛騒動がある。今川・武田・松平のどこに属するかで一族は内部分裂となった。<br>この日、武田勝頼は、奥山大膳亮(吉兼)が逆徒家臣を鎮圧した功績を賞した。 | 3376 |
| | 9月28日 | **「第二次高天神城の戦い―天正8年7月～天正9年3月22日」。**<br>武田方の穴山信君(梅雪)(1541～1582)は、遠江高天神城(静岡県掛川市上土方・下土方)を救うため、徳川家康の軍と戦い敗れる。真田方国衆の大戸真楽斎(?～1580)・大戸個馬兄弟、討死という。 | 3377 |
| | 9月― | **「第二次高天神城の戦い」。** 武田勝頼、甲斐で、高天神城に後詰をしないことを決める(甲陽軍鑑)。<br>高天神城の岡部元信(長教)らが勝頼に援軍を要請するが、家臣らの反対をうけて救援することができず。 | 3378 |
| | 10月1日 | **徳川家臣本多重次(1529～1596)、入野城(静岡県藤枝市岡部町入野)を攻める。**<br>木寺宮赤津中務少輔は、家臣桜井源兵衛の諫言により、家臣嶋勘兵衛の船で逃れ、京に落ち延びる。 | 3379 |
| | 10月12日 | 武田勝頼、出陣、武蔵国本庄城(埼玉県本庄市本庄)等を攻略し帰陣。 | 3380 |
| | 10月12日 | **深溝松平家忠、浜松に向かう。** | 3381 |

## 西暦1580

| 天正8 | 10月22日 | **「第二次高天神城の戦い」。『三河物語』に「四方に深い堀を掘り高土塁を築き、高塀をかけた。城中よりは鳥も通わぬほどになった」とある。**<br><br>家康は、高天神城の周囲に軍勢を布陣させると共に城の四方に大きな堀と土塁を築いて警戒の兵も配置し、厳重な包囲網を完成させた。そして、それから2ヶ月滞陣する。高天神城の岡部元信（長教）（？～1581）らが武田勝頼に援軍を要請するが、家臣らの反対を受けて救援することができず。 | 3382 |
|---|---|---|---|
| | 10月28日 | **「第二次高天神城の戦い」**。家康が馬伏塚に入る。 | 3383 |
| | 11月12日 | **「第二次高天神城の戦い」**。家康家臣・深溝松平家忠(1555～1600)、高天神城を攻めるにより、織田信長に援兵を請う御使いを承り、安土に赴く。 | 3384 |
| | 11月17日 | ■「信長、加賀平定」。柴田勝家(1522？～1583)、ようやく一揆の最後の砦、鳥越城(石川県白山市三坂町)を攻略し、加賀一向一揆を鎮圧。一揆の首領の若林長門・坪坂新五郎らの首級十九を安土城に送る。(『信長公記』)。 | 3385 |
| | 12月14日 | 上杉景勝(1556～1623)、武田勝頼のもとに長井昌秀を派遣。「大途之弓箭(国家存亡の一戦)」の延期や、越後根知城(新潟県糸魚川市根知谷区)の扱い、越中出馬への支援要請などについて協議を求めた。景勝は上杉軍の越中出陣に際して、武田軍が陽動のため織田方の諸城を攻撃するように求めた。 | 3386 |
| | 12月20日 | **徳川家康・深溝松平家忠ら三河衆、織田信長からの陣中見舞使者である猪子高就(兵助)・福富秀勝・長谷川秀一・西尾義次を迎えるために小笠城(静岡県掛川市入山瀬)に赴く**。(『家忠日記』)。 | 3387 |
| | 12月21日 | **「第二次高天神城の戦い」**。織田信長より派遣された猪子高就(兵助)(1546～1582)・福富秀勝(？～1582)・長谷川秀一(？～1594)・西尾義次(後の吉次)(1530～1606)ら、遠江国高天神城(静岡県掛川市上土方・下土方)を攻囲する徳川家康陣所(小笠城)を訪れて長期在陣を慰労する。(『家忠日記』)。 | 3388 |
| | 12月22日 | **「第二次高天神城の戦い―天正8年7月～天正9年3月22日」。**<br>**家康は、一旦浜松へと戻る**。信長使者が帰り、家康と酒井忠次が浜松まで同行した。 | 3389 |
| | ― | **この年、浜松城に於いて、家康三女・振姫(正清院（しょうせいいん）)(1580～1617)が生まれる。母は、お竹の方(良雲院)(？～1637)とも下山殿とも。** | 3390 |

## 西暦1581

| 天正9 | 1月1日 | **深溝松平家の松平家忠(1555～1600)、遠江国高天神城攻囲の陣中に於いて諸将を礼問する**。(『家忠日記』)。 | 3391 |
|---|---|---|---|
| | 1月3日 | **「第二次高天神城の戦い」。**<br>徳川家康(1543～1616)が攻囲する高天神城(城主・岡部元信、副将・横田尹松)に、武田勝頼(1546～1582)が赴援のため出陣するという情報がある。<br>**信長(1534～1582)は、家康を援護すべく織田信忠(1557～1582)に岐阜城を出立させ、清洲城に在陣させる**。(『信長公記』)。 | 3392 |
| | 1月3日 | **「第二次高天神城の戦い」。**<br>尾張国大野・緒川衆、三河国刈屋(刈谷)衆、遠江国高天神城攻めに出陣する。 | 3393 |

## 西暦1581

| | | | |
|---|---|---|---|
| 天正9 | 1月4日 | **「第二次高天神城の戦い」。**<br>武田勝頼の遠江出陣を受け、織田信忠が水野監物直盛と忠重（1541〜1600）及び大野衆を、高天神城の西に築かれた遠江横須賀城（静岡県掛川市横須賀）に派遣、守備させる。 | 3394 |
| | 1月11日 | **「第二次高天神城の戦い」。**遠江国高天神城攻囲中の深溝松平家忠陣所より失火。 | 3395 |
| | 1月11日 | **「第二次高天神城の戦い」。**<br>武田家、岡部丹波守元信（長教）に、高天神城篭城中の働きを賞す。 | 3396 |
| | 1月— | **この頃か。信長、家康に書状。**<br>信長は、洛中馬揃え用に家康が献上した鹿毛の馬に対する礼を述べ、この馬が大変気に入ったこと、信長自身も葦毛の馬を出すつもりであることを伝える。馬揃えに牽き出された名馬「一番、鬼葦毛」「四番、三河鹿毛」とある。そして、遠州高天神城の戦局について触れ、一層油断なく手配をするよう伝え、詳細は追って使者を通じて指示する。 | 3397 |
| | 1月— | **「第二次高天神城の戦い」。この頃、高天神城の守将岡部元信（長教）（？〜1581）ら、矢文で降伏の意向を家康方に伝える。** | 3398 |
| | 1月15日 | ■近江国安土に於いて「爆竹」（左義長）・「御馬沙汰」（馬揃）が行われる。当日、信長自ら「黒の南蛮笠に描き眉、赤色の礼服に唐錦の側次（そばつぎ）・虎皮の行縢（むかばき）といった出立ちで入場」。（『信長公記』）。 | 3399 |
| | 1月18日 | ■織田信長、安土に於いて「御爆竹」を挙行。「諸大名」を召集し、金銀で飾り立て、「天下に其聞無隠事」であった。この頃、正親町天皇、京都に於いて「御興行」を催す「叡慮」を織田側に通達。（『立入左京亮入道隆佐記』）。 | 3400 |
| | 1月22日 | 「真田昌幸、甲斐新府城の築城奉行を務める」。<br>武田勝頼（1546〜1582）、甲斐韮崎の地、釜無川を望む断崖上に新城（新府城）を築こうとして、分国中から10軒に一人の普請人足を徴する。この日、真田昌幸（1547〜1611）は、その旨を信州先方衆・出浦氏に伝える。 | 3401 |
| | 1月24日 | **「第二次高天神城の戦い」。**遠江国高天神城攻囲中の深溝松平家忠陣所に於いて喧嘩が発生。刃傷沙汰に及んだ佐野孫助は陣を逃亡す。（『家忠日記』）。 | 3402 |
| | 1月25日 | ■「織田信長朱印状」。天下布武の印文。<br>信長、尾張国の水野惣兵衛（忠重）（1541〜1600）へ、遠江国高天神城は混乱で降伏の矢文が近々であろうと、その処遇について指示を下し、武田勝頼程度では反撃不可能であろう見通しと家康の辛労を労い、一両年内に信長自身が駿河国・甲斐国へ「出勢」すれば制圧できること、もし高天神城と同様に小山・滝坂を見捨てれば駿河国内の小城も維持できなくなるので、今後の心配事とするか、現時点で骨を折るかの判断は困難であり、この通りに徳川家康へ物語り、徳川「家中之宿老共」にも聞かせて談合することを伝達するよう命令。<br>また、この意見は「信長思寄心底を不残申送」ったものであることを付け加える。 | 3403 |
| | 2月5日 | **「就高天神之儀、使者本望、殊両種」。**<br>**家康、余語久兵衛に書状を送る。**<br>徳川家康、高天神城のことについて信長が使者を派遣したのを感謝し、28日の正親町天皇が信長の部将の騎乗をご覧になる儀式のことを祝う書状を出す。<br>余語（与語）久兵衛は、尾張国高橋郡（愛知県豊田市）を領していた佐久間信盛（織田信長家臣）の与力として、そこに支配力を持っていた土豪か。 | 3404 |

# 西暦1581

|  |  |  |  |
|---|---|---|---|
| 天正9 | 2月13日 | 「甲江和与」(勝頼は信長との和睦交渉) が絶望的になったことを受け、武田勝頼はこの日、上杉景勝に書状を送り越中出陣支援を約束した。<br><br>武田氏から天正7年(1579)に安土城に派遣された使者は、翌8年閏3月になっても信長と面会もしてもらえないという。この間にも、武田氏は駿河・遠江で北条・徳川両氏の攻撃に遭い、防戦一方という状況に立たされていった。 | 3405 |
| | 2月15日 | 武田勝頼(1546～1582)、織田信長(1534～1582)・徳川家康(1543～1616)に対する備えを強化するため、甲斐国七里岩台上韮崎(山梨県韮崎市中田町)に新城(新府城)を起工する。真田昌幸(1547～1611)、普請奉行を勤める。<br><br>真田昌幸は、勝頼が、これまで武田氏の本拠としていた躑躅ヶ崎館(山梨県甲府市古府中)を廃して、新たに新府城建設に乗り出すと、曽根昌世(1546？～1630？)と共に縄張り(城の曲輪や堀、門、虎口等の配置をいう)を作る。<br>武田氏の本拠を甲府から韮崎に移すことは、武田氏が旧来の守護大名の殻を破り、信長型の近世大名に生まれ変わることを意図していた。 | 3406 |
| | 2月20日 | ■織田信長、申下刻、入京し、本能寺に入る。(『信長公記』)。 | 3407 |
| | 2月24日 | ■柴田勝家(1522？～1583)、前田利家(1538～1599)・不破光治(？～？)・金森長近(1524～1608)・原長頼(？～1600)と共に一万の騎兵、六千の兵を率いて上洛。本能寺の織田信長に「加賀平定」を報告。柴田勝家は養子勝豊(？～1583)・勝政(1557～1583)と共に、信長に謁して贈り物を献上。(『信長公記』)。 | 3408 |
| | 2月25日 | ■「予がいるところでは、汝らは他人の寵を得る必要がない。なぜならば予が(天)皇であり、内裏である」。<br>織田信長、耶蘇会日本巡察使アレッサンドロ・ヴァリニャーノ(1539～1606)、宣教師オルガティーノ(1533～1609)、ルイス・フロイス(1532～1597)を謁見し、長時間話を聞く。<br><br>フロイスは信長とたびたび会っており、去天正7年にも信長は、「自分は皇(国王)であり、内裏である」と再三述べたと記す。 | 3409 |
| | 2月28日 | ■二月二十八日、畿内および近隣諸国の大名・小名・武将たちを召集し、駿馬を集めて、京都で馬揃えを行い、天皇に御覧いただいた。上京の内裏の東側に、南北の長さ八町の馬場を築き、そのなかに、毛氈で包んだ高さ八尺の柱を縦方向に並べ立てて柵を造った。(『信長公記』)。信長、「奥州津軽日本」までの天下の名馬を集めたと称する。信長が、五畿内および隣国の大名・小名・御家人を召し寄せ、駿馬を集めて天下に馬揃を催し、帝の叡覧に入れるという式典である。 | 3410 |
| | 2月28日 | ■京都に於いて「御興行」が挙行される。織田信長は「田舎の事をこそしろしめし候へ」とて開始させた。正親町天皇(「禁裏様」)、「御興行」を桟敷より見物し「驚御目」されて「御書」を認める。その内容は「今度之見物、筆にも御言にもつくしかたく、唐国にもかやうの事有間敷」というものであった。 | 3411 |
| | 2月一 | 武田勝頼、伊豆に出陣。北条氏政と対峙。 | 3412 |
| | 3月1日 | ■正親町天皇(1517～1593)は、信長を左大臣に任じようとする。<br>信長は、天正6年(1578)4月9日に右大臣・右近衛大将の官位を辞して以来、無官・散位のままであった。 | 3413 |

# 西暦1581

| 年 | 月日 | 事項 | 番号 |
|---|---|---|---|
| 天正9 | 3月5日 | ■信長は二月の馬揃えに気をよくしたのか、京で二回目の「馬汰」を行う。朝廷からの要望で再び、馬揃えが行われたという。(『信長公記』)。 | 3414 |
| | 3月6日 | ■越中の反織田派国侍たちが上杉景勝を引き入れて蜂起。上杉景勝(1556〜1623)、河田長親(1543？〜1581)の拠る越中国松倉城(富山県魚津市鹿熊)に入城。 | 3415 |
| | 3月9日 | ■朝廷、上臈局(じょうろうのつぼね)、勾当内侍の両女官を本能寺の宿所へ派遣し、正式に推任を伝える。織田信長は、正親町天皇が誠仁親王に譲位すれば、左大臣任官を受けると朝廷の使者に伝えた。(この件は実現せず、信長が左大臣になることもなかった)。 | 3416 |
| | 3月10日 | 武田勝頼は駿河出陣を表明し、諸将に20日までの参府を求めた。<br>この時期の武田氏は北条氏との戦争に意識が向いていた。またこの頃、安房(あわ)の里見義頼(1543〜1587)が、常陸佐竹氏を介して同盟を求めて来ており、14日には同盟交渉を進めるようにと回答した。北条包囲網の構築である。 | 3417 |
| | 3月10日 | ■織田信長、未明に近江国安土へ下向。(『信長公記』)。 | 3418 |
| | 3月11日 | ■「参下御所、中山黄門・水無瀬黄門其外各参會、御譲位之事、於右府信長其沙汰也、然間各内々御談合云々」。(『兼見卿記』)。<br>織田信長、正親町天皇(1517〜1593)に譲位を迫る。<br>吉田兼和(兼見)(1535〜1610)、二条御所へ祗候し中山親綱・水無瀬兼成等と参会。そこでは正親町天皇の「御譲位之事」について織田信長が申し出たという話題が中心であった。公家衆はこの信長の申し出の件について「各内々談合」した。 | 3419 |
| | 3月— | **「第二次高天神城の戦い—天正8年7月〜天正9年3月22日」。**<br>**信長の意向を容れて高天神城力攻めを決めた家康、城攻めの本陣に戻る。** | 3420 |
| | 3月15日 | ■朝、信長公は安土城下松原町の馬場で馬を責めた。このとき越中衆が顔をそろえて御礼に訪れたが、信長公はその者たちへかたじけなくも一々言葉をかけてやった。しかし上杉景勝が越中へ侵入して小出城を取り巻いたとの報がもたらされると、信長公はただちに「越前衆の不破・前田・原・金森・柴田勝家の人数は、先手として時日を移さず出陣すべし」と命じ、彼らに暇を出したのだった。軍勢はこののち夜を日に接いで行軍し、越中に入って着陣した。(『信長公記』)。 | 3421 |
| | 3月17日 | 北条氏は反撃を強め、この日には北条勢が再度甲斐に侵入し、武田軍と棡原(山梨県上野原市棡原)で合戦。 | 3422 |
| | 3月21日 | **「第二次高天神城の戦い」。**<br>徳川家康40歳(1543〜1616)、武田方の遠江高天神城を攻める。落城寸前の中、城将栗田鶴寿(寛久)は、寄せ手陣中の幸若与三大夫の舞を所望する。 | 3423 |
| | 3月22日 | **「第二次高天神城の戦い(天正8年7月〜天正9年3月22日)—高天神城落城」。**<br>**徳川軍、武田属城となっていた勝頼配下の岡部元信が守る遠江国高天神城(静岡県掛川市上土方・下土方)を攻略、奪還。**城将岡部丹波守元信(長教)(？〜1581)・栗田鶴寿寛久(1551〜1581)ら城兵730人が討って出て討死。降伏を拒絶された城兵は、城を取り巻く徳川勢に突撃して壊滅した。<br>援軍を送れなかった武田勝頼は、高天神城の落城によって信用を失墜し、各地の豪族に信頼を失ってしまう。翌年における、信長の武田攻めで、御一門衆である木曾義昌(1540〜1595)や穴山梅雪(1541〜1582)、譜代家老の小山田信茂(1539/1540〜1582)の造反の一因になったとまで言われている。この敗北は、徳川氏のみならず北条氏を勢いづかせ、関東の同盟国にも動揺を与えた。 | 3424 |

# 西暦1581

|  |  |  |  |
|---|---|---|---|
| 天正9 | 3月22日 | **高天神城攻めで、板倉定重（好重の次男）**（？～1581）**は、松平家忠に属して戦うも討死。28才という。家康の命で好重の三男勝重が還俗して武士となり、家督を相続した。有名な京都所司代板倉伊賀守勝重(1545～1624)である。** | 3425 |
| | 3月22日 | **夜に高天神城の将兵が出撃してきた。徳川軍は迎撃し多くを討取り、または城内に攻め込んで陥落させた。**高天神城を守っていたのは甲斐武田家直属の将兵ではなく駿河・信濃・上野などの武田家に服従させられた者であった。<br>武田家直属の家臣で高天神城に目付として入っていた横田甚五郎（尹松）は、脱出して甲斐に戻り勝頼にほめられた。 | 3426 |
| | 3月23日 | **徳川軍、残党狩りを行う。家康は「武田が味方を見殺しにした事実」を巻に広め、武田側の結束を崩す計画であったいい、横田尹松（ただまつ）(1554～1635)などが脱出して、各地で落城を知らせに走るのを黙認したという。**<br><br>家康の恩情で命びろいした武将がいた中、孕石主水元泰は、陥落の日に捕縛され、翌日のこの日、家康から切腹を命じられた。降伏者で切腹を申しつけられたのは孕石一人であった。切腹の際、極楽があると信じられた西方向ではなく、南に頭を向けて腹を切ろうとし、それを指摘されても、敢えて方角を直さなかったという。『家忠日記』・『三河物語』に拠れば、今川家に人質として暮らしていた時、隣に住んでいたのが孕石であった。鷹狩りが好きな家康の鷹がときどき、孕石の屋敷へ迷い込んでしまった。鷹は孕石の家をフンで汚したり、捕った獲物である小動物の死骸を落として行く。怒った孕石は今川義元に厳重に抗議したが、一向に改善せず、竹千代本人を厳しく叱った。家康はその恨みを約33年後、高天神城の戦いで晴らしたという。 | 3427 |
| | 3月23日 | **徳川家康軍、高天神城に入城し、城内検視の際、牢内の大河内源三郎政局（政房）(？～1584)を救出**。天正2年6月から足掛8ヶ年、節を全うしたが歩行困難であった。家康、過分の恩賞を与え労をねぎらい津島の温泉にて療養させた。 | 3428 |
| | 3月24日 | **徳川軍は各々帰陣し、浜松まで来た。** | 3429 |
| | 3月24日 | **家康、浜松に帰る**。遠江国で武田勝頼に味方するのは小山城（静岡県榛原郡吉田町）だけであった。 | 3430 |
| | 3月24日 | ■朝廷より譲位拒否を伝える使者が安土に遣わされた。正親町天皇（1517～1593）は、金神を理由に譲位を中止した。信長の左大臣任官の話もそのまま宙に浮いた。<br>「金神」とは、陰陽道で祀る方位の神。兵戈、騒乱、水旱、病疾を司る。その遊行の方角に、土木を起し、出行、移転、嫁娶するのを忌むといわれる。 | 3431 |
| | 3月24日 | ■長連龍(1546～1619)、佐々成政(1516～1588)ら、越中国中郡中田に侵攻してきた上杉景勝(1556～1623)を撃破。<br>景勝、越中国小出表へ撤退、越後国に帰国する。 | 3432 |
| | 3月25日 | **松平家忠、遠江国高天神城より、浜松城を経由して三河国深溝城（愛知県額田郡幸田町深溝）に帰陣**。(『家忠日記』)。 | 3433 |
| | 3月28日 | ■「信長、能登平定」。<br>信長に能登七尾城代として派遣された菅屋長頼（？～1582）が能登入りする。(『信長公記』)。<br>越中を侵す上杉景勝(1556～1623)と佐々成政との間で激戦が続いていた。 | 3434 |

|  |  |  |  |
|---|---|---|---|
| 天正9 | 3月29日 | 「伊豆久竜津海戦」。<br><br>武田水軍小浜景隆(1540～1597)等、伊豆久竜津(沼津市西浦久料)を攻撃し、長浜城(静岡県沼津市内浦重須)を拠点とする北条水軍の梶原備前守景宗を討ち破る。 | 3435 |
| | 4月5日 | **徳川家康、三河国衆に、上洛に際しての織田信長への献上品馬鎧を割り当てる。** | 3436 |
| | 4月10日 | ■「信長、侍女たちを皆殺し」。<br><br>織田信長(1534～1582)、竹生島参詣のため長浜に立ち寄る。秀吉室・於々(ねね)(?～1624)、於次丸秀勝(信長四男)(1569～1586)が接待。信長、小姓衆五、六人を連れて竹生島に参詣し、急遽、日帰りで帰城。<br>安土城から長浜まで十五里、湖上五里、日帰りは無いと油断した、留守中に侍女たちが無断で安土城を抜け出していた事に対し、信長の怒りは爆発。外出した侍女たちを縛り上げて皆殺しにし、彼女達の助命を願った桑実寺(滋賀県近江八幡市安土町桑実寺)の長老まで一緒に斬殺するという。 | 3437 |
| | 4月16日 | **「大樹寺新法度之事 一今度対所化」。**<br><br>家康、福徳朱印状をもって三河国大樹寺に、所化衆への喧嘩口論禁止などの新法度を定める。<br>所化衆(しょけしゅう)は、師の教えを受けている、修行中の僧。弟子。 | 3438 |
| | 4月21日 | ■織田信長、安土城に相撲を見物。<br>『信長公記』で触れられる信長最後の相撲大会となる。 | 3439 |
| | 4月一 | 「都留合戦」。武田軍、甲相国境にあたる都留郡(つるぐん)で北条方と合戦。 | 3440 |
| | 5月4日 | 上杉景勝、武田勝頼に返書を送り、上方の情勢と武田氏の関東表での情勢安定を喜ぶ。 | 3442 |
| | 5月9日 | **「就今度忠節之儀、中部領三ヶ一并西手之内雲名村」。**<br>徳川家康、遠江奥山惣十郎等に、伊那郡遠山領等の地を宛行う。<br>「中部領三ヶ一、只今取来候間」とあるのは中部奥山美濃守の所領の内三分の一を惣十郎に宛て、他の三分の二は片桐家正の所領とされたという。<br><br>天正4年(1576)1月、家康に命じられた片桐家正に攻められ、中部城(水巻城)(浜松市天竜区佐久間町中部)を焼かれ、城主奥山美濃守をはじめ右馬助、大隈守、左近将監が潰(つぶ)され、美濃守は子と共に信州へ退却したという。 | 3443 |
| | 5月14日 | **徳川家康、松平家忠のもとへ「宇佐美」を派遣し、馬鎧の品質を検査させる。** | 3444 |
| | 5月14日 | 武田勝頼は、高天神城で戦死した岡部元信の子・五郎兵衛尉に対し、跡式を安堵。<br>これ以後、高天神戦死者の跡式安堵が頻出する。 | 3445 |
| | 5月一 | 武田勝頼(1546～1582)、異母弟の仁科盛信(1557?～1582)を高遠城(長野県伊那市高遠町)に入れ、織田・徳川への防備を固める。 | 3446 |

# 西暦1581

| | | | |
|---|---|---|---|
| 天正9 | 6月5日 | ■相模国北条氏政が、信長に馬三頭を献上、滝川一益がこれを取り次ぐ。(『信長公記』)。 | 3447 |
| | 6月6日 | 江尻城代穴山梅雪(信君)(1541～1582)、高天神戦死者の跡式相続の対処と、持宗城・江尻城の普請の進捗を報告し、本国の支援を求める。<br>信君は、この年出家し、梅雪斎と号した。 | 3448 |
| | 6月11日 | **深溝松平家忠、西郷家員(1556～1597)と交代し、遠江国牧野原城(牧野城)の定番に出向く。**(『家忠日記』)。 | 3449 |
| | 6月16日 | ■「新発田重家、上杉景勝から離反」。<br>新発田重家(1547～1587)は一門衆のほか、加地秀綱(？～1587)ら加地衆や、上杉景虎を支持していた豪族を味方に引き入れ新潟津を奪取、同地に新潟城を築城し独立する。 | 3450 |
| | 6月25日 | ■羽柴秀吉、因幡国攻略のため播磨国姫路城を出陣。因幡国摩尼山向城(本陣山)(鳥取市百谷字太閤ヶ平)に入り本陣とする。 | 3451 |
| | 6月25日 | **牧野城に在城していた深溝松平家忠、今川氏真衆の岡部三郎兵の所に饗応しに行く。** | 3452 |
| | 6月28日 | **家康、見付(静岡県磐田市見付)に出陣。** | 3453 |
| | 6月30日 | **深溝松平家忠、遠江国牧野原城の定番を交替する。**(『家忠日記』)。 | 3454 |
| | 7月1日 | **徳川軍が、遠江相良(静岡県牧之原市相良)において砦の普請を開始。11日まで行われた。** | 3455 |
| | 7月11日 | **松平家忠、遠江国相良砦の堀普請を完成させ、三河国深溝城へ帰還。** | 3456 |
| | 7月12日 | ■「第二次鳥取城攻撃(鳥取の渇え殺し)―7月12日～10月25日」はじまる。<br>羽柴秀吉(1537～1598)、吉川経家(1547～1581)が守備する鳥取城を包囲し兵糧攻めを開始。 | 3457 |
| | 8月1日 | ■織田信長、近江国安土に於いて「御馬汰」を開催。(『兼見卿記』)。<br>信長は葦毛にまたがり、赤いマントを羽織り登場という。 | 3458 |
| | 8月5日 | **深溝松平家忠、三河国中島の堤を築造する。** | 3459 |
| | 8月5日 | これより先、武田勝頼は、上野国小川城(群馬県月夜野町)小川可遊斎の請に応じ、兵を西上野に出す。この日、真田昌幸(1547～1611)をして、重ねて要請あらば自ら出馬すべき旨を小川可遊斎に伝えさせる。 | 3460 |
| | 8月8日 | **「東条領之内坪まめち草野河端、本」**。<br>徳川家康、榊原又右衛門に、三河国東条領内の年貢上納を命じ、新開屋敷・田畑の水役免除を伝える。 | 3461 |
| | 8月10日 | **「任本文急可有入部、畑山先方若違」**。家康、柴田勝家書状の添状を出す。 | 3462 |
| | 8月10日 | **深溝松平家忠、遠江国浜松城の徳川家康のもとへ馬鎧を持参する。**(『家忠日記』)。 | 3463 |
| | 8月― | この月、北条氏直(氏政の長男)(1562～1591)、武田方の駿河三枚橋城(静岡県沼津市大手町)を攻撃する。 | 3464 |
| | 8月17日 | ■「信長、高野聖を殺戮」。<br>織田信長、紀伊の高野山金剛峯寺(和歌山県伊都郡高野町高野山)が摂津伊丹の牢人を匿った(荒木村重の家臣を匿いそれを追求していた信長の家臣を殺害した)として、全国の高野聖を安土に召し寄せ、高野聖数百人を誅する。(『信長公記』)。 | 3465 |

| | | | |
|---|---|---|---|
| 天正9 | 8月20日 | 武田勝頼(1546～1582)、この日、江尻城代穴山梅雪(信君)(1541～1582)に家康の動向に注意するように指示し、翌21日援軍を派遣することを伝える。 | 3466 |
| | 8月26日 | 「木曾義昌、織田方に誼を通ず」。<br>織田信忠(1555/1557～1582)、武田方木曾義昌(1540～1595)に、武田攻めの準備に関する書を送る。 | 3467 |
| | 8月28日 | 三枚橋城(静岡県沼津市大手町)将・曽根河内守、武田勝頼に対し、北条勢が退散した旨を報ずる。<br>武田軍と北条軍が黄瀬川を挟んで対峙した。ただ北条軍からは「自分の国を防衛するために出陣したのであって、合戦によって他国を取ろうとするために出てきたのではない」と返答があったことから、武田勝頼は三枚橋城に武田信豊・春日信達らを黄瀬川に布陣する北条軍の押さえとして配置し、自らは徳川軍と戦うために西に向かった。<br>北条氏政は勝頼本隊が西に向かうと、黄瀬川を渡り三枚橋城を包囲し攻撃を開始したが、籠城する信豊・信達らの頑強な抵抗にあって陥落させることはできず兵を引いた。北条軍はその後も三島に布陣し、三枚橋城の武田軍との睨み合いは続いた。 | 3468 |
| | 8月30日 | ■「信長、高野聖を殺戮」。<br>織田信長、高野聖千人余りを処刑する。京都七条河原町、伊勢雲出川という。 | 3469 |
| | 9月2日 | ■「第二次天正伊賀の乱―9月2日～9月14日」はじまる。<br>織田信長(1534～1582)、総大将次男織田信雄(1558～1630)、信包(のぶかね)(信長の弟)(1543/1548～1614)に命じて伊賀に出兵。信雄にとっては、二年前の雪辱戦である。 | 3470 |
| | 9月8日 | **深溝松平家忠、キリシタンの宣教師に教義を聞く。** | 3471 |
| | 9月14日 | ■「信長が伊賀平定―第二次天正伊賀の乱―9月2日～9月14日」終結。<br><br>11日からこの日まで、信長は、伊賀三郡(阿我・名張・阿拝)を信雄へ、残りの一郡(山田郡)を信包(信長の弟)に与える。 | 3472 |
| | 9月26日 | **蟹江七本槍の一人、家康臣大久保忠俊(1499～1581)、没。享年83。**<br>松平清康・広忠・徳川家康の3代にわたって仕え、天文6年(1537)松平信定に占領されていた岡崎城の奪回に奮戦。天文24年(1555)の蟹江城攻め・永禄3年(1560)桶狭間の戦いなどに参戦。その後、剃髪して「常源」と号し、永禄6年(1563)の三河一向一揆では岡崎城の防備に務めた。また、家康が一向宗の寺院破却を言い出した際、忠俊の懸命の説得により一向宗の門徒は全員無罪とし、浄珠院(岡崎市上和田町字北屋敷)で面倒を見る事を認めさせたという。 | 3473 |
| | 9月30日 | **深溝松平家忠、遠江国浜松城普請に着手。(『家忠日記』)。11月4日まで行われる。「第四次浜松城修築」である。** | 3474 |
| | 9月— | 1月より普請が開始された新府城(山梨県韮崎市中田町)は、この月中には居所として一応の完成をみて、同盟国に通知がされた。<br>武田勝頼は、真田昌幸(1547～1611)に命じて甲斐府中(武田氏本拠)の移転を進め、また冬には三河出陣を予定していた。 | 3475 |
| | 9月— | この月、武田氏は、南化玄興(なんかげんこう)(1538～1604)を通じて再度織田氏との和睦を試みた。佐竹氏や里見氏には成立したように伝わったたが、実際には失敗に終わっていた。 | 3476 |

# 西暦1581

| 和暦 | 月日 | 事項 | 番号 |
|---|---|---|---|
| 天正9 | ― | **この年、徳川家康の四男福松丸（1580〜1607）が、東条松平家第3代当主の松平甚太郎家忠（1556〜1581）の養子となり、家忠が死すると、その家督を継いで東条松平家第4代当主となり、三河東条城（愛知県西尾市吉良町駮馬字城山）1万石を領し、祖父・広忠と父・家康の一字をそれぞれ拝領して松平忠康（後の忠吉（ただよし））を称する。** | 3477 |
| | 10月6日 | **徳川家康、遠江国浜松城に於いて家臣全員を振舞う。**（『家忠日記』）。 | 3478 |
| | 10月7日 | 武田勝頼、岡部五郎兵衛尉に、高天神城における父岡部丹波守元信（長教）（？〜1581）の討死を賞し新恩を与える。 | 3479 |
| | 10月9日 | ■織田信長、平定なった伊賀巡国のため安土城を出立、近江国飯道寺（滋賀県甲賀市）に宿泊。（『信長公記』）。 | 3480 |
| | 10月10日 | ■織田信長（1534〜1582）、信忠（1557〜1582）、信澄（1555？〜1582）らを伴って伊賀一之宮に着陣、国見山に登山、山上より伊賀国内の様子を検分。（『信長公記』）。 | 3481 |
| | 10月12日 | **「西条之内一色今済寺領之事　右、」・「西条之内行用福泉庵寺領之事　右」・「西条之内楠阿弥陀院領之事　右、」・「西条之内岩松庵寺領之事　右、都」・「西条之内八面真成寺領之事　右、」。**<br><br>徳川家康、三河国今済寺（こんさいじ）・福泉庵・阿弥陀院・岩松庵・真成寺の寺領を安堵する。 | 3482 |
| | 10月13日 | ■織田信長、伊賀国一之宮より安土に至りて帰城。 | 3483 |
| | 10月13日 | 武田攻めの準備に向けた織田重臣滝川一益（1525〜1586）、三河名倉（愛知県北設楽郡）の豪族・家康家臣奥平喜八郎信光（後の戸田加賀守信光）（？〜1630）へ、織田信長より、武田勢に対抗するため信濃国境目に「御取出」の構築命令を受けたことに触れ、その詳細を伝達するので近江国安土城まで出頭することを通達。<br><br>寺脇城（愛知県北設楽郡設楽町東納庫字軒山）主・名倉奥平喜八郎信光は、信長の命により、上郷城（愛知県豊田市大野瀬町城山）を築き、三信国境の城を固守するよう命じられたという。その後、信光は武節城に入ったという。 | 3484 |
| | 10月14日 | **遠江国浜松城普請、一旦終了する。**（『家忠日記』）。 | 3485 |
| | 10月15日 | **松平家忠、三河国深溝城に帰還。**（『家忠日記』）。 | 3486 |
| | 10月17日 | ■信長、長光寺山に放鷹。（『信長公記』）。 | 3487 |
| | 10月20日 | ■織田信長、イエズス会宣教師のために、安土城下の沼を埋め立て、町屋敷普請を命じる。（『信長公記』）。 | 3488 |
| | 10月― | ■これより先、武田勝頼の書状を持った佐竹氏の使者は北条領を通過して安房里見氏のもとへ到着し、この月、里見氏からの書状を持ち帰った。<br>この結果、武田・佐竹両氏と里見義頼の関係は軍事同盟に移行した。<br>ただ、結果的には里見氏が武田氏に呼応して軍勢を動かす機会はなかった。 | 3489 |
| | 10月24日 | **深溝松平家忠（1555〜1600）、東条松平甚太郎家忠（松平家忠妹婿）（1556〜1581）の病気を見舞う。**（『家忠日記』）。 | 3490 |
| | 10月25日 | ■「信長が因幡平定―第二次鳥取城攻撃―7月12日〜10月25日」終結。<br><br>羽柴秀吉（1537〜1598）、因幡国鳥取城を攻略し、3月に鳥取城城将として、毛利氏から派遣された吉川経家（1547〜1581）らを自刃させる。秀吉、宮部継潤（1528〜1599）に鳥取城を守備させる。 | 3491 |

| 年 | 月日 | 事項 | 番号 |
|---|---|---|---|
| 天正9 | 10月26日 | **「西条之内矢田東光坊寺領之事、右」・「西条之内道興寺領之事　右、都合」・「西条之内中田長久院寺領之事　右」。**<br><br>徳川家康、三河国桂岩寺東光坊、道興寺、長久院の寺領を安堵する。 | 3492 |
| | 10月27日 | 武田方の三枚橋城将・曽根河内守、北条氏の伊豆国戸倉城(静岡県駿東郡清水町徳倉)代・笠原政晴(北条家の宿老・松田憲秀の長男)(?~1590)が武田方に降伏したことを注進し、加勢の派遣を求める。 | 3493 |
| | 10月28日 | 武田氏に降伏した松田上総介(笠原政晴)、忠誠の証として韮山城(静岡県伊豆の国市韮山)を攻撃し、北条氏規(氏康の五男)(1545~1600)と戦う。 | 3494 |
| | 10月28日 | **「西条之内□籠光粒庵寺領之事　右」。**<br>家康、三河国幡豆郡築籠村の光粒庵の寺領を安堵する。 | 3495 |
| | 10月28日 | **「西条之内西尾康全寺開山塔中向」。**<br>家康、三河国幡豆郡西尾の向春軒の寺領を安堵する。 | 3496 |
| | 10月29日 | 武田勝頼、曽根河内守に返書を送り、戸倉城の仕置きについて指示をする。<br>伊豆戸倉での松田新六郎(笠原政晴)の援助を命ず。あわせて、穴山梅雪(1541~1582)に信濃・上野衆を率いさせ、援軍として派遣したことを伝え、自身も出馬の意向を示す。 | 3497 |
| | 10月— | 武田勝頼(1546~1582)、北条方の伊豆戸倉城(静岡県駿東郡清水町徳倉)の松田新六郎(笠原範貞、政晴)(?~1590)の内応を受けて、伊豆に出兵。 | 3498 |
| | 11月1日 | **東条松平家3代当主・松平甚太郎家忠(1556~1581)、病のため東条城(愛知県西尾市吉良町駮馬字城山)で没。**<br><br>親戚である深溝松平家4代当主の松平家忠(主殿助)(1555~1600)とは年齢も居城も近く、甚太郎家忠は主殿助家忠の妹を嫁に迎えて親交が深かった。 | 3499 |
| | 11月初旬 | 武田勝頼自身が、駿豆国境に出陣。 | 3500 |
| | 11月— | 武田信豊(1549~1582)・長坂長閑斎(虎房、光堅)(1513~1582)・跡部大炊助勝資(?~1582)・大龍寺の麟岳和尚(?~1582)ら、武田勝頼に織田の人質として来た御坊丸(織田源三郎信房、織田勝長)(1568?~1582)を信長の下に送り返し、講和を求めるよう画策する。<br>が、時すでに遅く、武田氏を滅ぼす決意を持った信長は、苗木の遠山友忠に調略をさせていて、武田勝頼の和睦交渉の要請は黙殺された。 | 3501 |
| | 11月8日 | **「伝馬七疋、三遠宿中無相違可出也」。**<br>徳川家康、関口石見守(皆川広照使者)へ、三河国・遠江国宿中で有効な「伝馬」七頭の手形を発行す。<br>下野皆川城主・皆川広照(1548~1628)は、信長に黒脚毛の馬を含む名馬三頭を送って誼を通じた。馬好きでもある信長は大変喜び、「天下布武」の朱印状と縮羅百端・紅緒五十結・虎革五枚など馬七頭分を贈答した。家康ではなく、信長の発給文書だともいう。 | 3502 |
| | 11月8日 | **「伝馬七疋、三遠宿中無相違可出也」。**<br>家康、三河・遠江両国の宿に、北条氏康のために伝馬を出すよう命じる。 | 3503 |

# 西暦1581

|  |  |  |  |
|---|---|---|---|
| 天正9 | 11月10日 | 武田勝頼(1546～1582)、上杉景勝(1556～1623)に、新府城への転居前に伊豆出兵する旨を伝える。 | 3504 |
| | 11月12日 | **「今度安土為御音信、馬御進上候、遠路之儀、御造作令推察候、併信長馬共一段自愛被申、御使者等迄、各馳走可申候由、被仰付、東海道公儀之上、無異儀帰路候、か様被入御念、御懇之儀、於爰元、始而之御儀候、……」。**<br><br>徳川家康(1543～1616)、皆川広照(「蜷(皆)川山城守」)へ、今度の近江国安土城に音信として馬進上を賞す。また、織田信長はその進上された馬を自愛しており、信長より皆川広照の使者である関口石見守の「馳走」を担当する命令を受けたこと、「東海道」は織田信長の勢力下であるので異儀無く帰路についたこと、この様に使者を入念に歓待したのは徳川家康にとって初めてのことであり、近江国安土城での織田信長機嫌の様子(「上方之御仕合」)は使者がよく存じており、家康も大慶に存じていること、家康は幸いにも近江国安土城(「上辺」)への路次中であるので要望があれば承ること、僅かながら「無上」(宇治銘茶)三斤を進上することを通知。詳細は関口石見守より伝達させる。 | 3505 |
| | 11月12日 | **「伝馬六疋、可出者也、仍如件、天」。**<br>家康、朱印状をもって浜松宿中に、関口石見守(皆川広照使者)のために伝馬を出すよう命じる。 | 3506 |
| | 11月14日 | **深溝松平家忠、信長の臣西尾義次(のち吉次)(1530～1606)が三河国吉良へ向かう途中の宇谷に於いて「酒むかい」をする。またこの日、東条松平甚太郎家忠に嫁いだ松平家忠妹が東条より三河国深溝城に戻る。**(『家忠日記』)。 | 3507 |
| | 11月17日 | **信長の臣西尾義次(のち吉次)、家康の臣大給松平真乗(さねのり)(1546～1582)・石川数正(1533～1592?)に、三河国高橋・押切の押領につき、信長に上申することを伝える。**<br>三河国高橋・押切の荘園領主は、徳川では無かったようだ。 | 3508 |
| | 11月18日 | ■「信長、淡路平定」。<br>羽柴秀吉、淡路に侵攻し所々を放火。洲本城(淡路国)(兵庫県洲本市小路谷)に攻め入るが安宅神五郎が懇望し人質を差し出してきたので和睦。 | 3509 |
| | 11月19日 | ■放鷹を終えた織田信長、この暁に伊勢国より近江国安土に向かう。 | 3510 |
| | 11月20日 | 武田勝頼、伊豆において北条勢を攻撃するが、北条勢は陣を固めて応じず、大きな合戦にはならなかった。 | 3511 |
| | 11月20日 | ■羽柴秀吉、淡路国より播磨国姫路城に凱旋。(『信長公記』)。 | 3512 |
| | 11月22日 | これより先(10月)、北条氏政の将、伊豆戸倉城(静岡県駿東郡清水町徳倉)代・笠原政晴が武田方に陥る。この日、武田勝頼がこれを上杉景勝に報ずる。 | 3513 |
| | 11月24日 | ■これより先、武田勝頼、信長の子で人質であった御坊丸(織田勝長)を、信長のもとに送り返し和睦をはかるが一蹴される。<br>御坊丸は美濃岩村の遠山氏の養子となっていたが、武田氏の手により岩村が落ちると甲斐に送られて武田氏の養子(人質)となっていた。<br>この日、織田信長、安土城で元服させ、織田源三郎信房(?～1582)とし、犬山城(愛知県犬山市)主とする。さらに馬・鷹を与えた。(『信長公記』)。 | 3514 |
| | 11月28日 | 武田勝頼、駿河興国寺表(静岡県沼津市根古屋辺り)で、北条勢の夜襲を受ける。 | 3515 |

| | | | |
|---|---|---|---|
| 天正9 | 12月一 | **この月、織田信長の使者が徳川家康に対し、来年の信長による甲斐侵攻の予定を示し、兵糧などの準備を促す。**<br>信長は、翌年春に武田討伐を計画し、三河東条城（愛知県西尾市吉良町駮馬城山）へ大量の兵糧を搬入させる。 | 3516 |
| | 12月5日 | **「西条之内寺津義光院領之事　右、」・「西条之内行用楽善庵領之事　右、」。**<br>徳川家康、三河国義光院・楽善庵の寺領を安堵する。 | 3517 |
| | 12月6日 | **「西条之内小寺六ヶ所寺領之事　壱」・「西条之内小寺四ヶ所寺領之事　壱」。**<br>徳川家康、三河国安養寺・恵海院の寺領を安堵する。 | 3518 |
| | 12月6日 | 「西条之内小寺二ケ所 寺領之事 弐貫六百文 徳永安養寺 壱貫八百文 矢田村恵海庵 右四貫四百文、各寺屋敷米銭踏出共ニ如前々永不可有相違、可為本寺儘候、勤行以下不可有怠慢者也、仍如件、」。徳川家康朱印状、三河幡豆矢田村へ。 | 3519 |
| | 12月6日 | **「西条之内小寺二ヶ所寺領之事　弐」**<br>家康、三河国西条の東光寺など十か寺の寺領を安堵する。 | 3520 |
| | 12月18日 | **■「信長、来春駿甲出撃を告げる」。**<br><br>**織田信長、甲州進攻の準備として黄金五十枚で米八千俵を買い、徳川家康属城の遠江国牧野原城（牧野城）（静岡県島田市金谷）に貯える。**<br>**深溝松平家忠、遠江国牧野原城に於いて西尾義次（後の吉次）（1530～1606）の来訪を受け、兵粮搬入を受け取る。**（『家忠日記』）。 | 3521 |
| | 12月19日 | 武田勝頼、伊豆より帰国。 | 3522 |
| | 12月20日 | **「一於次事松平甚太郎為居跡相定之」。**<br><br>**徳川家康、松平周防守康親（1521～1583）に対し、松平忠康（のちの忠吉）（家康の四男）（1580～1607）の東条松平家相続につき、東条松平家の名代・後見をさせ、駿河入国後の支配を委ねることを伝える。** | 3523 |
| | 12月24日 | 武田勝頼、甲斐国韮崎に築造中の新府城（山梨県韮崎市中田町）に躑躅ヶ崎館（山梨県甲府市古府中）から移る。<br>装いに金銀をちりばめて輿車・馬・鞍を美々しく飾り、隣国の諸侍を騎馬で随行させていたという。古府中の館は破棄される。 | 3524 |
| | 12月28日 | **「為歳暮之祝儀、踏皮二足到来、祝」。**<br><br>家康、気賀の住人名倉喜八に書状を送り、歳暮祝儀到来を謝す。<br>名倉喜八は、堀川城主であった名倉喜斎（新田友作）の次男という。 | 3525 |

## 関連城跡位置図　山梨県

北杜市
若神子
新府城
韮崎市
甲斐市
躑躅ヶ崎館
甲府市
山梨市
丹波山村
小菅村
甲州市
天目山
大月市
上野原市
岩殿城
南アルプス市
昭和町
中央市
笛吹市
黒駒
富士川町
市川三郷町
西桂町
都留市
道志村
富士河口湖町
早川町
忍野村
鳴沢村
山中湖村
身延町
富士吉田市
南部町
20km

# 主な参考文献


**足利季世記**

室町時代から戦国時代にかけての畿内の戦乱を叙述した合戦記で、政権抗争を記し、畠山氏・三好氏の動向に詳しい。

**イエズス会士日本年報**

日本に在留しているイエズス会士による1579年（天正7年）以降の年次報告書。バリニャーノにより形式が整えられた。日本の政治や教会の状況が述べられている。

**耶蘇会士日本通信**

1598年（慶長3）、ポルトガルでイエズス会が出版した日本関係書簡集の日本訳書名。《イエズス会士日本通信》とも。

**家忠日記**

天正5年（1577）～文禄3年（1594）を記す。深溝松平家忠は、徳川家康の武将として転戦し、関ヶ原戦い前哨戦の伏見城攻防戦で戦死。築城築砦を担当した人物。徳川家を中心に当時の政治状況が記されており、また私的には日常の生活に文芸・武芸の活動が詳しく見られる。また各所に挿画が施されている。首部と尾部が欠落している。原本あり。

**今井宗久茶湯日記書抜**

今井宗久の茶会記。天文23年（1554）から天正17年（1588）に至る自他81会を収録し、信長、秀吉の大茶会や、武野紹鴎、利休の茶会も記録されている。

**上杉家御年譜**

上杉家歴代藩主の誕生から死後の葬儀等が一段落するまで詳細に記載。

**宇野主水日記（石山本願寺日記・下）**

天正8年（1580）～天正14年（1586）を記す。宇野主水は本願寺門主顕如の右筆。「本能寺の変」当時は主水は紀伊鷺森にあった。

**永禄以来大事記**

永禄1年（1558）から明暦4年（1658）の大事を記した年代記。

**永禄以来年代記**

永禄5年（1562）から天正13年（1585）の大事を記した年代記。

**塩山向嶽禅菴小年代記**

甲斐国塩山向嶽寺の歴史住職により書き継がれた年代記。創建以来の向嶽寺史や武田氏との関わりに関する記事が豊富。

**王代記**

甲斐国窪八幡神社の別当寺である普賢寺住職による年代記。

**大館常興日記**

天文7年（1538）～天文11年（1542）を記す。室町幕府内談衆の大館尚氏（法名は常興）の日記。戦国時代の室町幕府の状況や幕府料所荘園の状況などを知る貴重な史料。

**小笠原家譜**

江戸時代の小笠原家がまとめたもの。小倉家や越前勝山家などいくつか伝わる。

**小笠原歴代記**

溝口美作守貞康著で、慶長13年（1608）成立。

**織田軍記**

元禄15年（1702）成立の信長一代記。遠山信春が小瀬甫庵の「信長記」をうけて、これを補訂するという形で「増補信長記」を記したのが最初。その後「総見記」と改め、さらに信長の諸孫にあたる織田貞置に校閲を依頼し完成したのが本書。

**お湯殿の上の日記**

宮中に仕える女官達によって書き継がれた当番日記。正本・写本・抄本を合わせると室町時代の文明9年（1477）から文化9年（1826）の350年分の日記が途中に一部欠失があるものの、ほとんどが伝わっている

**尾張国人物志略**

天野信景により、正徳1年（1711）に成立。

**甲斐国志**

文化11年（1814）成立の地誌。甲府勤番の松平伊予守定能が幕府の内命を承けて編纂した甲斐国（山梨県）に関する総合的な地誌で、全124巻。

**加沢記**

沼田藩五代藩主真田信直の祐筆 ・ 加沢平次左衛門によって江戸初期に成立した手記。真田幸隆・昌幸・信幸の真田三代の流れの中に利根・吾妻の地侍の興亡をからめ、天文10年（1541）の村上義清との戦から天正18年（1590）の「秀吉の北条征伐」までの49年間の歴史を記したもの。

**勝山記・妙法寺記**

文正1年（1466）～永禄6年（1563）を記す甲斐国（山梨県）の河口湖地方を中心とした年代記。武田氏をはじめとする領主の動向や甲斐・駿河の政治的事件のほか、災害や生業に関する記録も多い。

**兼右卿記**

天文1年（1533）～元亀3年（1572）を記す。吉田神社の祠官で神祇大副の吉田兼右の日記。兼右は清原宣賢の次男で、吉田神道の興隆に努めた人物。自筆原本が現存。

### 兼見卿記

元亀1年（1570）～慶長15年（1592）を記す。吉田兼見は吉田神社の神主で神祇官。織田・豊臣政権の記事に詳しい。また、細川藤孝、明智光秀と関係が深く、本能寺の変前後の記述が注目。

### 神屋宗湛日記

天正14年（1586）～慶長18年（1613）の茶会記。博多の豪商茶人・神屋宗湛の著とされる。

### 川角太閤記

江戸時代初期に書かれたといわれる、豊臣秀吉に関する逸話をまとめた書。本能寺の変から関ヶ原の戦いまでの期間を取り扱っている。豊臣秀次に仕えた田中吉政家臣・川角三郎右衛門が、光秀の旧臣で前田利長の家臣・山崎長門守、豊臣秀次の御馬廻・林亀之助から聞いた話をまとめた「聞書」。

### 寛永諸家系図伝

寛永18～20年（1641～1643）に江戸幕府により編纂された、諸大名と旗本以上諸士の系譜集。

### 義演准后日記

文禄5年（1596）～寛永3年（1626）を記す醍醐寺座主・義演の日記。豊臣末期から徳川初期の政治、朝廷、公家、宗教関係の動向が判る史料。62冊で一部を除いて自筆原本が残る。

### 京都上京文書

元亀4年(1573) 7月の織田信長朱印状を最古として以後幕末までのものを含む。中でも、天正年間（1573～92）の15点は、桃山時代の京都を知るうえで興味深い文書。

### 京都御所東山御文庫記録

東山御文庫とは、京都御所内の東北隅に位置する皇室の文庫。禁裏御文庫・東山文庫とも呼ばれる。

### 享禄以来年代記

享禄1年（1528）から慶安2年（1649）の大事を記した年代記。

### 記録御用所本古文書

徳川幕府が武家諸家の所蔵する古文書を提出させ、史料として記録をとって収集したもの。

### 公卿補任

朝廷の歴代の職員録。神武天皇の時代から明治1年まで各年毎に、従三位以上で太政大臣・摂政・関白・左大臣・右大臣・内大臣・大納言・中納言・参議・非参議のいわゆる公卿に相当する者の名を官職順に列挙してある。記載される人名には本姓が使われる。

### 継芥記

戦国時代から江戸時代初期の公家中院通勝の日記。『通勝卿記』『中院通勝記』『也足院入道記』などの別名がある。

### 系図纂要

江戸時代末期の系譜集成。全102巻（103冊）。既存の系譜集や記録などを広く集めて再編纂。

### 謙信軍記

上杉謙信の出生より急死にいたるまでの一代の軍記。

### 顕如上人御書札案留

顕如上人の文書。

### 顕如上人文案

石山本願寺日記に所収。

### 江濃記

応仁から永禄（1467～1570）の近江・美濃における抗争の記録。

### 高白斎記

甲斐武田氏の用務日誌などを基に成立したと考えられている日記。内容は、明応7年（1498）武田信虎誕生から天文22年（1553）武田義信の祝儀までの約56年間の記録。「高白斎」は、原筆者と考えられている武田家臣駒井政武の号。武田家の家政に関する記録が豊富で、武田三代期の基本史料。別称に『甲陽日記』、『高白斎日記』。

### 甲陽軍鑑

元和年間（1615～24）以前の成立とされるが、『軍鑑』によれば天正3年（1575）5月から天正5年（1577）で、天正14年（1586）5月の日付で終っている。武田信玄・勝頼期の合戦記事を中心に、軍法、刑法などを記す。春日虎綱（高坂昌信）、春日惣次郎らの筆という形だが、まとめたのは小幡景憲だといわれている。江戸時代に大いに流行ったが、近代以降信憑性が疑われ偽書という。しかし、年代等の間違いがあるが、全てがおかしいわけではない。

### 甲陽軍鑑伝解

甲陽軍鑑刊行後、次々と版本が出版され、元禄12年（1699）には、『甲陽軍鑑伝解』という多少字句を異にするものが出版されるに至っている。

### 古簡雑纂

古い雑多な記録や文章を編集した書物。

### 古今消息集

内閣文庫所蔵の手紙を集めた文献。江戸時代の成立。

### 近衛信尹公記（三藐院記）

天正20年（1592）～慶長11年（1606）を記す。

### 駒井日記

文禄2年（1593）～文禄4年（1595）を記す豊臣秀次の右筆駒井重勝の日記。豊臣時代の情勢が分る。事象に関係する文書を書き記している点は貴重なデータ。

### 惟房公記

天文10年（1541）～永禄7年（1564）を記す万里小路惟房の日記。

### 鷺森日記

本願寺蓮如祐筆の宇野主水の日記。

### 舜旧記（梵舜日記）

天正11年（1583）～寛永9年（1632）を記す。神龍院梵舜は、吉田兼右の子で吉田兼見の弟、豊国廟の社僧

### 上下京町々古書明細記

上下京町々の所蔵であった古書を、神田信久(法名寿海1808～62)が写す。

### 常山紀談

元文4年（1739）成立で、戦国武将の逸話470条を収録。天文年間以降の戦国時代、安土・桃山時代を経て、江戸初期に至るまでの、武将らの言行録を収めている。著者の湯浅常山は岡山藩の寺社奉行や町奉行を歴任し、家老格にまでなった人物。本書は広く普及し、明治大正期の教科書に良く取り上げられていた。

### 尋憲記

永禄5年（1562）～天正5年（1577）を記す興福寺大乗院門跡尋憲の日記。興福寺の記事を中心に当時の大和奈良の様子がうかがえる。交友では、松永久秀との親交を伝える記事が多く、筒井順慶との不仲が伝えられるなど、尋憲の政治的立場が反映されている。

### 信長公記

初め信長に弓衆として仕え、のち秀吉、秀頼の豊臣家に仕えた太田牛一が、慶長15年（1610）（事件の28年後）、84歳の時完成した織田信長の一代記。信長が足利義昭を奉じて上洛した永禄11年（1568）から信長が死去する天正10年（1582）について綴られている。16巻16冊。写本を入れると20種類以上も残されており、表題も『永禄十一年記』・『安土日記』・『信長記』・『安土記』など様々。

### 豆相記

伊豆・相模両国を根拠としていた北条氏の興亡を記した戦記。

### 勢州軍記

寛永15年（1638）以前の成立。伊勢北部の豪族・神戸氏の子孫神戸良政が、蒲生氏郷の家臣であった父親の神戸政房の記録を元に、松坂に戻って以降地元の人々に聞き取りをしまとめた伊勢国の軍記物。伊勢国の諸家系譜によりはじまり、豊臣秀吉によって伊勢国が平定されるまでの合戦の歴史書。漢文体。比較的客観性な内容で、史実に近いものと思われる。本書の要約仮名文が「勢州兵乱記」

### 相州兵乱記

北条氏を中心に約130年にわたる関東の兵乱を記した戦記。別名「関東兵乱記」。

### 続史愚抄

公卿（正二位権大納言）柳原紀光編で、寛政5年（1793年）成立。正元1年（1259年）から、後桃園天皇が崩御した安永8年（1779年）までの33代521年間を記した編年体歴史書。全81冊。

### 太閤記

寛永2年（1625）成立。豊臣秀次、堀尾吉晴、前田利常等に仕えた儒医の小瀬甫庵が太閤・豊臣秀吉の生涯を綴った伝記。「太閤記」ものの元祖。独自の史観で潤色しているため、史料的価値は低い。太田牛一の「太閤軍記」をうけたという。全22巻。

### 武田三代軍記

享保5年（1720）初版刊行、片島深渕著。甲斐武田氏の信虎、信玄、勝頼のいわゆる「武田三代」にまつわる合戦・軍略・逸話などの事績を「甲陽軍艦」とはちがった観点から詳細に記す。

### 立入左京亮入道隆佐記（立入宗継記）

立入宗継が見聞した出来事等の覚書を集成した記。

### 種子島家譜

寿永2年（1183）から明治28年（1895）まで、およそ7百年にわたって書き継がれた89巻に及ぶ日誌（家譜）。寛政10年（1798）、22代「久照」が上妻宗恒らに改修、続修を命じたのが第3次である。現在「種子島家譜」といわれるのは、この第3次編修とこれに続くものをいう。

### 歌集『為和卿集』

冷泉為和著。為和は、家領のあった地域を支配する今川氏との関係が深く、駿府での生活が最も長かった。

### 多聞院日記

奈良興福寺の塔頭多聞院において、文明10年（1478）から元和4年（1618）にかけて140年もの間、僧の英俊を始め、三代の筆者によって延々と書き継がれた日記。

### 親綱卿記

天正15年（1587）～文禄5年（1596）を記す。中山親綱が武家伝奏職にあった時期の日記。そのため、内容は豊臣秀吉関係のものが見られる。

### 張州雑志

尾張藩9代藩主徳川宗睦（1733～1800）の命で編纂された100巻にも及ぶ大著。命を受けたのは尾張名古屋藩士・儒者の内藤東甫で、彼は愛知県の動植物や石・人々の暮らし・熱田神宮での祭祀・瀬戸村での瀬戸焼きの工程などを記述した。

**輝元公御上洛日記**

天正16年（1588）、輝元上洛のことを平佐就言が筆録した詳細綿密な記録。

**天正記（8巻の総称）**

大村由己著。秀吉が天正2年（1574）長浜城主になった後、天正8年（1580）の三木合戦から天正18年（1590）の小田原の陣まで、自分の軍歴や業績を誇らしげに宣伝するため御伽衆の一員であった大村由己に作らせた秀吉自身の監修による自らの伝記、軍記物。別名を『秀吉事記』とも。

**播磨別所記（天正記）**

播磨の別所長治一族を秀吉が征伐した際の記録。天正6年（1578）3月から天正8年（1580）1月17日）にかけての三木合戦の様相を主に記述する。天正13年（1585年)には貝塚で蟄居中の本願寺顕如・教如親子の前で由己本人が朗読したと伝わっている。「播州御征伐之事」ともいう。

**惟任退治記（天正記）**

本能寺の変のわずか4ヶ月後に、秀吉は家臣の大村由己に命じたという。天正10年（1582年）の本能寺の変から信長の葬儀に至るまでを記述する。別名を『惟任謀反記』とも。

**柴田退治記（天正記）**

豊臣秀吉が柴田勝家を討伐した天正11年（1583）の賤ヶ岳の戦いとその前後の事情、秀吉の大坂城築城などを記述する。

**関白任官記（天正記）**

天正13年（1585年）の秀吉の関白就任の正当性を主張する書物。秀吉の祖父が萩中納言と呼ばれる貴人であり、母大政所は宮中に出仕していた、秀吉の天皇落胤説など信憑性を疑われる記述が多い。

**九州御動座記（天正記）**

由己が、秀吉の九州平定のための征旅と行軍の見聞録。ポルトガル人の来日以後、火薬などを手に入れるため、海外向けの人買行為が活発化し、それに付随して国内での日本人向けの人身売買も九州を中心に広がったことが記される。

**聚楽行幸記（天正記）**

天正16年（1588年）4月14日から5日間に渡って行われた、後陽成天皇の聚楽第行幸の有様を記録した書。

**金賦之記（天正記）**

天正17年（1589年）5月20日に聚楽第で秀吉が諸大名に金銀を振舞ったことを記録した書物。現在では散逸している。

**小田原御陣補記（天正記）**

小田原の役は、天正18年（1590）に秀吉が北条氏の居城小田原城を包囲し、北条氏政父子を降した戦役。この有様を記録した書。

**天正日記極祕書**

曲直瀬道三（玄朔）は、安土桃山、江戸時代前期の医師で、初代道三の甥にあたる。本書の内容は「醫学天正記」と称されているものと同じで、玄朔の診療簿であり、正親町天皇、豊臣秀次等、当時の要人の症例も克明に記されている。

**天正二年截香記**

織田信長が正倉院収蔵の蘭奢待を截取った際の始末を記した書。

**天王寺屋会記**

堺商人・天王寺屋（津田家）宗達・宗及・宗凡三代の日記。津田家は信長、秀吉と懇意となり、両政権中の茶の湯等に関する記録に詳しい。

**東国太平記**

東国を舞台とした合戦記。若狭小浜藩の酒井家の命により、水原親清の従軍筆記を、国枝清軒が校訂して16冊18巻の軍記に編纂。延宝8年(1680)に成立という。

**当代記**

安土桃山期から江戸初期の社会・政治・歴史状況を編年風に記す。成立は寛永期（1624～1644）。主な筆者（編纂者）は松平忠明で、全体的には太田牛一の『信長公記』を中心に、他の記録資料を再編した内容となっている。

**東武実録**

貞享1年（1684）成立の徳川秀忠の事績録。家康の事績録「武徳大成記」を受け継ぐ形で、家康の死去した元和2年（1616）からはじまり寛永9年（1632）の秀忠死去までを記している。全40巻。編者は松平忠冬。

**言継卿記**

大永7年（1527）～天正4年（1576）を記す。朝廷の内情、有職故実、芸能の記録が多い。言継は医学を学んだ。そのため、日記には庶民の様子や医療業務の記事が多く見られる。途中かなりの欠失があり、重大事件の日時の分はことごとく無い。

**言経卿記**

天正4年（1576）～慶長13（1608）。天正5、6、8、9年分が欠落。山科言経は、参議まで昇った後、勅勘を受けて京を離れ、堺で市井に暮らし、その後復帰した。

### 時慶卿記

西洞院時慶の日記。天正15年（1587）から寛永16年(1639)間分だが、欠落している部分が多い。

### 徳川実紀

19世紀前半に編纂された江戸幕府の公式記録。歴代将軍の諡号（しごう）を冠して、それぞれの将軍に関する記録を『東照宮御実紀』『台徳院殿御実紀』…と称する。『徳川実紀』というのはそれらをまとめた総称・通称。嘉永2年(1849)12代徳川家慶に献じられた。

### 豊鑑

寛永8年（1631）、豊臣秀吉の伝記（4巻）を著す。秀吉の出生に始まり、文禄3年（1594）伏見築城までを、鏡物にならって記したもの。3巻は「聚楽行幸記」を引用している。秀吉の残りの事績に関しては、著者竹中重門が病気のために著述を続けられなかったという。

### 豊臣記

原著者不詳。秀吉の素性及び信長に仕えてから死に至るまでの事蹟を記した戦記物語。

### 豊臣鎮西軍記

明治時代に書かれた、豊臣秀吉が、九州に征伐に行った時の話を綴る。

### 二条宴乗日記

宴乗は興福寺一乗院門跡の坊官で、日記は興福寺の行事が中心。その他に織田信長、本願寺といった当時の畿内の社会情勢についての記録が見られる。

### 後鑑

江戸幕府によって編纂された室町幕府15代の歴史書。全347巻・付録20巻。成島良譲ら編。天保8年(1837)から16年かけて執筆され嘉永6年（1853）に完成。鎌倉幕府滅亡前夜の元弘1年（1331）から室町幕府最後の将軍足利義昭が死去した慶長2年（1597）までの歴史を描いている。

### 信長記

慶長9年(1604)成立。小瀬甫庵は、太田牛一「信長公記」の問題点を指摘したが、受け入れられなかったため、自ら記したといわれる織田信長の伝記。独特の史観で潤色されている。

### 浜松御在城記

徳川家康の浜松在城17年間の記というが、成立、著者など不明。

### 晴豊公記（日々記、晴豊記）

天正6年(1578)から文禄3（1594)を記す。妹が当時皇太子の誠仁親王の后であった勧修寺晴豊は、権大納言、准大臣、武家伝奏の職にあった人物で、その関係から日記には信長、秀吉政権の内情に詳しい。特に秀吉の時期は欠失はあるが、比較的よく残っていて貴重な史料。原本あり。

### 晴右記

永禄8年(1565)から元亀1年(1570)を記す。信長の生きた同時代の公卿勧修寺晴右が実際に記した日記。

### 秀康年譜（浄光公年譜）

結城秀康の年譜。

### 武家雲箋

古文書集。

### 武家事紀

江戸前期に山鹿素行によって書かれた歴史書・武家故実書。全58巻。

### 武家手鑑

明治期生まれの旧加賀藩主前田本家第16代当主利為が、5代藩主綱紀の方針を継承して新たに編成したもの。

### 武功夜話

戦国時代から安土桃山時代頃の尾張国丹羽郡の土豪前野家の動向を記した覚書などを集成した家譜の一種。織田信雄に仕えた小坂助六雄善の子吉田雄がまとめたもの。寛永年間(1624～1643)に書き起こされたと推定される。桶狭間の戦いや墨俣一夜城の築城といった織田氏に関連する重要な事件について、類書には見えない情報を伝える。ただし、成立年代や史料的価値には諸説ある。

### 伏見宮御記録

伏見宮家伝来の記録文書。

### 武徳大成記

貞享3年(1686)成立。徳川前期の事績を記した歴史書。老中阿部正武は、5代将軍綱吉の命令で事業編纂の惣奉行を担当し、阿部の下に3人の編修官(林信篤・人見友元・木下順庵)と5人の助修が置かれ、編纂事業を行った。

### 武徳編年集成

元文5年（1740）成立の徳川家康一代編年記。広範囲な史料から、偽書の説、諸家の由緒、軍功の誤りなどの訂正が行われており、寛保1年（1741）徳川吉宗に献上される。全93巻。著者は幕臣木村高敦。

### 舟岡山軍記

永正8年(1511)の船岡山合戦より天正8年(1580)までの畿内中心の戦記物語。

**細川忠興軍功記**

寛文4年（1664）成立。家臣牧丞太夫（兼重）による細川忠興の軍記物。天正10年（1582）の織田家による四国征伐の従軍から、豊前中津に封ぜられるまでを叙した武功記。信長・秀吉・家康に尽くした功績を、いかに巧みに危機を切り抜けたかを記した一代記。合戦を中心とするも前後の事情などを付し、信憑性は比較的高いという。

**細川両家記**

細川両家記は16世紀前半の畿内の戦乱を描いた軍記物。様々な題名で、複数の写本が伝存している。

**北高禅師記録**

北高全祝大和尚は上杉謙信･武田信玄に大きな影響を与え、上杉景勝･直江兼続･武田勝頼らにも信頼された。羽州(山形県)で修行のち京都普門院甲府の大泉寺の住職を経て雲洞庵第十世となる。

**松井家譜**

「松井家文書」内。細川藤孝（幽斎）に従って戦功をたてた松井家日記。

**松屋会記**

茶会記。天文2年(1533)、奈良の塗師松屋久政によって起筆され、のち久好、久重の3代にわたって慶安3年(1650)まで書き継がれた。

**三河物語**

元和8年（1622）成立。松平氏時代から天下統一、東照大権現となるまでの徳川家康の歴史と大久保家の歴史を記した書物で、大久保忠教（彦左衛門）が子孫に書き残した家訓書。主君への忠誠を尽くす武士道を説いている。当時の口語体が見られる貴重な史料。3巻からなり、上巻と中巻では徳川の世になるまでの数々の戦の記録が、下巻では太平の世となってからの忠教の経験談や考え方などが記されている。

**歴代古案**

戦国大名の越後上杉氏及びその家臣団の古文書を筆録したもの。江戸期に米沢藩が行った修史事業と何らかの関わりがあったものという。

**蓮成院記録**

「本能寺の変」の2年ほど後に整理された奈良興福寺蓮成院の朝乗･印尊･寛尊･懐算ら別会五師(三千衆徒集会の奉行)の記録。

**鹿苑日録**

京都相国寺鹿苑院主歴代の執務日記。原本4冊のみ現存。文明19年(1487)から慶安4年(1651)の日記に、文書案や漢詩集の断簡などが付加されている。

## 古文書など

**朝倉義景亭御成記**
**東文書**
**熱田神宮文書**
**阿弥陀寺文書**
**安養寺文書　美濃**
**生島足島神社文書　信濃**
**一宮浅間神社文書　甲斐**
**伊那志略**【中村元恒編著　文化9年(1812)成立】
**上杉家文書**
**上杉古文書**
**宇都宮文書**
**恵林寺文書**
**大友家書翰**
**温泉寺文書**
**賀茂別雷神社文書**
**祇園社記**
**北野文書**
**吉川家文書**
**光源院文書　相国寺光源院**
**高野山恵光院文書**
**小早川家文書**
**小松寺文書　尾張**
**御霊神社文書**
**金蓮寺文書**
**西教寺文書**
**西芳寺縁起**
**坂田郡志**
**地蔵院文書　越後**
**島津家文書**
**重編応仁記**【小林正甫著、宝永8年(1711)刊】
**勝興寺文書　越中**
**勝持寺文書**
**成就院文書**
**成菩提院文書　近江**
**信州安養寺文書**
**真正極楽寺文書**
**新訂寛政重修諸家譜**
**瑞泉寺文書　尾張**
**寸金雑録**

清泰寺文書　甲斐
清凉寺文書
積翠寺文書　甲斐
双玄寺文書　越後
崇福寺文書　美濃
退蔵院文書
大報恩寺文書
大林寺文書　飛騨
武田神社文書
武田文書
立入宗継文書
竹生島文書
長禅寺文書　甲斐
長福寺文書
津島神社旧記　尾張
経元卿御教書案
東光寺文書　甲斐
東寺百合文書
徳川尾張侯爵所蔵文書
徳川圀順蔵文書
曇華院文書
鍋島家文書
蜷川家古文書
東浅井郡志
福王寺文書　甲斐
武州文書　武蔵
文永寺文書　信濃
法隆寺文書
細川家記
細川家文書
本願寺文書
本國寺年譜
本能寺文書
松原神社文書　信濃
三井家文書
密蔵院文書　尾張
妙蓮寺文書
三好家譜
毛利家文書
柳生文書　大和
八瀬童子会文書
養源院文書
陽明文庫文書
余呉庄合戦覚書
大田山龍雲寺文書　信濃
臨済寺記録
和簡礼経

## 県史・市史

岡崎市史　甲府市史【甲府市史刊行委員会、通史編や史料編】　新修亀岡市史　長野県史　氷見市史　福井県史

## その他、現代の文献資料

○大森金五郎/高橋昇造著。(1934年　三省堂)

○高柳光壽編『**大日本戦史　第二巻**』(1942年　三教書院)

○小野信二校注『**戦国史料叢書6 家康史料集**』(1965年　人物往来社)

○京都市『**京都の歴史第四巻　桃山の開花**』(1969年　京都市史編さん所)

○奥野高広/岩沢愿彦校注『**信長公記**』(1970年　角川文庫)

○新行紀一『**一向一揆の基礎構造ー三河一揆と松平氏ー**』(1975年　吉川弘文館)

○木村高敦編『**武徳編年集成 上巻**』(1976年　名著出版)

○桑田忠親監修/宇田川武久校注『**改正三河後風土記<上>**』(1976年　秋田書店)

○徳冨蘇峰『**近世日本国民史 織田信長<1>**』(1980年　講談社学術文庫)

○戦国合戦史研究会『**戦国合戦大事典二・三・四**』　(1989年　新人物往来社) ○志村明弘『**川角太閤記**』(1996年　勉誠社)

○坪井九馬三/日下寛校注『**松平記**』(国立国会図書館デジタルコレクション)

○三鬼清一郎編『**愛知県の歴史**』　(2001年　山川出版社) ○新編岡崎市史編集委員会『**新編 岡崎市史 中世 2**』(2002年　新編岡崎市史編さん委員会)

○小和田哲男『**今川義元**』(2004年　ミネルヴァ書房)

○篠田達明『**徳川将軍家十五代のカルテ**』　(2005年　新潮社)

○安城市史編集委員会『**新編 安城市史 1 通史編 原始・古代・中世**』(2007年　安城市)

○藤野保・村上直・所理喜夫・新行紀一・小和田哲男編『**徳川家康事典コンパクト版**』(2007年　新人物往来社)

○中村孝也『**新訂 徳川家康文書の研究(新装版)　上巻　中巻　下巻之一　下巻之二**』(2017年　吉川弘文館) ○

○大石泰史『**今川氏年表**』(2017年　高志書院)

○平野明夫編『**家康研究の最前線**』(2016年　洋泉社)

○丸島和洋『**列島の戦国史⑤東日本の動乱と戦国大名の発展**』(2021年　吉川弘文館)

○久保田昌希/大石泰史編『**戦国遺文 今川氏編 第三巻**』(2012年　東京堂出版)

○黒田基樹編著『**今川義元とその時代**』(2019年　戎光祥出版)

○笹山春生(ほか15名)『**詳説日本史改訂版**』(2018年　山川出版社)

○尾畑太三『**証義・桶狭間の戦い**』(2010年　ブックショップマイタウン)

○藤井譲治『**徳川家康**』(2010年　吉川弘文館)

○本多隆成『**定本　徳川家康**』　(2010年　吉川弘文館)

○煎本増夫『**徳川家康家臣団の事典**』(2015年　明昌堂)

大石学・佐藤宏之・小宮山敏和・野口朋隆『**現代語訳　徳川実紀　家康公伝 1 ～ 4**』(2010・2011年　吉川弘文館)

○大久保彦左衛門(小林賢章訳)『**現代語訳　三河物語**』(2018年　筑摩書房)

○太田牛一(榊山潤訳)『**現代語訳　信長公記(全)**』(2017年　筑摩書房)

○中川三平『**現代語訳「家忠日記」**』(2019年　ゆいぽおと)

○ユニプラン編集部『**戦国武将年表帖　上巻・中巻・下巻**』(2011年　ユニプラン)

○藤井譲治『**徳川家康**』(2020年　吉川弘文館)

## あとがき

本書（上巻）は、天文11年（1542）家康誕生あたりから天正9年（1581）3月22日家康、高天神城を奪還するまでの軌跡を記載しました。
翌年6月には、(「本能寺の変」が勃発いたします。

幼児期の母との別れ、図らずも織田家の人質、さらに今川家の人質、駿河での元服、瀬名姫（築山殿）を娶る、寺部城攻め初陣、桶狭間の戦い、岡崎帰城、三河での戦い、織田家との同盟、三河一向一揆、徳川氏に改姓、武田氏同盟と手切れ、本拠を浜松城に移す、上杉氏と同盟、三方ヶ原で惨敗、長篠の戦い勝利、正室築山殿殺害・嫡男信康自刃、高天神城奪取など戦いに明け暮れた月日、和睦・宣戦と目まぐるしい激動の徳川家康波乱の時代を垣間見て頂き、「大河ドラマ」視聴を楽しんでいただきましたら幸いです。

編集にあたり、別記主要参考図書や国立国会図書館デジタルコレクション、東京大学デジタルコレクション、国の公式WEB、各自治体・各大学・各団体WEB等、大いに活用させていただきました。しかし、資料による違い、異説、物語などあらゆる事項があり、すべては、弊社の編集責で掲載しております。

最後になりましたが、写真提供などしていただいた愛知県・静岡県の自治体及び各機関様、また、ご協力いただきました取材先様、スタッフの皆々様に、厚く御礼申し上げます。

写真協力
(一社)豊橋観光コンベンション協会　豊明市観光協会　岡崎市　田原市博物館
安城市教育委員会　蒲郡市観光協会　新城市観光協会　長久手市　静岡県観光協会
浜松・浜名湖ツーリズムビューロー　掛川市　藤枝市郷土博物館　清水町教育委員会
鳥越一朗　（順不同）

**文書等並べて辿る、家康、松平一族・家臣**
# 徳川家康75年の生涯年表帖　上巻（全3巻）
**その時、今川氏（義元・氏真）・織田氏（信秀・信長）・武田氏（信玄・勝頼）・北条氏（氏康・氏政）らは**

第1版第1刷
発行日　2023年2月15日
デザイン　岩崎宏
編集・制作補助　ユニプラン編集部
橋本豪
発行人　橋本良郎
発行所　株式会社ユニプラン　http://www.uni-plan.co.jp
(E-mail) info@uni-plan.co.jp
〒601-8213　京都市南区久世中久世町1丁目76
TEL（075）934-0003　FAX（075）934-9990
振替口座／01030-3-23387
印刷所　株式会社ファインワークス
定価はカバーに表示してあります。
ISBN978-4-89704-568-9　C0021